车辆运用与管理

（现代学徒制教材）

主　编　曾照平　朱小丽
副主编　孟素英　孙　涛
主　审　黄　超　黄望明

西南交通大学出版社
·成　都·

图书在版编目（ＣＩＰ）数据

车辆运用与管理 / 曾照平，朱小丽主编. —成都：
西南交通大学出版社，2023.6
现代学徒制教材
ISBN 978-7-5643-9283-3

Ⅰ．①车… Ⅱ．①曾… ②朱… Ⅲ．①铁路车辆 – 应
用 – 高等职业教育 – 教材②铁路车辆 – 管理 – 高等职业教
育 – 教材　Ⅳ．①U279

中国国家版本馆 CIP 数据核字（2023）第 081475 号

Cheliang Yunyong yu Guanli (Xiandai Xuetuzhi Jiaocai)

车辆运用与管理（现代学徒制教材）

主　编 / 曾照平　朱小丽　　　责任编辑/李　伟
　　　　　　　　　　　　　　封面设计/吴　兵

西南交通大学出版社出版发行
（四川省成都市金牛区二环路北一段 111 号西南交通大学创新大厦 21 楼　610031）
发行部电话：028-87600564　　028-87600533
网址：http://www.xnjdcbs.com
印刷：四川森林印务有限责任公司

成品尺寸　185 mm×260 mm
印张　24.5
字数　610 千
版次　2023 年 6 月第 1 版
印次　2023 年 6 月第 1 次

书号　ISBN 978-7-5643-9283-3
定价　59.00 元

课件咨询电话：028-81435775
图书如有印装质量问题　本社负责退换
版权所有　盗版必究　举报电话：028-87600562

前　言

我国出台《国家职业教育改革实施方案》，是在推动经济高质量发展和产业转型升级的背景下，深化复合型技术技能人才培养培训模式改革的重要举措。教材是人才培养工作的重要组成部分，是提高人才培养质量的关键环节。作为铁道车辆专业的一门专业核心课程，"车辆运用与管理"主要向学生传授铁道车辆运用、检修管理方面的知识和技能，是学生毕业后进入铁道车辆维修企业从事相关工作的基础。在铁路运输车辆维修企业中，职工需要干什么、怎么干和如何干的问题，相关文件和制度都做出了规定。但对于没有任何实际工作经验的学生来说，理解这些规章制度很困难。而把规章制度作为教材，不利于学生学习，也不利于教师授课。本书以项目操作和实训为载体，将学生必须掌握的知识点和技能要求融合在动手实践中，方便学生理解掌握和学习记忆。

本书由武汉铁路职业技术学院曾照平、湖南高速铁路职业技术学院朱小丽担任主编，武汉铁路职业技术学院孟素英、孙涛担任副主编，武汉铁路职业技术学院黄超、武昌客车车辆段黄望明担任主审。参加编写的还有：武汉铁路职业技术学院陆俊帅、李冰，武昌客车车辆段杜梦齐、王瑞、梁佳佳，襄阳车辆段万杰，武汉动车段刘强强，武汉铁路局集团公司安全监察处程斌。具体编写分工如下：孟素英编写项目一（梁佳佳校对）；曾照平编写项目二（杜梦齐校对）；李冰编写项目三（王瑞校对）；朱小丽编写项目四（万杰校对）；陆俊帅编写项目五（刘强强校对）；孙涛编写项目六（程斌校对）。

本书在编写过程中得到了武汉铁路局集团公司职教处、安全监察处、车辆处及武昌客车车辆段、西安客车车辆段、襄阳车辆段的大力支持和帮助，在此表示衷心感谢。

由于时间仓促且编者水平有限，书中难免存在不足之处，恳请读者批评指正。

编　者

2022 年 8 月

目　录

项目一　入职教育

项目任务

任务一　车辆运用与管理系统
任务二　铁路企业文化
任务三　入职安全教育
任务四　铁路职业道德认知
任务五　车辆维修岗位认知

项目目标

（1）了解车辆运用系统的组织结构及车辆运用维修的意义；
（2）了解铁路企业文化及相关理念；
（3）掌握铁路劳动安全三级培训及国家、铁路有关安全管理制度；
（4）培养铁路职业道德修养；
（5）了解车辆维修各工种职责。

任务一　车辆运用与管理系统

【任务目标】

（1）了解车辆运用系统组织结构；
（2）了解中国国家铁路集团有限公司组织结构；
（3）了解铁路局集团有限公司组织结构；
（4）了解车辆段组织结构；
（5）了解车辆运用工作的内容及意义。

【学习内容】

（1）车辆运用管理系统；
（2）中国国家铁路集团有限公司；
（3）铁路局集团有限公司；
（4）车辆段；
（5）车辆运用工作。

【阅读材料】

（1）车辆运用管理系统；
（2）中国国家铁路集团有限公司；
（3）铁路局集团有限公司；
（4）车辆段；
（5）车辆运用工作内容及意义。

一、车辆运用管理系统

中国国家铁路集团有限公司实行两级法人（中国国家铁路集团有限公司、铁路局集团公司）、三级管理（中国国家铁路集团有限公司—铁路局集团公司—站段）制度。中国国家铁路集团有限公司（以下简称国铁集团）运输局装备部（车辆）设客车处、货车处、动车处、车辆管理验收处等职能部门，负责全路车辆工作。铁路局集团有限公司（以下简称铁路局集团）车辆部设客车科、货车科、动车科、设备科、调度室、办公室及红外线设备检修所等职能科室，负责集团公司车辆工作。车辆（动车）段（车轮工厂）设安全、技术、教育、设备、运用、劳人、财务等职能科室，按专业分工分为客车车辆段、货车车辆段、动车段、客货车混合车辆段和机械保温车辆段。

（一）大三级

国铁集团运输局装备部（车辆）➡️铁路局集团公司车辆部➡️车辆（动车）段（车轮工厂）。

（二）小三级

车辆（动车）段➡️运用车间➡️班组（作业场）。

二、中国国家铁路集团有限公司

中国国家铁路集团有限公司更名历程：铁道部（1949 年 1 月—2013 年 3 月）、中国铁路总公司（2013 年 3 月—2019 年 6 月）、中国国家铁路集团有限公司（2019 年 6 月至今）。

1949 年 1 月，中国人民革命军事委员会铁道部（"军委铁道部"）成立；1949 年 10 月 1 日，军委铁道部改组为中央人民政府铁道部；1954 年 9 月 20 日，中央人民政府铁道部改为中华人民共和国铁道部。2013 年 3 月，铁路政企分开，组建国家铁路局和中国铁路总公司，不再保留铁道部。中国铁路总公司承担铁道部的企业职责，负责铁路运输统一调度指挥，经营铁路客货运输业务，承担专运、特运任务，负责铁路建设，承担铁路安全生产主体责任等。

2017 年 11 月，中国铁路总公司所属 18 个铁路局完成公司制改革工商变更登记，并于 11 月 19 日正式挂牌，标志着铁路公司制改革取得重要成果。2019 年 6 月 18 日，经国务院批准同意，中国铁路总公司改制成立中国国家铁路集团有限公司。

截至 2021 年年底，中国国家铁路集团有限公司下设 18 个铁路局集团公司（设置运输站段 845 个）、3 个专业运输公司等 34 家企业，以及 3 个事业单位。

我国现行铁路运输组织机构是以国家铁路集团公司为全国铁路的最高行政领导机构。铁路运输系统由运输、机务、车辆、工务、电务等业务部门组成，具有高度集中，各个工作环节紧密联系和协同动作的特点。在国铁集团统一指挥下，铁路运输系统严格遵守运输纪律，服从运输指挥，联合行动，准确、及时、安全地把旅客、货物运输到目的地。铁路职工必须严格遵守劳动纪律和作业纪律，严格执行各项规章制度，在自己的职务范围内，以对国家和人民极端负责的态度，保证安全生产。

国铁集团为全国铁路的最高行政领导机构,并按运输组织需要设立各业务部门。

国铁集团的主要职能:

① 制定全路车辆部门工作的发展规划,逐步改革全路车辆检修制度;

② 编制全路年度车辆各项检修计划;

③ 制定全路客、货、动车各级修程及安全生产等规章制度,并组织和督促实行;

④ 参与编制全国铁路设计规范;

⑤ 掌管全路客、货车的新造车辆、运用车辆配属、调拨、检修与报废等工作,审查车辆技术政策、各项技术标准及质量标准等;

⑥ 通过制定规章制度的技术手段和进行成本考核的经济手段实现对车辆部门的管理。

三、铁路局集团有限公司

国铁集团 18 个铁路局集团公司分别是:哈尔滨铁路局、沈阳铁路局、呼和浩特铁路局、北京铁路局、太原铁路局、济南铁路局、郑州铁路局、上海铁路局、南昌铁路局、武汉铁路局、广铁集团、南宁铁路局、西安铁路局、兰州铁路局、成都铁路局、乌鲁木齐铁路局、昆明铁路局、青藏铁路公司,如表 1-1 所示。

表 1-1　18 个铁路局总部机关所在城市和管辖省市范围

分　局	总部机关所在城市	管辖省市区域范围
中国铁路北京局集团有限公司	北京	北京、天津、河北、山东(部分)、河南(部分)、山西(部分)
中国铁路上海局集团有限公司	上海	上海、安徽、江苏、浙江
中国铁路广州局集团有限公司	广州	广东、湖南、海南
中国铁路成都局集团有限公司	成都	四川、贵州、重庆、云南(部分)、湖北(部分)
中国铁路郑州局集团有限公司	郑州	河南、山西(部分)、山东(部分)
中国铁路武汉局集团有限公司	武汉	湖北、河南(部分)、安徽(部分)
中国铁路西安局集团有限公司	西安	陕西
中国铁路沈阳局集团有限公司	沈阳	辽宁、吉林、内蒙古(部分)、黑龙江(部分)、河北(部分)
中国铁路太原局集团有限公司	太原	山西
中国铁路济南局集团有限公司	济南	山东
中国铁路南昌局集团有限公司	南昌	江西
中国铁路南宁局集团有限公司	南宁	广西
中国铁路昆明局集团有限公司	昆明	云南
中国铁路兰州局集团有限公司	兰州	甘肃、宁夏、内蒙古(部分)、青海(部分)
中国铁路青藏集团有限公司	西宁	青海、西藏
中国铁路乌鲁木齐局集团有限公司	乌鲁木齐	新疆
中国铁路呼和浩特局集团有限公司	呼和浩特	内蒙古
中国铁路哈尔滨局集团有限公司	哈尔滨	黑龙江

铁路局集团有限公司负责组织与领导各业务段和车站的运输生产工作，保证行车安全。

铁路局集团有限公司车辆部的主要职能：

① 负责组织与领导本路局管辖范围内各车辆段及与车辆有关的基层站段的运输生产活动，保证行车安全；

② 认真贯彻执行国铁集团对车辆工作的方针、政策、指示、命令、规范、规程、技术标准；

③ 提出本路局车辆部门工作的发展规划和实施计划；

④ 指导和督促下属各业务段完成各项技术指标和质量指标。

四、车辆段

车辆段隶属于铁路局公司，负责一个或多个地区车辆的检修、运用及车辆乘务工作。

车辆段（动车段）的主要职能：

① 贯彻执行国铁集团、铁路局集团有限公司对车辆工作的方针、政策、指示、命令、规范、规程、技术标准；

② 负责车辆的定期检修和日常维修工作，为铁路运输提供足够的、技术状态良好的车辆；

③ 负责管辖范围内动车所、运用车间、检修车间、设备车间、动态检测设备车间的管理。

根据《铁路运输站段管理部门机构编制示范标准》，铁路局集团有限公司等文件精神，以安全效率为目标，依据三级管理、精简机构、减少结合部的原则设置扁平化管理机构；按照领导负责、分工负责、专业负责和逐级负责的原则，制定段领导管理职责。

（一）车辆段相关领导岗位

（1）段长：负责组织制定全段长期、中期、短期发展规划，客车运用管理，客车检修管理，全段安全管理，全段精神文明建设等工作。

（2）安全副段长：负责全段客车安全、消防工作，定期分析和总结安全生产情况，落实安全生产等工作。

（3）运用副段长：负责建立健全分管部门安全生产责任制、适时组织修订和完善客车运用各项管理制度和作业指导书、组织做好全段客车运用检修和客车乘务的安全生产管理等工作。

（4）检修副段长：负责全段客车定检工作、职教工作及物资管理工作，负责积极协调有关部门，解决现场职工生产、生活、安全等方面存在的问题等工作。

（5）技术副段长：负责全段技术管理、计量工作、5T管理、企业管理、节能环保、定期分析和总结设备维修保养情况等工作。

（6）路风副段长：负责路风、治安及综合管理、信访、离退休工作，并负责对路风事件和路风不良反映的调查、分析与认定等工作。

（二）车辆段相关科室

（1）调度科：及时传达贯彻上级有关行车命令，及时处理列车晚点、中途甩车和行车事故，掌握车辆配属、淘汰、报废的动态等职责。

（2）安全路风科：负责全段安全管理规章制度的立、修、废及管理工作，负责安全、路风信息的收集、调查、分析、处置及上报等工作。

（3）技术科：负责客车技术规章管理工作，组织细化上级检修规程及工艺，不断完善现场作业标准，为现场提供技术指导等工作。

（4）质量检查科：每月对本属运用列车进行质量检查和鉴定，并进行质量分析与评估报告，负责临客整修、春秋季运用客车整修等质量结果验收等工作。

（三）相关车间

（1）检修车间：负责客车段修、段做厂修，发电车部分设备的检修，车辆加装改造等工作。

（2）设备轮轴车间：负责机械动力设备的中修、小修、临修，部分设备的安装调试，客车轮对、制动配件的检修，提供辅修配件及运用轮对等工作。

（3）运用车间：负责本属列车入库走行部、制动系统、电气系统的日常维修保养，本属客车的辅修，外属客车入库技检等工作。

（4）乘务车间：负责配属运用列车、专运、军运、临客运输的乘务工作，厂、段修车辆的接送车，车辆上部设备设施的维修等工作。

五、车辆运用工作内容及意义

（一）车辆运用工作内容

车辆运用工作内容包括管理和检修两个方面的内容。车辆运用工作的基本任务是贯彻落实党的方针政策；执行规章命令；遵守"两纪一化"（技术纪律、劳动纪律、作业标准化）；加强职工队伍建设；发现和处理车辆在运用中发生的故障，保证行车安全。

1. 车辆管理

我国铁路客车实行固定配属制，日常维修由所属车辆段的客整所和客列检负责。货车通行全国，除特种车辆和专用车列外，一般不实行配属制，而是实行在全国铁路上按区段维修负责制。实行配属的货车，其维修工作由所配属或指定的车辆段（车辆工厂）、列检作业场负责。对于大型矿山、钢铁以及有色金属公司、石油、化工等企业准备运输货车在国铁线路上运行时，必须事先经国铁集团授权的车辆专业人员检查和质量确认。

各业务站、段是铁路运输企业的基层生产单位，每个单位既可独立工作，又相互关联、相互制约。

2. 车辆检修

我国传统的车辆检修制度是实行计划预防修制度，主要采用定期检修方式。

《铁路技术管理规程（普速铁路部分）》规定：车辆实行计划预防修，并逐步扩大实施状态修、换件修和主要零部件的专业化集中修。计划预防修主要采用定期检修方式。车辆修程，客车和特种用途车按走行里程为主、时间为辅进行检修，最高运行速度不超过 120 km/h 的客车分为厂修、段修、辅修，最高运行速度超过 120 km/h 的客车修程为 A1、A2、A3、A4；运行速度 160 km/h 的 CR200J"复兴号"动力集中型动车组按走行里程为主、时间为辅进行检修，检修分为 D1、D2、D3、D4、D5、D6 六个等级；货车分为厂修、段修和辅修。

高速动车组行以走行里程为主、时间为辅的计划预防修，检修分为五个等级，一级和二级检修为运用检修，三级、四级和五级检修为定期检修。

（二）车辆运用维修的意义

车辆在运用中的安全性和可靠性，原则上应由车辆制造和施修厂、段修的质量来保证。车辆在长期运用中，零部件会发生不同程度的磨耗与损伤，必须及时进行检查维修，否则车辆运行质量下降，可能酿成行车事故。车辆日常检查维修对延长车辆寿命和完成运输生产任务具有重要意义。车辆日常维修工作，货车由列检作业场和站修作业场担任；客车由客车技术整备所（库列检）和旅客列检作业场（客列检）担任；动车组日常维修工作由动车运用所担任。

（1）客车是运送旅客的工具，旅客列车运行中的绝对安全和旅客的乘车需求要求运用客车的技术状态（包括为旅客服务的采暖、给水、通风、照明、卫生等设备）必须处于良好的状态。

（2）动车组是铁路旅客运输的新型运载工具，必须确保运用维修工作质量，为旅客运输提供良好设备，保证行车安全。

（3）货车运用条件差，解体、编组及机械化装卸作业冲击，易腐货物的腐蚀，重载运输、长大列车运行中的冲撞等，使零部件产生磨耗、变形、松弛、腐蚀等故障，必须对货车进行及时检查维修，以保持良好的技术状态，保证安全、正点、优质、高效地完成运输任务。

任务二 铁路企业文化

【任务目标】

（1）掌握企业文化的含义；

（2）了解企业文化词条及相关解释；

（3）了解铁路事业理念的具体含义；

（4）了解铁路工作理念的具体含义。

【学习内容】

（1）企业文化的含义及表现形式；

（2）安全理念、服务理念、经营理念、廉政理念、群众活动理念；

（3）铁路事业理念；

（4）铁路工作理念。

【阅读材料】

（1）企业文化；

（2）企业文化词条；

（3）事业理念；

（4）工作理念。

一、企业文化

所谓企业文化，就是对企业成员所培养的共同规范、共同信仰和共同追求，它具有强大的心理激发力、精神感召力和能量诱发力，并弥漫于企业文化群体之间，犹如一道无形的力量，把每个个体的行为整合起来，维系、主导并昭示着企业中的所有成员，引导他们朝着既定的目标去奋斗。

企业文化包括企业的经营理念、经营宗旨、发展战略、奋斗目标、员工品质、职业道德、行为规范、企业作风、礼仪庆典、社会形象等。从企业文化的表现形式入手，可以把企业文化分为外显文化和内隐文化两部分。

（1）企业文化的外显部分是指企业的文化设施、文化教育、技术培训和文娱、联谊活动等。

（2）企业文化的内隐部分是指在企业内部为达到总体目标而逐步形成的一贯倡导的不断充电的并为全体成员自觉遵循的价值标准、道德规范、工作态度、行为取向和生活观念，以及由这些因素融汇而成的整体风貌。企业文化的隐含部分虽然隐含在显性内容的背后，但它直接表现为精神活动，直接具有文化特质，而且在企业文化中起着根本决定性作用。

铁路企业文化是中国特色社会主义文化的重要内容，具有浓郁的时代特征和鲜明的行业特色。在铁路事业发展的历史进程中，广大铁路职工创造了体现不同时期要求、富有深厚底蕴的铁路文化，发挥了培育精神、鼓舞士气、引领行为、塑造形象的重要作用。

二、企业文化词条

（一）安全理念

基本表述： 强化基础、盯控关键、健全机制、规范管理、严格考核。

内容阐释： 该理念是"安全第一、预防为主、综合治理"方针的具体化，蕴含"安全关乎生命"的价值内核，符合部党组安全"三点共识"和"三个重中之重"要求以及"安全是铁路饭碗工程"的精神实质，深刻诠释路局长期坚持的"安全稳局、基础取胜"战略内涵，体现居危思安和居安思危的辩证有机统一，也是标准化、规范化、科学化要求的一体践行，既切合当前路局安全现状、加强安全风险管理的现实要求，也前瞻实现山区铁路现代化、确保安全发展的长远目标。

（二）服务理念

基本表述： 安全、便捷、优质、高效。

内容阐释： 该理念为"服务是铁路本质属性"在路局的落地表现，蕴含"服务关乎生存"的价值内核，体现了铁路立足运输市场生存的四个基本点。安全，是铁路运输工作对旅客货主的第一承诺，是全部服务的核心原点和根本支撑；便捷，是铁路运输竞争力的关键，是铁路为旅客、货主提供现代化运输服务的基本外在表现；优质，是铁路服务始终践行并不懈追求的目标，体现了尊客爱货的细节元素保证，是让旅客面容笑起来、让服务环境靓起来、让服务品质高起来的集中诠释；高效，体现了铁路作为国民经济大动脉必须具备的功能要素，是担当社会责任的基本保证和要求，也是提高路局效益、创造最大化价值的重要基础。

（三）经营理念

基本表述：做强核心业务、延伸服务链条、开发优势项目。

内容阐释：该理念体现路局"两转一实施"的精神要求，符合路局多元化经营拓展三大领域的总体思路，阐明了路局做强和依托主业、实现精细和多元化发展的战略构想，是谋划和推进多元化经营的理念内核支撑,是当前和今后较长时期全局经营工作的出发点和落脚点，指出了全面提高经营质量和效益，构建运输业与非运输业良性互动发展格局的实现途径，为推进路局科学发展提供有力支持。

（四）廉政理念

基本表述：廉洁从业、健康发展。

内容阐释："廉洁从业"是对铁路行业干部职工的基本要求，是必须遵守的职业道德底线，是路局健康发展的前提条件。"健康发展"是路局科学发展的重要内涵之一，建立在干部职工的廉洁自律基础之上，是廉洁从业的外化集中表现。只有做到廉洁从业，才能实现健康发展。二者因果关系明晰，表述内容简洁易懂，有利于激发干部职工以廉洁促发展的认同感和责任感。

（五）群众活动理念

基本表述：满足精神需求、展现自我价值。

内容阐释：该理念按照推进铁路文化建设、丰富职工群众精神文化生活的要求，体现了贴近职工、贴近一线、贴近需求的群众文化活动基本方针，通过喜闻乐见、健康有益的群众文化活动，丰富职工群众的文化生活，注重精神激励，强调人文关怀，增强职工对企业的认同感、归属感、责任感，充分调动和发挥职工的主动性和创造性。

三、事业理念

（一）企业宗旨

1948 年，铁道兵建制伊始即明确"人民铁路为人民"的宗旨。1995 年正式系统提出"人民铁路为人民"的宗旨，并郑重向社会承诺。铁路一贯坚持的办路方针，是一条根本宗旨，并明确其在新时期的现实意义，即"检验铁路科学发展的根本标准，就是人民群众是否满意"。

企业宗旨是企业生存的目的或对社会发展的某一方面应做贡献的陈述，它是企业文化的政治原点。"全心全意为人民服务"是我们党的根本宗旨，"人民铁路为人民"是这一宗旨在铁路事业的具体实践，它体现了铁路企业的政治属性和社会属性，是铁路人应长期秉承的理念。

（二）企业使命

铁路企业使命是"服务经济社会、服务大众需求、服务企业员工"。

企业使命是企业在经济社会发展中担当的角色和责任。铁路是国民经济的大动脉，是国家重要基础设施和大众化的交通运输工具，"服务经济社会"和"服务大众需求"正体现了这一特征。"服务企业员工"则把企业的发展与员工的利益紧密结合在一起。

（三）企业愿景

企业愿景是企业的长期愿望及未来状态，它是企业发展的蓝图和永恒追求。我们的企业愿景是"一流的企业、幸福的员工"。路局通过提升理念、提升素质、提升标准、提升方法、提升质量、提升管理"六个提升"，致力打造大局强局，实现幸福员工的成长与发展。"一流的企业"传递出铁路人建设一流铁路局的信心与决心；"幸福的员工"体现了路局在实现自身发展的同时，兼顾员工的成长。

（四）企业核心价值观

核心价值观是指企业必须拥有的信念，它是企业处理内部矛盾的准则。铁路企业核心价值观是"安全关乎生命、服务关乎生存"。安全是铁路饭碗工程，是铁路的生命线，直接关系旅客的生命与企业的"生命"，是核心价值观的核心；服务是铁路的本质属性，直接关系到"人民群众满意"的落实，是铁路企业在客货市场的立身之本。路局始终坚持践行"高速提速安全无小事、客车安全无小事、山区铁路安全无小事"。

四、工作理念

（一）企业精神

企业精神是企业基于自身特定的性质、任务、宗旨和时代要求，精心培育形成的企业成员群体精神风貌，它是理念的外化，是社会感知的企业个性形象。路局企业精神是"坚守、实干、创新、奋进"。"坚守"是铁路人最可贵的精神品质，蕴含员工对企业的忠诚，以及面对艰苦表现的坚定，这是铁路大动脉畅通的根本保证；"实干"不仅体现铁路的光荣传统，更阐明了在推进铁路科学发展的新形势下，全路上下在实干中讲科学，努力提高发展质量的时代特征；"创新"是铁路人十年三步走的灵魂，是铁路现代化事业发展的不懈动力，是建设全局一流强局的核心竞争力；"奋进"充分展现了铁路人与时俱进、不甘落后的理想追求，体现了志存高远、奋勇争先的精神状态。

（二）企业理念

企业理念是企业在持续经营和长期发展过程中，继承优良传统，适应时代要求，积极大力倡导，全体员工自觉实践，从而形成的代表企业信念、激发企业活力、推动企业生产经营的团体规则和组织行为规范，它主要体现在工作思路和方法方面。我们的企业理念是"共担责任、共谋发展、共享成果"。"共担责任"既反映铁路企业层层分解任务、层层传递压力的工作结构形态，也体现了上下齐心、共同奋斗的实践特征；"共谋发展"突出了企业发展需要集中全体员工的集体智慧，以企业发展目标凝心聚力，立足岗位与企业共成长；"共享成果"是企业发展追求和员工利益诉求和谐一体的集中诠释，是铁路不断深化改革发展的重要目标，是"共担责任"和"共谋发展"的最终落脚点。

（三）企业目标

企业目标是企业愿景的具体化和阶段化，它是企业中长期规划的指导思想，表达了现阶段铁路奋力攻坚、努力跨越的工作状态，也展示了未来的发展前景，为铁路人共同克难攻坚、不断奋进前行注入了不懈动力。

（四）企业员工行为准则

企业员工行为准则是企业理念与核心价值观中对企业员工进行总体约束的标准原则。铁路企业员工行为准则是"爱岗敬业、勤勉尽责、团结协作"。"爱岗敬业"是基本的职业道德规范，也是每名铁路人必须遵守的行为准则；"勤勉尽责"是铁路人恪守职业道德的郑重承诺，也是"认真履职尽责、主动引领担当"的必然要求；"团结协作"是铁路行业"高大半"特征决定的，它是加强结合部管理、优化整个管理体系的重中之重。

任务三　入职安全教育

【任务目标】

（1）熟悉国家有关安全管理制度；

（2）熟悉铁路相关的安全管理规定；

（3）熟悉铁路局安全制度；

（4）掌握车辆伤害及防护措施；

（5）掌握其他伤害及防护措施；

（6）牢记劳动安全的重要性。

【学习内容】

（1）国家、铁路相关的安全管理规定；

（2）铁路车辆部分有关的安全规定；

（3）定检车间的劳动安全；

（4）运用车间的劳动安全；

（5）车辆电工与钳工的劳动安全知识。

【阅读材料】

（1）车辆段安全培训：国家有关安全管理制度；

（2）车辆段安全培训：铁路相关安全管理规定；

（3）车辆段安全培训：铁路局安全制度；

（4）车间安全培训：机车车辆伤害及防护；

（5）车间安全培训：触电伤害及防护；

（6）车间安全培训：其他伤害及防护。

一、车辆段安全培训：国家有关安全管理制度

铁路新职工劳动安全三级培训是指从段、车间、班组，进行重点讲解相应的安全知识与规定，避免在实习过程中发生安全事故，将安全时刻放在心中，牢记安全的重要性，为做一名合格铁路职工做准备。

"安全"是铁路人的首要职责。铁路安全事关人民群众生命财产安全，事关大动脉畅通，事关铁路部门的形象和声誉，确保安全是铁路人必须履行的政治责任和社会责任；铁路是一部大联动机，各行车设备连续运转，百万职工昼夜工作，点多线长，环环相扣，安全风险无时不在、无处不有，每名铁路人都是安全生产的守护神；安全决定市场、决定效益，是铁路的生存之本，与铁路人的利益紧密相关，保安全就是保"饭碗"。铁路人以安全为己任，确保铁路运输安全畅通，是职业坚守、职责所在。

（一）《安全生产法》

《中华人民共和国安全生产法》简称《安全生产法》，是我国第一部关于安全生产领域的综合法律，是安全生产的基本法。《安全生产法》的颁布实施，对保障我国的安全生产，防止重、特大事故的发生，保护从业人员的安全和健康，促进国民经济健康、稳步和持续发展提供了法律保证，具有十分重要的意义。《安全生产法》规定的一系列基本原则和制度，也是铁路运输生产必须遵循的。

新版《安全生产法》于 2021 年修订，分为总则（第一章）、生产经营的安全生产保障（第二章）、从业人员的安全生产权利义务（第三章）、安全生产的监督管理（第四章）、生产安全事故的应急救援与调查处理（第五章）、法律责任（第六章）、附则（第七章）共 119 条。

（二）《刑法》

《中华人民共和国刑法》（简称《刑法》）中有关安全生产犯罪的规定主要有重大飞行事故罪、铁路运营安全事故罪、交通肇事罪、重大责任事故罪、重大劳动安全事故罪、危险物品肇事罪、重大工程安全事故罪、重大教育设施安全事故罪、消防责任事故罪等。

铁路运营安全事故罪：《刑法》第 132 条规定，铁路职工违反规章制度，致使发生铁路运营安全事故，造成严重后果的，处 3 年以下有期徒刑或者拘役；造成特别严重后果的，处 3 年以上 7 年以下有期徒刑。铁路运营安全事故罪的犯罪客体是人的生命和健康，犯罪主体是铁路运营单位的职工，包括单位负责人、管理人员、作业人员和其他有关人员，客观要件是实施了违反规章制度的违法行为，致使发生铁路运营安全事故，造成严重后果，主观要件是具有违反规章制度的过失。

（三）《劳动法》

《中华人民共和国劳动法》（简称《劳动法》）分为总则、促进就业、劳动合同和集体合同、工作时间和休息休假、工资、劳动安全卫生、女职工和未成年工特殊保护、职业培训、社会保险和福利、劳动争议、监督检查、法律责任、附则共 13 章 107 条。

1. 劳动者的权利和义务

《劳动法》第 3 条赋予了劳动者享有 7 项权利和劳动者需要履行的 4 项义务。

2. 劳动安全卫生

《劳动法》第 6 章规定了用人单位、从业人员和政府在安全生产中的责任和义务。第 52、53、54 条规定了用人单位必须建立、健全劳动卫生制度，严格执行国家劳动安全卫生规程和标准，对劳动者进行劳动安全卫生教育，防止劳动过程中的事故，减少职业危害。劳动安全卫生设施必须符合国家规定的标准。新建、改建、扩建工程的劳动安全卫生设施必须与主题同时设计、同时施工、同时投入生产和使用。用人单位必须为劳动者提供符合国家规定的劳动安全卫生条件和必要的劳动防护用品，对从事有职业危害作业的劳动者应当定期进行健康检查。

第 55、56 条规定，从事特种作业的劳动者必须经过专门培训并取得特种作业资格。劳动者在劳动过程中必须严格遵守安全操作规程。劳动者对用人单位管理人员违章指挥、强令冒险作业，有权拒绝执行；对危害生命安全和身体健康的行为，有权提出批评、检举和控告。

第 57 条规定，国家建立伤亡和职业病统计报告和处理制度。县级以上各级人民政府劳动行政部门、有关部门和用人单位应当依法对劳动者在劳动过程中发生的伤亡事故和劳动者的职业病状况，进行统计、报告和处理。

3. 女职工和未成年工保护

女职工和未成年工（指年满 16 周岁未满 18 周岁）由于生理等原因不适宜从事某些危险性较大或者劳动强度较大的劳动，《劳动法》第 7 章明确规定对女职工和未成年工实行特殊保护。

1）女职工保护

（1）用人单位禁止安排女职工从事矿山井下、国家规定的第 4 级体力劳动强度的劳动和其他禁忌从事的劳动。

（2）用人单位不得安排女职工在经期从事高处、低温、冷水作业和国家规定的第 3 级体力劳动强度的劳动。

（3）用人单位不得安排女职工在怀孕期间从事国家规定的第 3 级体力劳动强度的劳动和孕期禁忌从事的劳动。对怀孕 7 个月以上的女职工，不得安排其延长工作时间和夜班劳动。

（4）用人单位不得安排女职工在哺乳未满 1 周岁的婴儿期间从事国家规定的第 3 级体力劳动强度的劳动和哺乳期禁忌从事的其他劳动，不得安排其延长工作时间和夜班劳动。

2）未成年工保护

（1）用人单位不得安排未成年工从事矿山井下、有毒有害、国家规定的第 4 级体力劳动强度的劳动和其他禁忌从事的劳动。

（2）要求用人单位应当对未成年工定期进行健康检查。

（四）《铁路交通事故应急救援和调查处理条例》

为了加强铁路交通事故的应急救援工作，规范铁路交通事故调查处理，减少人员伤亡和财产损失，保障铁路运输安全和畅通，根据《中华人民共和国铁路法》和其他有关法律的规定，国务院制定了《铁路交通事故应急救援和调查处理条例》（国务院令第 501 号）。

1. 铁路交通事故的定义

铁路交通事故是指铁路机车车辆在运行过程中与行人、机动车、非机动车、牲畜及其他障碍物相撞，或者铁路机车车辆发生冲突、脱轨、火灾、爆炸等影响铁路正常行车的铁路交通事故。

2. 铁路交通事故等级

事故等级是反映事故严重程度的指标，事故等级越高，事故就越严重。《铁路交通事故应急救援和调查处理条例》第 8 条根据事故造成的人员伤亡、直接经济损失、列车脱轨辆数、中断铁路行车时间等情形，事故等级分为特别重大事故、重大事故、较大事故和一般事故。一般事故分为一般 A 类事故、一般 B 类事故、一般 C 类事故、一般 D 类事故 4 类。

3. 事故伤害程度

铁路交通事故人员伤亡包括以下情形：发生事故造成的铁路作业人员的伤亡；持有效乘车凭证的人员（包括旅客携带的享受免费乘车待遇的儿童）的伤亡；铁路机车车辆运行和调车作业中撞轧行人或与其他道路车辆碰撞造成的人员伤亡；急性工业中毒及其他事故中造成的人员伤亡。不包括在事故抢险和救援中伤亡的人员。

轻伤是指造成人员肢体、某些器官功能性或器质性轻度损伤，致使劳动能力轻度或暂时丧失的伤害；重伤是指造成人员肢体残缺或某些器官受到严重损伤，致使人体长期存在功能障碍或劳动能力有重大损失的伤害；死亡是指没有生命特征。

4. 铁路交通事故报告

事故发生后，事故现场的铁路运输企业工作人员或者其他人员应当立即报告邻近铁路车站、列车调度员或者公安机关。有关单位和人员接到报告后，应当立即将事故情况报告事故发生地铁路管理机构。

铁路管理机构接到事故报告，应当尽快核实有关情况，并立即报告国务院铁路主管部门；对特别重大事故、重大事故，国务院铁路主管部门应当立即报告国务院并通报国家安全生产监督管理等有关部门。

发生特别重大事故、重大事故、较大事故或者有人员伤亡的一般事故，铁路管理机构还应当通报事故发生地县级以上地方人民政府及其安全生产监督管理部门。

国务院铁路主管部门、铁路管理机构和铁路运输企业应当向社会公布事故报告值班电话，受理事故报告和举报。

（五）《标准化法》

安全生产国家标准是指国家标准化行政主管部门依照《中华人民共和国标准化法》（简称

《标准化法》）制定的在全国范围内适用的安全生产技术规范。下面所介绍的标准是指在各行业均应执行的相关标准。

1. 安全标志

安全标志是用以表达特定安全信息的标志，由图形符号、安全色、几何形状（边框）或文字构成，分为禁止标志、警告标志、指令标志和提示标志四大类型。下面的安全标志引用于《安全标志及其使用守则》（GB 2894—2008）。该标准规定了传递安全信息的标志及其设置、使用的原则，适用于公共场所、工业企业、建筑工地和其他有必要提醒人们注意安全的场所。

（1）禁止标志。禁止标志是禁止人们不安全行为的图形标志（共有 40 个），其基本形式是带斜杠的圆边框。

（2）警告标志。警告标志是提醒人们对周围环境引起注意，以避免可能发生危险的图形标志（共有 39 个），其基本形式是正三角形边框。

（3）指令标志。指令标志是强制人们必须做出某种动作或采用防范措施的图形标志（共有 16 个），其基本形式是圆形边框。

（4）提示标志。提示标志是向人们提供某种信息（如标明安全设施或场所等）的图形标志（共有 8 个），其基本形式是正方形边框。

（5）提示标志的方向辅助标志。提示标志提示目标的位置时，要加方向辅助标志。按实际需要指示左向或向下时，辅助标志应放在图形标志的左方，如指示右向时，则应放在图形标志的右方。

（6）文字辅助标志。文字辅助标志的基本形式是矩形边框，有横写和竖写两种形式。

2. 安全色

安全色包括红、蓝、黄、绿 4 种颜色，对比色包括黑、白两种颜色。

《安全色》（GB 2893—2008）规定了传递安全信息的颜色、安全色的测试方法和使用方法，适用于公共场所、生产经营单位。

1）安全色与对比色及其使用

（1）红色是传递禁止、停止、危险或提示消防设备、设施的信息，用于各种禁止标志（参照 GB 2894），交通禁令标志（参照 GB 5768），消防设备标志（参照 GB 13495），机械的停止按钮、刹车及停车装置的操纵手柄，机器转动部件的裸露部位，仪表刻度盘上极限位置的刻度，各种危险信号旗等。

（2）蓝色是传递必须遵守的指令性信息，用于各种指令标志（参照 GB 2894）、道路交通标志和标线中指示标志（参照 GB 5768）等。

（3）黄色是传递注意、警告信息，用于各种警告标志（参照 GB 2894）、道路交通标志和标线中警告标志（参照 GB 5768）、警告信号旗等。

（4）绿色是传递安全的提示性信息，用于各种提示标志（参照 GB 2894）、机器启动按钮及安全信号旗、急救站、疏散通道、避险处、应急避难场所等。

（5）黑色用于安全标志的文字、图形符号和警告标志的几何边框。

（6）白色用于安全标志中红、蓝、绿的背景色，也可用于安全标志的文字和图形符号。

安全色与对比色同时使用时，应按规定搭配使用。安全色与对比色相间的条纹宽度应相等，即各占 50%，斜度与基准面呈 45°，宽度一般为 100 mm；但可根据设备大小和安全标志位置的不同，采用不同的宽度。在较小的面积上，其宽度可适当缩小，每种颜色不能少于两条。

使用安全色时要考虑周围的亮度及同其他颜色的关系，要使安全色能正确辨认。在明亮的环境中，照明光源应接近自然白昼光，如 D56 光源；在黑暗的环境中，为避免眩光或干扰，应减少亮度。

2）检查与维修

凡涂有安全色的部位，每半年应检查一次，应保持整洁、明亮，如有变色、褪色等不符合安全色范围，逆反射系数低于 70% 或使用环境改变时，应及时重涂或更换，以保证安全色的正确、醒目，以达到安全警示的目的。

3. 劳动防护用品分类

劳动防护用品分类引用于《劳动防护用品分类与代码》（LD/T 75—1995）标准，该标准适用于劳动防护用品生产、统计、订货、储运、经营、分发等方面的管理及信息处理和交换。

劳动防护用品是劳动安全工作的重要组成部分。当技术措施尚不能消除生产过程中的危险和有害因素，达不到国家标准或有关规定时，或不能进行技术改造时，穿戴劳动防护用品就成为既能完成生产任务又能保证劳动者安全和健康的唯一手段，也是保护劳动者安全和健康的最后一道防线。

劳动防护用品分为一般劳动防护用品和特种劳动防护用品，特种劳动防护用品实行生产许可制度。劳动防护用品按人体防护部位通常分为九大类。

1）头部防护用品

头部防护用品是为防御头部不受外来物体打击和其他危险或有害因素而配备的个人防护装备。

生产过程中伤害头部的主要因素有物体打击伤害、高处坠落伤害、机械伤害、污染毛发（头皮）伤害等。

头部防护用品按防护功能分为普通（一般）防护帽、防尘帽、防水帽、防寒帽、安全（防冲击）帽、防静电帽、防高温帽、防电磁辐射帽、防昆虫帽和其他头部防护用品等产品。

2）呼吸器官防护用品

呼吸器官防护用品是为防御有害气体、粉尘、烟、雾经呼吸道吸入，或直接向使用者供氧或清净空气，保证尘、毒污染或缺氧环境中作业人员正常呼吸而配备的防护用具。

生产过程中伤害呼吸器官的主要因素有生产性粉尘和生产性有害物。

呼吸器官防护用品按防护功能分为防尘口罩、防毒口罩（面具）、防酸碱口罩、给氧装备和其他呼吸器官防护用品 5 类；按形式又可分为过滤式和隔离式两类。

3）眼面部防护用品

眼面部防护用品是为防御眼、面部不受烟雾、尘粒、金属火花和飞屑、热、电磁辐射、激光、化学飞溅物等伤害而配备的个人防护用品。

常见的生产过程中眼、面部伤害主要有异物性眼伤害、化学性眼（面）伤害、非电磁辐射眼伤害、电磁辐射眼伤害、微波和激光眼伤害等。

眼面部防护用品按防护功能分为防尘风镜（面罩）、防水眼罩、防冲击眼罩（镜）、防毒面罩、防高温面罩、防电磁辐射眼镜、防射线眼镜（罩）、防酸碱面罩、防风沙面罩、防强光眼镜（面罩）和其他眼面部防护用品 11 类。使用较普遍的有 3 种，即焊接护目镜和面罩、炉窑护目镜和面罩、防冲击眼护具。

4）听觉器官防护用品

听觉器官防护用品是为防御噪声侵入耳道，预防噪声对人身引起不良影响而配备的个人防护用品。

生产过程中对听力的损害因素有机械性噪声、空气动力性噪声、电磁性噪声等。

听觉器官防护用品按防护功能分为防水耳塞、防寒耳塞、防噪声耳塞（罩）和其他听觉器官防护用品 4 类；按形式又可分为耳塞、耳罩和防噪声头盔 3 类。

5）手部防护用品

手部防护用品是为防御手部不受外来物体打击和其他危险或有害因素而配备的个人防护用品。

生产过程中对手部的伤害因素是多种多样的，大致可归纳为下列几种因素：火与高温、低温、电磁与电离辐射、电、化学物质、撞击、切割、擦伤、微生物侵害以及感染等。

手部防护用品按防护功能分为普通（一般）防护手套、防水手套、防寒手套、防毒手套、防静电手套、防高温手套、防射线手套、防酸碱手套、防油手套、防振手套、防切割手套、绝缘手套和其他手部防护用品 13 类。

6）足部防护用品

足部防护用品是为防御足部不受外来物体打击和其他危险或有害因素而配备的个人防护用品。

生产过程中对足部的伤害因素主要有重物、锐利物品、高温、低温、化学物质、电、静电等。

足部防护用品按防护功能分为防尘鞋、防水鞋（靴）、防寒鞋（靴）、防冲击鞋（盖）、防静电鞋、防高温鞋（靴）、防酸碱鞋（靴）、防油鞋（靴）、防烫脚盖、防滑鞋、防穿刺鞋（靴）、电绝缘鞋（靴）和其他足部防护用品（防震鞋）13 类。

7）躯干防护用品

躯干防护用品是为防御躯干不受外来物体打击和其他危险或有害因素而配备的个人防护用品。

生产过程中对躯干的伤害因素主要有高温、强辐射热、低温、电磁与电离辐射、化学物质、电、静电等。

躯干防护用品就是通常讲的防护服，根据防护功能分为普通（一般）防护服、防水服、防寒服、防毒服、防静电服、防高温服、防电磁辐射服、防酸碱服、防油服、防昆虫服、防风沙服、阻燃服、防砸背心、水上救生衣和其他防护服（带电作业屏蔽服和反光标志服、背心）15 类。

8）护肤用品

护肤用品用于防止皮肤（主要是手、面等外露皮肤）免受化学、物理等有害因素的危害。生产过程中对皮肤的伤害因素主要有高温、低温、紫外线、化学物质等。

护肤用品根据防护功能分为防毒、防射线、防油、其他劳动护肤品4类。

9）其他劳动防护用品

其他劳动防护用品根据防护功能分为防高温的遮阳伞，防坠落用品的安全带（绳）和安全网，水上救生圈（筏、艇），电绝缘地板，防滑垫及其他6类。

（六）《工伤保险条例》

为了保障因工作遭受事故伤害或者患职业病的职工获得医疗救治和经济补偿，促进工伤预防和职业康复，分散用人单位的工伤风险，国务院制定了《工伤保险条例》（国务院令第375号）。

1. 应当认定为工伤的情形

（1）在工作时间和工作场所内，因工作原因受到事故伤害的；

（2）工作时间前后在工作场所内，从事与工作有关的预备性或者收尾性工作受到事故伤害的；

（3）在工作时间和工作场所内，因履行工作职责受到暴力等意外伤害的；

（4）患职业病的；

（5）因工外出期间，由于工作原因受到伤害或者发生事故下落不明的；

（6）在上下班途中，受到非本人主要责任的交通事故或者城市轨道交通、客运轮渡、火车事故伤害的；

（7）法律、行政法规规定应当认定为工伤的其他情形。

2. 视同工伤的情形

（1）在工作时间和工作岗位，突发疾病死亡或者在48 h之内经抢救无效死亡的；

（2）在抢险救灾等维护国家利益、公共利益活动中受到伤害的；

（3）职工原在军队服役，因战、因公负伤致残，已取得革命伤残军人证，到用人单位后旧伤复发的。

职工有前款第1项、第2项情形的，按照本条例的有关规定享受工伤保险待遇；职工有前款第3项情形的，按照本条例的有关规定享受除一次性伤残补助金以外的工伤保险待遇。

3. 不得认定为工伤或者视同工伤的情形

（1）故意犯罪的；

（2）醉酒或者吸毒的；

（3）自残或者自杀的。

二、车辆段安全培训：铁路相关安全管理规定

铁路相关安全管理规定有《中华人民共和国铁路法》《铁路安全管理条例》《铁路技术管理规程》。

《铁路技术管理规程》（以下简称《技规》）分为总则以及技术设备、行车组织、信号显示3篇（普速铁路部分共19章462条、高速铁路部分共25章498条）。《技规》规定了铁路的基本建设、产品制造、验收交接、使用管理及保养维修方面的基本要求和标准；规定了各部门、各单位、各工种在从事铁路运输生产时，必须遵循的基本原则、责任范围、工作方法、作业程序和相互关系；规定了信号的显示方式和执行要求；明确了铁路工作人员的主要职责和必须具备的基本条件。

《技规》是铁路技术管理的基本规章，铁路的其他规章和规范性文件以及各部门、各单位制定的技术管理文件等，都必须符合《技规》的规定。《技规》要求铁路职工必须严格遵守和执行本规程的规定，在自己的职务范围内，以对国家和人民极端负责的态度，保证安全生产。特别要求铁路行车有关人员，接班前须充分休息，严禁饮酒；在执行职务时，必须坚守岗位，穿着规定的服装，佩戴易于识别的证章或携带相应的证件，讲普通话。

（一）铁路运输系统作业人员劳动安全关键点通用控制措施

为适应铁路运输生产和技术条件不断发展变化的需要，落实"规范管理，强基达标"总体要求，强化作业安全关键环节的控制，减少职工伤害事故，中国国家铁路集团有限公司制定了《铁路运输系统作业人员劳动安全关键点控制措施》，分为通用控制措施和具体控制措施两大部分。

通用控制措施规定在铁路既有线从事作业的所有人员，必须认真落实下列劳动安全控制措施。

（1）严格遵守劳动纪律和作业纪律，认真执行保休制度，班前充分休息，严禁班前、班中饮酒；严禁脱岗、串岗、私自替班或换班，不得做与工作无关的事情。

（2）新上岗、转岗、提职职工必须进行单位、车间、班组三级安全教育及其他规定的安全教育，经培训考试合格后，方准上岗单独作业。学徒工、实习人员、干部在参加劳动、学习期间，不准单独顶岗。

（3）行车、特种作业人员，机械设备、工具操作人员，须经专业安全技术培训考试合格后，方准持证上岗。

（4）作业中必须按规定着装、佩戴防护用品和正确使用防护用具，严格执行安全技术操作规程。

（5）横越线路时，必须做到"一站、二看、三通过"，严禁抢越、钻车或穿越两车间隙，严禁在道心或枕木上行走，严禁扒乘机车车辆以车代步。

（6）上道检修人员应配备自动报警或通信联络工具，在设有来车报警设备的区段作业时，应按规定使用报警设备。接到来车通知后，必须停止作业，迅速撤离到安全地带待避车辆。

（7）电气化区段作业人员除落实上述措施外，还应严格执行《电气化铁路有关人员电气安全规则》。

（二）《电气化铁路有关人员电气安全规则》

为防止电气化铁路发生触电伤害事故，《电气化铁路有关人员电气安全规则》分为总则，一般安全规定，接发列车及调车作业安全规定，货运、装卸作业安全规定，机车、动车、车辆作业安全规定，工务作业安全规定，电务作业安全规定，牵引供电、电力作业安全规定，电气化铁路附近消防安全规定，车辆行人通过道口安全规定，其他作业安全规定，附则共12章52条。

1. 一般安全知识

（1）所有接触网设备，自第一次受电开始，在未办理停电接地手续之前，均按有电对待。

（2）电气化铁路各单位必须组织所属有关职工认真学习《电气化铁路有关人员电气安全规则》，并按规定对有关职工每年至少进行一次安全考试，考试合格后，方准参加作业。临时指派到电气化铁路上工作的有关人员也同样应参加电气化知识培训和考试。

（3）为保证人身安全，除专业人员按规定作业外，任何人及所携带的物件、作业工器具、机械设备等须与牵引供电设备高压带电部分保持2m以上的距离，与回流线、架空地线、保护线保持1m以上的距离。

（4）电气化区段所有接触网支柱、防护栅网上均设有"高压危险"警示标志，不准在支柱防护栅网上搭挂衣物、攀登或在支柱、防护栅网上搭挂非牵引供电线索。

（5）在电气化区段作业遇雷雨时，作业人员应迅速放下手中的金属器具，不要在大树下、电杆（支柱）旁和涵洞内躲避。

（6）发现牵引供电设备断线时，应立即通知附近的车站，在牵引供电设备检修人员到达未采取措施以前，任何人员均应距已断线索或异物处所10m以外。

2. 作业禁止事项

（1）在电气化区段内，禁止任何人攀登到车顶或车辆装载的货物上。

（2）电气化区段所有接触网支柱上均设有"高压危险"警示标志，禁止借助接触网支柱搭设脚手架。

（3）电气化区段上水、保洁、施工等作业，不得将水管向供电线路方向喷射，站车保洁不得采用向车体上部喷水方式洗刷车体（因为水柱能导电）。

（4）牵引供电设备故障时，禁止与支柱、接地引下线、综合接地线接触，并保持安全距离。

（三）消防安全知识

（1）作业人员发现电气化铁路附近发生火灾时，必须立即通知列车调度员、电力调度员或接触网工区值班人员。

（2）距牵引供电设备带电部分不足4m的燃着物体，用水或灭火器灭火时，牵引供电设备必须停电。

（3）距牵引供电设备带电部分超过2m的燃着物体，使用沙土灭火时，牵引供电设备可不停电，但须保持灭火机具及沙土等与带电部分的距离在2m以上。

（四）铁路工务安全规则有关人身安全规定

为保证行车和人身安全，铁路总公司（现更名为国铁集团）颁布了《普速铁路工务安全规则》（铁总运 272 号），自 2014 年 12 月 1 日起施行。其中第 3 章第 2 节"避车"中有关作业人员下道避车应遵守的规定，不仅适用工务系统的作业人员，同样适用于接触铁路线路和机车车辆的所有铁路员工。

1. 距钢轨头部外侧距离

距钢轨头部外侧的距离不小于 2 m，设有避车台（洞）的桥梁（隧道）应进入避车台（洞）避车。

2. 本线来车下道距离规定

（1）$v_{max} \leqslant 60$ km/h 时，不小于 500 m；

（2）60 km/h<$v_{max} \leqslant 120$ km/h 时，不小于 800 m；

（3）120 km/h<$v_{max} \leqslant 160$ km/h 时，不小于 1 400 m；

（4）160 km/h<$v_{max} \leqslant 200$ km/h 时，不小于 2 000 m。

3. 邻线（线间距小于 6.5 m）来车下道规定

1）本线不封锁时

（1）邻线速度 $v_{max} \leqslant 60$ km/h 时，本线可不下道；

（2）60 km/h<邻线速度 $v_{max} \leqslant 120$ km/h 时，来车可不下道，但本线必须停止作业；

（3）邻线速度 $v_{max} >120$ km/h 时，下道距离不小于 1 400 m；

（4）瞭望条件不良，邻线来车时本线必须下道。

2）本线封锁时

（1）邻线速度 $v_{max} \leqslant 120$ km/h 时，本线可不下道；

（2）120 km/h<邻线速度 $v_{max} \leqslant 160$ km/h 时，本线可不下道，但本线必须停止作业；

（3）邻线速度 $v_{max} >160$ km/h 时，本线必须下道，距离不小于 2 000 m。

4. 在站内其他线路避车规定

在站内其他线路作业，躲避本线列车时，下道距离不小于 500 m，与本线相邻正线来车时，按本条第一项和第三项办理，与本线相邻其他站线来车时可不下道，但必须停止作业。列车进路不明时必须下道避车。速度小于 120 km/h 区段，瞭望条件大于 2 000 m 时，钢轨探伤仪、轨道检查仪作业，邻线来车可不下道。人员下道避车时应面向列车认真瞭望，防止列车上的抛落、坠落物或绳索伤人。人员下道避车的同时，必须将作业机具、材料移出线路，放置、堆码牢固，不得侵入限界，两线间不得停留人员和放置机具、材料。步行上下班时，区间应在路肩或路旁走行；在双线区间，应面迎列车方向；通过桥梁、道口或横越线路时，应做到"一停、二看、三通过"，严禁来车时抢越。车站内如必须走道心时，应在其前后设置专人防护。进路信号辨认不清时，应及时下道避车。

三、车辆段安全培训：铁路局安全制度

车辆部门为加强劳动安全风险防范，增强全体干部职工的自我防护意识，有效防止从业人员伤亡事故发生，结合实际，特制定《××铁路局防止从业人员伤亡事故控制措施》。

（一）对全体从业人员的共同要求

（1）接班前要充分休息，严禁班前、班中饮酒。班前、班中饮酒的，应立即停止其工作。

（2）按规定着装，正确佩戴、使用符合劳动条件的劳动保护用品和安全防护用品，不准使用不符合安全规定的安全用品、工具及测试设备。作业人员当班必须穿着劳保鞋，严禁穿高、中跟鞋，以防扭伤。

（3）新工、新岗、新职人员必须经过三级安全教育，脱产接受《电气化铁路有关人员电气安全规则》和劳动安全"应知应会""必知必会"的安全教育培训，经考试合格后，持证上岗作业。学徒工、实习人员在参加作业、学习期间，必须签订师徒合同，作业中严禁师徒分离，学徒工、实习人员不得单独作业。特种设备及特殊工种作业人员必须持国家认可并在有效期内的操作证上岗。

（4）严格遵守本单位的安全生产规章制度和操作规程，服从管理，不简化作业流程。

（5）严禁在钢轨上、轨枕头、道心、道床边坡坐卧、站立或在车下避雨、乘凉、休息。严禁扒乘机车、车辆，以车代步。

（6）横越铁路，通过道口、桥梁时，应"手比、眼看、口呼"，做到"一停、二看、三通过"，严禁来车时抢越。

（7）横越停留列车、车列时，应先确认列车、车列暂不移动，应从车门处、通过台、车钩上方越过或在停留车 5 m 以外绕行，并防止提开车钩，注意邻线来车，严禁钻车。

（8）除线路巡检人员外，顺线路行走时，不准走道心和轨枕头。在线路附近作业时，人员、设备、工具（包括手持工具）不得侵入限界。必须走道心时，应设置专人防护。

（9）所有从业人员、管理人员在作业期间，严禁使用手机（或其他电子设备）玩游戏、上网、聊天、发短信、拍照、录像等与工作无关的事情。

（10）在电气化区段，除专业人员按规定作业外，任何人员及所携带的物件与接触网设备的带电部分，必须保持 2 m 以上的距离。

（二）各系统控制措施

1. 客运部门防止职工伤亡事故措施

（1）在电气化铁路区段工作的站车客运人员，必须经过电气化安全知识教育，作业时严格执行《电气化铁路有关人员电气安全规则》，严禁用水管冲刷车辆上部和攀登车顶进行任何作业，应急处理列车顶部突发事件时，必须向供电部门申请配合，得到供电部门确认具备登车顶作业的通知后，方准进行相关作业。

（2）客运人员接送列车应站在安全线以内，面向列车，注意力要集中，列车未停稳或已显示发车信号后不得越过安全线。寒冬季节备足防滑物品，避免雨雪天气滑倒摔伤。严禁客运人员不经跨线设施（天桥、地道、站内平交道）横越股道。

（3）上水工在作业时应注意列车动态，遇邻线会车时，禁止走动，应蹲坐在安全位置，避免伤害。

（4）乘务人员要严格执行车门管理制度，严禁飞乘飞降。在列车运行中严禁开门乘凉、探身瞭望。乘务人员出退乘必须集体列队按单位规定的线路行走，严禁在站内退乘解散队伍，严禁乘务员翻越车辆、跨越股道。

（5）加强炉灶管理，操作锅炉应持有合格证，炉灶有异状时应及时报告处理，烧干锅时严禁向炉内注水，防止发生爆炸。严禁在运行中或电气化区段进行清扫烟筒作业。

（6）列车前、尾部车厢端门要安装安全防护栏。餐车操作间侧门和行李车货仓门要加装明锁。

（7）在库内作业时，应确认列车停妥并已设防护；同时，要注意调车作业情况，必要时设专人防护。

2．机务、车辆、供电部门防止职工伤亡事故措施

（1）严禁在接触网未停电的情况下攀登和用水管冲洗机车、车辆上部。

（2）机车车辆乘务员在区间停车例行检查或作业时，要注意上下车位置和邻线来往车辆，严禁在邻线通过列车一侧检查机车走行部，以防碰轧。

（3）机车乘务员在动车前，必须确认车组人员齐全和车上、车下无其他作业人员，先鸣笛，后动车。无有效驾驶证者严禁开动机车和轨道作业车。严禁机车乘务员、检修人员及其他人员在列车运行中进行机车外部作业。电力、内燃机车在运行中必须关闭两侧车门；人员探身车外瞭望作业时不得超出限界，需要交接行车凭证和命令时，要适当降低列车速度，站稳抓牢。

（4）进行机车整备作业时，要注意邻线来往车辆。严禁在分段绝缘器、接触网终端标下进行机车整备。通过检查地沟时，应走渡板或前后绕行，禁止跨越地沟。

（5）高处作业必须做好安全防护和按规定使用安全带。

（6）操作隔离开关时必须严格执行操作规程，按规定使用安全防护用品，遇有雷雨天气或隔离开关故障时不得操作。

（7）牵引供电部门职工严格执行《接触网安全工作规程》《牵引变电所安全工作规程》，无安全合格证不准参加作业，严禁未确认停电就验电接地；用车梯进行作业时，应指定车梯负责人，工作台上的人员不得超过两名。所有零件、工具等均不得放置在工作台的台面上，不准上下抛掷工具、材料；同时要严格执行供电现场作业"五必须""五不准"安全管理制度。

（8）电力作业职工要严格执行《铁路电力安全工作规程》，并认真做到电力作业"四必须"。

（9）车辆部门职工要严格执行《车辆部门安全技术规则》

3．各单位检修车间和工厂职工防止伤亡事故措施

（1）应定置管理，各类安全警示标志齐全。

（2）严格按各类设备安全操作规程进行作业。

（3）在开始作业前，要对设备进行检查，发现异常及时处理，严禁超负荷使用设备。工具、卡具应放置得当，各类安全装置应配备齐全。

（4）设备的安全防护装置应安装牢固，作用良好。各限位开关动作灵敏，性能可靠。

（5）使用锅炉压力容器应先检查安全阀、压力表等安全附件和保护装置是否符合要求、灵敏可靠，确保安全运用。

（6）禁止对易燃、易爆容器进行电焊和切割；焊接、切割钢管时，应注意管内有无杂物，以防发生意外。

（7）生产作业场地地面地沟应保持干净整洁，防止滑倒摔伤。各类地沟盖板齐全、无破损，承重符合要求。所有作业人员严禁凌空跨越地沟，需跨越地沟时，应从地沟盖板或安全通道上通过。

4. 防止煤气中毒措施

冬季取暖火炉必须安装烟筒（室外加装三通弯头）和风斗，要指定专人负责使用管理，定期检查烟筒畅通情况。每年使用前须经单位主管部门检查验收发放合格证后方准使用，防止发生煤气中毒事故。

5. 露天作业防止意外伤害措施

（1）防雷电伤害。
（2）防毒蛇咬伤和蜜蜂蜇伤。
（3）防蜱虫伤害。

6. 人身安全"十不准"

（1）不准不设防护就开始作业。
（2）不准不瞭望就穿越线路。
（3）不准飞上飞下、扒车代步。
（4）不准跨骑翻越动态中的车辆。
（5）不准在动态的车辆中调整钩位、摘接风管。
（6）不准违反规定在电化区段攀登洗刷机车、车辆上部。停电对各项设备进行检修时，必须确认无电才能作业。
（7）不准不戴安全带、安全帽，不设安全网，不穿防护服作业。
（8）不准未搭好脚手架、放稳梯凳就开始作业。
（9）不准携带笨重工具和材料登高作业。
（10）不准钻车或在车辆下乘凉、坐卧休息。

四、车间安全培训：机车车辆伤害及防护

铁路机车车辆是指在铁路线路上运行的铁路机车、客车、货车、动车组及各类自轮运转特种设备等。所谓机车车辆伤害，是指铁路机车车辆在运行过程中碰、撞、轧、压、挤、摔等造成铁路作业人员伤亡的事故。

（一）机车车辆伤害事故类型

从发生机车车辆伤害事故来看，几乎没有一件是单一因素所造成的，一般是由多重因素

所决定的，每一件机车车辆伤害事故都有若干事件和情况联合存在或同时发生的特点。但按其造成伤害的主要因素可以分为以下两种方式：

（1）作业人员未及时下道避车，或作业人员违章抢道、走道心、钻车底、跳车、扒车、以车代步、作业侵限等人为因素造成的伤害。

（2）线路上作业不设防护、作业防护不到位、作业环境不良、违章指挥等管理因素造成的伤害。

（二）机车车辆伤害事故危险辨识

铁路作业人员在生产过程中，容易造成机车车辆伤害的危险和有害因素较多，随着几次大提速后，列车运行速度急剧提高，车流密度大幅增加，铁路部门必须通过加强设备保养、维修来为铁路运输提供可靠的行车设备来确保运输安全，大量的铁路作业人员需上铁路线进行行车设备的检查、维修。而高速度、高密度运行的列车也给铁路线上作业人员人身安全带来了安全隐患，增大了上铁路线路作业的安全风险。根据事故致因理论，事故致因因素包括人的因素、物的因素、环境因素和管理因素4个方面。

（三）站场与线路行走安全

在站内、区间行走如何安全避车是确保人身安全的关键，安全避车是避免被运行中的机车车辆碰撞而受到伤害的重要环节。铁路作业人员在站场或线路上行走、横越时，应严格遵守站场、线路行走和避车的相关规定。

1. 站内、区间行走安全

（1）横越线路时，应走地道或天桥。必须横越线路时，应"一站、二看、三通过"，并注意左右机车、车辆的动态及脚下有无障碍物。

（2）必须横越列车、车列时，应先确认列车、车列暂不移动，然后由通过台或两车车钩上越过，勿碰开钩销，要注意邻线有无机车、车辆运行，严禁钻车底。

（3）横越停有机车、车辆的线路时，先确认机车、车辆暂不移动，然后在该机车、车辆端部5 m以外绕行通过。

（4）严禁在运行中的机车、车辆前方抢越。

（5）严禁扒乘机车、车辆，以车代步，禁止从行驶中的机车、车辆上跳下。

（6）严禁在钢轨上、车底下、枕木头、道心内、棚车顶上坐卧、站立和行走（凡有规定则除外）。

（7）禁止在桥梁、站台、路肩上骑自行车等交通工具。

（8）禁止在未设置避车台的桥梁上躲避列车。若通过桥梁或进入下一个避车台时，必须确认具备安全通过条件时，方可通过桥梁。

（9）在站内行走应走车站固定行走线路，如站台或线路两侧平坦处。

（10）顺线路行走时，应走路肩，并注意本线、邻线的机车、车辆和货物装载状态，严禁在道心、枕木上行走。不准脚踏钢轨面、道岔连接杆、尖轨等。

（11）在区间行走时应走路肩，不间断瞭望，在双线区间应面迎列车运行方向行走，禁止在邻线和两线中间行走或躲避列车。

（12）遇有降雾、暴风雨（雪）、扬沙等恶劣天气影响瞭望时，应停止线上作业和上道检查，必须作业时，应采取特殊安全措施，保证来车之前按规定的距离及时下道。

（13）站内设备巡检时，应面迎列车运行方向行走，不准脚踏钢轨面、道岔连接杆及尖轨等处。放置工具材料不准侵入建筑接近限界。作业人员接到来车通知后，应及时下道避车。双线地段巡检道岔时应面迎来车方向。遇大雨、大雾等恶劣天气时，禁止上道清扫作业，除雪保畅通或处理临时故障必须设好防护。

（14）在站内抬运笨重工具、材料时，要呼唤应答、步调一致，并注意邻线列车动态；搬运材料、配件需在两线间行走时，应设置防护，不得紧靠线路。

2. 避车安全

（1）在线路上作业必须按规定设置防护设施，穿好黄色防护服（夜间穿着带有荧光反射的黄色防护服），注意瞭望，安全避车。

（2）线路作业和巡检人员，必须熟悉管内的线桥设备情况以及列车运行速度、密度和各种信号显示方法，并注意瞭望，及时下道避车。

（3）在双线或多线地段的一股线上的施工作业要杜绝在两线间、邻线或跨线避车。

（4）在站内其他线路作业，躲避本线列车时，下道距离不小于 500 m；邻线来车时，可不下道，但必须停止作业。列车进路不明时必须下道避车。

（5）速度小于 120 km/h 的区段，瞭望条件大于 2 000 m 时，钢轨探伤小车、轨道检查小车作业，邻线来车可不下道。

（6）人员下道避车时应面向列车认真瞭望，防止列车上的抛落、坠落物或绳索伤人。

（7）人员下道避车的同时，必须将作业机具、材料移出线路，放置、堆码牢固，不得侵入限界，两线间不得停留人员和放置机具、材料。

（8）在桥梁上和隧道内避车。列车通过前 10 min，在桥梁上的作业人员应撤离至桥头路肩或进入避车台避车，严禁在涵顶（无护栏、距离不足）和无避车台的桥上避车；在隧道内所有作业人员必须进入隧道避车洞内或撤离至隧道外安全地点避车，严禁在隧道内其他地点避车。

（9）瞭望条件不良或联系中断情况下的避车。遇通信信号不良或瞭望条件不良，必须增加中间联络防护人员。如遇通话联络中断时，现场防护员必须立即通知所有作业人员携带机具（料）撤离到安全地点避车。待联络恢复正常后，按规定组织作业人员上道作业。

（10）道口岗位作业避车。列车通过道口时，道口看守员必须提前出屋立岗，立岗接车位置应距钢轨头部外侧 3 m 以上。道口看守员必须按规定及时关闭道口栏木，监视机动车辆及行人情况，正确处置突发事件。

（11）遇有动车、直达、特快旅客列车通过时，严禁对相邻线路的列车进行现场技术作业。

（12）高铁施工、维修及上道检查作业必须在天窗点内进行，天窗时段外不得进入封闭栅栏内。

（13）高铁地面信号设备故障处理必须采取临时封锁要点或在天窗点内进行。当设备发生故障，需在双线区间的一条线路上处理故障时，维护单位应按规定向列车调度员申请邻线限速（最高速度不得超过 160 km/h）。

（14）作业人员下道避车距离应遵守表 1-2 中的规定（《铁路工务安全规则》）。

表 1-2　作业人员下道避车距离

列车运行速度	距钢轨头部外侧距离	本线来车下道完毕距离
$v_{max} \leqslant 60$ km/h	应满足 2 m	不小于 500 m
60 km/h $< v_{max} \leqslant 120$ km/h	应满足 2 m	不小于 800 m
120 km/h $< v_{max} \leqslant 160$ km/h	不小于 2.5 m	不小于 1 400 m
160 km/h $< v_{max} \leqslant 200$ km/h	不小于 3 m	不小于 2 000 m

（15）邻线（线间距小于 6.5 m）来车下道应遵守表 1-3 中的规定（《铁路工务安全规则》）。

表 1-3　邻线来车下道规定

条　件		要　求
本线不封锁时	邻线速度 $v_{max} \leqslant 60$ km/h	本线可不下道
	60 km/h $<$ 邻线速度 $v_{max} \leqslant 120$ km/h	来车可不下道，但本线必须停止作业
	邻线速度 $v_{max} > 120$ km/h	下道距离不小于 1 400 m
	瞭望条件不良	邻线来车时本线必须下道
本线封锁时	邻线速度 $v_{max} \leqslant 120$ km/h	本线可不下道
	120 km/h $<$ 邻线速度 $v_{max} \leqslant 160$ km/h	本线可不下道，但本线必须停止作业
	邻线速度 $v_{max} > 160$ km/h	本线必须下道，距离不小于 2 000 m

（四）车辆检修作业安全

（1）列检人员要熟悉本站内线路、设备、建筑物及列车运行、调车作业、车辆取送等情况。列车技术作业要严格执行"整队出发，列队归所"制度，严禁单独行动。检查作业中列检人员在两侧平行作业时前后不超过一个转向架，并保持相互联系。

（2）在站内线路上检查、修理、整备车辆时，应在列车（车列）两端来车方向左侧钢轨上，设置带有脱轨器的固定或移动防护信号进行防护，前后两端防护距离不少于 20 m。防护距离不足时，列检值班员须通知车站将道岔锁闭在不能通往该线的位置，并按规定办理相应的确认手续。

（3）要严格执行插、撤安全防护信号联锁传递办法，不得隔位或用对讲机进行传递，严禁在无安全防护信号的情况下进行车辆检查和故障处理，严禁在列车运行中处理车辆故障，严禁在未设安全防护信号的列车（车列）中摘接长制动软管或车辆制动软管。作业完了必须确认车下无人后方准撤除防护。

（4）旅客列车在到发线上进行技术检查时，用停车信号防护，可不设脱轨器。列检作业线路应平整，不得铺设凹形水泥轨枕，不得铺用大块石砟。

（5）列车试风，应按规定防护距离插设防护信号。严禁在未设防护装置的列车（车列）中接、摘地道长制动软管或车辆软管。

（6）对列检使用的轨边设施进行检修作业时，必须遵守《铁路营业线施工安全管理办法》规定要求，设专人防护，不得单人作业。遇有列车通过时，必须停止作业。安全防护人员须经培训，并持证上岗。

（7）使用卷扬机或撬动车辆时，首先要掌握线路坡度，停车位置和人员作业情况，设专人指挥、瞭望，准备好制动措施，以防溜走碰撞、伤人。使用撬棍撬车时，最好使用专用的活头防滑撬棍，不准用腹部压撬棍。

（8）检查、测量轮对时，不得脚踩钢轨，要随时注意前后轮对的动态，并对前后轮对加设防溜动设施。溜放轮对要先检查线路无障碍物后，在有人防护的情况下进行。严禁骑跨钢轨推送轮对。

（9）乘务人员应做到列车开动前上车，停稳后下车。途中检查车辆时，应掌握停留时间和上车地点。中途处理故障必须事先与车长联系，设置防护信号。遇有邻线列车通过时，不得在两线间作业。

（10）列车未停稳前不得打开车门。下车时要注意地面落脚处有无障碍物或坑洼，并注意邻线车辆动态。

（11）列车运行中禁止打开车门处理车体外部故障。需要开车门、开窗瞭望时，只允许探出头部，不允许探身。

（12）在客车折返站和机保列车装卸线、备用线上检查作业时，要与所在站（列检所）有关人员联系，征得同意后设置好防护信号，再进行作业。

（13）进入保温车工作时要把车门打开。关闭车门时，要呼唤、瞭望，确认车内无人。

五、车间安全培训：触电伤害及防护

电气安全，主要是在生产与生活中防止触电及其他电气危害。随着铁路电力发展变化，电气设备设施在铁路运输生产经营中大量运用，结合铁路电力设备运行情况，为了适应电气化铁路劳动安全管理的特点和要求，防止可能发生的触电伤亡事故，确保安全生产和从业人员的生命财产安全，确保运输生产经营的顺利进行，应严格遵守国家铁路安全法规和电气化铁路安全规定。

（一）安全电压、低压、高压和跨步电压的概念

安全电压是指对人体不会引起生命危险的电压，它是根据人体电阻确定的，人体电阻一般为 $800\ \Omega \sim 1\ M\Omega$，流经人体不致发生生命危险的电流一般不会超过 $50\ mA$，按照欧姆定律可推知人体安全电压应小于 $40\ V$。我国规定 $36\ V$ 以下为安全电压，在某些特殊场合规定 $12\ V$ 为安全电压。

低压指对地电压在 $250\ V$ 及以下，如 $380/220\ V$ 三相四线制居民生活用电线路的相电压、直流 $220/110\ V$ 电源等。

高压指对地电压在 $250\ V$ 以上，如 $10\ kV$ 电力线路、$25\ kV$ 接触网线路等。

当电气设备发生接地故障，接地电流通过接地体向大地流散，在地面上形成电位分布时，若人在接地短路点周围行走，其两脚之间的电位差，就是跨步电压。

（二）触电事故种类

按照触电事故的构成方式，触电事故可分为电击和电伤。

1. 电　　击

电击是电流对人体内部组织的伤害，是最危险的一种伤害，绝大多数（大约 85% 以上）的触电死亡事故都是由电击造成的。

2. 电　　伤

电伤是由电流的热效应、化学效应、机械效应等效应对人造成的伤害。触电伤亡事故中，纯电伤性质的及带有电伤性质的约占 75%（电烧伤约占 40%）。尽管大约 85% 以上的触电死亡事故是电击造成的，但其中大约 70% 的含有电伤成分。所以，预防电伤具有重要的意义。

（三）触电事故方式

按照人体触及带电体的方式和电流流过人体的途径，电击可分为单相触电、两相触电、跨步电压触电、雷电触电和静电触电。

1. 单相触电

当人体直接碰触带电设备其中的一相带电体时，电流通过人体流入大地，这种触电现象称为单相触电。对于高压带电体，人体虽未直接接触，但由于超过了安全距离，高电压对人体放电，造成单相接地而引起的触电，也属于单相触电。

低压电网通常采用变压器低压侧中性点直接接地和中性点不直接接地（通过保护间隙接地）的接线方式，这两种接线方式发生单相触电的情况如图 1-1 所示。

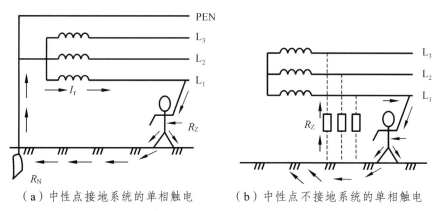

（a）中性点接地系统的单相触电　　　　（b）中性点不接地系统的单相触电

图 1-1　单相触电示意图

2. 两相触电

人体同时接触带电设备或线路中的两相导体，或在高压系统中，人体同时接近不同相的两相带电导体，而发生电弧放电，电流从一相导体通过人体流入另一相导体，构成一个闭合回路，这种触电方式称为两相触电。

发生两相触电时，作用于人体上的电压等于线电压，这种触电是最危险的。

总之，直接接触触电时，通过人体的电流较大，危险性也较大，往往导致死亡事故，所以要想方设法防止直接接触触电。

3. 跨步电压触电

由跨步电压引起的人体触电，称为跨步电压触电。下列情况和部位可能发生跨步电压电击：

（1）带电导体，特别是高压导体故障接地处，流散电流在地面各点产生的电位差造成跨步电压电击；

（2）接地装置流过故障电流时，流散电流在附近地面各点产生的电位差造成跨步电压电击；

（3）正常时有较大工作电流流过的接地装置附近，流散电流在地面各点产生的电位差造成跨步电压电击。

4. 雷电触电

雷击可分为直击雷和感应雷。直击雷是云层与地面凸出物之间的放电；感应雷分为静电感应雷和电磁感应雷。

5. 静电触电

用电设备的某个部位上储存的电荷通过人体放电引起的触电称为静电触电。

（四）保证用电安全的基础要素

1. 电气绝缘

即用不导电的绝缘材料把带电体封闭起来，保持配电线路和电气设备的绝缘良好，电气绝缘是保证人身安全和电气设备正常运行的最基本要素。电气绝缘的性能是否良好，可通过测量其绝缘电阻、耐压强度来衡量。

2. 安全距离

安全距离是指人体、物体等接近带电体而不发生危险的安全可靠距离，如带电体与地面之间、带电体与带电体之间、带电体与人体之间、带电体与其他设施和设备之间，均应保持一定距离。又如变配电装置安全距离、检修安全距离、操作安全距离等。

3. 安全载流量

安全载流量是指允许持续通过导体内部的电流量。如果电流超过安全载流量，导体的发热将超过允许值，导致绝缘损坏甚至引起漏电和发生火灾。因此，根据导体的安全载流量选择导体截面和设备十分重要。

4. 标　识

颜色标志常用来区分各种不同性质、不同用途的导线，或用来表示某处安全程度。按照规定，为便于识别，防止误操作，确保运行和检修人员的安全，采用不同颜色来区别设备特征。如电气母线，A 相为黄色，B 相为绿色，C 相为红色，明敷的接地线涂为黑色。在二次系统中，交流电压回路用黄色，交流电流回路用绿色，信号和警告回路用白色。图形标志一般用来告诫人们不要去接近危险场所。

一般采用的安全色有以下几种：

（1）红色：用来标志禁止、停止和消防，如信号灯、信号旗、机器上的紧急停机按钮等都是用红色来表示"禁止"的信息。

（2）黄色：用来标志注意危险，如"当心触电""注意安全""当心电缆"等。

（3）绿色：用来标志安全无事，如"在此工作"等。

（4）蓝色：用来标志强制执行，如"必须戴安全帽""必须戴防护手套"等。

（5）黑色：用来标志图像、文字符号和警告标志的几何图形。

（五）触电危险辨识

带电作业中由于施工环境和作业条件差，不安全因素随着施工项目和作业过程变化而变化，事故隐患较多。根据事故致因理论，事故致因因素包括人的因素、物的因素、环境因素和管理因素4个主要方面。

（六）触电预防规定

在电气设备设施上作业时，应执行工作票制度、工作许可制度、工作监护制度以及工作间断、转移和终结制度，预防触电事故的发生。在全部停电或部分停电的电气设备设施上工作时，必须完成停电、验电、挂接地线、悬挂标示牌和装设遮拦等安全技术措施。

1. 一般作业安全规定

（1）工作前，必须检查工具、测量仪表、防护用具是否完好。

（2）任何电器设备未经验电，一律视为有电，不准身体触及。

（3）电气设备及其带动的机械部分需要修理时，不准在运转中拆卸修理。必须在停电后切断设备电源，取下熔断器，挂上"禁止合闸，有人工作"的标示牌，并验明无电后，方可进行工作。

（4）在配电总盘及母线上进行工作时，在验明无电后应挂临时接地线，装拆接地线都必须由值班电工进行。

（5）临时工作中断后和每班恢复工作前，都必须重新检查电源是否断开，并经验电确定。

（6）每次维修结束时，必须清点所带工具、零件，以防遗失和留在设备内造成事故。

（7）动力配电箱的闸刀开关，禁止带负荷拉开。

（8）电气设备的金属外壳必须接地（接零），接地线要符合标准，有电设备不准断开外壳接地线。

（9）电器或线路拆除后，可能来电的线头必须及时用绝缘胶布包扎好。

（10）安装灯头时，开关必须接在火线上，灯口螺纹必须接在零线上。

（11）临时装设的电气设备必须将金属外壳接地，严禁将电动工具的外壳接地线和工作零线拧在一起插入插座；必须使用两线带地或三极带地插座，或者将外壳接地线单独接到接地干线上，以防接触不良时引起外壳带电；用软电缆连接移动设备时，专供保护接零的芯线上不许有工作电流通过。

（12）动力配电盘、配电箱、开关、变压器等各种电器设备附近不准堆放各种易燃、易爆、潮湿和其他影响操作的物件。

2. 带电作业安全规定

（1）在低压线路、设备上进行带电作业，应有一定实践经验的人员担任工作，要经过严格的审批程序，并指定专人监护；工作时要戴工作帽，穿长袖衣服，扣紧袖口，戴绝缘手套，穿绝缘鞋或站在干燥的绝缘垫上进行。

（2）严禁穿汗背心或短裤进行带电作业。

（3）邻近相带电部分和接地金属部分应用绝缘板隔开。低压相间距离很小，检修时要注意防止人体同时接触两相和防止相间短路。

（4）带电装卸熔断器管座，要戴防护眼镜和绝缘手套，必要时使用绝缘夹钳，工作人员应站在绝缘垫上，熔断器的容量要与设备、线路、装机容量相适应。

（5）线路上带电作业，应在天气良好的条件下进行，雷雨时应停止工作。

（6）应使用合格的绝缘工具。

（7）在高压线路附近工作时，应先检查与高压线的距离是否符合规定，若不符合，要采取防止误碰高压线的措施。

（8）要保持人体与大地之间，人体与周围接地金属之间，人体与其他相的导体或零线之间有良好的绝缘和适当的距离。

（9）一般不应带负荷断电和接电，断开导线时应先断开火线，后断开地线，搭线时，先接地线（先接零线），后接火线（后接相线）。

3. 机车、动车、车辆作业安全规定

（1）电气化铁路区段各车站给水线、电力机车整备线和动车组整备线，在分段绝缘器内侧 2 m 处应设安全区域标志。

（2）电气化铁路区段，当列车、动车组在运行途中发生故障，机车司机、动车组机械师等需上车顶作业时，严格按照相关规定办理停电手续并做好安全防护措施后，方能作业。

（3）在电气化区段运行的机车、动车、车辆及自轮运转设备可以攀登到车顶或作业平台的梯子、天窗等处所，均应有"电气化区段严禁攀登"的警告标志。

4. 电气化铁路附近消防安全规定

电气化铁路附近发生火灾时，须遵守下列规定：

（1）距牵引供电设备带电部分不足 4 m 的燃着物体，使用水或灭火器灭火时，牵引供电设备必须停电。

（2）距牵引供电设备带电部分超过 2 m 的燃着物体，使用沙土灭火时，牵引供电设备可不停电，但须保持灭火机具及沙土等与带电部分的距离在 2 m 以上。

5. 车辆行人通过道口安全规定

各种车辆和行人通过电气化铁路平交道口必须遵守下列规定：

（1）通过道口车辆限界及货物装载高度（从地面算起）不得超过 4.5 m，超过时，应绕行立交道口或进行货物倒装。

（2）通过道口车辆上部或其货物装载高度（从地面算起）超过 2 m 通过平交道口时，车辆上部及装载货物上严禁坐人。

（3）行人持有长大、飘动等物件通过道口时，不得高举挥动，应与牵引供电设备带电部分保持 2 m 以上的距离。

6. 其他安全规定

（1）电气化铁路区段房建、通信、信号、电力、给水、信息、照明、广播、防灾、视频、红外、安全监控等各种室外设备金属箱体、外壳等均应安装牢固，除专业特殊规定外应可靠接地。

（2）电气化铁路区段电缆在切割电缆外皮或打开电缆套管之前，要将电缆（不含全塑电缆）外皮两端连通并临时接地，在作业地点铺设干燥的橡皮绝缘垫或作业人员穿高压绝缘靴进行。

六、车间安全培训：其他伤害及防护

（一）机械伤害事故及防护

1. 机械伤害事故

机械伤害是指人们在接触设备或与静止设备某部位做相对运动时，机械设备运动（静止）部件、工具、加工件直接与人体接触引起的挤压、碰撞、冲击、剪切、卷入、绞绕、甩出、切割、切断、刺扎等的伤害。

2. 预防机械伤害

有效消除或控制设备、设施、作业环境的不安全因素和人的不安全行为，改善机械设备操作的不安全状况，加强从业人员的人身保护，避免或减少机械伤害事故的发生。防止机械伤害的"一禁、二必须、三定、四不准"的安全规定。

（二）机动车伤害及防护

"机动车"是指以动力装置驱动或者牵引，上道路行驶的供人员乘用或者用于运送物品以及进行工程专项作业的轮式车辆。

"非机动车"是指以人力或者畜力驱动，上道路行驶的交通工具，以及虽有动力装置驱动但设计最高速度、空车质量、外形尺寸符合有关国家标准的残疾人机动轮椅车、电动自行车等交通工具。

"交通事故"是指车辆在道路上因过错或意外造成的人身伤亡或财产损失的事件。

道路交通事故类型，根据交通事故的形态特性基本上可分为碰撞、碾压、刮擦、翻车、坠车、爆炸和失火 7 种类型。

预防机动车辆伤害，道路上通行的车辆驾驶人、行人、乘车人以及与道路交通活动有关的单位和个人应当遵守道路交通安全有关法律、法规，熟知交通安全基本知识，保障道路交通有序、安全、畅通。

（三）高处坠落伤害

高处作业在众多的生产环节中与铁路安全生产紧密相连，息息相关，因而对运输安全生产要求很高。一次失职，一个失误，一个不经意的疏忽，就会造成事故。由于高处作业危险性较大，不安全因素较多，较容易发生高处坠落事故。因此，熟悉和掌握高处作业安全技术，做好高处作业的安全管理、安全防护、监护工作是高处作业安全的重点内容。

《高处作业分级》（GB/T 3608—2008）规定："凡在坠落高度基准面 2 m 以上（含 2 m）有可能坠落的高处进行作业，都称为高处作业"，根据这一规定，涉及高处作业的范围相当广泛。

1. 高处作业等级和坠落范围

1）高处作业等级

按照不同的坠落高度，高处作业的等级可分为 4 级，高度在 2 ~ 5 m 时，称为 1 级高处作业；高度在 5 ~ 15 m 时，称为 2 级高处作业；高度在 15 ~ 30 m 时，称为 3 级高处作业；高度在 30 m 以上时，称为 4 级或特级高处作业。

2）高处坠落范围

由于并非所有的坠落都是沿着垂直方向笔直地下坠，因此就有一个可能坠落范围的半径问题。当以可能范围的半径为 R，从作业位置至坠落高度基准面的垂直距离为 h 时，国家标准规定 R 值与 h 值的关系是：

（1）$h = 2 \sim 5$ m 时，R 为 3 m；

（2）$h = 5 \sim 15$ m 时，R 为 4 m；

（3）$h = 15 \sim 30$ m 时，R 为 5 m；

（4）$h > 30$ m 时，R 为 6 m。

2. 高处坠落的预防

高处作业因施工环境和作业条件差，不安全因素随着施工项目和作业过程变化而变化，事故隐患较多，其主要原因是：作业人员缺乏高处作业的安全技术知识；防高处坠落的安全设施、设备不健全；高处作业环境的恶劣影响；安全管理上存在的缺陷。

预防高处坠落的作业安全要求：加强科学管理，明确岗位责任，熟悉作业方法，掌握技术知识，执行操作规程，正确使用防护用具用品，加强日常检查，做好防范工作，防止人与物从高处坠落的事故发生，这样才能有效地保障作业人员的人身安全。

（四）起重机械及起重物伤害

起重作业是一种事故多发性的作业，而且一旦事故发生，呈现事故大型化、群体化特点，一起事故有时涉及多人，并可能伴随大面积设备设施的损坏，事故后果严重，往往是恶性事故，一般不是死亡就是重伤。预防起重物伤害的要求如下：

1. 作业前准备

（1）必须正确佩戴个人防护用品。起重机司机、指挥人员需持证上岗。

（2）检查清理作业场地，确定搬运路线，清除障碍物。室外作业应了解天气预报。流动式起重机要垫实支撑地面，牢固可靠打好支腿，防止地基沉陷。

（3）对起重机各设备部件状态和吊装工具、辅件等进行安全检查、交接。

（4）熟悉吊物状况，根据技术数据进行受力计算，确定吊点位置和捆绑方式。

（5）对于大型、重要物件吊运或多台共同作业吊装，须由物件有关人员、指挥、起重机司机和司索工共同确定作业方案，必要时提报审查批准。

（6）作业前应做好安全预测，对可能出现的事故，采取有效预防措施，制定应急处置对策。

2. 作业过程中安全事项

（1）操作前和操作中接近人，必须及时鸣铃或示警。

（2）操作过程中"六不准"：不准利用权限位置限制器停车；不准利用打反车进行制动；不准在起重作业中进行检查和维修；不准带载调整起升、变幅机构的制动器，或带载增大作业幅度；不准吊物从人头顶上通过；吊物和起重臂下不准站人。

（3）严格按指挥信号操作，接到紧急停止信号，均必须立即紧急停止作业。

（4）吊载接近或达到额定值，或起吊危险品（液态金属、有害物、易燃易爆物）时，吊运前认真检查制动器，并用小高度、短行程试吊，确认没有问题后再吊运。

3. 作业过程中指挥注意事项

（1）无论采用何种指挥信号，必须规范、准确、明了。

（2）指挥者所处位置应能全面观察作业现场，并使司机、司索工都可清楚看到。

（3）在作业进行的整个过程中（特别是重物悬挂在空中时），指挥者和司索工不得擅离职守，应密切注意观察吊物及周围情况，发现问题及时发出指挥信号。

（4）作业过程中，所有人员应根据现场作业条件选择安全的位置作业。在卷扬机与地滑轮之间穿越钢丝绳的区域，禁止人员停留和通行，起重吊装过程中必须设专人指挥，其他人员必须服从指挥。

（5）作业过程中严格执行"十不吊"

（6）作业过程中吊运物品坚持"三不越过"

（7）工作中突然断电，应将所有控制器手柄扳回零位；重新工作前，应检查起重机是否正常。

4. 作业完毕注意事项

（1）将吊钩升至规定高度，吊钩不准悬挂重物；小车停到驾驶室一端。

（2）露天起重机作业完毕后应加以锚定。

（3）各控制器手柄必须放于"0"位，切断电源。

（4）认真填写运行记录、交接班记录，特别是不安全因素必须交代清楚。

（五）物体打击伤害

在作业过程中由失控物体的重力或惯性力引起的伤害事故常有出现。因此，作业人员必须严格执行操作规程和有关规定，管理人员须加强监督检查，防止物体打击事故发生。按照《企业伤亡事故分类》（GB 6441—1986）中规定，物体打击是指由失控物体的重力或惯性力引起的伤害事故。物体打击适用于落下物、飞来物、滚石、锤击、碎裂崩块等所造成的伤害。

　　预防物体打击的安全知识和作业要求在作业过程中，作业人员要仔细观察、检查作业区域内的机械设备、建筑物、机具材料等的安全状况，及时发现和解决安全问题和隐患；严格执行安全作业标准，防止物体打击事故发生。

任务四　铁路职业道德认知

【任务目标】

（1）了解铁路职业道德的宗旨和基本原则、基本规范；

（2）了解铁路车辆岗位职业道德规范；

（3）了解铁路职业道德修养。

【学习内容】

（1）铁路职业道德的宗旨和基本原则、基本规范；

（2）铁路车辆岗位职业道德规范；

（3）铁路职业道德修养。

【阅读材料】

（1）铁路职业道德的宗旨和基本原则、基本规范；

（2）铁路车辆岗位职业道德规范；

（3）铁路职业道德修养。

一、铁路职业道德的宗旨和基本原则、基本规范

　　铁路职业道德的基本原则，是指铁路职业道德体系中处于核心地位的观察问题、处理问题的准绳。铁路职业道德的宗旨和原则是"人民铁路为人民"。

　　铁路职业道德的宗旨和基本原则确立了铁路职业道德行为的总方向：一切为了人民的利益，并贯穿铁路职业道德实践的全过程，具有普遍的指导意义。在指导思想上，应该牢固树立"人民铁路为人民"的宗旨意识，明确"人民铁路为人民"是铁路职业活动的出发点，是制定具体规范的前提；在道德行为上，明确"人民铁路为人民"是铁路职业道德的核心，自觉地把它贯穿到各个部门和各个工种的职业道德规范中；在道德实践中，要求全体员工在其职业活动中全心全意为旅客、货主服务，为社会服务。

　　自 20 世纪 80 年代开始提出的整顿路风的基本要求和目标，90 年代在全路开展的"诚心待客，热情服务，争当精神文明建设的火车头"为主要内容的"十百千"站车文明服务等活动，以及 21 世纪初开展的"服务承诺"，到近年来，铁路系统内开展的"服务旅客，创先争优""以服务为宗旨，待旅客如亲人"等活动，都是为了贯穿"人民铁路为人民"的宗旨。

　　铁路职业道德基本规范是全路职工在职业活动中必须共同遵守的职业行为准则。身体力行铁路职业道德基本规范，是各部门、各岗位员工践行"人民铁路为人民"这一基本原则的有效途径，是建设和谐铁路的重要环节。

（一）尊客爱货、热情周到

（1）尊重旅客、货主；

（2）方便旅客、货主。

（二）遵章守纪、保证安全

遵章守纪、保证安全作为铁路系统人人皆知的老传统，它在发展社会主义市场经济，建设和谐铁路的新的历史条件下具有重要的道德意义，是我们必须发扬光大的优良传统。

（1）遵章守纪指的是铁路职工在从事各自的职业活动中，始终按照明文规定的各种行为规则，一丝不苟地完成生产作业的行为。它包括遵章和守纪两层意思。所谓遵章，实质上是要尊重客观规律，而违章则是违背客观规律。因为铁路安全方面的各项规章制度是运输安全生产中客观规律的反映，它既是铁路运输生产实践经验的结晶，也是生产过程中历次重大事故血的教训的凝结。规章制度都是铁路企业各个部门的职工在生产实践中不断总结、不断修改、不断补充和完善而逐渐确立起来的，它采用简明适用的形式反映铁路职业道德的要求，有利于养成职工良好的职业道德习惯。所谓守纪，实质上是要求职工严格自律，不允许有违反规定的行为发生。纪律是国家和社会各种组织为所属人员制定的、必须共同遵守的行为准则。这里讲的纪律主要是指铁路行业的职业纪律，主要包括作业纪律和劳动纪律。由于各部门、各工种工作内容不同，职业纪律也各异，它只规定某一特定职业部门或岗位上应该做什么，不应该、不允许做什么。

（2）保证安全指的是在铁路这部大联动机里，运输生产各部门、各环节要始终处于有序可控、基本稳定的状态。

安全一般包括行车安全、人身安全、设施安全、消防安全等方面的内容。对于铁路运输来讲，保证安全主要指的是保证行车安全，防止出现各种行车重大事故，尤其是注意避免旅客列车重大事故的发生。因为行车安全是铁路运输部门的大事，是安全工作的重中之重。一旦发生事故，对企业、对社会和人民生命财产、对铁路职工本身危害极大。保证安全就是千方百计地确保客货列车的行车安全，平安地实现旅客与货物的位移。

"保证安全"体现了铁路职工对服务对象——旅客、货主的一种负责态度，涉及企业和消费者的利益关系，其道德意义是显而易见的。而"遵章守纪"则有所不同。仅就"规章制度"和"纪律"而言，一般来说都是具有行政命令和强制性的色彩，因而是非道德的。而"遵章守纪"作为一种行为，一般说来有两种情况：一种是出于非自愿的、迫于行政命令的强制而消极的遵章守纪，这是非道德意义的；另一种情况是出于对顾客的负责，自愿地选择遵章守纪的行为，这是具有道德意义的。实践中，大多数情况属于后者。而不遵章守纪也往往有两种情况：一是对遵章守纪的重要性认识不足，没有考虑到其行为会带来意想不到的可怕后果，这是一种非道德行为；二是知道不遵章守纪可能带来的后果而采取不负责任的放任态度，这就具有道德意义了。这两种情况，前一种是少有的，除了极少数新上岗的工人由于对遵章守纪的重要性认识不足外，对于大多数职工而言是知道后果严重，而采取了疏忽、放任、粗心、敷衍了事等不负责任的态度。因此，在遵章守纪活动中，绝大多数职工的行为是具有道德意义的。也就是说，遵章守纪、保证安全的行为是一种道德行为，违章违纪是一种不道德行为。在铁路职工头脑中确立遵章守纪、保证安全这一职业道德规范，通过遵章守纪、保证安全的职业道德教育和实践，提高铁路职工对遵章守纪的认识，增强对遵章守纪的道德情感，锻炼遵章守纪的职业道德意志，树立遵章守纪的道德信念，培养遵章守纪的职业道德习惯，在全行业形成遵章守纪的浓厚氛围，是实现铁路运输生产安全有序可控、长治久安的重要保证。

（三）团结协作、顾全大局

铁路是一个大联动机，为了一个共同的目标，在内部分工合作，由点到线，由线成网，构成了一个有机的协作整体。在外部与旅客、货主以及工厂、矿山、公路、港口、航空等单位有着密切的联系及协作。因此，团结协作、顾全大局就成了铁路运输企业发挥先行作用，搞好各项工作的重要环节，是评价和衡量铁路职工职业道德水平的一条重要标准。

团结协作、顾全大局，要求铁路职工在职业活动中，一切从全局利益出发，一切服从全局利益，立足本职，紧密配合，通力合作，处处讲大局，事事讲团结，齐心协力，共同完成铁路运输任务。

一是从全局出发，服从全局利益。在铁路职业活动中，要求铁路职工把国家的利益、人民的利益放在第一位，立足全局，服从全局，时刻想着全局。要求职工把自己的工作同国家的建设、人民的生活、全国城乡的沟通联系起来，在心中经常装着国家改革发展的全局，装着全局这个整体，围绕全局的目标，在思想上自觉做到事事想全局，处处为全局，一切保全局。

无条件服从全局利益。要求铁路职工一切从全局利益出发，摆正各种利益关系，做到个人利益服从集体利益，眼前利益服从长远利益，局部利益服从全局利益，企业效益服从社会效益。做计划、想问题、办事情，首先考虑全局利益，而不是把本部门、本单位和个人的利益放在首位。要克服和防止那种一事当前，先替个人打算，然后再替别人和集体打算；克服先为个人着想，然后再为别人和集体着想的个人主义，才能始终坚持把服从全局利益放在第一位。

二是主动密切配合，紧密团结协作。协作是许多人或若干单位在同一生产过程中，或在不同的但相互联系的生产过程中，为了一个目标，有计划地在一起协同劳动，共同完成任务。铁路是一个联劳协作、连续性很强的有机整体，要求职工在工作中立足本职，相互配合，密切合作。

立足本职，忠于职守。要求职工干一行，爱一行，以敬业、爱业、创业作为自己的职业选择、奋斗目标和行为准则。对工作勤勤恳恳，兢兢业业，锐意进取，不断创新，精益求精，有强烈的事业心和高度的主人翁责任感。工作中充分发挥自己的主动性、积极性，为做好本职工作献计献策，刻苦学习与本职工作有关的专业知识，成为本职工作的行家里手，出色地完成工作任务。

相互支持，密切合作。要求职工在工作中分工不分家，上下一条心，拧成一股绳，加强上下左右各方面的联系，互通信息，主动配合，相互创造条件。在团结协作中，要注意克服和防止两种倾向：一种是"协作，协作，你不协，我不作；你先支持我，我再帮助你"的颠倒协作主体的倾向。在协作生产中，不能斤斤计较谁多谁少，不能你支持我半斤，我帮助你八两，人人都要以大局为重，主动多做奉献。另一种倾向是搞地方主义和小团体主义，在所谓竞争的名义下，相互封锁，相互拆台。

相互尊重，增强团结。要求铁路职工正确处理自己与同事、旅客、货主的关系，尊重同事的职业、工作、劳动，尊重同事的意见和人格，养成谦虚礼让、互助互敬的品德，加强团结，紧密配合，互相支持，齐心协力一道工作。要求全心全意为旅客、货主服务，主动与厂矿企业、与港口航空等单位搞好团结协作，注意克服和防止"门难进，脸难看，话难说"的不良作风。

从道德意义上看，提倡"团结协作、顾全大局"有利于形成铁路行业联劳协作的良好风尚，有利于建立互助互爱、无私利他的新型人际关系，有利于以道德的力量促进新的生产力的形成和发展。马克思说，在发展生产中，协作不仅"提高了个人生产力，而且创造了一种新的生产力，这种生产力本身必然是集体力"。这是一种由"许多力量融合为一个总的力量而产生的新力量"。这是被实践证明了的真理。

（四）注重质量、讲究信誉

对于铁路企业和铁路职工来说，注重质量，讲究信誉，是我们必须具备的职业道德素质。这一道德规范在发展社会主义市场经济条件下具有更加重要的意义。

质量通常是指产品或工作的优劣程度。信誉，即信用和名誉。在市场竞争中，质量和信誉对企业来说是至关重要的。

1. 把工作质量、产品质量摆到首位

一个企业必须依靠质量站稳脚跟，从而赢得信誉和市场。因此，必须把工作质量、产品质量摆到首位。

首先，把优质服务和生产高质量的产品作为自己最重要的工作目标。每一个铁路职工都必须牢固树立起"质量第一"的观点，不管在什么岗位，不管做什么工作，都应该把质量放在第一位。如客运工作，首先就应该确保运输安全，让人民放心。安全是铁路运输工作的头等质量问题。保证旅客人身和财产安全，既是人命关天的大事，也是事关铁路信誉的大事。每一个职工都必须以对国家和人民高度负责的精神，把安全工作放在一切工作的首位，时刻注意，着力抓好。

其次是主动热情地做好服务工作，让旅客、货主满意。每一个职工都应该把旅客、货主是否满意当作衡量自己工作的标准，培养自己高尚的职业道德情操。要摆正自己与旅客、货主的位置，把旅客、货主真正看成是铁路部门的衣食父母，而自己则是代表铁路企业满腔热情地接待他们，实心实意地为他们服务。要克服那种认为旅客、货主是有求于我们，以冷、硬、顶的态度对待旅客、货主的不文明、不礼貌的服务作风。运输生产具有很强的关联性，任何环节出现质量问题都会影响全局。机务系统提出"开车人想着坐车人"的口号，号召机车乘务员平稳操纵，让旅客坐车舒适些，就体现了这种道德意识。售票员卖错票、广播员误报漏报站名等，都会降低服务质量，引起旅客对整个铁路行业的不满。一个工程的某一个部分出现质量问题，都会给整个工程留下隐患。一台机车的某一个螺丝钉不合格，甚至可能造成行车重大事故。所以，每个岗位的工作都与质量息息相关，要坚决克服质量与我无关的思想，完成任务必须是在保证质量的前提下进行的，否则，劣质服务工作做得越多，负面影响就越大。

铁路企业的每一位职工都应该时时刻刻把质量摆在首位，把保证质量贯彻到自己工作的

全过程中去。今天重视了，只能保证今天的质量，明天一放松，质量就会下降。监督与检验是必要的，但保证质量不能只靠监督和检验，更重要的是，每一个职工每时每刻，做每项工作都要兢兢业业、一丝不苟地注意质量。

最后，铁路企业各单位、各岗位都要为保证质量服务。质量问题是个全员、全系统的问题，只靠一个部门、一个人是不行的，一定要树立大质量观，齐心协力保证质量。

2. 依靠信誉树立企业的良好形象

在市场竞争中，必须在提供高质量的产品基础上，建立企业和产品的信誉，进而树立铁路行业的良好形象，使企业在竞争中处于有利地位。信誉与形象是紧密相关的，铁路行业要树立良好的形象，就必须建立自己的信誉，而信誉的获得关键是保证服务质量。讲信誉首先就必须要有好的质量，质量不好，就不可能建立好的信誉。所以，必须把质量视为企业的生命同时，讲信誉就要敢于对质量问题负责。职业信誉问题，是一个经营道德问题，把职业信誉视为企业的经营之本，才能为企业的持续发展打下良好的基础。不讲职业信誉，失掉的不仅是客流货源和经济效益，也违背了"人民铁路为人民"的宗旨。

"道德良好，生意兴隆"。市场经济，在一定意义上说是道德经济。广大人民群众对社会上出现的假冒伪劣现象已经到了深恶痛绝、不堪忍受的地步。他们强烈呼唤良好的市场道德。假冒伪劣这种不道德现象的出现，受害的不仅是广大消费者，同时，一大批企业也是直接受害者。质量也是一个国家社会文明的标志。产品和服务质量好会增强人们的社会使命感，能令人振奋，催人前进，形成良好的人际关系，增强人们对社会的信心。因此说，抓质量、讲信誉对形成良好的社会风尚具有重要的道德作用。

（五）艰苦奋斗、勇于奉献

艰苦奋斗、勇于奉献是人民铁路的光荣传统，是推动铁路事业发展的精神动力。在推进和谐铁路建设的历史进程中，必须继续弘扬艰苦奋斗、勇于奉献的崇高职业道德。

铁路运输有点多线长、流动分散、全天候露天作业的工作特点。全国数千个车站，数万个工区，相当部分地处艰苦地区。大批职工必须流动作业，风餐露宿，其中有一部分职工需要远离集体，独立作业。这些工作特点都要求铁路职工必须不怕艰难险阻去完成任务。

首先，要在艰苦的工作环境中知难而进、吃苦耐劳。我国领土辽阔，铁路遍布全国，南北纵进，东西横贯，线路长，跨度大。由于我国经济社会发展水平不高，区域发展不平衡，不少地区特别是老、少、边地区还比较落后，工作和生活条件比较艰苦。改变这种状况，迫切需要多修铁路，改善交通条件，促进经济社会发展。而铁路修通后，需要大批铁路职工管理运营，有相当数量的铁路职工需要在环境艰苦的地方工作和生活。在戈壁沙漠、风区荒野、高寒高原等艰苦环境中安心铁路工作，干好本职工作，这些是知难而进、吃苦耐劳的基本要求。

其次，要在"急、难、险、重"任务前知难而进、吃苦耐劳。每年的春运、暑运、"五一"小长假、"十一"黄金周运输是铁路最繁忙，也是最艰苦的时候。人力不足，运力紧张，都要求铁路职工千方百计挖掘潜力，尽最大努力，满足旅客、货主的运输需求。铁路运输责任重大，难以预料的行车事故、自然灾害随时可能干扰铁路正常运输，给人民生命财产带来威胁，要求铁路职工坚持"预防为主"方针的同时，充分发扬召之即来、来之能战的作风，抗险救灾，确保畅通。

再次，要在改革发展中知难而进、吃苦耐劳。我国铁路发展滞后，搞好大规模铁路建设，加快铁路技术装备现代化的任务十分紧迫而繁重。我国铁路干线长期超负荷运转，保障国家重点物资运输面临许多困难。世界铁路改革至今没有一个成功的现成模式，中国铁路改革更为复杂，深化改革面临许多矛盾和问题。这都要求广大铁路职工知难而进、吃苦耐劳，克服前进道路上的困难，创造中国铁路的美好未来。

（六）廉洁自律、秉公办事

廉洁自律、秉公办事并不仅仅是领导干部的职业道德，也是社会主义铁路企业职工应该自觉遵循的一种职业行为规范。所不同的是，领导干部遵循的廉洁自律、秉公办事，是相对于他们所掌握的人民赋予的权力而言的，而铁路职工遵循的廉洁自律、秉公办事，是特指铁路职工面对铁路职业活动中存在的职业方便而言的，是铁路职工在使用职业权利过程中应该持有的态度和正确选择的行为。

1. 严于律己，自觉按规章制度规范自己的行为

廉洁自律、秉公办事中的自律就是强调自觉。这就是说，铁路职工在工作中应该做到领导在场与不在场一个样，有人监督与无人监督一个样，服务亲戚朋友与服务他人一个样。自律是道德的较高境界，如果我们把执行规章制度看作是不得不做的事，那还仅仅停留在道德的他律阶段，而一旦把按规章制度规范自己的行为看作是义不容辞的责任时，就从道德的他律阶段转向了道德的自律阶段。

2. 秉公办事，正确使用手中的职业权利

秉公办事就是强调铁路职工应该从人民的利益出发，用权为民，供职为民，不谋私利，反对把铁路的工作职权演变成个人或小集团谋取私利的资本。

秉公办事要求我们每一个铁路职工应该把为人民服务作为行使手中职业权利的出发点，而不能从个人或小集团的利益出发。比如，售票装车就会常常遇到人民利益、国家利益与小集体利益的矛盾。秉公办事，就是要求我们坚持把满足人民的需要、维护国家利益作为我们使用职业权利的出发点和落脚点，而不是一切从小集体的收益出发。

3. 清正廉洁，严格防止职业权利异化

廉洁自律、秉公办事要求铁路职工在职业权利可能带来的物质和金钱的诱惑面前，应该不贪不占，两袖清风，一尘不染。每一项职业活动都具有相应的职业权利，这种职业权利虽然并不具有领导权力那样大的指挥作用，但是它也是职工在职责范围内可以支配的力量。这种职业权利在使用过程中具有两重性：一方面，人们可以通过履行岗位职责，为人民群众提供职业服务；另一方面，人们也可以利用职业权利谋取个人或小集团的狭隘私利。职业权利的两重性，如果说前者是职业权利的正常体现，那么后者则是职业权利的异化。也就是说，职业权利应该在职业责任允许的范围内使用，一旦超出了职业责任允许的范围，甚至与职业责任背道而驰，职业权利就发生了异化。铁路运输、建设、财务等职业权利本来应该服务于本职工作的需要，不应该也不能成为谋取个人私利的工具。

提倡廉洁自律、秉公办事的职业道德规范，有利于铁路职工树立正确的职业权利观念，有利于在铁路行业风气中抑恶扬善，有利于促进社会的和谐稳定。

（七）爱路护路、尽职尽责

保护铁路运输设施的完善，维护铁路良好的治安秩序，是保证铁路运输生产正常进行的一个基本条件。铁路职工爱祖国、爱铁路、爱岗位，不仅要努力完成本职工作任务，搞好自己岗位上各种设备的维修和保养，而且有义务、有责任爱护和保卫铁路的一切设施不受损害，保卫旅客、货主的生命财产在运输过程中不受侵犯，维护铁路治安秩序的良好。

1. 爱护铁路的一切设施

为全面建设小康社会提供可靠的运力支持，不仅需要加快发展铁路，而且需要维护好现有的铁路，保证铁路各类设施的完好，确保大动脉的畅通无阻。

铁路的各类设施，包括铁路的线路、桥梁、隧道、车站、厂房、机车车辆和通信信号设施，是铁路维持简单再生产和扩大再生产的基本技术装备，是铁路运输生产正常进行的不可缺少的条件。爱护铁路的一切设施，就是保证铁路各类设施始终处于完好状态，在性能、质量、数量上都能满足运输生产正常进行的需要。铁路作为国家重要的基础设施，铁路设施的丢失或损坏，不仅是国家财产的损失，而且可能造成重大行车事故，使人民生命财产蒙受巨大损失。因此，铁路职工应该保护好铁路设施，保证铁路运输的正常进行，保证人民生命财产的安全，维护铁路和国家的声誉。

保证铁路设施完好，是一项非常艰巨的任务。铁路是一个特殊的行业。铁路运输企业的许多重要设施，诸如线路、桥梁、隧道和通信信号设施，都是随着铁路的延伸，铺设在祖国大地，展露在大自然之中。担负这些设施日常检修和养护工作的职工也不可能日夜守护在旁，这就使得铁路的许多设施，不仅容易受到暴风雪、洪水、塌方、滑坡、泥石流等自然灾害的影响，而且容易受到人为的破坏，这给维护铁路设施增加了困难，给铁路职工爱路护路提出了很高的要求。对于一个铁路职工来说，爱路护路就是要以主人翁的责任感履行自己的岗位职责，爱护、维护和管理好自己岗位上的各类设备，及时排除自然灾害对铁路造成的损坏；要求遵纪守法，决不私拿公物和偷盗公物，坚决同一切破坏铁路设施的不法行为作斗争。

2. 维护铁路治安和运输生产的正常秩序

良好的铁路治安秩序和运输生产秩序是保证铁路运输生产正常进行的重要条件。维护铁路治安和运输生产的良好秩序，是铁路职工爱路护路的一项重要内容。

爱路护路就是要千方百计地维持运输生产的正常秩序。铁路运输是通过列车在铁路线上高速运行，把旅客和货物运到预定的地点来实现其生产目的的。铁路运输生产任务的顺利完成，不仅需要铁路内部严格管理，建立起有条不紊的生产工作秩序，需要铁路职工勤奋地工作，需要旅客在运输过程中密切配合，同时还需要铁路沿线有良好的治安秩序。铁路治安秩序不好，就会影响列车安全运行，人民群众的生命财产安全就会受到威胁，铁路运输生产的目的就无法顺利实现。

因此，每一个铁路职工不仅应该十分关心铁路治安和运输生产秩序，而且有义务、有责任维护铁路的治安和运输生产秩序。维护铁路的治安和运输生产秩序，要求铁路职工认真做好本职工作，坚决按照规章制度和生产工作规程进行操作，并注意及时排除生产工作中遇到的干扰和破坏，保证生产工作秩序，尤其是站车生产工作秩序；要求铁路职工遵纪守法，自觉地不做任何有损于铁路治安秩序的事，以自己的模范行为为群众遵守国家的法律法规和铁路的规章制度做出榜样；要求铁路职工勇于同一切破坏铁路运输生产秩序和治安秩序的不法分子和不法行为做斗争，保证铁路运输正常进行。

二、铁路车辆岗位职业道德规范

铁路车辆岗位职业道德水准集中展现铁路车辆部门的新气象，是铁路行业精神文明建设的重要标志。

车辆部门负责动车组、客车、货车车辆的检修和运用工作，主要工种有动车组机械师、检车员、车辆钳工、车辆电工、制动钳工等。他们有共同的职业道德规范。

（1）热爱本职，任劳任怨；

（2）坚持标准，精细检修；

（3）团结协作，确保全优；

（4）爱车爱货，维护路誉。

三、铁路职业道德修养

良好的职业道德的养成，一方面要靠"他律"，即来自社会的培养和组织的教育；另一方面要靠"自律"，即从业人员自身的主观努力，自我修养。两方面缺一不可，相互促进，相互作用。因此，职业道德修养与职业道德教育相辅相成，是铁路职业道德建设的重要组成部分，是提高全行业职业道德水平的重要环节。

在建设和谐铁路的新形势下，铁路从业人员的职业道德修养应当包含以下内容：

（一）树立职业理想

职业理想，是个人对职业的向往和追求，具有强烈的可能性。追求社会对自己劳动的认可，与人们对精神生活、物质生活水平提高的向往直接相关，同具体的奋斗目标相联系，是进行职业道德修养的思想基础。树立正确的职业理想，才会有正确的价值观和职业道德修养的自觉性，才能在职业活动中处处做有心人，利用一切机会锻炼自己。

树立正确的职业理想应当从 3 个方面努力。

（1）树立正确的人生观。人生观是一个人道德活动的"总开关"，是言行的指南，对职业理想产生直接的影响。伟大的共产主义战士雷锋树立了"把有限的生命投入无限的为人民服务之中"的人生观，所以他就能始终把当好革命的螺丝钉作为自己的职业理想。在短暂的一生中，他先后在乡人民政府当通讯员，在望城县委当公务员，后来又参加了团山湖农场和鞍钢的建设，参军入伍后，当上汽车兵。无论在什么岗位上，他总是以火一样的热情兢兢业业地工作，干一行、爱一行、钻一行，毫不利己，专门利人，在平凡的岗位上做出了不平凡的事迹，多次被评为劳动模范和先进生产者，成为全国人民学习的楷模。全国劳动模范、乌鲁木齐铁路局红山渠站站长王建贞把"要干就干好"的人生信念与职业理想联系起来，当她成为一名铁路职工的时候，她就深深地爱上了这份职业，参加工作以来，她先后被分配到喀尔特、夏格泽、红山渠等偏远小站工作。面对大漠荒野的艰苦环境，她从不退缩，以满腔热情学习业务技术，以极端负责的态度做好每一件工作，为确保铁路运输的安全畅通贡献了自己的力量。她把自己的青春融进了祖国的铁路事业，用实际行动诠释了自己崇高的职业理想。

（2）充分认识自己在岗位所从事的工作的意义，认识得越深刻，职业道德修养的自觉性就越高。这一点对牢固树立正确的职业道德理想是非常关键的。铁路的从业人员应当从两个层面来认识自己从事工作的意义：一是从全局的高度认识铁路行业在国家经济社会发展中的重要地位和作用。长期以来，在社会公众的心目中，铁路是国民经济的大动脉，铁路职工是一支重要的产业大军，具有光荣的传统、严密的组织和崇高的声誉，铁路职工因此拥有很高的职业自豪感。然而，随着综合交通网络体系的迅猛发展，一些铁路职工觉得铁路"老大"的地位受到了削弱，职业自豪感有所下降。正确认识铁路的前途，必须从全局和战略的高度来审视铁路的地位和作用。我国的幅员辽阔，地区经济发展不平衡，对交通运输的依存度很高。铁路具有运量大、速度快、运价相对较低、占地少、污染少等优势，在整个综合交通体系中居于骨干地位。随着我国经济社会快速发展，铁路的骨干地位和大动脉作用会越来越突出，近年来缓解煤电油运紧张状况，主要都是依靠铁路。我们这一代铁路员工的前程远大，使命光荣。每一位铁路从业人员都应当为此感到自豪，都应当全身心地投入建设和谐铁路的伟大事业中去。二是从本职工作的角度认识自己从事职业的重要意义。在现实生活中，经常会遇到一些同志抱怨自己从事的工作岗位不好，认为自己的工作不重要，技术含量低，担心在工作岗位上难以有大作为。其实，这些抱怨和担心都是没有必要的。铁路是一部大联动机，车、机、工、电、辆等各部门都是这部大联动机上的一个部件。只有各部门、各工种紧密配合，铁路这部大联动机才能运转起来，而缺少了哪一个部门、哪一个工种，铁路的安全运行都无法得到保障。所有铁路从业人员，只有分工不同，岗位各异，而没有孰优孰劣、孰重孰轻之分。操纵机车，牵引载重数万吨的列车在线路上疾驰的机车司机，是为铁路发展事业做贡献；默默无闻地养护巡查线路，甘愿当好一颗"铺路石"的养路工、巡道工，同样也是为铁路发展事业做贡献。只要立足本职，踏踏实实地工作，任何一项工作都可以做到平凡而不平庸，任何一个岗位都可以大有作为，前途无量。

（3）正确认识的自己优点、缺点、长处、短处，找准个人职业理想、职业道德的切入点。由于在年龄、性格、文化水平、工作经历等方面存在差异，每个人对职业理想的理解和认识是不一样的。年长的、工作经验比较丰富的从业人员，会更看重职业岗位的稳定性；而年轻的、工作经验较少的从业人员，则更多地追求职业工作的成就感。内向型性格的从业人员，更多地希望通过平实的努力实现自己的职业理想；外向型性格的从业人员，则更多地把实现职业理想的希望与富有挑战性的工作联系起来。从业人员应当根据自己的基本情况，确定职业道德修养的切入点和着力点，扬优补缺，扬长补短，促使自己的职业理想变得更加科学，更加符合实际。

（二）端正职业态度

一个人的职业道德水平必然体现在对本职工作的态度上。具有良好的职业道德水平，必然会表现为热爱本职工作，职业态度端正，在工作中兢兢业业，尽己所能。因此，铁路从业人员要把端正职业态度作为职业道德修养的重要内容。

　　端正职业态度最重要的是增强主人翁意识，真正把自己的命运同国家和企业的兴衰、荣辱联系起来，以主人的态度对待本职工作。在发展社会主义市场经济的新形势下，有人对工人阶级主人翁地位存在模糊认识。他们认为工人是主人翁的说法是计划经济时代的产物，现在，"工人的主人翁地位已经被经营者的经营权、管理权、决策权所取代了""主人翁变成了主人空""主人翁地位无从谈起"等主人翁意识的淡化导致了责任感的下降，有人甚至还产生了雇佣态度，认为自己是为段长、书记干活的，为工资薪水干活的。因此，在新形势下，增强工人的主人翁意识显得非常必要。

　　工人阶级是企业的主人、国家的主人。这是由我们国家国体的性质决定的。虽然在社会主义市场经济体制下，国家的所有制结构，国有企业的领导体制和经营机制都发生了变化和发展，但是，工人阶级的主人翁地位是不会改变的。因为工人阶级天然就是同现代化大生产相联系的一个阶级，现代科学技术的发展没有也不可能改变工人阶级仍然是先进生产力代表的事实。在社会主义市场经济体制下，工人阶级的主人翁地位不但不能削弱，而且要随着社会主义现代化建设的深入而加强。

　　铁路工人是中国工人阶级中一支重要的力量，长期以来，一直以主人翁和生力军的姿态出现在中国革命和建设的舞台上。在全面建设小康社会、建设和谐铁路的新形势下，要进一步增强主人翁意识，主动增强市场意识、竞争意识和大局意识，提高主人的觉悟，拓宽主人的胸怀，开阔主人的眼光，锤炼主人的素质。要更紧密地把个人的成长、发展和利益与企业、国家的发展和利益联系在一起，将国家利益放在首位，不论个人承受怎样的艰难，都脚踏实地、坚韧不拔地为国家和企业的发展，为国家和企业的将来而拼搏、奋斗。

（三）精通职业技能

　　职业技能是做好本职工作的手段，是胜任本职工作的重要条件。铁路职工要把积极学习钻研，不断提高技术业务水平，作为职业道德修养的重要内容。铁路是一个科技密集的行业，随着铁路现代化水平的提高，铁路技术含量不断增加，尤其是客运专线和提速达到 350 km/h 的既有线是高新技术的集成。在铁路技术装备现代化的新阶段，应用于各工种、各岗位的新设备、新技术、新作业流程、新管理方法日新月异，层出不穷，尤其需要造就一大批高技能人才。全体铁路从业人员要适应新形势的要求，加强对职业技能学习，全面熟练地掌握职业技能。这既是从业人员自身发展，提高素质的需要，更是确保铁路安全，加快企业发展的需要。在建设和谐铁路的新时期，全路涌现了一大批在工作中做出显著成绩的楷模，他们中有操纵中国最先进的机车，在中国最先进的重载干线上，拉得最多的"优秀货运机车司机"程利甫；有执着追梦，在十几年间奉献出 20 多项技术革新成果和国家专利的"机械大夫"蔡富平；有以过硬的专业技术和优异的竞技成绩获得中华技能大奖的"全国技术能手"赵大坪；有在客运服务这个平凡岗位上，把平凡的事情做到极致，用真心、真情、真意赢得同事和社会认可的"快乐之旅演绎者"张志全……这些楷模来自各个部门，涵盖了铁路的各个工种岗位。他们的一个共同的特点是：热爱本职工作，刻苦钻研业务技术，立足岗位成才，都是精通职业技能的技术能手和业务标兵。他们成才的道路说明：在铁路行业，无论在哪个部门，无论从事什么岗位的工作，都需要有精湛的职业技能，同时也都有个人展示才能，实现成才理想的广阔天地，只要善学习、肯钻研，坚持学习职业技能，都能够成为熟练掌握科学技术的能手和尖兵。

（四）明确职业责任

职业责任是固有的，各行各业，无论什么职业，也无论什么岗位，自从你拥有了那份职业、占据了那个岗位、领取了那份工资，职业责任就随之落在了你的肩上。从事不同社会职业的人，对国家、对社会都有各自的职业责任，只有牢固地树立起职业责任意识，才可能有自觉的职业道德行为。铁路从业人员的职业责任从宏观上看，就是要确保铁路运输安全，为国家的经济社会发展提供充足的运力支持，为旅客、货主提供优质的服务。从微观上看，铁路各部门、各工种、各岗位都有自己的职业责任，车务部门的员工要安全正点地接发列车，车辆部门的员工要及时准确地发现和处理车辆故障；客货运部门的员工要尊客爱货，为旅客、货主提供优质的服务等。乌鲁木齐铁路局红山渠站遥对著名的"三十里风口"，一年中有 2/3 以上的天气刮着 8 级大风，艰苦恶劣的环境威胁着行车和人身安全。全国劳动模范站长王建贞在强烈的职业责任感的驱动下，带领车站 9 名职工摸索风区行车安全规律，蹚出了适应风区的行车特点及确保安全生产的新路子。她严格从自身做起，影响和带动大家共同树立"责任＋细心"的理念，严格执行规章制度。她把车站当成自己的家来建设，用真情营造了红山渠站"家"的氛围，让每个职工都感到心情舒畅，爱岗敬业。王建贞为我们树立了一个视职业责任重于泰山的学习榜样。我们进行职业道德修养，就要像王建贞那样，把职业责任看得重于泰山，忠于职守、勤勉尽责，做好自己本职岗位上的每项工作。

（五）遵守职业纪律

职业纪律是为确保企业安全顺利运转而制定的行为规范，是介于法律和道德之间的一个范畴。一方面，遵守职业纪律有赖于从业人员的自觉性；另一方面，职业纪律对从业人员又具有强制性和约束力，它对从业人员在自己的岗位上必须做什么，不能做什么进行明确规定。从业人员如果违犯了职业纪律，除了要受到道德的谴责和舆论的批评外，还要受到纪律的处分。铁路作为国民经济的大动脉，半军事化的行业属性尤为突出。高速度，快节奏，工作流程环环紧扣，稍有疏漏就有可能酿成大祸。这一特征决定了铁路从业人员必须具有更加严密的职业纪律。比如：必须以局部利益服从全局利益；必须无条件地服从集中统一的调度指挥；必须不折不扣地执行规章制度，等等。铁路从业人员遵守职业纪律既是确保铁路运输经营安全顺利的要求，也是铁路从业人员职业道德修养的重要内容。

中国铁路工人是一支具有严密职业纪律的产业大军，历来以铁的纪律著称。但是，这种光荣传统受到当今社会价值取向多元化的冲击。有的职工认为现在是市场经济，需要开放搞活，铁路的职业纪律陈旧过时了；还有的职工主张个性张扬，认为不必再用职业纪律把自己约束得太死。这些认识与职业道德修养的要求是格格不入的。随着经济社会的发展，铁路发生了许多新的变化：一方面是铁路作为国民经济基础设施和大众化交通工具的作用越来越突出，与经济社会发展和人民群众物质文化生活的关系越来越密切；另一方面是越来越多的科学技术被应用于铁路运输的各个环节。这些新变化丝毫没有降低职业纪律的重要性，相反，新变化对铁路从业人员遵守职业纪律提出了更高更严的要求。在新的形势下，我们要增强纪律意识，自觉严格地遵守职业纪律，用严密的职业纪律确保完成时代赋予我们的任务。

（六）保持职业荣誉

职业荣誉包含两个方面的内容：一方面是指社会对劳动者履行责任的道德行为的赞扬；另一方面是指劳动者对自己职业活动所具有的社会价值的自我意识。

首先，全体铁路员工长期以来忠实地践行"人民铁路为人民"的宗旨，为推动国民经济发展，满足人民群众需要做出了很大的贡献，赢得了很高的职业荣誉。在社会舆论和人民群众的心目中，铁路是拉动国民经济发展的"先行官""火车头"，铁路职工具有"二七"光荣革命传统，是一支"特别能战斗，特别守纪律""挑战极限，勇创一流"的产业工人队伍。这些都是铁路行业和全体铁路从业人员的职业荣誉。这份荣誉很高、很重。我们全体铁路员工都要倍加珍惜，全力保持。要时刻想着用自己出色的工作，为铁路的职业荣誉增光添彩，而决不能因为自己的错误和过失使这一荣誉受到玷污。

其次，许多单位在长期的工作中，也会创造很多集体荣誉，有的为社会广泛赞誉，有的受到上级表彰，有的还形成了品牌。如被社会誉为"天路"的青藏铁路、被人们视为时代象征的"毛泽东号"机车等，这些都是单位和集体的职业荣誉。作为先进单位、先进集体中的一员，应当增强集体的职业荣誉感，更应当通过自己的行动，为保持集体的职业荣誉增光添彩。

再次，作为个体的从业人员也有自己的职业荣誉，他们有的因为工作出色得到领导的好评，有的因为技术精湛受到同事的尊重，有的还被评为先进生产者、工作者。这些职业荣誉是职工辛勤工作的结晶，是职业道德水平的标志。保持职业荣誉，就是要十分珍惜来之不易的职业荣誉，并把它当作推动自己履行道德义务的巨大精神力量，鼓舞和鞭策自己继续做好工作，去赢得更高的职业荣誉。

任务五　车辆维修岗位认知

【任务目标】

（1）了解车辆运用检修各岗位及其工作内容；

（2）了解各岗位需具备的专业知识和操作技能。

【学习内容】

（1）车辆钳工岗位认知；

（2）车辆电工岗位认知；

（3）检车员岗位认知；

（4）动车组机械师岗位认知。

【阅读材料】

（1）车辆钳工；

（2）车辆电工；

（3）检车员；

（4）动车组机械师。

一、车辆钳工

车辆钳工负责转向架的分解、检修、组装作业，车钩缓冲装置的检修，制动装置的检修，车辆钢结构的检修作业，车辆内、外油漆的检修作业，整车落成交验作业，负责轮对、轴承的分解、检修、组装，制动配件的检修（包括 120 阀、104 阀、F8 阀、空重车调整装置、高度调整阀等）。

在该岗位实习，主要掌握的专业知识及技能内容有：

（1）掌握转向架、钩缓、轮对组装、制动设备、检修班组职责范围；

（2）掌握转向架、钩缓、轮对、制动机的检修流程；

（3）明确转向架、钩缓、轮对、制动机检修过程中的危险因素及预防办法；

（4）理解班组检修生产任务的安排及组织程序；

（5）熟悉各型转向架、车钩及缓冲器的结构，理解其工作原理；

（6）熟记各型转向架、车钩及缓冲器的匹配关系和安装车型；

（7）初步掌握车辆钳工岗位检修的有关技术参数，如限度表及检修周期；

（8）掌握单元制动缸的拆卸安装流程、步骤及要求；

（9）掌握制动夹钳的拆卸安装流程、步骤及要求；

（10）掌握闸调器的拆卸安装流程、步骤及调整方法；

（11）掌握轴承的检测组装程序；

（12）掌握轮对车削加工流程及测量方法；

（13）初步掌握有关检修设备名称及作用。

二、车辆电工

车辆电工岗位主要负责车辆上下部电器的检修，以及电压表、电流表、压力传感器、加速度传感器的校验和空调通风系统的检修。熟悉铁道客车的电器系统、部件的结构及工作原理；掌握车辆电器系统、部件的检修流程及检修方法；学习现场安全卡控办法及质量控制办法；熟记检修标准及技术参数；初步掌握电器检修工具、设备的使用。

在该岗位实习，主要掌握的专业知识及技能内容有：

（1）掌握电工基础、车辆基础知识；

（2）初步掌握车辆运用检修相关规章；

（3）具备电工基础操作技能；

（4）初步掌握供电装置分解及组装；

（5）初步掌握输配电装置分解及组装；

（6）初步掌握用电设备分解及组装；

（7）掌握空调装置分解及组装；

（8）掌握附属安全装置分解及组装；

（9）具备电路图识读、绘制、设计能力；

（10）初步掌握各电气装置故障处理能力。

三、检车员

（一）客车检车员

客车检车员是对铁路运用客车车辆及其空调设备和电气装置等技术状态进行检查、测试，并对其进行维护及故障处理的人员。

在该岗位实习，主要掌握的专业知识及技能内容有：

（1）掌握机械方面知识以及气压、液压基本知识；

（2）掌握电工方面基础知识、计算机基本操作知识、钳工基本知识；

（3）掌握铁道车辆方面的专业知识，如制动装置、转向架、车钩缓冲装置、车体上部设施、空调机组及车辆检修的基础知识和车辆运用维修知识。

（4）能够熟记检修标准及技术参数（如限度表），掌握客车运用检修工具、设备的使用；

（5）熟练操作单车技术检查；

（6）具有排查、处理车辆故障能力等。

（二）货车检车员

货车检车员是对铁路运用货车车辆进行技术状态检查、测试，并对其进行维护及故障处理的人员。

四、动车组机械师

动车组机械师是从事动车组运行检修、乘务及故障处理的人员。

在该岗位实习，主要掌握的专业知识及技能内容有：

（1）能够进行受电弓等动车组车顶设备检查、故障处理；

（2）能够进行驾驶台、通信设备及列车信息控制系统等动车组驾驶室内设备检查、故障处理；

（3）能够进行排障器、车钩、制动装置、牵引装置等动车组车底设备检查、故障处理；

（4）能够进行转向架构架、车轮、空气弹簧及减振装置等车体两侧设备检查、故障处理；

（5）能够进行受电弓的维护保养、空心轴探伤、侧门开关试验；

（6）担当车组乘务工作，监控运行技术状态，管理动车组客车内设备，应急处理途中突发故障，承担局部行车组织职能。

项目二　客车运用维修

项目任务

项目目标

（1）熟悉客车运用维修流程；

（2）了解客车运用维修范围及内容；

（3）掌握客车运用维修质量标准；

（4）熟悉车辆乘务工作流程及标准；

（5）熟悉客车各类运用维修的特点；

（6）熟悉列车途中典型故障的处理。

任务一　客车运用维修认知

【任务目标】

（1）了解设备维修的有关理论；

（2）了解铁路客运工作；

（3）掌握客运列车编组的规定。

【学习内容】

（1）设备维修理论；

（2）设备寿命概念；

（3）列车运行过程。

【阅读材料】

（1）设备维修理论；

（2）铁路客运工作概述；

（3）列车运行过程。

一、设备维修理论

维修的定义：为保持或恢复产品处于能执行规定功能的状态所进行的所有技术和管理，包括监督的活动。维修可能包括对产品的修改。设备维修理论主要涉及以下几个方面（GB/T 3187—1994）。

维修的主要目的是使产品保持、恢复或改善其规定的技术状态，即预防故障及其后果；在其状态遭到破坏，即发生故障或损坏后使其恢复到规定的状态。

近代的维修概念与传统的维修概念不同，已将维修扩展到对产品进行改进，局部改善产品的性能，这样的维修又称为改进性维修，即利用完成产品维修任务的时机对产品进行改进或翻新，以提高产品的固有可靠性、维修性和安全性水平。例如机车车辆重造就属于这种改进性维修。

维修贯穿于产品服役的全过程，包括使用和存储过程。维修是对产品进行维护和修理的简称。这里的维护是指保持产品良好工作状态所做的一切工作，包括擦拭、清洗、涂油润滑、校调检查，以及补充能源、油、水、砂等消耗材料的整备工作；修理是指恢复产品良好工作状态所做的一切工作，包括检查、判断故障、排除故障以及全面翻新作业等。

维修既包括技术性活动，如检测、隔离故障、拆卸、安装、更换零部件、校正、调试等，还包括有关的管理性工作，如存储条件的监测，使用或运转时间及频率的控制等。

维修已不再是少数维修人员具体的作业，而是牵涉到组织调度、制度法规、装备性能、保障资源和人员培训等多方面因素的系统工程；维修不再只是排除故障、恢复基本性能、保持其固有可靠性的具体作业，而且还通过改进性维修提高设备使用率和效能，进而成为企业生存和发展的重要手段。

（一）维修制度

维修实践需要一种思想观念作为指导，称之为维修思想。在一定的维修思想指导下，制定出的一套规定与制度，即维修制度。

维修制度包括维修计划、维修类别与等级、维修方式、维修组织、维修体制和维修考核指标体系等。它分为两大体系：一是在"以预防为主"的维修思想指导下，以磨损理论为基础的"计划预防维修制度"；另一个是在"以可靠性为中心"的维修思想指导下，以故障理论为基础的预防维修制度，称为"以可靠性为中心的维修制度"。20世纪60年代，美国联合航空公司提出了"逻辑分析决断法"，对重要维修项目逐项分析其可靠性特点及发生功能性故障的影响，以此来确定应采用的维修方式。目前，这种方式已被国外高速列车维修所采用。"逻辑分析决断法"分为三个步骤：① 鉴定维修项目；② 列出每个项目的所有功能、功能故障、故障影响和故障原因；③ 列出解决每个重要项目所有功能故障所要求做的工作。以可靠性为中心的预防维修制度是在计划性预防维修制度的基础上发展起来的，实践证明并不是维修越勤、修理范围越大就能减少故障，相反会因频繁拆卸而出现更多的故障。"计划性预防维修制度"多用于高速列车维修的宏观管理，如制定修理周期结构、进行维修组织等；而"以可靠性为中心的维修制度"较适合于高速列车维修的微观管理，如确定维修方式、实施质量控制、在各级修程中根据视情或技术状态进行单元部件的更换修理等。

（二）维修方式

维修方式是指对装备维修时机的控制。也就是说，对维修时机的掌握是通过采用不同的维修方式来实现的。维修方式包括定期维修（又称计划修）、视情维修（又称状态修）和事后维修（又称故障修）。定期维修和视情维修均属于预防性维修，而事后维修方式则是非预防性维修。三种维修方式可以根据具体情况配合选用。国外高速动车组的检修制度通常是"以可靠性、舒适性为中心，实行计划定期检查和整备与监控预报状态修理相结合；单元部件换件修理、寿命管理以及主要零部件实行高度专业化集中修理相结合的维修制度"。

（三）维修性

定义："在规定的条件下，并按规定的程序和手段实施维修时，产品在规定的使用条件下保持或恢复能执行规定功能状态的能力"（GB/T 3187—1994）。维修性不是指具体的维修技术和维修活动，而是与可靠性一样，是产品本身的一种特性，是可维修产品广义可靠性的属性之一，是通过设计而赋予产品的一种固有属性。维修性的度量是随机变量，只具有统计上的意义，因此要用概率表示，称之维修度。按照规定的程序和手段进行维修是十分必要的，不仅可以提高维修度，还可以降低维修费用，延长产品寿命，减少故障发生频率，否则维修之后反而会降低其可靠性。因此，为了提高维修度，应当制定详细的维修规程和规范，规定和明确维修的技术要求，还要考虑所用故障检测装置，设置检测点，使检测程序标准化。

（四）设备寿命

寿命类别多种多样，各个行业由于装备用途和使用习惯不同，而有自己的产品寿命定义。即使同一行为，世界各国所采用的寿命参数也有不同，对各类产品所选用的寿命参数也不一样，但其基本概念和理论基础则是相同的。产品寿命类型的选择除考虑安全性、可靠性、维修性、保障性和经济性以外，主要考虑产品在什么时候达到"临界状态"，是指产品在此状态下不能继续使用（例如磨损超限或裂纹损伤超限）或者使用已不合算（例如经济性降低到不能容许的程度）；或者对于可修复产品恢复其完好性能和工作能力已不可能或不合算。当产品进入这种"临界状态"时，将暂时或永久地停止使用。对于不可修复产品发生失效产生报废；对于可修复产品则需进行中修、大修或报废。产品出现临界状态的主要特征有：出现无法排除且影响安全的故障；规定参数值偏离了使用极限且无法纠正；经济性低于规定值且无法提高；产品必须进行大修或中修。

对于机车车辆来说，常用的寿命类型有：使用寿命、总寿命、经济寿命、技术寿命和大修间隔期。

1. 使用寿命

使用寿命指装备从开始使用到出现不可修复的故障或不能接受的故障率时的寿命单位。此处寿命单位是使用持续时间的度量，它可以是工作小时、日、月、年，可以是运行里程，也可以是循环次数等。使用寿命主要根据装备的故障情况，即可靠性来决定，所以常用故障率（t）曲线来表示。对于有耗损期的装备，影响其寿命的主要因素是摩擦副的有形磨损，可根据耗损期的故障率上升情况来确定使用寿命。但对于复杂装备来说，若没有支配地位的耗损型故障模式，则没有明显的耗损故障期，因此使用寿命就不能单凭故障率确定，一般常以安全寿命、经济寿命或技术寿命作为装备的使用寿命。

2．总寿命

总寿命也称为物质寿命、自然寿命或报废寿命，指装备从开始使用到规定报废的寿命单位。对于有耗损期的装备来说，其总寿命可以包括一个或多个大修间隔期。如果开始阶段装备处于库存状态，则该寿命还应包括装备的储存寿命。装备的总寿命和装备的全寿命周期是不同的，总寿命只是全寿命周期后半生，即使用维修直至报废的阶段；而全寿命周期还要包括装备的前半生，即研制和生产阶段。根据《机车报废管理方法》（铁运〔1999〕81号），我国铁道机车的总寿命要求：国产机车总寿命为25年或400万千米（客运）和350万千米（货运）；有大修基地的进口机车总寿命为25年或450万千米（客运）和400万千米（货运）。

3．经济寿命

经济寿命是指装备从投入使用直至由于经济效益原因再继续使用已不经济，而被淘汰所经历的寿命单位。在装备寿命周期费用中，按年度折算的购置费随服役时间的增长而逐年减少，使用维修费用则由于磨损、疲劳、老化等原因逐年增加，作为两者之和的年度总费用是使用时间的函数，其最小值则为装备的经济寿命，如图2-1所示。

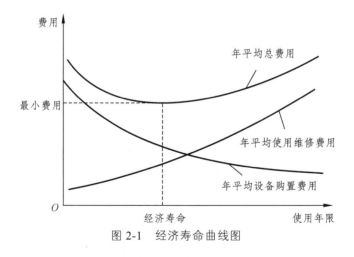

图 2-1　经济寿命曲线图

4．技术寿命

技术寿命是指产品从开始使用到因技术落后而被淘汰所经历的寿命单位。近代机车车辆重造业的兴起，并且在机车车辆维修制度中出现了一个新的维修等级——重造，就是依据技术寿命的概念。重造的定义是："对经过多年使用和多次大修的机车车辆，利用大修的时机进行彻底修理和现代化改造，以满足不同运输目的的需要。"一台机车或车辆在其漫长的寿命周期中，科学技术有了很大的发展，几十年前设计的机车车辆对当今来说技术已经落后，可能功率太小（牵引力小，速度较低），能耗较高（运营成本较高），舒适性较差（不够豪华、舒适），因而不能满足市场的需要。解决的办法有两种：一是报废整个旧车，购买新车；另一种方法是报废中进行现代化改造，也就是重造。这些报废的旧车或零部件从开始使用到因技术落后而被淘汰所经历的寿命单位（运行里程或时间）就是它们的技术寿命。

5. 大修间隔期

大修间隔期表示装备两次相继大修之间的寿命单位。这是机车车辆最常用的寿命。

6. 寿命周期费用

产品的寿命周期按照 GB 6992 的规定分为五个阶段，即定义与概念、设计与研制、制造与安装、使用与维修和处理报废阶段。产品在整个寿命周期中所耗费的费用总和称为产品的寿命周期费用（LCC）。不同用途的产品有不同的 LCC 模型。对于铁路部门来说，通常简单的 LCC 模型包括三部分，即购置费、运营费和维修费。

购置费主要包括研制费、生产费和其他费用。

（1）研制费：又称为研究、设计和发展费用，即从产品立项开始一直到研制完成为止所需的费用之和。

（2）生产费：产品投入批量生产后所需的生产费用及其他费用之和。

（3）其他费用：包括维修设备、文件、人员、培训和备件等所需的费用。

运营费一般包括产品使用中的消耗性费用（电力、燃料、油水等）、人员劳务费（操作人员）以及通信、运输、技术数据、使用保障所需的设备、设施及其管理费用等。

维修费一般包括预防性维修和修复性维修费用。预防性维修费包括日常维修，小、中、大修以及重造等维修作业的费用；修复性维修费用包括机破、临修等发生故障后维修作业的费用。另外还包括维修人员的劳务费、培训费、文件资料费、后勤管理费及与维修有关的运输、包装等费用。

二、铁路客运工作概述

（一）铁路客运工作定义

铁路客运的基本任务是满足旅客的旅行需求，安全、迅速、准确地运送旅客和行李、包裹、邮件，保证旅客在旅行过程中舒适愉快，并获得良好的服务。铁路旅客运输的"产品"，就是旅客的"位移"。旅客从甲地到乙地的旅行过程中，铁路及职工提供的运输和服务与旅客对旅行和服务的消费是同时进行的。可见，铁路旅客运输及服务正是这种能够创造特殊使用价值的劳动，使其成为满足人们生活需要的一种社会服务。

（二）铁路客运工作的必要性

铁路客运是铁路运输的一个重要组成部分。随着我国经济建设的快速发展，人民物质文化生活水平不断提高，经由铁路运送的旅客人数大幅度增长。因此，做好铁路客运工作，是为人民服务的一个重要方面，它对国家的经济建设、文化交流，以及满足人民群众在生活上的需要等方面都有十分重要的意义。

（三）铁路客运的技术设备

1. 必要性

铁路客运工作，离不开铁路技术设备，这些设备是铁路客运的物质基础。

2. 装备类别

（1）铁路线路和沿线的各种车站、设施；
（2）铁路牵引供电系统；
（3）铁路的通信、信号设备；
（4）铁路机车车辆以及机车车辆的修理和整备设备。

（四）铁路运输组织工作

1. 铁路运输工作

铁路运输工作是一个复杂庞大的系统，在我国铁路高速与普速并存、客货混行的运输模式下，加强铁路内部的客运、调度、车务、机务、工务、电务、车辆等各部门的协调配合，保证铁路运输集中统一指挥、统筹安排运力的基本要求，加强旅客运输与货物运输之间的协调配合，正确配备各单位的工作人员，有计划地加强并经济合理地使用客运技术设备和机车车辆，不断发展和充分利用运输能力，确保铁路运输安全，是铁路运输组织工作的目标。

2. 铁路运输组织

铁路运输组织又称"铁路运营"，是安排、组织铁路运输生产所进行的各种工作的总称，包括旅客运输组织、货物运输组织和行车组织3个方面。一般而言，凡处理有关旅客、行李、包裹等方面的工作，属于旅客运输组织范围。凡处理有关货物以及铁路和发货人、收货人关系方面的工作，属于货物运输组织范围。而处理运输过程中有关机车、车辆和列车的有关工作，则属于行车组织范围。

3. 铁路列车运行图

铁路列车运行图是用以表示列车在铁路区间运行及在车站到发或通过时刻的技术文件，是全路组织列车运行的基础。

它规定各车次列车占用区间的程序，列车在每个车站的到达和出发（或通过）时刻，列车在区间的运行时间，列车站停时间以及机车交路、列车质量和长度等。列车运行图是列车运行的时间与空间关系的图解，它表示列车在各区间运行及在各车站停车或通过状态的二维线条图。

4. 铁路列车车次

铁路列车车次是国铁集团对不同行驶方向、不同车种、不同行驶区段和不同运行时刻的列车编订的标示码，以方便区别。车次用阿拉伯数字表示，按行驶方向的不同以单双数来区别。当列车行驶方向为线路的上行方向，车次的数字为双数；反之经线路下行方向运行，车次的数字为单数。

5. 上行下行

如果列车在运行途中由上行变成下行或由下行变成上行，都要更换车次。列车运行方向的上行或下行方向依以下几个方针界定：

（1）以北京为中心，从北京始发的列车为下行，开往北京方向的列车为上行。

（2）在连接北京的铁路干线上往北京方向运行为上行，反之下行。

（3）如果所经铁路与北京不连通或为支线，则以朝向北京干线方向为上行，背离北京干线方向下行。

（4）在同一条铁路线上，由靠近线路起点的车站开往靠近线路终点的车站为下行，反之为上行。

因此，一趟列车在一个方向可能会使用两个或更多的车次。例如，T201/204 次列车由北京西发往三亚的列车，在北京至茂名之间使用 T201 的车次（经京广铁路、广茂铁路下行线往茂名方向运行），到达茂名站后车次改为 T204 并运行至河唇站（经由河茂铁路上行线运行）。

除了以阿拉伯数字来表示车次外，部分客车车次还在阿拉伯数字前加上代表列车种类的汉语拼音的首字母，但在广播时，铁路部门要读成车种首字发音。例如，Z 读"直（达）"、T 读"特"、K 读"快"、L 读"临"、D 读"动（车）"、G 读"高（铁）"。另外，"管内"表示列车行驶区段在同一个铁路局的管辖范围之内，而与之相对的"跨局"，则代表列车运行区段超过一个局的管辖范围。

6. 列车上的工作人员

中国铁路旅客列车乘务组除司机、运转车长外，还包括列车乘务员、车辆乘务员和列车乘警，后面三者俗称三乘一体。

1）列车乘务员

列车乘务员：铁路客运列车工作人员，也称列车员。

列车员的工作职责：开关车门、查验车票、核对铺位、打扫车内卫生、维护车内公共秩序及协助乘警保障旅客旅行安全等。

2）车辆乘务组

车辆乘务组：确保列车运行安全的最后防线，是对外展示车辆部门形象的窗口。

工作职责：负责列车运行状态的动态监控、设备故障的应急处置和职责范围内的技术作业。

3）乘　警

乘警：在铁路客运列车上工作。

工作职责：管理旅客列车治安，维护公共秩序；查缉通缉犯和各类犯罪嫌疑人；会同列车其他工作人员做好火灾、爆炸、中毒等治安灾害事故和治安突发事件的预防、处置工作。

三、列车运行过程

1. 车底出库前的检修和试验

客车车辆段是铁路客车的家，每一趟运输回来，担当运输工作的车底，都要在车辆段进行一番休整。运用客车休整的场所称为客车技术整备所（简称客整所）。运用客车在客整所实施日常检修、专项检修、客车整修、客车辅（A1）修和临客整备、专项检查整治等工作，统称为运用检修，执行相应质量标准和要求。

经运用检修合格的车底，在规定的时间、由调车机牵引至始发火车站（即出库）。出库前，列车还要进行相应的试验检查，如列车干线绝缘测试、制动全部试验。

2. 旅客列车始发站作业

旅客列车从客整所出库到达始发车站后，车站工作人员组织乘客登乘列车、组织车站工作人员搬运乘客托运的行李并装车。

车站不仅仅只有乘客登乘、行李托运这些工作，还有调车机更换本务机车以及车辆部门驻站的列检工作人员进行列车制动简略试验、列车上的车辆乘务员按照规定进行列车检查等。

旅客列车制动简略试验规定如下：
① 客列检作业后和旅客列车始发前；
② 更换机车或更换机车乘务组时；
③ 无列检作业的始发列车发车前；
④ 列车软管有分离情况时；
⑤ 列车停留超过 20 min 时；
⑥ 列车摘挂补机，或第一机车的自动制动机损坏交由第二机车操纵时；
⑦ 机车改变司机室操纵时；
⑧ 单机附挂车辆时；
⑨ 列车进行摘、挂作业开车前。

在站简略试验：有列检作业的由列检人员负责，无列检作业的由车辆乘务员负责，无车辆乘务员的由车站人员负责。挂有列尾装置的列车由司机负责（挂有列尾装置的旅客列车，始发前、摘挂作业开车前及在途中换挂机车站、客列检作业站，有列检作业的由列检人员负责，无列检作业的由车辆乘务员负责）。

始发站本务机车换挂完毕、车辆检查试验符合要求、乘客登乘完毕，按照运行图规定的时间、车站开放发车信号，列车即开始新的旅程。

3. 旅客列车途中运行

正常情况下，旅客列车从始发站出发，到达中间站进站停车，乘降旅客，接着继续运行，直到终点站（折返站）。在运行途中，除了中间站停车外，其他任何时候、任何地点都不能无故停车。车上工作人员按照规定，进行相关作业，迎接稽查部门或上级领导检查。车辆乘务员也不例外，对车辆进行巡视、操作设备、处理应急故障，保证列车运行安全。

4. 列车环境

列车运行环境非常复杂，在有些情况下，不能正常运行，途中不仅要停车，还要进行相应的处理及防护措施才能继续运行。

《铁路技术管理规程（普速铁路部分）》第 339 条汛期暴风雨行车应急处理：
（1）列车通过防洪重点地段时，司机要加强瞭望，并随时采取必要的安全措施。

（2）当洪水漫到路肩时，列车应按规定限速运行；遇有落石、倒树等障碍物危及行车安全时，司机应立即停车，排除障碍并确认安全无误后，方可继续运行。

旅客列车在途中，除了司机发现危险采取停车措施外，车上工作人员发现突发情况，也可以紧急停车。

5. 旅客列车中间站作业

旅客列车到达中间站，车站工作人员完成乘降旅客、托运行李卸车装车，给需要补水的列车上水等工作。按照列车运输方案，有的还需要换挂机车。有列检作业的中间车站，列检人员除了协作机车换挂、进行制动机简略试验外，还要完成列车每运行 500～800 km 时（直达特快除外）走行部分、车钩缓冲装置及制动系统等重点部位检查，发现问题与故障，及时排除。

发现列车中有技术不良的车辆，因条件限制不能修理时，应从列车中摘下修理。没有列检作业的车站发现列车中有技术不良的车辆，因特殊情况不能摘下时，如能确保行车安全，经车辆调度员同意，可回送到指定地点进行处理。

随着科学技术的飞速发展，越来越多的先进技术应用于铁路客车安全监控方面。客车地面动态检查系统包括铁路客车故障轨旁图像检测系统（TVDS）、车辆轴温智能检测探测系统（THDS）、铁道车辆运行品质轨旁动态监测系统（TPDS）和铁道车辆滚动轴承故障轨旁声学诊断系统（TADS），对客车实施地面动态检查是适应客车运用条件变化，实现超前防范，关口前移，确保客车运行绝对安全的必要手段。同时，客车上还有车载客车运行安全监控系统（TCDS），对轴温、火灾、制动风压情况进行监控，如图 2-2 所示。这些先进技术的应用，有效保证了列车运行安全，大大地降低了列检人员的工作强度。

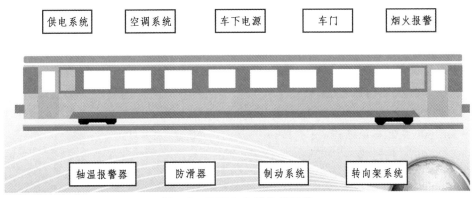

图 2-2　TCDS 车载监控系统

6. 旅客列车终到及折返作业

列车终到后，车站乘降完旅客，车辆乘务员应解除客列尾连接，按照《客车运用维修规程》"车辆摘挂"有关规定作业，摘除列车尾部标志灯。发电车供电旅客列车终到停车 10 min 后，还须进行卸载、断电、停机。

旅客列车到达终点站（折返站），乘客下车后，是否立即返回，这要取决于交路长短。《铁路客车运用管理规程》规定：跨局旅客列车每运行一个往返（含套跑交路）、管内旅客列车每运行 4 000 km 须安排入库实施日常检修。也就是说，如果列车一个往返距离超过 4 000 km（单程 2 000 km），则要在折返站所在地客整所入库日常检修，列车不能立即返回。如果列车一个往返距离不足 4 000 km（单程 2 000 km），到达折返站后不需入库进行日常检修，由车站列检完成规定检查工作，在保证乘客登乘、机车换挂等作业所需时间的条件下，可以立即返回。一般列车折返站停近 2 h。

单程运行距离在 2 000 km 及以上的旅客列车，折返铁路局原则上应安排入库进行折返检修作业，技术作业时间应满足甩挂作业、例行检查和故障处理时间，一般情况下，在折返车站图定到开时间间隔不少于 4 h；如无法安排入库检修或时间不足时，折返局须采用动态检查技术进行补充作业，承担入库折返检修作业的安全质量责任。

任务二　客车日常检修

【任务目标】

（1）了解 DC 600 V 提速客车作业准备检查；

（2）了解 DC 600 V 提速客车车辆摘挂检查；

（3）了解 DC 200 V 端部地面技术检查（双人平行作业）；

（4）了解 DC 600 V 提速客车中部地面技术检查；

（5）了解 DC 600 V 客车绝缘检测；

（6）了解 DC 600 V 提速客车客列尾例行检查；

（7）了解 DC 600 V 提速客车列车制动机试验。

【学习内容】

（1）DC 600 V 提速客车作业准备检查；

（2）DC 600 V 提速客车车辆摘挂检查；

（3）DC 200 V 端部地面技术检查（双人平行作业）；

（4）DC 600 V 提速客车中部地面技术检查；

（5）DC 600 V 客车绝缘检测；

（6）DC 600 V 提速客车客列尾例行检查；

（7）DC 600 V 提速客车列车制动机试验。

【阅读材料】

（1）DC 600 V 提速客车作业准备；

（2）DC 600 V 提速客车车辆摘挂；

（3）DC 600 V 端部地面技术检查（双人平行作业）；

（4）DC 600 V 提速客车中部地面技术检查；

（5）DC 600 V 客车绝缘检测；

（6）DC 600 V 提速客车客列尾例行检查；

（7）DC 600 V 提速客车列车制动机试验。

一、DC 600 V 提速客车作业准备（表 2-1）

表 2-1　DC 600 V 提速客车作业准备

作业步骤及质量标准	图　　示
1. 列队点名 ▲（1）作业人员携带好工具，着装整齐，列队站好，面向工长。 （2）由工长进行点名，对作业人员到岗情况、精神状态、身体健康状态进行询问确认，并做好考勤记录	
2. 穿戴好劳动防护用品 ▲（1）工装整齐，帽子、臂章佩戴齐全。 ★（2）特殊岗位衣服须有反光安全标志（或穿戴反光安全标志背心）。 （3）雨天作业需穿戴雨衣。登高作业需戴安全帽、系安全带	
3. 传达生产任务 ▲（1）按照当日的生产计划和任务，对计划任务逐项进行布置和安排。 （2）对各作业小组的作业内容和当日作业的重点、安全注意事项进行安排、布置、强调	
4. 检查工具 ▲（1）工具、计量器具无过期失效，携带齐全。 （2）对讲机调至正确频道，接收和发送良好，检点锤、手电筒明亮、电量充足，扳手、卷尺、塞尺、钢丝钳状态良好，尾表电量充足，状态良好	
5. 列队出工 ▲（1）作业人员按照生产计划和任务由组长带领列队进入股道，开始作业。 ★（2）严禁在未设置防护信号的情况下进行作业。 （3）严禁跨越地沟，钻无防护车辆，抢越股道。 （4）穿越股道时，执行"一站、二看、三通过"。现场作业注意不得侵入邻线。 （5）严禁在股道中心、枕木上行走。严禁在钢轨上、车辆下坐卧、休息、乘凉。 （6）现场作业严禁吸烟，接打电话	

二、DC 600 V 提速客车车辆摘挂（表 2-2）

表 2-2　DC 600 V 提速客车车辆摘挂

作业步骤及质量标准	图　　示
1. 车辆摘解	
（1）设置好防护信号后，摘解车端各型连接器并扣好连接器盖。 ▲ ① 将拆下的各型连接器放置在相邻车辆车端通过台上。 ② 扣好车端连接器盖，防止雨水进入	
（2）摘解钩提杆防提套、车钩防跳装置、总风管防脱装置，并拆除车端折角塞门开口销。 ▲ 将拆下的配件放置在指定位置并妥善保存	
（3）摘解车端折棚风挡。 ▲ ① 收起车端连接渡板。 ② 打开折棚风挡连挂手柄盒，拉起连挂手柄。 ③ 挂好折棚风挡挂链	
（4）摘解密接车钩。 ▲ ① 拆除密接车钩解钩手柄安全销开口销。 ② 抽出解钩手柄安全销	
（5）对车辆实施双管改单管。 ▲ ① 有气路控制箱时，按照双改单规定操作控制阀门手柄，对车辆实施双管改单管供风。 ■ ② 将气路控制箱门及时关闭。车辆甩下后由库检班组负责复查确认	

作业步骤及质量标准	图　　示
（6）对车辆上部实施灭火、排水、断电、落窗、封门。 ▲ ① DC 600 V 车辆断开 DC 110 V 本车控制开关，摘除车下 DC 110 V 蓄电池保险。 ② 打开生活用水阀门，排放生活用水。 ③ 锁闭车辆车窗、车门。首位车辆关闭列尾主机球芯阀门，拆除列尾主机。 （7）对甩下车辆车端软管装上螺堵并吊起。确认车辆防溜装置设置良好	
（8）撤除防护信号。 ▲ ① 通过对讲机告知车间值班室值班员作业完毕班组、作业项目、股道、脱轨器撤除时间等信息。 ② 移动脱轨器并放置在指定区域	
2. 车辆连挂	
（1）设置好防护信号后，安装总风管防脱装置、折角塞门防关开口销，并连接总风管、制动软管。 ▲ ① 折角塞门防关开口销使用直径 $\phi 3 \times 30$ mm 不锈钢开口销。 ② 连接总风管、制动软管前，检查软管接头橡胶密封圈有无破损，否则更换处理	
（2）连接车端折棚风挡。 ▲ ① 铺好车端连接渡板。 ② 打开折棚风挡连挂手柄盒，复位连挂手柄。 ③ 恢复折棚风挡挂链	
（3）连接密接车钩。 ▲ ① 将解钩手柄安全销复位。 ② 安装密接车钩解钩手柄安全销开口销	

作业步骤及质量标准	图　　示
（4）测量单车干线绝缘，连挂车端各型连接器。 ▲ ① 对单车干线绝缘进行测量。 ② 依次连挂安装车端各型连接器。 ③ 使用镀锌铁丝捆绑主干线电力连接器压杆，防止连接器头脱出。镀锌铁丝直径为 $\phi3$ mm	
（5）对车辆电气设备供电加载，通电试验。 ▲ DC 600 V 客车安装车下 DC 110 V 电池保险	
（6）对车辆实施单管改单双管供风。 ▲ 有气路控制箱时，按照单管改双管规定操作控制箱各阀门手柄，对车辆实施单管改双管供风	
（7）对车辆上水检查。 ▲ 关闭生活用水阀门，补充生活用水	
（8）使用单车试验器对车辆进行单车试风试验，然后用数字列尾试验仪记录单车试验泄漏数据并分析保存。 ▲ 全车泄漏及制动管泄漏试验，泄漏量每分钟不大于 10 kPa	
（9）首位车辆需安装客列尾主机并对客列尾主机及附属装置实施检测	

作业步骤及质量标准	图　示
（10）撤除防护信号。 ▲ ① 通过对讲机告知车间值班室值班员作业完毕班组、作业项目、股道、脱轨器撤除时间等信息。 ② 移动脱轨器并放置在指定区域	

三、DC 600 V 端部地面技术检查（双人平行作业，表 2-3）

表 2-3　DC 600 V 端部地面检查（双人平行作业）

作业步骤及质量标准	图　示
1. 面对车端部风挡站立	
（1）使用手电筒自下而上照射，依次目视检查摩擦板（仅限首车前端、尾车后端）、折棚风挡、橡胶风挡胶囊、防晒板处状态。 ▲① 摩擦板铆钉缺失或翘起时处理，破损面积超过 50 mm×50 mm 时更换。 ② 胶囊 1 处连续裂损长度超过 50 mm 时处理，超过 100 mm 时更换。 ③ 防晒板翘起时处理。 ■列车编组中，橡胶风挡或铁风挡不得与折棚风挡连挂	
（2）使用手电筒自上而下照射，目视检查橡胶风挡固定螺栓、风挡缓冲杆及座处状态。 ▲① 橡胶风挡各固定螺栓无松动、折断。 ② 风挡缓冲杆无弯曲，内套无窜出，安装座螺栓无松动，开口销两脚劈开角度为 60°～70°（以下简称角度符合规定）	

作业步骤及质量标准	图　示
（3）使用手电筒自上而下照射，目视检查阻尼装置、折棚框、棚布、拉杆及座开口销（两车连接处为折棚风挡时）。 　▲　① 阻尼装置配件齐全，作用良好，无老化、松动、裂损、破损。磨耗板齐全、无破损，铆钉无松动、无缺损。阻尼弹簧无裂损，安装螺丝无松动，开口销角度正确。 　② 折棚框无变形，锁具良好，密封胶条完整，棚布无破损，紧固螺栓无松动，开口销无折损，风挡杆螺栓紧固，弹簧无裂损	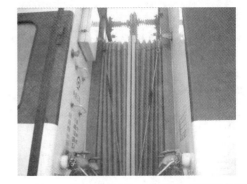
2. 转身面向车体端墙站立	
（1）使用手电筒照射，参照邻车目测车体倾斜。 　▲车体倾斜不超过 50 mm，有疑问时使用铅坠测量。 　■车体倾斜超限，易造成安全事故	
（2）使用检点锤与手电筒配合，依次检查防攀盒、攀登梯及踏板处状态(1位端1位侧、2位端2位侧时)。 　▲① 防攀盒。 　a. 盒体无变形，与外端墙密贴。 　b. 搭扣关闭到位，防开措施良好。 　c. 搭扣、折页无开焊，外延 10 mm 范围内有腐蚀、孔洞时处理。 　② 攀登梯及踏板。 　a. 攀登梯与外端墙密贴无位移，固定螺栓无松动。 　b. 踏板无裂损，固定螺栓无松动	

作业步骤及质量标准	图　示
（3）使用手电筒照射，检查定检标记、色票插状态（1位端2位侧、2位端1位侧时）。 ▲① 定检标记不过期。 ② 色票插安装牢固、无破损，固定螺栓无松动	
（4）使用检点锤与手电筒配合，自上而下目视检查手制动机齿轮箱、主轴及座、锥形链轮、制动链固定螺母处状态（1位端1位侧时）。 ▲① 齿轮箱安装螺栓齐全、无松动，齿轮箱盖无松脱。 ② 制动链处于松开位，固定螺母无松动。 ③ 立轴座固定螺母齐全、无松动。 ■已发生手制动机反向拧紧造成列车脱线的案例	
（5）使用检点锤与手电筒配合，俯身检查防尘堵、链及座状态（1位端1位侧、2位端2位侧时）。 ▲① 防尘堵无裂纹、无丢失。 ② 制动软管防尘堵链长度：（853±20）mm（对新加挂车测量）。 ③ 总风软管防尘堵链长度：（685±20）mm（对新加挂车测量）。 ④ 防尘堵链无开焊、固定牢靠，悬挂后最低点距轨面高度不低于50 mm。 ⑤ 防尘堵链座固定螺栓无松动。 ■已发生因风管堵链过长且未悬挂而造成刮道口垫板事故	
3. 站立在钩提杆侧	
（1）使用检点锤与手电筒配合，检查提杆座部位状态（1位端2位侧、2位端1位侧时）。 ▲① 防跳装置安装到位，开口销无丢失，角度符合规定（首尾车钩仅检查是否配备防跳装置）。 ② 提杆座无裂损，安装螺栓齐全、无松动。 ③ 钩提杆与提杆座凹槽间隙不大于3 mm	

作业步骤及质量标准	图　示
（2）使用检点锤与手电筒配合，沿钩提杆方向，自外向内依次检查钩提杆、吊环、下锁销及防跳装置、下锁销连杆及吊处状态（1位端2位侧、2位端1位侧时）。 ▲① 钩提杆无弯曲、无变形。 ② 钩提杆吊环及座无裂纹，圆销不反装。 ③ 下锁销及防跳装置无破损、无变形，下锁销、连杆、圆销不反装。 ④ 开口销无丢失，角度符合规定	
（3）使用检点锤，勾动检查钩提杆摆动幅度（1位端2位侧、2位端1位侧时）。 ▲钩提杆不冲击下锁销连杆	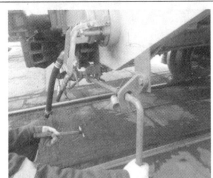
（4）使用手电筒照射，检查两密接式车钩连接部位状态，依次检查钩头、钩体、解钩手柄、解钩风缸、缓冲器连接螺栓（非首尾端时）。 ▲① 钩头、钩体不得有裂纹和变形，各部螺栓无松动，各部间隙符合规定。 ② 解钩手柄活动自如，复位良好，钩舌、缓冲器连接螺栓无松动，圆销、开口销无折损和丢失。 ③ 解钩风缸复位弹簧无折损，固定螺栓无松动。 ④ 车钩高度为860~890 mm	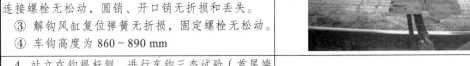
4. 站立在钩提杆侧，进行车钩三态试验（首尾端车钩时）	
（1）开锁试验：在闭锁位置用手轻提钩提杆，钩锁铁上移后，将钩提杆复位，稍稍向外拉动钩舌，钩舌须能立即张开。 ▲① 钩锁铁不自落。 ② 钩舌不转动（提钩提杆时）。 ■手提钩提杆时，若用力过大，易造成钩舌转动，无法验证开锁作用	

作业步骤及质量标准	图　　示
（2）全开试验：在闭锁位置用力提动钩提杆，钩舌至全开位后，将钩提杆复位。 ▲钩舌转动量达到最大行程	
（3）跨步正对钩头，使用手电筒照射，检查钩舌圆销、螺母及上下开口销处状态（双人共同检查）。 ▲① 钩舌圆销无折断。 ② 钩舌圆销螺母无丢失。 ③ 开口销无折断、无丢失，角度符合规定	
（4）在车钩全开状态下，使用手电筒照射，光束呈斜上或斜下 45°，依次目视检查上钩耳平面、钩舌内侧、钩腔、下钩耳平面处状态。 ▲① 无裂纹。 ② 钩体磨耗不超过 6 mm。 ■钩舌裂纹，存在列车分离隐患	
（5）选取钩舌内侧面距钩腕内侧面的上、中、下三处，使用卷尺水平测量车钩全开尺寸。 ▲全开位最大值≤250 mm	

续表

作业步骤及质量标准	图　　示
（6）闭锁试验：用手向外拉动钩舌，反向回推使钩锁铁落下后，再向外拉动钩舌。 ▲钩舌不外转	
（7）选取钩舌内侧面距钩腕内侧面的上、中、下三处，使用卷尺水平测量车钩闭锁尺寸。 ▲闭锁位最大值≤135 mm。 ■闭锁位最大值超过限度时，存在两连接车钩分离隐患	
（8）在闭锁状态下，使用钩高尺测量车钩高度。 ▲车钩高度为 830～890 mm（XL、UZ 空车状态下为 860～890 mm）	
5. 站立车端，面对软管	

作业步骤及质量标准	图　　示
（1）目测制动（总风）软管角度，使用检点锤勾动制动（总风）软管，检查制动（总风）软管及折角塞门处状态，耳听判断泄漏。 ▲① 制动（总风）软管。 a. 无松动、破损、鼓包，泄漏故障。 b. 连接器无破损、裂纹，胶圈良好。 c. 软管间不磨碰。 d. 检修标记清晰、不过期。 ② 折角塞门。 a. 无松动、裂纹、泄漏。 b. 向车钩侧倾斜，与侧墙夹角呈 30°，首尾端总风折角塞门须与侧墙平行。 c. 压盖螺栓无松动、丢失。 d. 芯子无反位。 e. 手把安装 $\phi 4 \times 32$ 不锈钢开口销，角度符合规定（首尾端折角塞门除外）	
（2）使用检点锤与手电筒配合，探身检查风挡缓冲杆弹簧、车钩冲击座、摆块吊及座、摆块、钩身及钩头处状态。 ▲① 缓冲杆弹簧无折断。 ② 冲击座、摆块吊及座无裂纹。 ③ 摆块吊无窜出。 ④ 钩身磨耗板无丢失。 ⑤ 钩头、钩身无裂纹	
6. 行进至侧门处，面对侧门站立	
（1）使用手电筒照射，自上而下目测检查侧门防雨檐、尾灯插（1 位端 1 位侧、2 位端 2 位侧时）、顺号插（1 位端 2 位侧、2 位端 1 位侧时）状态。 ▲① 防雨檐与车体密贴。 ② 尾灯插安装牢固，固定螺栓无松动、丢失。 ③ 顺号插安装螺栓齐全，无裂损、丢失。 ■已发生防雨檐脱落事故案例	
（2）使用检点锤与手电筒配合，检查侧门、扶手及脚蹬处状态。 ▲① 侧门无腐蚀、变形，门碰齐全、无松动。 ② 扶手座无裂纹，安装螺栓齐全、无松动。 ③ 扶手杆无腐蚀、弯曲、变形。 ④ 脚蹬无腐蚀、裂纹、变形，安装螺栓齐全、无松动	

续表

作业步骤及质量标准	图　　示
7. 探身至车底板处，下蹲	
使用手电筒照射，检查车底板、排水导管、注水口及管处状态。 　▲① 车底板无腐蚀、孔洞。 　② 侧梁无裂纹。 　③ 排水导管及安装座无裂损、松动，管箍齐全。 　④ 注水管安装角度正确、无松动，U 形卡环齐全、无松动，防护罩无裂损。 　■车底板若存在孔洞缝隙，易导致外来火源进入引发火灾，已发生过此类火灾事故案例。注水管若安装角度不正，易造成塞拉门卡滞无法关闭，已发生过此类事故案例	

四、DC 600 V 提速客车中部地面技术检查（表 2-4）

表 2-4　DC 600 V 提速客车中部地面技术检查

作业步骤及质量标准	图　　示
1. 保持蹲姿，面对车辆中部	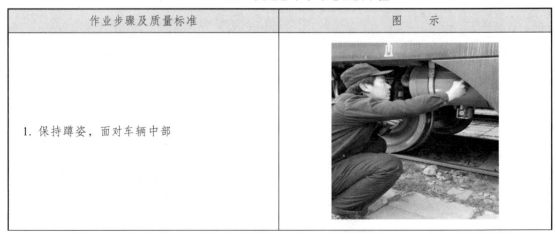

作业步骤及质量标准	图　　示
使用手电筒照射，目视配合耳听检查辅助风缸。 ▲① 目视检查辅助风缸（重点为焊缝部位）及连接管系无裂损，耳听无泄漏。 ② 目视检查辅助风缸安装牢固，吊带无折损，安装螺栓防松标记无位移。 ③ 目视检查排水塞门状态良好，防护罩无裂损，安装螺丝、钢垫圈无折损、丢失，耳听无泄漏。 ■ 已发生副风缸破裂的案例	
2. 起身，转身顺车体侧墙板检查车体外侧	
使用手电筒照射，目视检查车体侧墙板、油漆、车体裙板、缓解显示器。 ▲① 侧墙板无腐蚀、变形，墙板油漆无鼓泡、脱落。 ② 车体裙板外侧面无变形、损坏；安装无松动，标记清晰正确。 ③ 缓解显示器外壳无变形、无泄漏；有机玻璃无破裂，制动/缓解显示清晰。 ■ 车体裙板关闭不牢固易发生运行中打开故障，造成超限刮蹭沿线设备事故	
3. 行进至侧门处（行李车），面对侧门站立	
使用检点锤与手电筒配合，检查侧门、扶手状态。 ▲① 侧门无腐蚀、变形，油漆无鼓泡、脱落。 ② 扶手座无裂纹，安装螺栓齐全、无松动。 ③ 扶手杆无腐蚀、弯曲、变形	
4. 探身至车底板处，下蹲	
使用手电筒照射，目视配合耳听检查辅助风缸。 ▲① 目视检查辅助风缸（重点为焊缝部位）及连接管系无裂损，耳听无泄漏。 ② 目视检查辅助风缸安装牢固，吊带无折损，安装螺栓防松标记无位移。 ③ 目视检查排水塞门状态良好，防护罩无裂损，安装螺丝、钢垫圈无折损、丢失，耳听无泄漏。 ■ 已发生副风缸破裂的案例	

五、DC 600 V 客车绝缘检测（表 2-5）

表 2-5　DC 600 V 客车绝缘检测

作业步骤及质量标准	图　示
1. 断电、复位 ▲（1）测试前全列减载。 （2）逐辆将配电柜主电源选择开关置于 0 位（断位），同时断开 Q1、Q2 主开关	
2. 首车连接器线、座检查 ▲（1）检查电力连接线及通信线，外部护套无破损，防水护套与插头处密接可靠。 （2）检查电力连接线及通信连接线座，密封胶圈密封、防水作用良好，接线端子、插针、插孔无缩针、缩孔、松动、锈蚀、变色、灼痕、烧损。 ★ 检查前确认 I、II 路干线无电	
3. 测试干线电气绝缘 ▲（1）逐辆在车端连接线座处使用 1 000 V 级兆欧表进行 DC 600 V 干线绝缘测试。 （2）测试 I 路干线绝缘。 ① 将兆欧表表笔分别置于连接器座正、负插孔内，测试正、负线间绝缘阻值。 ② 将兆欧表表笔一支置于正线插孔，另一支连接车体金属处，测试正线与车体绝缘阻值。 ③ 将兆欧表表笔一支置于负线插孔，另一支连接车体金属处，测试负线与车体绝缘阻值。 （3）测试 II 路干线绝缘。 ① 将兆欧表表笔分别置于连接器座正、负插孔内，测试正、负线间绝缘阻值。 ② 将兆欧表表笔一支置于正线插孔，另一支连接车体金属处，测试正线与车体绝缘阻值。 ③ 将兆欧表表笔一支置于负线插孔，另一支连接车体金属处，测试负线与车体绝缘阻值。 ★ 测试前确认 I、II 路干线无电	测试 I 路干线绝缘 测试 II 路干线绝缘

续表

作业步骤及质量标准	图　　示
4. 测试 DC 110 V 干线电气绝缘	
▲ 使用 110 V 漏电检测仪监测，1、2 路测试时检测仪不报警为正常	 测试 DC 110 V 干线绝缘
5. 首位车通信干线通路测试	
▲ 使用通信线路检测仪测量	
6. 记录、确认	
▲ （1）记录测试结果。 ★ （2）绝缘值不得低于"列车干线绝缘测试值表"表中的数值；测试不合格的，查明原因，彻底消除故障	
7. 清理工作场地，整理工具	

六、DC 600 V 提速客车客列尾例行检查（表 2-6）

表 2-6　DC 600 V 提速客车客列尾例行检查

作业步骤及质量标准	图　　示
1. 工具准备 对讲机、客列尾便携库检仪、微控试风手持机	
2. 风路检查 将微控列车制动机试验器与车列制动软管连接，在车列另一端制动软管处安装制动试验风表。充风至 600 kPa 保压 1 min，全列泄漏不超标（《铁路客车空气制动装置检修规则》规定列车制动管泄漏不得超过 20 kPa），风管延长管无泄漏、安装牢固、堵帽齐全、作用良好，胶管无龟裂、老化	

作业步骤及质量标准	图　　示
3. 外观检查 （1）检查客列尾箱外观良好，无破损、变形，箱门锁齐全良好。 （2）检查客列尾主机风管连接良好，连接管、连接头外观无裂损、无漏风情况。 （3）检查专用 DC 48 V 电源插座无松动、破损，电源电压不低于 44 V，馈线固定、连接良好，无破损情况。 （4）检查客列尾主机挂接牢固，馈线及电源线连接可靠。打开球芯截断塞门，闭合主机电源开关后，主机正常显示客列尾的 ID 号。 （5）检查客列尾主机月检测、年检测定检不过期	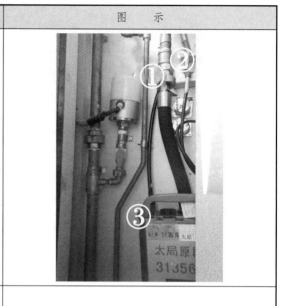
■① 客列尾试验应在全列泄漏试验、制动缓解感度试验、制动安定试验、持续一定时间的保压试验前进行。 ② 更换客列尾主机后，要对连接风管接头和连接馈线接头进行检查，确保连接紧固，不松动	
4. 客列尾连接试验 （1）车列充风至 600 kPa 并稳定后，检查客列尾便携库检仪状态良好，接通客列尾主机电源，打开球芯截断塞门。 （2）车列前部作业人员确认客列尾便携库检仪处于作业模式 1 下，核实客列尾便携库检仪模拟的机车号：9999XXXX。 （3）车列前部作业人员使用对讲机核实车列后部客列尾 ID：XXXXXX。 ① 按"S"键，输入六位数客列尾 ID 号。若输号错误，则可按"#"键删除后重新输入。 ② 再次按"S"键，客列尾便携库检仪显示：Tx。同时语音播报：连接。 ③ 客列尾便携库检仪收到相应的客列尾主机连接应答时显示：LJ OK（连接成功）。同时播报：XXXXXX 列尾装置，连接成功。客列尾主机显示模拟机车号，客列尾便携库检仪显示客列尾 ID 号。前、后部作业人员用对讲机进行核实。 a. 若客列尾便携库检仪 5 s 后未接到客列尾主机的应答，则显示：LJ FAIL（连接失败）。 b. 若连接失败，则车列尾部作业人员检查馈线的连接是否紧固、客列尾主机电源是否开机。 c. 若一切正常，再次连接仍未成功时，则车列后部作业人员更换一台主机	 

作业步骤及质量标准	图　　示
5. 客列尾风压检测 （1）手动风压查询。 　　列车制动管达到定压 600 kPa 后，在保压状态下，车列前作业人员确认客列尾便携库检仪处于作业模式 1 下，且客列尾连接成功，按客列尾便携库检仪 PPT 键（左侧中间键），显示：CX（查询）。便携库检仪收到客列尾主机应答时，显示：ID XXXXXX FXXX（前 6 位为客列尾 ID，后 3 位为风压值），同时语音播报：XXXXXX 列尾装置，风压 XXX。便携库检仪收到的风压值与制动试验风表风压差值不应大于 20 kPa。 （2）自动风压提示。 　　车列前部作业人员确认客列尾便携库检仪处于作业模式 1 下，且客列尾连接成功，在列车制动管达到定压 600 kPa 下，作业人员使用微控试风手持机减压 100 kPa 后保压，减压至 555~565 kPa，车列前部作业人员确认客列尾便携库检仪应接收到客列尾主机的风压欠压自动提示。客列尾便携库检仪显示：ID XXXXXX FXXX（前 6 位为客列尾 ID，后 3 位为风压值），同时语音播报：XXXXXX 列尾装置，风压 XXX。确认便携库检仪收到的风压值与制动试验风表风压差值不应大于 20 kPa	
6. 辅助排风 （1）车列前作业人员按客列尾便携库检仪顶部黄色键，客列尾便携库检仪发出辅助排风命令，同时语音播报：排风。 （2）客列尾便携库检仪收到相应的客列尾主机应答时，液晶屏第二行显示：IDXXXXXX PF（前 6 位为客列尾 ID），同时语音播报：XXXXXX（6 位客列尾 ID）列尾装置，排风。此时应触发车列紧急制动，车列制动管风压降为 0 kPa。 （3）客列尾主机一次排风时间为 30 s，在此期间客列尾便携库检仪作业人员不得再向客列尾主机发送任何数据（包括销号）	
7. 销号 （1）车列前部作业人员确认客列尾便携库检仪处于作业模式 1 下，且客列尾连接成功，按侧面下键，液晶屏第一行显示：XH，便携库检仪发出销号命令，同时语音播报；XXXXXX 列尾装置，销号成功。 （2）销号完毕后，车列后部作业人员关闭客列尾主机球芯截断塞门，断开客列尾主机电源开关。 ■① 销号后，便携库检仪不再发出排风命令、校准客列尾主机时间命令、手动查询客列尾主机风压命令和读取客列尾主机时间命令。 ② 检测完毕后，作业人员在车统-15G 上认真填写检测结果。 ③ 例行检查合格后，解除检测设备与客列尾的连接，关闭球芯截断塞门（横开竖关），断开主机电源开关，关闭客列尾箱门	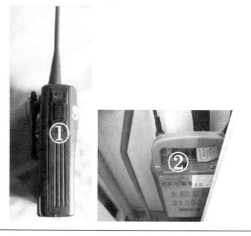
8. 车列后部作业人员按第 3、4、5、6、7 项作业内容，对车列前部客列尾主机进行检测	

七、DC 600 V 提速客车列车制动机试验（表 2-7）

表 2-7　DC 600 V 提速客车列车制动机试验

作业步骤及质量标准	图　　　示
1. 客列尾试验	
（1）上车分别打开首、尾车客列尾主机箱，检查主机状态。 ▲ ① 主机挂接牢固，馈线、风管及电源线连接可靠。 ② 打开球芯截断塞门，闭合主机电源开关，耳听管路及主机无泄漏，检查主机软管无破损、鼓泡。 ③ 客列尾主机月检测不过期	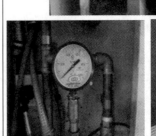
（2）使用便携式库检仪输入尾、首车客列尾主机 ID 号建立连接并查询风压。 ▲ ① 便携式库检仪查询风压值与所在车辆风表显示值误差不大于 10 kPa。 ② 客列尾主机显示便携式库检仪编号正确	
（3）1 号检车员操纵列车试验器减压 100 kPa 后保压。 ▲ 减压至 500 kPa 时客列尾便携式库检仪欠压自动提示	
（4）测试尾部客列尾装置辅助排风功能。1 号检车员操纵列车试验器充风至定压稳定后，使用便携式库检仪向尾车客列尾主机发送辅助排风命令。4 号检车员确认辅助排风状态，2、3 号检车员确认全列发生紧急制动。 ▲ ① 尾车客列尾主机进行辅助排风。 ② 全列须发生紧急制动。 （5）测试前部客列尾装置辅助排风功能。1 号检车员操纵列车试验器充风至定压后，4 号检车员使用便携式库检仪向前部客列尾主机发送辅助排风命令。1 号检车员确认辅助排风状态，2、3 号检车员确认全列发生紧急制动。 ▲ ① 前部客列尾主机进行辅助排风。 ② 全列须发生紧急制动	

作业步骤及质量标准	图　　示
（6）检车员分别解除便携式库检仪与主机连接，确认便携式库检仪播报销号成功提示，关闭首车、尾车客列尾主机电源，锁闭客列尾主机箱	
（7）由1号检车员操纵列车试验器进行充风，4号检车员确认记录仪风压达到定压后，用对讲机通知1号检车员，1号检车员操纵试验器进行泄漏试验。 ▲ 保压1 min内压力下降不得超过10 kPa	
（8）由1号检车员操纵列车试验器充风，用对讲机通知全组到达列车指定位置。 ▲ 车底下部技术检查作业的四名检车员参加，由列车试验器向后依次分别为1号检车员、2号检车员、3号检车员、4号检车员	
（9）由2号检车员确认记录仪达到定压后，在车底一侧依次由后向前传递制动信号至1号检车员	
（10）由1号检车员操纵试验器减压50 kPa后保压，各检车员按作业示意路线进行检查。 ▲ ① 全列必须发生制动作用。 ② 1 min内不得发生自然缓解。 ③ 由4号检车员依次由后向前传递缓解信号至1号检车员	

作业步骤及质量标准	图　示
2. 制动安定试验	
（1）由 4 号检车员确认记录仪达到定压后，依次由后向前传递制动信号	
（2）由 1 号检车员操纵列车试验器减压 170 kPa。 ▲ ① 保压 1 min 内压力下降不得超过 10 kPa。 ② 全列车制动机不得发生紧急制动作用	
（3）各检车员按图示路线进行检查，逐个检查闸片须与制动盘密贴，耳听制动管系、单元制动缸、防滑排风阀无泄漏。 ▲ 在制动保压状态下，列车制动主管压力每分钟泄漏不得超过 10 kPa。 （4）由 4 号检车员依次由后向前传递缓解信号至 1 号检车员。 （5）由 1 号检车员操纵列车试验器充风缓解，各作业人员按图示作业示意路线进行检查。 ▲ 闸片须与制动盘分离	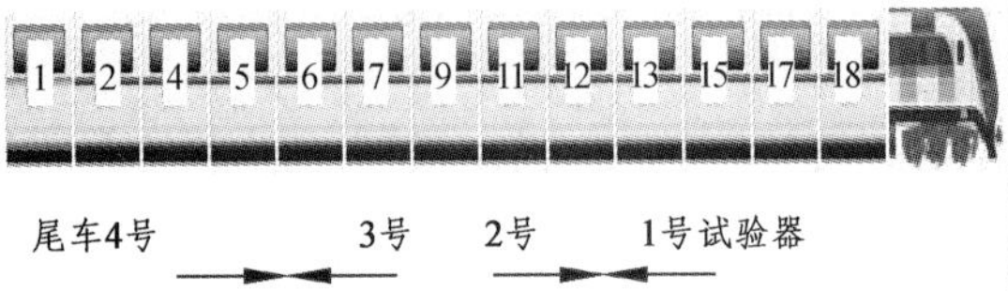
3. 全列简略试验	

作业步骤及质量标准	图　示
（1）由4号检车员确认记录仪达到定压后，依次由后向前传递制动信号至1号检车员。 （2）由1号检车员操纵列车试验器减压100 kPa保压5 min。 ▲ ① 在制动保压状态下，5 min 内不得发生自然缓解。 ② 泄漏量每分钟不超过10 kPa	
（3）由4号检车员依次由后向前传递结束信号至1号检车员	
4. 总风管泄漏试验	
（1）由1号检车员关闭首车列车管折角塞门，打开总风折角塞门进行试验	
（2）由1号检车员操纵列车试验器向总风管充风，4号检车员负责对尾车总风管吹尘并排水，连接尾部记录仪	
（3）由1号、4号检车员确认首、尾车辆总风表达到550～620 kPa后，分别与列车试验器、记录仪显示风压进行校对。由4号检车员使用对讲机通知1号检车员进行总风泄漏试验。 ▲ 压力差各不得超过20 kPa。 （4）由1号检车员操纵列车试验器进行总风管保压试验。 ▲ 1 min 内压力下降不得超过20 kPa	

任务三　客车专项检修

【任务目标】

（1）了解客车专项检修的有关规定和实施要求；

（2）了解客车专项检修的相关项目；

（3）掌握各个项目的检查内容；

（4）了解 DC 600 V 的相关规定。

【学习内容】

（1）客车专项检修的有关规定和实施要求；

（2）客车专项检修的相关项目；

（3）各个项目的检查内容；

（4）DC 600 V 的相关规定。

【阅读材料】

（1）客车专项检修的有关规定和实施要求；

（2）客车专项检修的相关项目；

（3）各个项目的检查内容；

（4）DC 600 V 的相关规定；

一、客车专项检修的有关规定和实施要求

《铁路客车运用维修规程》（简称《运规》）第 55 条：

对日常检修无法全部施修到位，且经检修后在一定时间内不易发生故障的部位、部件，按照故障周期规律，实行定期专项检修。经专项检修的部位或部件须保证一个专项检修周期不发生责任事故。各铁路局应不断总结专项检修实施经验，针对客车运用的故障情况，积极探索现有范围外的专项检修项目，向国铁集团运输局提出增加检修项目、优化检修周期及质量标准的建议。

《运规》第 56 条：

车辆段应按照《运用客车专项检修项目、周期及要求》的基本要求，根据相关规章和管理文件，参照生产厂家提供的产品使用维护说明书，编制并执行专项检修作业指导书。

《运规》第 57 条：

临客编组整修时，对车列检修项目全部组织实施，对单车检修项目逐项核对检修周期，对超期的项目一并组织实施。

新编挂客车检修作业时，应对超期的单车检修项目及车列检修项目一并实施。

短期停运的列车恢复开行前，对车列检修项目未超期的可不再组织实施。

《运规》第 58 条：

专项检修须纳入生产计划管理，要根据检修项目的劳动强度及作业时间合理编制专项检修计划，并落实到日班作业计划，明确车次、车号、作业股道、项目、作业班组等。单车检修项目按辆组织实施，建立专项检修"一车一档"台账，并录入铁路客车技术管理信息系统（KMIS）；车列检修项目按列或分段组织实施，建立专项检修"一列一档"台账。

二、客车专项检修的相关项目

专项检修项目（所有车型共计 18 个项目）：轮对鉴定、转向架深度检查、首尾车钩分解检查、密接钩分钩检查、制动系统排水除尘、拉铆式车窗检查、登顶检查、电开水器检查、塞拉门检查、集便器检查、电气化厨房设备检查、DC 600 V 车下电源检查、蓄电池检查、DC 600 V 供电请求和车端电气连接装置检查、电气控制柜检查、列车网络检查、柴油发电机组及附属装置检查、J 型发电机检查。

专项检修 1：轮对鉴定。

周期：月度。

要求：

（1）测量轮轴（含制动盘）各部尺寸及损伤符合运用限度要求。

（2）检查轮轴各部无裂纹，轮缘顶部不得形成锋芒，制动盘的两个摩擦面应均匀磨耗，锤击车轮踏面无异音。对反馈运行中有异音、异振的轮对，检查车轮有无失圆。

（3）检查制动盘与盘毂连接部、半盘连接部无裂损、松动，制动盘摩擦面不允许有厚度方向的贯通裂纹，制动盘散热筋（片）不得有贯通裂纹，固定螺栓无松动。

专项检修 2：密接钩分钩检查。

周期：半年。

要求：

（1）拉动解钩手柄，检查解钩风缸动作是否正常。

（2）分解解钩风缸手柄安装螺母及开口销，取出解钩风缸手柄、钩舌，检查钩腔、钩舌无裂损。

（3）对钩腔、钩舌、钩头凸锥体进行清扫、给油。

（4）安装钩舌，连接解钩风缸手柄；拉动解钩手柄，进行开锁试验两次。

（5）测量：钩头凸锥体距轨面高度为（880±30）mm；缓冲器的内半筒相对外壳后端面的伸出量不超过 35 mm。

三、各个项目的检查内容

（一）CW-200K 型转向架月度深度检查（双人平行作业，表 2-8）

表 2-8　CW-200K 型转向架月度深度检查

作业步骤及质量标准	图　示
1. 轮对检查 　　查询车统-181 轮对跟踪故障及 TPDS 在 1 个月内轮对报警数据的情况，记录在车统-15 上，对相关的轮对故障进行重点检查确认。 　　检查人员一人手持检点锤、手电筒，一人手持第四种检查器、油压镐做好准备，到达车列检查位置（全列车辆制动机处于缓解状态）	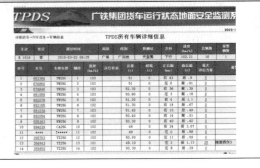
1）地面检查 （1）使用检点锤、手电筒配合沿着轮对周边自下而上全面检查，依次目视检查踏面、轮缘、轮辋状态，锤击车轮踏面，对反馈运行中有异音、异振的轮对，检查车轮有无失圆。发现轮对故障压在钢轮接触部位无法检查时，需顶高转动轮对，使故障部位转到合适的位置进行全面检查。 　▲ ① 检查轮轴外表，各部无裂纹。 　② 锤击车轮踏面无异音，车轮无失圆。 　③ 轮缘顶部不得形成锋芒、外侧不得有缺损。 　④ 踏面局部凹入及擦伤深度不大于 0.5 mm。 　⑤ 踏面剥离长度：一处不大于 30 mm；两处每处不大于 20 mm。 　⑥ 踏面缺损：相对车轮轮缘外侧至缺损部之距离不小于 1 505 mm。缺损长度不大于 150 mm。 　⑦ 轮缘内侧缺损长度不大于 30 mm，宽度不大于 10 mm（轻微掉皮可用砂轮打磨，但不得影响顶部线型。打磨平坦，凹痕深度不超过 1 mm）。 　⑧ 车轮外侧碾宽不大于 5 mm。 　■ 各部位过限，存在列车轮对燃轴、脱轨等隐患。 　★ 架镐时需工长或安全员到场，负责指控，两人起镐呼唤应答，使用防滑木垫，身体不得侵入车底部	 
（2）使用手电筒沿轴箱后盖照射，目视检查轴箱后盖状态。 　▲各部不得有裂纹，轴箱无甩油情况	

作业步骤及质量标准	图　示
（3）检查轮对辐板及轮座、轴身。非盘形制动轮对实行跨轨检查，使用手电筒自上而下沿圆周方向全面照射，目视检查轮对辐板及轮座、轴身状态。 ▲ 轮轴各部不得有裂纹，轮毂无松弛现象，轴身打痕、碰伤、磨伤及弹伤深度（限度内将锐角消除继续使用，到限时更换轮对）：最高运行速度（120 km/h）时<2.5 mm。 ■ 各部位过限，存在列车脱轨等隐患	
2）地沟检查 （1）盘形制动轮对进地沟检查，使用手电筒自上而下沿圆周方向全面照射，目视检查轮对辐板及轮座状态。 ▲ 检查各部无裂纹，轮毂无松动现象。 ■ 各部位过限，存在列车脱轨等隐患	
（2）使用手电筒沿制动盘圆周方向全面照射，分别目视检查制动盘两侧状态。 ▲ ① 制动盘毂、盘座、半盘连接部不允许任何裂纹、松动，散热筋（片）不允许有贯通的裂纹，固定螺栓无松动。制动盘摩擦盘面的热裂纹距内侧或外侧边缘大于 10 mm 时，不得超过 95 mm；距内侧或外侧边缘小于 10 mm 时，不得超过 65 mm。 ② 制动盘各连接螺栓、销套不得松动，螺栓开口销无折损、丢失；制动盘的两个摩擦面应均匀磨耗，整体厚度不小于 96 mm（SW-QD160 制动盘磨耗量<5 mm），不允许有厚度方向的贯通裂纹	
（3）使用手电筒沿轮轴轴身全面照射，目视检查车轴状态。 ▲ 轮轴、盘座各部不得有裂纹，轮毂无松弛现象，轴身打痕、碰伤、磨伤及弹伤深度（限度内将锐角消除继续使用，到限时更换轮对）： （1）最高运行速度（120 km/h）时<2.5 mm； （2）最高运行速度（140 km/h）时<2 mm； （3）最高运行速度（160 km/h）时<1 mm。 ■ 各部位过限，存在列车脱轨等隐患	
2. 车轮踏面、轮缘、轮辋的测量 检查第四种检查器检定标签及技术状况，准备记录台账。由两人负责，一人负责检测轮对，一人负责记录测量数据。 ▲ 第四种检查器检定有效时间不过期，配件齐全，技术状态良好。 ★ 测量轮对时，存在碰伤危险	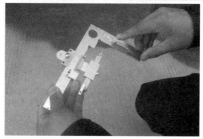

作业步骤及质量标准	图　示
（1）用第四种检查器测量轮踏面圆周磨耗数据。 ▲ 踏面圆周磨耗深度不大于 8 mm。 ■ 磨耗过限，存在列车轮对脱轨等隐患	
（2）用第四种检查器测量轮缘垂直磨耗及厚度。 ▲ ① 轮缘垂直磨耗高度不大于 15 mm（不得有锋芒）。 ② 轮缘厚度不小于 23 mm（轮缘产生碾堆时须消除）。 ③ 轮缘锋芒、轮缘碾堆，打磨消除故障后，方可测量轮缘垂直磨耗和轮缘厚度数据。 ■ 各部位过限，存在列车脱轨等隐患	
3. 鉴定结果处理 检查、测量完毕全列客车轮对后，对鉴定结果进行分析处理。 （1）对轮对鉴定及检测中发现不符合运用限度和异常的轮对，报计划安排换轮或镟修。 （2）对未超过运用限度，但不符合辅（A1）修限度的轮对纳入跟踪。 ▲ 严禁放超过运用限度的轮对故障不良客车出库。 ■ 轮对鉴定及检测中发现不符合运用限度和异常的轮对不安排换轮或镟修，列车出库放行，易造成轮对燃轴、脱轨的安全事故	

（二）制动系统月度排水除尘（表 2-9）

表 2-9　制动系统月度排水除尘

作业步骤及质量标准	图　示
1. 对列车制动管及总风管进行充风 ▲ 列车制动管尾部风压达到定压 600 kPa；列车总风管尾部风压为 550～620 kPa（双管供风列车）。 ■ 列车制动机试验执行器与车列风管连接前，要对供风管路进行排水，尾部车辆须先开放客车折角塞门进行排水	

作业步骤及质量标准	图　　示
2. 各风缸排水除尘 （1）用三角钥匙分别打开首尾各3辆车工作风缸、副风缸、总风缸（双管供风车辆）的排水塞门，彻底排水除尘。如第3辆有积水，需继续对邻车的各风缸进行排水，直至无积水车辆为止[在冬季（每年11月1日至次年3月1日）增加运用客车风缸定期排水频次，本属旅客列车每半月进行排水一次；在高寒地区运行的旅客列车，每次入库均进行排水]。 （2）风缸积水排尽后，关闭各风缸的排水塞门（三角锁的刻线在水平状态）。 ▲ 用肥皂水涂抹排水塞门处，不得有泄漏。 （3）在风缸标识右下方用粉笔写上检查日期。 ▲ 打开排水塞门时要快速一次打到全开位置，各风缸需排尽余风。 ★ 风缸排风时要侧身，避免被地面溅起的异物打击	
3. 制动管（总风管）远心集尘器除尘、分解 （1）拆除首尾车辆的制动管（总风管）截断塞门手把的捆绑，关闭制动管（总风管）的截断塞门	
（2）远心集尘器表面除垢、除锈。 　用钢丝刷清除远心集尘器的集尘盒、安装面、螺栓、螺母等部位的泥垢及锈垢	
（3）远心集尘器清扫。 　用毛刷将集尘盒、安装面、螺栓、螺母等部位的泥垢及锈垢清扫干净	

作业步骤及质量标准	图　　示
（4）分解远心集尘器 　　用扳手拆下集尘盒的两根组装螺栓，拿出集尘盒内集尘伞。 　▲如检查发现远心集尘器内有水或灰尘较多时，应继续分解邻车制动管（总风管）的远心集尘器	
（5）取下集尘器的集尘盒、集尘伞，并与橡胶垫圈、螺栓、螺母放在材料盒内。 　▲集尘盒、安装面、螺栓、螺母等部位的污垢清扫干净。 　■橡胶垫圈必须用剪刀剪切破坏，避免使用旧品	
4. 集尘器配件的检查 （1）用白棉布将集尘伞擦拭干净。 　▲检查集尘伞无变形、裂损	
（2）检查集尘盒内无积水，用白棉布将集尘盒内部擦拭干净。 　▲集尘盒内无积水、灰尘，各部无裂纹、缺损	
5. 集尘器管路排水除尘 　　快速打开截断塞门，利用压力空气将积水及灰尘从集尘器上部安装面排出，排水吹尘后将截断塞门关闭。 　▲集尘器上部安装面无积水、灰尘。 　★风缸排风时，面部不得对着风管路，避免积水、灰尘进入眼睛	
6. 组装集尘器 （1）用白棉布将集尘器体安装面清洁干净。 　▲集尘器安装面干净、无灰尘	

作业步骤及质量标准	图　　示
（2）将集尘伞装在集尘盒内，装上新品集尘器橡胶密封垫。 ▲　① 集尘器安装的橡胶密封垫为新品，橡胶密封垫表面无灰尘。 ② 胶垫须正位；集尘伞位置正确	
（3）将集尘盒安装在集尘器体的安装座上，均匀锁紧两组螺栓、螺母。 ▲　① 组装螺母更换新品（8级），组装螺栓（8.8级）良好时可不更换。 ② 上下口正对后均匀拧紧螺母。 ■ 安装螺栓未均衡紧固，容易引起集尘盒安装错位，导致漏风	
（4）在螺母顶部涂抹一圈黄油防锈，便于下次分解检查	
（5）打开制动管（总风管）截断塞门，捆绑截断塞门手把。 ▲ 捆绑牢靠	
7. 泄漏检查 （1）对列车进行充风，待车辆制动管达到定压600 kPa，总风管压力达到550~620 kPa。 （2）涂打肥皂水查漏。在远心集尘器的集尘盒与集尘器体的结合处以及副风缸、总风缸、工作风缸的排水塞门处涂打肥皂水，要求肥皂水要涂打一圈，仔细观察各部位无泄漏，如有泄漏须进行彻底处理。 ▲　① 列车尾部车辆的制动管风表及总风管风表，确认风压稳定、不波动。 ② 集尘盒与集尘器体的结合处以及副风缸、总风缸、工作风缸的排水塞门不得泄漏（涂打的肥皂水处无气泡产生）	

作业步骤及质量标准	图　　示
8. 摘解风管 　对列车减压实施常用制动，关闭车列端部折角塞门，排除列车制动机试验执行器风管余风，摘解风管并收起。 　★ 摘解风管时，不得带风作业，以免伤人	
9. 回收工具、废料 　将所有工具全部收齐，放回工具车。清理作业场地遗留的废料、脏棉布，做到工完、料净、场地清。 　▲ 严禁将工具、材料遗留在车底架、钢轨上、枕木头处	

（三）库检登顶专项检查（空调客车，表2-10）

表2-10　库检登顶专项检查

作业步骤及质量标准	图　　示
1. 准备工作 　设置安全防护号志，确认列车防溜状态，从列车端部爬梯攀登上车顶。 　▲ 严禁从车体风挡连接处跨越。 　★ 防止车顶滑倒坠落	
2. 检查项目	
（1）使用点检锤与手电筒配合照射，检查铁风挡扁簧及安装技术状态。 　▲ ① 风挡扁簧无折损。 　② 安装螺栓齐全，无松动折断。圆销、开口销齐全，圆销磨耗不超过 3 mm	
（2）使用点检锤与手电筒配合照射，检查橡胶风挡安装技术状态。 　▲ ① 风挡胶囊安装牢固，裂损小于 200 mm 时修补，大于 200 mm 时需更换。 　② 安装螺栓齐全、紧固	

作业步骤及质量标准	图　示
（3）使用点检锤与手电筒配合照射，依次检查水箱盖板各固定螺栓。 ▲① 各固定螺栓及弹垫齐全，无松动、折断。 ② 盖板表面无裂损。 ③ 使用白色粉笔在车顶水箱盖板处写下车号及日期并拍照留存	
（4）使用点检锤和手电筒配合照射，依次检查餐车厨房排风扇防雨帽、炉灶烟囱或抽油烟机防雨帽状态。 ▲① 排风扇防雨帽各部良好、安装牢固；各螺栓、螺母、垫圈齐全、无松动。 ② 各铆钉齐全，无腐蚀、变形、松动。 ③ 各焊接部无腐蚀、裂纹、开焊、脱焊	
（5）使用点检锤和手电筒配合照射，检查烟囱帽、炉灶、烟囱或抽油烟机防雨帽。 ▲① 烟囱帽及护罩、叶片安装牢固。 ② 排烟口罩无腐蚀、变形、开焊、脱焊、松动。 ③ 连接圆销、开口销无锈蚀、缺失、折损，规格相符	
（6）使用手电筒照射，目视检查客车车顶自然通风器。 ▲ 自然通风器部件齐全，安装牢固，无腐蚀	
（7）车顶设施检查完毕后下车，对防爬盒状态进行检查。 ▲① 防爬盒安装座安全牢固，安装螺栓及活页、搭扣、搭扣开口销齐全良好。 ② 折页、搭扣、搭扣开口销折断损坏的需更换处理。 ③ 防爬盒箱体无裂损、变形。 ④ 攀登梯与外端墙密贴无位移，安装螺栓紧固。 ⑤ 防爬盒开盖检查完毕后在内部用白色粉笔涂打检查日期标记，搭扣锁闭后装用大小、硬度适中的开口销，盒盖搭扣给油	
（8）使用手电筒照射，用点检锤轻压侧门防雨檐，目测车顶雨檐，检查其固定状态。 ▲① 侧门防雨檐为铆接式结构的，要求铆钉无松动丢失，安装牢固。发现松动的要求加装"M6×30 自钻螺钉"进行补强加固；如需要拆除时，必须封堵铆钉孔，涂刮腻子，补涂油漆。 ② 侧门防雨檐为焊接结构的，要求连接处无开焊脱出，安装牢固	

作业步骤及质量标准	图　　示
3. 车电检查项目 （1）使用点检锤与手电筒配合照射，依次检查空调机组盖板、软风道防护罩状态。 ▲① 空调机组盖板无变形，无裂损，各固定螺栓及弹垫齐全，无松动、折断。端部排水导管安装牢固，螺栓、铆钉齐全、无松动。 ② 冷凝器栅格无裂损、折断。 ③ 机组检修防滑板安装牢固。 ④ 软风道防护罩各固定螺栓及弹垫齐全，无松动、折断，盖板无裂损。 ⑤ 机组顶部及检修过道等处无遗留配件。 ⑥ 在空调机组防护盖板表面用白色粉笔标记检查车号及检查日期并拍照留存	
（2）使用检点锤和手电筒配合，依次检查广播天线总成外观及各固定卡槽。 ▲① 广播天线外观完整良好，无变形。 ② 逐个检查卡槽及其固定螺栓。不锈钢螺栓、垫片和弹簧垫片齐全，无松动、折断、丢失	
（3）使用手电筒照射，目视检查客车列尾安全装置发射天线。 ▲① 车顶天线安装螺栓安装牢固无松动，天线完好无破损。 ② 线座焊接处无开焊，裂损	
（4）使用手电筒照射，目视检查铁路客车运行安全监控系统（TCDS）装置车顶天线。 ▲① 车顶天线安装座连接螺栓无松动，天线外罩完好，无破损。 ② 天线安装座焊接处无开焊、裂损	

作业步骤及质量标准	图 示
4. 撤除班组作业脱轨器,通过对讲机告知车间值班员作业完毕班组、作业项目、股道、撤除时间等信息	
5. 工长在相关台账中做好记录	

(四)电磁加热式电开水器专项检修(表2-11)

表2-11 电磁加热式电开水器专项检修

作业步骤及质量标准	图 示
1. 静态检查	
(1)外观检查电茶炉炉体及附件。 ▲ ① 检查各管、水阀、接头、炉体配件齐全,无锈蚀、泄漏、堵塞、松动。 ② 加热腔密封严密,无渗漏,加热器防护罩、茶炉壳体良好。 ③ 炉体安装牢固,炉体底部支架平稳良好。 ④ 炉体内各部连接的配线绝缘良好,线排安装牢固,接线端子压接良好,无松动、烧损,线号清晰,标示牌齐全。 ⑤ 控制箱、炉体外壳须可靠接地	
(2)检查阀门开关、自动补水开关齐全,作用良好,温度、水位显示正常清晰。 ▲ ① 热水嘴配件齐全,安装牢固,手柄不导热、开闭灵活,无滴漏。 ② 水位管显示正常、清晰,无渗漏。 ③ 对水位、温度表外污垢进行清除	

作业步骤及质量标准	图　示
（3）电控装置配件检查。 ▲① 各部件功能齐全完好，元件无松动、老化，保护及开关器件容量符合规定，线号标志齐全。 ② 各线卡作用良好，各接插件插接牢固、接触良好，无热损、老化，各出线口、过线位防护良好，无破损。 ③ 磁控管、干簧管、水位传感器等安装牢固，无渗漏，接线紧固、无烧损，线号清晰。 ④ 电磁阀安装牢固，配件齐全，无渗漏，接线良好	
2. 电茶炉控制箱检修	
▲① 箱体安装牢固无松动，清扫电控箱（件）积尘，检查元件、配线、端子是否松动、过热。 ② 箱体及门无变形、锈蚀，门锁及插销、合页等无缺损，作用良好。 ③ 配线绝缘层完好，插头及插座配件齐全，接插可靠、良好，引线口、过线位防护套无缺损。 ④ 接线排排列整齐，接线端子紧固，无松动、热损、老化，线号正确清晰。 ⑤ 各开关、指示灯、蜂鸣器安装牢固，作用良好，无松动、缺损。 ⑥ 各空气开关作用良好，容量符合规定，接线端子座无发热变色。 ⑦ 各继电器、接触器安装牢固，开合性能良好，无卡滞、烧损，无积尘。 ⑧ 电子线路板安装牢固，接插件接插良好，各电子元件无烧损。 ⑨ 各熔断器及座作用良好，容量符合规定。 ⑩ 电气原理图正确清晰，粘贴牢固。 ⑪ 标示牌清晰齐全，粘贴牢固。 ■ 接线端子无松动	 
3. 进水过滤网器检修	
▲① 松开过滤网螺母。 ② 取出进水过滤网芯。 ③ 清除过滤网积垢。 ④ 原样恢复安装。 ■ 过滤芯及网必须用洁净的水冲洗	  

作业步骤及质量标准	图　　示
4. 加热腔检修	
（1）打开加热腔进行检修。 ▲ ① 取下防护盖板，取出防干烧探头，拆下电磁涡流板块。 ② 拆下电磁涡流板块支撑架，清除炉腔内的水垢，更新加热腔密封垫。 ③ 清除传感器、浮子开关等积垢，检查浮子等应作用良好。 ④ 恢复电磁涡流板块支撑架安装并检查是否泄漏，密封良好。 ■ 使用的密封胶垫应符合国家卫生标准	
（2）电磁涡流板块检修。 ▲ ① 分别检测各电磁涡流板块（共 3 块），电磁涡流元件的电极对外壳绝缘良好，内阻符合要求，不符合要求的更换。 ② 电磁涡流板块支架良好、无缺损。 ③ 涡流线匝无松散，防护层无破损，引线及端子良好，无发热烧损。	
（3）防干烧功能检修。 ▲ ① 检查防干烧保护盒及探头外观良好，无缺损，安装牢固，引线、接插件良好。 ② 防干烧保护探头与电磁涡流板块支撑架可靠接触。 ■ 电茶炉防干烧功能以高温过热的实现形式，电茶炉整体拆下地面维修后可进行试验，不得在现车进行。 ★ 进行功能试验时需防止高温灼伤	

作业步骤及质量标准	图　　示
5. 绝缘检查 ▲ ① 在控制箱的接线端子处测量电源配线，绝缘应符合要求（≥2 MΩ）。 ② 测量电加热部件对地电阻冷态须 ≥200 MΩ，热态须 ≥20 MΩ，湿热态 ≥2 MΩ。 ★ 绝缘测试必须断电后进行	
6. 通电试验 （1）漏电检测。 ▲ ① 确认电茶炉金属外壳必须有一处以上可靠接地。 ② 通电后电茶炉正常工作时，用试电笔测试炉体外壳，无漏电现象（或用仪表测量，漏电流≤0.5 mA/kW）。 ★ 注意用电安全，防止触电伤害	
（2）控制箱通电试验。 ▲ ① 通电试验各电器元件工作正常，各部无渗漏。 ② 检查加热（保温）器、传感器是否工作正常（需测量各组电热管工作电流是否正常）。 ③ 检查试验电控装置，各指示灯正常，工作电流符合要求	
（3）煮水功能试验。 ▲ ① 煮水试验功能良好，热水嘴出水流畅成线。 ② 热水嘴出水温度达 90 ℃ 以上。 ★ 防止高温伤害	

（五）电动塞拉门季度专项检修（表 2-12）

表 2-12　电动塞拉门季度专项检修

作业步骤及质量标准	图　　示
1. 塞拉门整体检查 （1）门体外观检查。 ▲① 检查门板无严重变形。 ② 在不通风通电状态下用手推拉门板作用灵活。 ③ 门扇胶条无撕裂、破损。 ④ 外操作锁及拉手安装紧固，外观完整。 ⑤ 气路系统无泄漏、堵塞	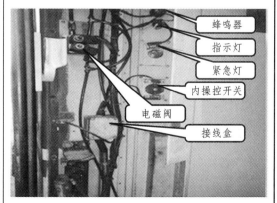
（2）门体结构检查。 ▲① 指示灯、蜂鸣器显示正确，门控制单元没有故障信号（闪烁信号）。 ② 打开立柜检查配线端子压接牢固，接线紧固无松动，配线无老化过热现象；配线无老化、裂损，接线紧固，作用良好。 ③ 携门架安装紧固，作用良好。 ④ 打开空气过滤减压阀下部排水阀排水；过滤减压阀调整值须在 460～610 kPa。气源开关及各节流阀、快排阀、开关门阀等作用良好。过滤减压阀滤杯、滤芯无积水和脏堵。 ⑤ 检查测试门装置各控制开关（98%、100%、防挤压、压力波、脚蹬位置开关等）安装牢固，位置正确，作用良好。 ⑥ 冬季采暖期间检查电伴热装置绝缘良好，工作正常；用万用表对伴热装置绝缘进行测量，绝缘电阻值须大于 20 MΩ。 ⑦ 塞拉门立罩板防火改造封堵良好	

作业步骤及质量标准	图　示
	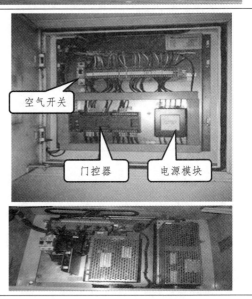
2. 电源箱、控制箱检查 ▲ ① 电源箱、控制箱内各元器件安装牢固。 ② 配线无老化、热损，引线护套良好。 ③ 各接线端子紧固，线号清晰正确。 ④ 接地线齐全可靠	

作业步骤及质量标准	图　示
	 门控器　　　电源模块
3. 卫生清扫 ▲① 对电源箱、控制箱各部清扫除尘，箱内卫生清洁。 ② 用铁钩、铁条对立罩板、门下滑道及腔内杂物进行清理	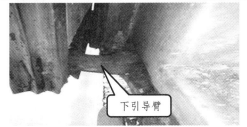 闭锁机构 100%开关  下引导臂
4. 各磨耗部、活动部位检查 ▲① 检查塞拉门脚踏板装置，不良时分解检查。 ② 清洁塞拉门脚踏板转动部位的卫生并适量涂机油润滑。 ③ 各运动部件润滑良好，动作灵活，磨耗不过限，无锈蚀、损坏，锁闭严密，无晃动；螺栓等紧固件无松动，作用良好。 ■ 给油作业前必须对其部位除灰除尘后进行	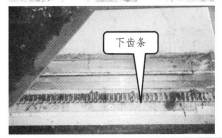 传动机构　翻转脚蹬 下齿条

作业步骤及质量标准	图　　示

5. 各功能工况测试	
（1）各类门锁试验。 ▲　① 锁闭隔离锁，重复塞拉门开门的试验内容，操作开门应不起作用并保持关门空气压力。 ② 紧急解锁试验，打开隔离锁，手动操作紧急解锁开关，在听到排风声与蜂鸣器报警后可手动开门；将紧急锁置复位，门板应自动锁闭，动作准确	 锁闭隔离锁  操作常用锁

作业步骤及质量标准	图　　示
	紧急解锁试验
（2）防挤压试验。 ▲ 使用内锁关门，用手在距离门侧框不小于30 cm 处，用手挡门板防挤压胶条，检查防挤压功能，门板应自动打开，10 s 后门自动重复锁闭动作，然后试验外解锁关门作用良好。 ■ 门扇未达到 98%开关位，防挤压功能正常；门扇超过 98%开关位，防挤压功能失效，门扇继续执行关门动作	
（3）塞拉门 5 km/h 关门测试。 ▲ 将门板电动开门后，进行防滑器 5 km/h 关门测试，门板应自动关闭。 ■ SAB 防滑器：按下电子防滑器"门测试"按钮； TFX1 防滑器：同时按下"诊断"与"清除"按钮，检查 5 km/h 信号作用，门板应自动关闭，二级锁锁闭良好，在 5 km/h 信号恢复前，塞拉门应不能电动打开	

（六）DC 600 V 供电列车供电请求和车端电气连接装置季度专项检查（表2-13）

表2-13　DC 600 V 供电列车供电请求和车端电气连接装置季度专项检查

作业步骤及质量标准	图　示
1. 作业前准备 　作业前，穿戴劳保用品，接受专项修任务，检查工具材料、防护号志。 ★① 设置安全防护号志，确认脱轨器插设后方可作业。 ② 在车端电力插座悬挂禁止供电警示牌	
2. 检修车端电气装置 ★断开全列车电气综合控制柜 DC 110 V 母线空开 Q20、DC 110 V 母线空开 Q30，并悬挂禁止供电警示牌，锁闭柜门	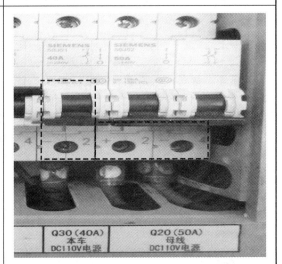
（1）检查首尾车通信插座、DC 110 V 电力插座、DC 600 V 电力插座，滑道给油。检查插座安装状态及密封胶垫、防护盖、壳体、摇臂、连杆、保险钩、拉钩、定位杆、插套、绝缘板、密封胶圈等配件。 ▲配件齐全、无裂损、安装牢固，密封胶垫无失效，开关灵活，保险钩作用良好；座内无水，插套变色、电蚀、烧损者需更换；密封胶圈老化、失效者更换	
（2）检查电气连接器。 ① 检查 39/43 芯 DC 110 V 通信连接器。检查外壳及固定螺栓、螺套、压板、密封套、橡胶护套、卡簧、插针、绝缘板等配件。 ▲配件齐全、无裂损，密封套失效者更换；插针松脱、弯曲、缩针、变形、电蚀、变色及烧损者更换；绝缘板变色、烧损者，更换连接器	

作业步骤及质量标准	图　　示
② 检查 DC 600 V 电力连接器。检查外壳及固定螺栓、防雨密封胶套、橡胶护套、插针、绝缘板及安装螺栓等配件。 ▲壳体、护套无破损，防雨密封胶套失效者更换；插针变形、电蚀、变色、烧损，绝缘板变色、烧损者，更换连接器	
（3）绝缘测试及贯通电阻。 ① 检测 39/43 芯 DC 110 V 通信连接器各插针间、各插头对地绝缘。 ▲绝缘值≥100 MΩ，使用 500 V 级兆欧表。 ② 检测 DC 600 V 电力连接器极性、绝缘。 ▲极性正确，绝缘值≥100 MΩ，使用 1 000 V 级兆欧表。 ③ 检测 39/43 芯 DC 110 V 通信连接器导通情况。用万用表测量 39 芯插头 8、9、31、32 针分别对应 43 芯插头的 1/3、39/41、37/38、40/43 针导通情况。 ▲导通良好。 ④ 短接尾部车辆通信插座 8/9、31/32 插套，在首部车辆通信插座测量 8/9、31/32 插套贯通电阻。 （4）连接器与插座摘挂试验。DC 600 V 电力连接器两插头分别与电力插座连挂，39/43 芯 DC 110 V 通信连接器 39 芯插头与通信插座连挂。 ▲插头、插座配合良好，摘挂动作灵活	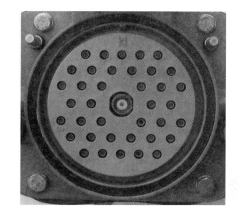
3. 检修供电请求回路	
（1）闭合尾车电气综合控制柜内的控制器电源空开 Q12、供电请求空开 Q18，用万用表在首尾车通信插座测量 31/32、8/32、31/9、8/9 针间电压，断开控制器电源空开 Q12、供电请求空开 Q18，上述针间电压为零。 ▲电压正常值为 DC 110 V，9、32 针为 DC - 110 V。 （2）闭合广播车（或工程师车）电气综合控制柜内的控制器电源空开 Q12、供电请求空开 Q18，用万用表在首尾车通信插座测量 31/32、8/32、31/9、8/9 针间电压；断开控制器电源空开 Q12、供电请求空开 Q18，上述针间电压为零。 ▲电压正常值为 DC 110 V，9、32 针为 DC - 110 V。	

作业步骤及质量标准	图　示
（3）闭合首车或尾车电气综合控制柜内的供电试验钥匙 SB2、控制器电源空开 Q12、供电请求空开 Q18，用万用表在首尾车通信插座测量 9/32 针间电压，并检查全列车电气综合控制柜内供电允许接触器 KM3 应全部吸合。断开供电试验钥匙 SB2 或供电请求空开 Q18，供电允许接触器 KM3 应全部释放。 ▲电压正常值为 DC 110 V，9 针为 DC＋110 V	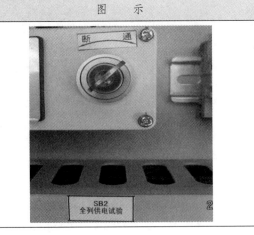
4. 断电	
★ 断开全列车电气综合控制柜 DC 110 V 母线空开 Q20、DC 110 V 母线空开 Q30，并悬挂禁止供电警示牌，锁闭柜门	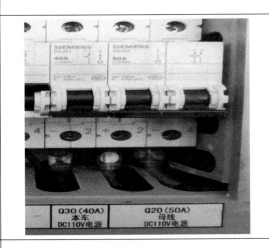
5. 粘贴检修标记	
6. 收工	
（1）清查工具、材料，收回至检修小车内，进行场地清理。 ▲做到工完、料净、场地清。 ■摘除禁止供电警示牌、防护号志。 （2）填写相关专项修记录簿。 ▲字迹工整，内容准确	

（七）DC 600 V 电气综合控制柜月度专项检查（表 2-14）

表 2-14 DC 600 V 电气综合控制柜月度专项检查

作业步骤及质量标准	图 示
1. 静态检查	
（1）打开综合电气控制柜，将电源转换开关 SA1 打到"停止"位，断开供电输入开关 Q1、Q2，断开蓄电池电源开关 Q30。 ▲ 用万用表确认控制柜无电。 ★ 检查配电柜及配线前，要确认电源已切断	
（2）检查进线口防护胶圈及柜内各配件、图纸、面板指示灯、触摸屏、转换开关。 ▲ ① 进线口防护胶圈无龟裂、变色、变形、劣化、剥离。 ② 用手晃动各元器件确认安装牢固。 ③ 柜内各配件、代号、标记及图纸齐全，标示正确，粘贴牢固。 ④ 面板上指示灯、触摸屏、转换开关等指示正确、安装牢固	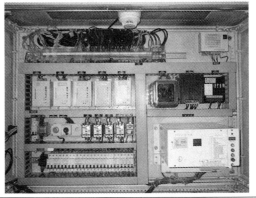

作业步骤及质量标准	图　　示
（3）检查柜内接线。 ▲ ① 箱内各接线紧固，无烧损、松动。 ② 接线端子无过热变色，感温胶贴齐全、无变色。 ③ 配线绝缘层无老化、开裂和烧损迹象，配线线号正确且清晰无损坏，如有损坏或模糊需更换	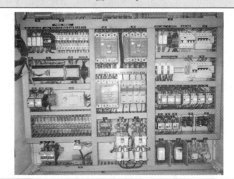
（4）检查柜内各断路器：检查主断路器外壳没有污点（油脂）、过多的灰尘和冷凝水，没有灼烧的痕迹或者裂缝。 ▲ ① 各断路器能够正常分闸和合闸，断路器外壳有灼烧的痕迹或者裂缝，必须马上更换。 ② 拉动断路器上下口接线导线，应没有可觉察的移动，确保无接线松脱现象，以防因线缆虚接引起断路器烧损。 ③ 不得将导线电缆绝缘层接入接线端子，避免不同线径导线同时接入时导致接线不良。 ④ 各断路器触头无卡死、粘连。 各断路器对应控制关系： Q1：Ⅰ路供电断路器； Q2：Ⅱ路供电断路器； Q3：模块交流电源断路器。 微型断路器对应控制关系： Q11：空调电源1供电断路器； Q21：空调电源2供电断路器； Q4、Q41、Q42：空调机组控制断路器； Q15、Q16：客室电热1、2供电断路器； Q25、Q26：客室电热3、4供电断路器； Q17：塞拉门伴热1控制断路器； Q18：塞拉门伴热2控制断路器； Q13：制暖1-1控制断路器； Q14：制暖1-2控制断路器； Q23：制暖2-1控制断路器； Q24：制暖2-2控制断路器； Q20：备用1； Q30：电池控制断路器； Q19：乘务室插座控制断路器； Q9：照明1路控制断路器； Q10：照明2路控制断路器； Q31：应急灯控制断路器 Q32：尾灯插座控制断路器；	  

作业步骤及质量标准	图　　示
Q33：电话插座 DC 48 V 控制断路器； Q5：排风机控制断路器； Q6：开水炉控制断路器； Q7：温水箱控制断路器； Q27：管路 A 路伴热控制断路器； Q28：管路 B 路伴热控制断路器； Q60：集便器控制断路器（带集便器客车有）； Q34：塞拉门控制断路器； Q35：水位显示控制断路器； Q36：厕所显示控制电路断路器； Q40：照明控制电路断路器； Q50：便器伴热 1 控制电路断路器； Q51：便器伴热 2 控制电路断路器	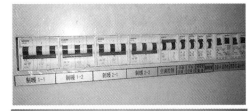 
（5）检查柜内各接触器：检查接触器外部没有灼烧的痕迹或者裂缝；检查接触器各紧固件和灭弧罩部分。 ▲① 检查接触器各紧固件不得松动，接触器触头无卡死、粘连。 ② 接触器触点无松动脱落，发现问题时，应及时修理或更换。 ③ 接触器灭弧罩无破损，灭弧罩位置无松脱和位置变化，灭弧罩缝隙内不得有金属颗粒及杂物。 接触器对应控制关系： KM1、KM2：1 路、2 路供电接触器； KM3：应急电池输出接触器； KM11、KM21、KM12、KM22：空调机组通风机电机控制接触器； KM14、KM24：空调机组冷凝风机电机控制接触器； KM16、KM17、KM26、KM27：空调机组压缩机电机控制接触器； KM18、KM19、KM28、KM29：空调机组电采暖控制接触器； KM8、KM9：客室电热控制接触器； KM4、KM5、KM6：照明 1 路、照明 2 路、应急灯控制接触器	   

作业步骤及质量标准	图　　示
（6）检查柜内各热继电器。 ▲ ① 热继电器防松标示无错位，热继电器设定值旋钮无松动，如有松动，或已更换新的热继电器，须按空调热继电器整定值重新设定，并画防松标示。 ② 热继电器无过热，无异味及放电现象，各部件螺丝无松动、脱落，接触良好，表面清洁，完整无破损；按下"TEST"按钮，应能立即跳开。 热继电器对应控制关系： FR11、FR21、FR12、FR22：空调机组通风机热继电器； FR14、FR24：空调机组冷凝风机热继电器	
（7）检查柜内各中间继电器。从中间继电器座上拔下继电器，检查中间继电器安装座，检查中间继电器。 ▲ ① 检查中间继电器安装座各紧固件不得松动。 ② 中间继电器触点无松动脱落，触点无粘连。 中间继电器对应控制关系： KA1、KA2：1路供电、2路供电继电器； KA11、KA12：制冷1-1、制冷1-2故障信号； KA13、KA14：制暖1-1、制暖1-2故障信号； KA21、KA22：制冷2-1、制冷2-2故障信号； KA23、KA24：制暖2-1、制暖2-2故障信号； KA8：应急转换控制继电器； KA18：逆变器减载信号； KA3：试验暖继电器； KA4：试验冷继电器； KA5：PLC工作继电器； FA16、FA17：压缩机过流保护继电器	 
（8）检查柜内各熔断器。 ▲ ① 检查电源控制回路熔断器FU1、FU2容量为1 A，无烧损。 ② 检查轴报熔断器FU3容量为1 A，防滑器熔断器FU4容量为3 A，插座熔断器FU5容量为3 A，无烧损	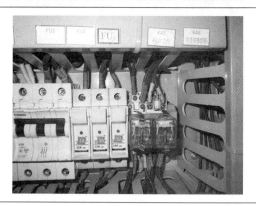

作业步骤及质量标准	图　　示
（9）检查柜内外有无灰尘和异物。 ▲ ① 清理柜内及配线、元件灰尘，清洁滤尘网。 ② 柜门开启、关闭灵活，锁定装置可靠，门锁良好。 ③ 对柜门合页给油	
2. 供电选择功能通电试验 依次闭合 Q30、Q1、Q2 断路器，给主电路和控制系统供电，检查各断路器合闸、接触器吸合情况 ▲ ① 闭合断路器时，同步目视检查断路器无拉弧、跳闸，无卡滞故障。 ② 目视、耳听检查电池应急输出接触器 KM3、PLC 工作继电器 KA5 吸合正常，无电磁噪声	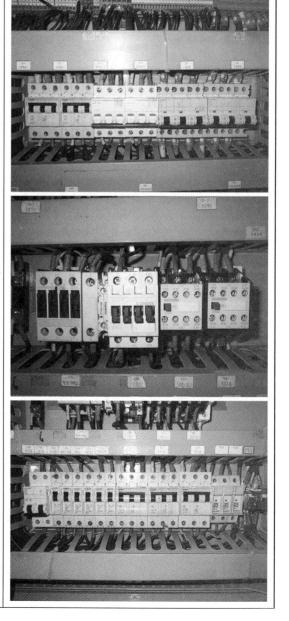

作业步骤及质量标准	图　示
（1）试验自动、手动供电功能。将电源转换开关 SA1 打到"自动""试验一路"或"试验二路"，检查控制柜相应的继电器、接触器动作情况。 ▲ ① SA1 转换开关置"试验Ⅰ路"位。 a. 目视、耳听检查 1 路供电接触器 KM1 吸合正常，无电磁噪声。 b. 目视、耳听检查 KA1 继电器触点动作灵活，吸合时动作无卡阻、异音。 ② SA1 转换开关置"试验Ⅱ路"位。 a. 目视、耳听检查 KM2 接触器吸合正常，无电磁噪声。 b. 目视、耳听检查 KA2 继电器触点动作灵活，吸合时动作无卡阻、异音。 ③ SA1 转换开关置"自动"位。 a. PLC 根据触摸屏所设定的车厢号自动选择供电电路；奇数号车厢选择Ⅰ路供电、偶数号车厢选择Ⅱ路供电。 b. Ⅰ路/Ⅱ路供电接触器 KM1/KM2 的吸合时间与设置的车厢号有关。 c. 目视、耳听检查 KA6 或 KA7 继电器触点动作灵活，吸合时动作无卡阻、异音	
（2）试验供电转换功能，检查触摸屏显示电源参数准确。按触摸屏的"电源控制"触摸开关进入电源控制画面，人工强制选择电源供电回路"Ⅰ路供电""Ⅱ路供电""自动供电"或"停止供电"。检查触摸屏显示电源参数。 ▲ ① 选择电源供电回路"Ⅰ路供电"。 a. 此时如果电源停止，且Ⅰ路供电回路有电，则选择Ⅰ路供电。触摸屏显示Ⅰ路有电，电压显示准确。 b. 此时如果是Ⅱ路供电，则转换到Ⅰ路供电。 c. 此时如果正在Ⅰ路供电，则电源继续供电。 d. 触摸屏显示"电源试验Ⅰ路供电"。 ② 选择电源供电回路"Ⅱ路供电"。 a. 此时如果电源停止，且Ⅱ路供电回路有电，则选择Ⅱ路供电。触摸屏显示Ⅱ路有电，电压显示准确。 b. 此时如果是Ⅰ路供电，则转换到Ⅱ路供电。 c. 此时如果正在Ⅱ路供电，则电源继续供电。 d. 触摸屏显示"电源试验 Ⅱ路供电"。	

作业步骤及质量标准	图　　示
③ 选择"自动供电"。 a. 自动返回 PLC 默认的供电回路，奇数车厢Ⅰ路供电，偶数车厢Ⅱ路供电。 b. 奇数车厢触摸屏显示"电源自动　Ⅰ路供电"，偶数车厢触摸屏显示"电源自动　Ⅱ路供电"，供电电压显示准确。 （3）选择"停止供电"。电源供电停止。 ★ ① 当通过触摸屏"供电控制"控制供电的状态时，供电状态字符串应显示"电源试验"。 ② 如果电源曾出现故障，确认故障排除后，可以按下"停止供电"或"自动供电"解除故障保护，通过 PLC 检测后，重新启动供电。 ■ 人工强制选择电源供电回路应有特殊原因时使用，使用后如无特殊原因应转换回"自动供电"状态	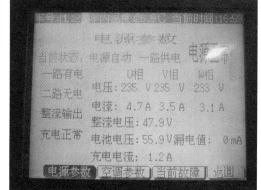
3. 空调控制系统通电试验 　　分别对空调装置在自动位和试验位进行通电试验，按触摸屏的"空调控制"触摸开关进入空调控制画面，查询压缩机或空气预热器的各相电流、各压缩机或空气预热器的累计工作计时，空调机组运行状态正常、启动顺序正确，各电机电流正常	
（1）空调机组控制功能转换开关 SA2 置于"自动"位，夏季试验空调时合上空调机组控制电路的断路器 Q4、空调系统供电断路器 Q11。冬季试验采暖时合上空气预热器控制断路器 Q13、Q14、Q23、Q24。通过触摸屏上的"空调给予运行工况"菜单和提示，分别选择"强风""弱风""强风半冷""强风全冷""弱风半暖""弱风全暖"等工况。 ▲ ①"弱风"工况。 a. 空调机组弱风接触器 KM11 吸合正常，无电磁噪声。 b. 通风机电流正常。 ②"强风"工况。 a. 空调机组强风接触器 KM12 吸合正常，无电磁噪声。 b. 通风机电流正常。	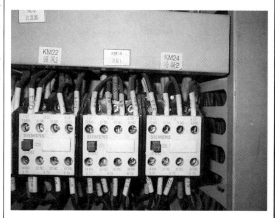

作业步骤及质量标准	图　示
③"强风半冷"工况。 a. 冷凝风机接触器 KM14、KM24 吸合正常，无电磁噪声。 b. 冷凝风机电流正常。 c. 压缩机接触器 KM16、KM17 或 KM26、KM27 吸合正常，无电磁噪声。压缩机电流正常。 d. 压缩机过流保护继电器 FA16、FA17 或 FA26、FA27 正常，无电磁噪声。 e. 压缩机以工作计时少的先启动工作，当压缩机 1 和压缩机 2 之间工作计时达 2 h，交替压缩机工作，以保证两台压缩机累计工作时间均衡。 ④ "强风全冷"工况。 a. 压缩机接触器 KM16、KM17、KM26 和 KM27 吸合正常，无电磁噪声。压缩机电流正常。 b. 压缩机过流保护继电器 FA16、FA17、FA26、FA27 正常，无电磁噪声。 c. 各电动机的启动顺序：启动强通风机，再启动冷凝风机，冷凝风机启动后延时一段时间启动压缩机 1-1，再延时 5 s 启动压缩机 2-1，再延时 5 s 启动压缩机 1-2，再延时 5 s 启动压缩机 2-2。 ⑤ "弱风半暖"工况。 a. 空气预热器接触器 KM18 和 KM19 吸合正常，无电磁噪声。空气预热器电流正常。 b. 空气预热器以工作计时少的先启动工作，当空气预热器 1-1、2-1 和空气预热器 1-2、2-2 之间工作计时差达 2 h，交替空气预热器工作，以保证两台空气预热器累计工作时间均衡。 ⑥ "弱风全暖"工况。 a. 空气预热器接触器 KM18、KM28、KM19、KM29 吸合正常，无电磁噪声。空气预热器电流正常。 b. 各空气预热器的启动顺序：启动弱通风，延时一段时间启动空气预热器 1-1，再延时 5 s 启动空气预热器 2-1，再延时 5 s 启动空气预热器 1-2，再延时 5 s 启动空气预热器 2-2	   

作业步骤及质量标准	图　　示
	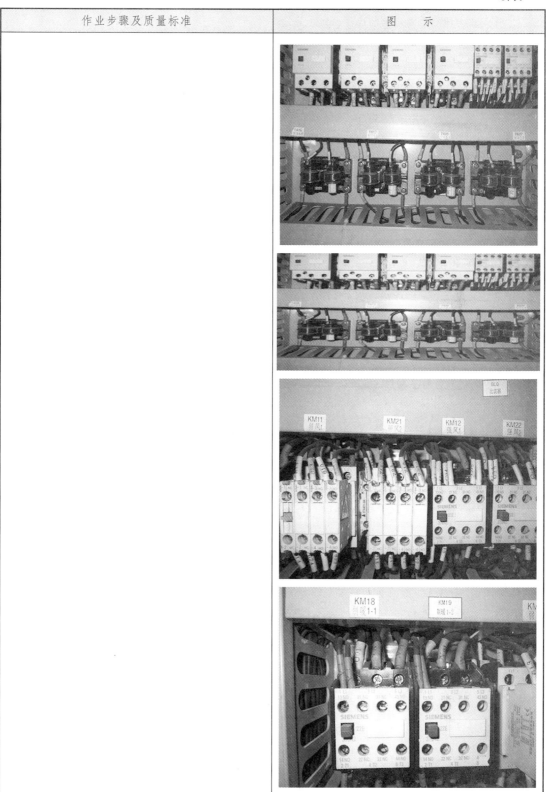

作业步骤及质量标准	图　示
（2）通电情况下，检查各热继电器，按下"TEST"按钮。 ▲ ① 强通风机用热继电器 FR12，弱通风机用热继电器 FR11，冷凝风机用热继电器 FR14、FR15无过热、异味及放电现象。 ② 按下"TEST"按钮，各热继电器能立即跳开	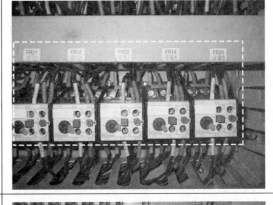
（3）空调工况转换开关 SA2 置于"试验冷"或"试验暖"，合上空调机组控制电路的断路器 Q4，闭合空调机组控制断路器 Q41，适当延时后再合上空调机组控制断路器 Q42。 ▲ ①"试验冷"工况。 a. 转换开关 SA2 置于"试验冷"，目视、耳听检查中间继电器 KA4 触点动作灵活，吸合时动作无卡阻、异音。强通风机和冷凝风机启动。 b. 闭合断路器 Q41，启动空调机组压缩机 1-1、2-1，压缩机电流正常。 c. 适当延时后再合上 Q42，启动压缩机 1-2、2-2，压缩机电流正常。 ②"试验暖"工况。 a. 转换开关 SA2 置于"试验暖"，目视、耳听检查中间继电器 KA3 触点动作灵活，吸合时动作无卡阻、异音。弱通风机启动。 b. 闭合断路器 Q41，启动空气预热器 1-1、2-1，空气预热器电流正常。 c. 适当延时后合上 Q42，启动空气预热器 1-2、2-2，空气预热器电流正常	 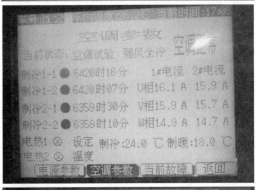 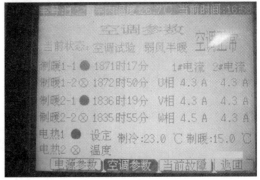

作业步骤及质量标准	图　示
	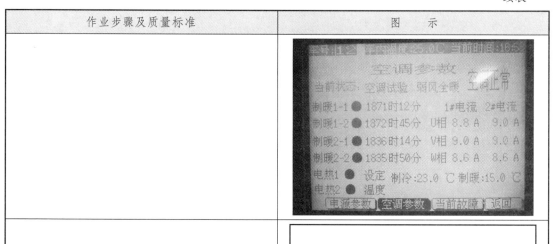
（4）电热控制转换开关 SA5 置于"自动"位，合上客室电热控制断路器：Q15、Q16、Q25、Q26；通过触摸屏上的空调给予运行工况菜单和提示，选择"电热Ⅰ""电热Ⅱ"工况。 ▲ ① 空调机组弱风接触器 KM11、KM21 吸合正常，无电磁噪声。 ② 客室电热Ⅰ/客室电热Ⅱ/客室电热Ⅲ/客室电热Ⅳ接触器 KM8、KM9 吸合正常，无电磁噪声	空调控制 弱风　半暖　全暖　电热1 强风　半冷　全冷　电热2 全自动　停空调　停电热　关窗口
4. 应急供电试验	
（1）通电检查充电模块、整流模块、直流转换模块，输出电流、电压正常。 ▲ 充电机输出电压为 DC（48±1）V。 （2）接通电池供电的轴报器、电子防滑器、应急灯、集便器、烟火报警器、播音设备（播音车）等设备，通过电源选择开关，切断主电源，检查各电器是否正常工作。 ▲ ① 所有应急设备须全部能正常供电。 ② 电池电压高于 48 V	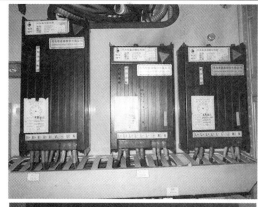 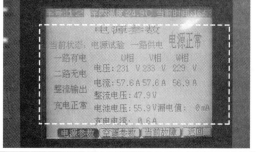

作业步骤及质量标准	图　　　示
5. 带漏电保护的断路器功能试验	 温水控制箱　塞拉门I伴热　塞拉门II伴热　备用　备用 便器伴热I　便器伴热II 空调控制　手动空调1　手动空调2　乘务室插座　照明控制　管路A商伴热　管路B商伴热
▲ 对于带漏电保护的断路器，按下各负载漏电断路器漏电测试按钮，断路器能够立即分闸	
6. 粘贴检修标记	
7. 收工	
（1）关闭各检查门，锁闭综合控制柜门锁。 （2）清查工具、材料，进行场地清理。 （3）填写相关专项修记录簿。 ▲字迹工整，内容准确	

任务四　客车整修

【任务目标】

（1）了解客车整修及实施要求；

（2）了解客车整修项目；

（3）掌握客车绝缘检查。

【学习内容】

（1）客车整修及实施要求；

（2）客车整修项目；

（3）客车绝缘检查。

【阅读材料】

（1）客车整修及实施要求；

（2）客车整修项目；

（3）客车绝缘检查。

一、客车整修及实施要求

《铁路客车运用维修规程》（简称《运规》）第 59 条：

运用客车每年须进行两次集中整修，春运后实施春季整修，暑运后实施秋季整修。整修时除对上部设施进行集中整治外，还应结合季节性特点，按照《客车整修项目及要求》进行防暑、防寒等有针对性的重点整治；对临时安排的专项普查、专项整治项目在整修中一并组织实施，对已经实施的项目落实情况进行检查、整改。

《运规》第 60 条：

铁路局应制订整修工作方案，明确计划、任务及质量标准。整修结束后，由铁路局组织有关部门进行质量鉴定。车辆段应成立整修领导小组，组织、安排、落实整修的各项工作。

二、客车整修项目

客车整修项目（所有车型共计 12 个项目）：空气制动装置和总风系统检查、客车绝缘检查、空调机组整修、电暖器整修、防暑设备安装、非密接式车钩分解检查、车体密封性防寒整备（秋季整修）、燃煤锅炉采暖装置防寒整备、高寒客车防寒整备、电伴热及电热温水装置整修、发电车防寒整备、车辆备品检查。

（一）空气制动装置及总风系统检查（表2-15）

表2-15　空气制动装置及总风系统检查

作业步骤及质量标准	图　　示
1. 空气制动装置检查	
（1）设置好防护信号和脱轨器。对车端软管进行检查。 ▲ ① 制动及总风软管外观无破损，软管安装无松动，安装角度良好。 ② 制动及总风软管充风至定压 600 kPa 后，软管无鼓泡、泄漏现象	
（2）对制动主支管进行除尘检查。 ▲ 使用钢丝刷或用木锤敲打，对管系进行除尘检查。管系各部无泄漏、腐蚀	
（3）制动主支管管卡检查。 ▲ ① 制动主支管各管卡及吊座无松动，管卡固定螺栓须紧固良好；使用 8.8 级螺栓。 ② 管卡帆布垫或木垫丢失时重新加装，腐蚀破损时更换	
（4）检查补助管外观无腐蚀，总风补助管与钩提杆的垂直距离应大于 8 mm（钩提杆落槽状态下）。 ▲ 提起钩提杆进行解钩操作时，总风补助管与钩提杆不得相磨	

作业步骤及质量标准	图　示
（5）对客列尾支管进行检查。 ▲ 检查与客列尾主机连接的支管质量，支管不腐蚀过限，各接头不松动	
（6）对主支管进行泄漏试验。 ▲① 主、支管充风至 600 kPa，用肥皂水检查管系及接头。管系泄漏不得超过 5 kPa。 ② 对制动主支管泄漏试验时，与客列尾主机相连支管无泄漏，支管与接头连接部位涂抹肥皂水，无气泡产生	
（7）检查工作风缸、副风缸、总风缸，清除吊座螺栓锈迹。 ▲ ① 使用木锤敲打除尘。 ② 吊座及风缸腐蚀不超过 1/4	
（8）使用钢丝刷对 J 型闸调器除尘检查。 ▲ 调整手把须灵活,调节调整螺杆留出 1/2 以上调整余量（螺杆全行程为 254 mm，伸出长度应为 127 mm 以上）	

作业步骤及质量标准	图　示
（9）连接单车试验器对 J 型闸调器试验。 ▲ ① 将制动缸活塞行程调到 205 mm 以上，制动机充风至规定压力，手把置五位减压 170 kPa 后移置三位保压。 ② 用肥皂水检查制动缸连通管及接头、调整器风筒螺堵、连通管接口处不得泄漏	
（10）检查 600 型闸调器。 ▲ ① ST-600 型闸调器杆体质量良好，无裂纹。 ② 正反扣挡片为 6 mm 厚钢板。挡片与正反扣导框内侧间隙之和不大于 10 mm，挡片不能在正反扣内旋转。 ③ 正反扣挡片开口销劈开角度为 60°～90°	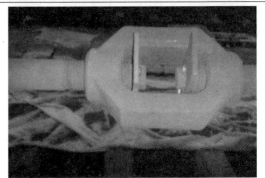
（11）检查曲拐。 ▲ ① 曲拐体无裂纹、腐蚀。 ② 曲拐结合部位涂抹润滑脂，转动灵活	
（12）检查中间体。 ▲ ① 中间体无裂纹。检查中间体吊座质量，吊座腐蚀不超过原型厚度的 1/4。 ② 检查中间体紧固螺栓，各螺栓紧固到位。垫木无贯通裂纹	

作业步骤及质量标准	图　　示
（13）检查各金属橡胶软管。 ▲　① 检查金属橡胶软管的金属网与接头无脱落、松动，软管表面无裂损、鼓泡现象，状态不良时更新。 ② 检查金属橡胶软管的生产日期与厂家标记须清晰；超过质量保证期或标记不清晰时更换	
（14）检查电子防滑器。 ▲　① 车上车下配合检查电子防滑器功能性试验良好。 ② 排风阀配件齐全，安装牢固，动作正常	
（15）检查制动缸。 ▲　① 制动缸无漏风，活塞行程符合规定要求。STI-600型闸调器制动缸活塞行程为（190±10）mm。 ② 防尘套作用良好，单元制动缸作用良好，无漏风。金属连接软管无抗磨	
2. 制动配件检查	
（1）制动缓解显示器检查。 ▲　缓解显示器的显示清晰、正确，作用良好	

作业步骤及质量标准	图　　示
（2）检查差压阀、高度调整阀、空重车阀。 ▲ 安装牢固，无松动，作用良好	
（3）检查空气弹簧。 ▲① 外观检查无破损、空气弹簧无泄漏。 ② 胶囊无老化、龟裂	
（4）检查远心集尘器。 ▲ 安装牢固，集尘器密封胶垫无错位漏风现象	
（5）检查制动阀状态。 ▲① 安装制动阀时必须使用 8.8 级螺栓，安装紧固。 ② 单车试验时必须重点检查制动阀动作状态	
（6）检查紧急制动阀。 ▲ 检查紧急制动阀配件齐全，施封良好	

作业步骤及质量标准	图　示
（7）检查气路控制箱。 ▲ ① 气路控制箱安装紧固。 ② 各阀门动作灵活，颜色标记正确。 ③ 使用单车试验器向总风管充入 600 kPa 的压力空气，保压 1 min，总风管泄漏不得大于 20 kPa	
（8）撤除班组作业股道脱轨器，通过对讲机告知车间值班员作业完毕班组、作业项目、股道、脱轨器撤除时间等信息。 ▲ 移动脱轨器放置在指定区域	
使用工具	游标卡尺、钢丝刷、钢丝钳、木锤、管钳、肥皂水、毛刷、活扳手、套筒扳手、螺丝刀、专用内外六方扳手、手锤、小撬棍、检点锤、手电筒、对讲机、其他常用工具

（二）空调机组春季整修（表 2-16）

表 2-16　空调机组春季整修

作业步骤及质量标准	图　示
（1）检查作业工具、仪器仪表。 ▲各作业工具、仪器仪表外观完好，各项性能良好，校验不过期，符合检测等级	
（2）预检空调装置技术状态。 ▲按空调装置日常检查作业要求进行	
（3）切断电源，作业者在配电箱上悬挂"有人作业，严禁合闸"标示牌。 ★严禁带电作业	

作业步骤及质量标准	图　　示
（4）作业人员上顶（使用移动平台或者检修平台），系好安全带。 ■防止高处坠落	
（5）拆下机组顶盖紧固螺丝，卸下机组顶盖。 ▲机组顶盖需放置平稳	
（6）用防水材料遮护接线盒、管线口、热保护元件。 ▲遮护严密，各部无暴露。 ■防止各部件进水引起绝缘不良	
（7）用水枪对准蒸发器、冷凝器及滤网部位，对油污较多的机组部件，使用少量中性洗涤剂或翅片冲洗剂冲洗。 ▲① 蒸发器、冷凝器及滤网部位须冲洗干净。 ② 洗涤剂须漂洗干净	 蒸发器 冷凝器

作业步骤及质量标准	图　　示
（8）冲洗完毕后，撤除遮护用的防水材料	
（9）检查蒸发器、通风机、压缩机、冷凝器、冷凝风机等部件。 ▲① 各部件清洁。 ② 外壳及叶轮、叶片损坏、变形、锈蚀时调修或更换。 ③ 压缩机、风机等基座螺栓齐全、紧固。 ④ 接线盒出线口密封胶泥齐全，密封良好，快速接头体防水密封良好。 ⑤ 蒸发器、冷凝器翅片变形时梳理。 ⑥ 制冷系统管系及接头无泄漏、碰磨，隔热层完整无脱落。 ⑦ 高、低压保护装置外观良好。 ■防止风机偏转故障	
（10）检查附属装置（车顶部分）。 ① 检查排水口。 ▲机组排水口无异物，排水畅通。 ■防止排水口堵塞。 ② 检查各滤网。 ▲各滤网破损、异形时更换。 ③ 检查各接线端子。 ▲a. 各接线排端子标记清晰，端子紧固，变色、烧损时更新。 b. 导线应包扎良好、紧固，各接线盒外壳安装紧固，防水密封垫齐全，密封作用良好。 ④ 检查软风道及盖板。 ▲无破损现象	 软风道
（11）检查完毕，粘贴有"检修日期、检修人"标签。 ▲贴在139度熔断保护器固定支架上	

作业步骤及质量标准	图　　示

（12）安装机组顶盖。

▲各部螺栓要齐全，扭矩见下表。

规格	8.8 级碳钢螺栓 扭矩/N·m	不锈钢螺栓 扭矩/N·m
M5	6	3.7
M6	10	6.5
M8	25	15
M10	50	31
M12	80	50
M16	215	130
M20	320	275
M24	490	—

注：具有非金属垫片的机械连接，如蓄电池箱有二次绝缘时，扭紧但不要求扭矩。

■螺栓紧固不到位易造成配件脱落

（13）检查附属装置（车下部分）。

① 检查出、回风口格栅。

▲a. 配件齐全，松动、损坏时调修或更换。

b. 调节板调节灵活、位置恰当。

c. 各锁（含外挂式顶板锁）锁闭良好。

② 检查空调温度传感器。

▲a. 安装牢固，表面清洁。

b. 传感器安装座四周无异物遮挡，通风良好。

③ 检查航空插头及座。

▲a. 抽头及座分开后接触面及针孔干燥无水迹。

b. 外观破损、裂纹、烧蚀时调修或更换。

c. 插头及座插接后插针插座接触牢固，密封性能良好。

■易发生航空插头进水烧损故障

作业步骤及质量标准	图　　示
④ 检查冷凝水管与车体焊接处。 ▲a. 各焊接处脱焊。 b. 管卡无松动。 ■易发生冷凝水管配件脱落事故	
（14）开启空调进行性能试验。 ▲① 各风机无反转，出风口出风均匀。 ② 各工况须运转良好，无异声、异振。 ③ 风门控制正常。 ④ 工作电流正常，三相电流值与平均值的偏差不大于平均值的10%。 ■易发生风机反转故障	
（15）作业完毕撤除"有人作业、禁止合闸"标牌，清理工作场地。 ▲做到工完、料净、场地清	
使用工具	安全带、胶皮水管扳手、套筒工具、螺丝刀、兆欧表、万用表、钳形表、电钳工具、手电筒、毛刷、点温计等

（三）DC 600 V 客车绝缘检测（表 2-17）

表 2-17　DC 600 V 客车绝缘检测

作业步骤及质量标准	图　　示
1. 断电、复位 ▲ ① 逐辆卸载，按程序断电。 ② 逐辆将配电柜主电源选择开关置于 0 位（断位），同时断开 Q1、Q2 主开关	 电源选择开关置 0 位 断开 Q1、Q2 主开关
2. 连接器线、座检查 ▲ ① 检查电力连接线及通信线，外部护套无破损，防水护套与插头处密接可靠。 ② 检查电力连接线座及通信连接线座，密封胶圈密封、防水作用良好，接线端子、插针、插孔无缩针、缩孔、松动、锈蚀、变色、灼痕、烧损。 ③ 电力连接线座及通信连接线座滑道给油，开闭灵活	 电力连接器座 通信连接器座

作业步骤及质量标准	图　示
3. 测试干线电气绝缘 ★ 测试前确认Ⅰ、Ⅱ路干线无电。 ▲（1）逐辆在车端连接线座处使用1 000 V级兆欧表进行DC 600 V干线绝缘测试。 （2）测试Ⅰ路干线绝缘。 ① 将兆欧表表笔分别置于连接器座正、负插孔内，测试正、负线间绝缘阻值。 ② 将兆欧表表笔一支置于正线插孔，另一支连接车体金属处，测试正线与车体绝缘阻值。 ③ 将兆欧表表笔一支置于负线插孔，另一支连接车体金属处，测试负线与车体绝缘阻值。 （3）测试Ⅱ路干线绝缘。 ① 将兆欧表表笔分别置于连接器座正、负插孔内，测试正、负线间绝缘阻值。 ② 将兆欧表表笔一支置于正线插孔，另一支连接车体金属处，测试正线与车体绝缘阻值。 ③ 将兆欧表表笔一支置于负线插孔，另一支连接车体金属处，测试负线与车体绝缘阻值	测试Ⅰ路干线绝缘 测试Ⅱ路干线绝缘
4. 测试DC 110 V干线电气绝缘 ▲使用110 V漏电检测仪测试，以检测仪不报警为准	测试DC 110 V干线绝缘
5. 车下分线盒检查 ★ 检查前确认Ⅰ、Ⅱ路干线无电。 ▲（1）检查分线盒盒体无变形破损，盒盖折页开关灵活、无腐蚀、无裂纹，锁扣作用良好，无腐蚀。 （2）检查分线盒中主干线接线端子状态，各接线端子紧固，无松动、变色、灼痕、烧损。 （3）搭扣防断脱处用铁丝捆绑固定	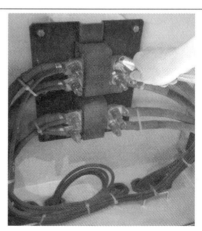 车下分线盒检查

作业步骤及质量标准	图　示
6. 记录、确认	
▲① 记录测试结果。 ② 绝缘值不得低于"列车干线绝缘测试值表"（见附表）；测试不合格查明原因，彻底消除故障	
使用工具	湿度计、1 000 V 级兆欧表万用表、110 V 漏电检测仪、电工工具

附表　列车干线绝缘测试值表　　　　　　　　　单位：MΩ

线别	DC 600 V 及 DC 600 V/AC 380 V 兼容供电				AC 380 V 供电			
类别	运用列车		运用单车		运用列车		运用单车	
湿度	线间	线地	线间	线地	线间	线地	线间	线地
<60%	2	1	4	2	2	1	4	2
61%	1.95	0.98	3.88	1.94	1.94	0.97	3.88	1.94
62%	1.9	0.95	3.76	1.88	1.88	0.94	3.76	1.88
63%	1.84	0.92	3.64	1.82	1.81	0.91	3.64	1.82
64%	1.78	0.89	3.52	1.76	1.75	0.88	3.52	1.76
65%	1.72	0.86	3.4	1.7	1.68	0.85	3.4	1.7
66%	1.67	0.84	3.28	1.64	1.62	0.82	3.28	1.64
67%	1.61	0.81	3.16	1.58	1.55	0.79	3.16	1.58
68%	1.56	0.78	3.04	1.52	1.49	0.76	3.04	1.52
69%	1.5	0.75	2.92	1.46	1.42	0.72	2.92	1.46
70%	1.44	0.72	2.8	1.4	1.36	0.69	2.8	1.4
71%	1.39	0.7	2.68	1.34	1.29	0.66	2.68	1.34
72%	1.33	0.67	2.56	1.28	1.23	0.63	2.56	1.28
73%	1.28	0.64	2.44	1.22	1.16	0.6	2.44	1.22
74%	1.22	0.61	2.32	1.16	1.1	0.57	2.32	1.16
75%	1.16	0.58	2.2	1.1	1.03	0.54	2.2	1.1
76%	1.11	0.56	2.08	1.04	0.97	0.51	2.08	1.04
77%	1.05	0.53	1.96	0.98	0.9	0.47	1.96	0.98
78%	1	0.5	1.84	0.92	0.84	0.44	1.84	0.92
79%	0.94	0.47	1.72	0.86	0.77	0.41	1.72	0.86
80%	0.88	0.44	1.6	0.8	0.71	0.38	1.6	0.8
81%	0.83	0.42	1.48	0.74	0.64	0.35	1.48	0.74
82%	0.77	0.39	1.36	0.68	0.58	0.32	1.36	0.68
83%	0.72	0.36	1.24	0.62	0.51	0.29	1.24	0.62
84%	0.66	0.33	1.12	0.56	0.45	0.26	1.12	0.56
>85%	0.6	0.3	1	0.5	0.38	0.22	1	0.5
兆欧表等级	1 000 V				500 V			

任务五　客车辅修

【任务目标】

（1）了解客车辅修的有关规定和实施要求；

（2）了解客车辅修的相关项目；

（3）掌握客车辅修项目的检查规定。

【学习内容】

（1）客车辅修的有关规定和实施要求；

（2）客车辅修的相关项目；

（3）客车辅修项目的检查维修。

【阅读材料】

（1）客车辅修介绍；

（2）提速客车（A1）修；

（3）空调普通客车辅（A1）修。

一、客车辅修介绍

《铁路客车运用维修规程》（简称《运规》）第61条：

客车辅（A1）修是对轮对和制动装置进行专项检修。对轮对尺寸进行检测，核对 TPDS 轮对冲击当量，按限度规定对车轮踏面进行修形；对 104 分配阀等配件实施换件修；对非密封式制动缸、自动间隙调整器、远心集尘器、锥形塞门等配件进行分解检修；对制动机、电子防滑器等进行单车试验。经辅（A1）修后车辆符合《客车辅（A1）修标准》。

客车辅修项目（所有车型共计3个项目）：轮对轴箱装置检查、制动装置检查、青藏客车检查（车端制氧用供风金属橡胶软管总成、废水收集系统、制氧系统）。

二、提速客车辅（A1）修（表2-18）

表 2-18　提速客车辅（A1）修

作业步骤及质量标准	图　　示
1. 工前准备	
（1）做好风源排水除尘工作。 （2）微控单车试验器每日开工前必须进行机能检查，确保试验器状态良好。 （3）检查工具、材料。 ▲ 工具、材料备品良好齐全。 （4）作业之前必须正确佩戴劳保用品，严防人身伤害	

作业步骤及质量标准	图　示
2. 设置防护 （1）安全员到脱轨器室设置安全号志，进行股道作业	
（2）确认脱轨器上道后使用对讲机告知班组工长"XX道XXX次安全防护已设置好"。 　★ 单车作业时应确认两端铁鞋（止轮器）防溜状态	
3. 空气管系检查 （1）检查制动软管、总风软管。 　▲ ① 软管无鼓泡，安装无松动。 　② 检查软管连接器并更换密封胶圈。 　③ 软管安装须牢固，其连接器口平面须与地面垂直呈90°夹角。 　④ 防尘堵链长度为（853±20）mm，挂座焊接牢固。 　⑤ 软管鼓泡须更换新品。更换时，在软管的丝扣处沿顺时针方向从前往后沿着丝扣槽依次缠上生料带，用量不宜太多，丝扣槽填满后再覆盖一圈即可。缠绕过程中，应适当用力，不得松动，并且前后各留一扣丝不缠。组装时不得抹去检修标记及扭伤胶管体，安装须牢固	 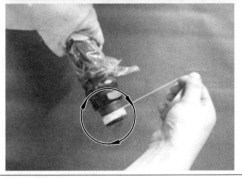

作业步骤及质量标准	图　　示
（2）检查管卡、吊架。 ▲ ① 管系各管卡、吊架无松动、丢失。 ② 腐蚀超过管子壁厚1/2时须更换	
（3）检查折角塞门和截断塞门。 ▲ ① 折角塞门作用灵活，安装无松动，角度正确（如图）。 ② 截断塞门作用灵活。 ③ 作用不良者更换为检修合格品	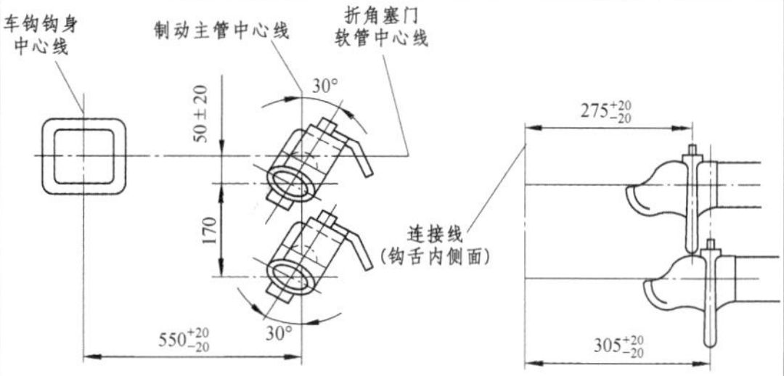
（4）检查高度调整阀、空重车阀、差压阀。 ▲ 安装牢固，配件无缺损	
（5）紧急制动阀。 ▲ 紧急制动阀阀体、手把不得有裂损、弯曲	
（6）检查压力风表状态。 ▲ ① 检定标记须在有效期内，风表检定标签及铅封齐全，否则进行更换。 ② 需更换压力表时，表座与墙板须牢固，表面须入槽，安装螺丝不得穿出墙面	
（7）检查客列尾附属装置。 ▲ ① 客列尾附属装置快速接头、堵帽挂座等配件齐全、安装牢固。 ② 客列尾管系各管卡、接头安装牢固	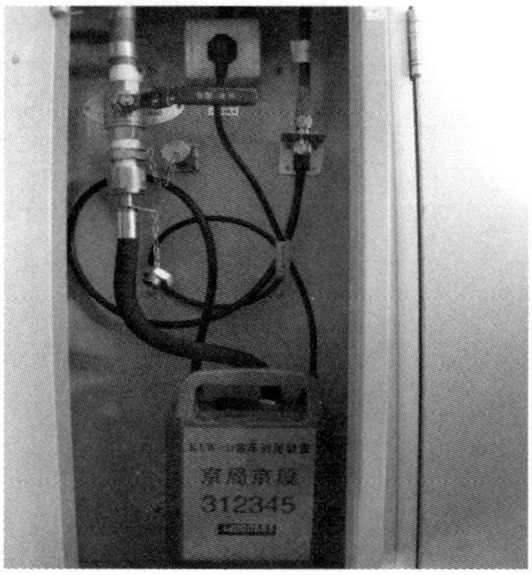

作业步骤及质量标准	图　示
（8）检查缓解指示器。 ▲ ① 安装牢固，作用良好。 ② 面罩清洁，显示清晰	
4. 除锈吹尘	
（1）使用钢丝刷清理各风管路、副风缸、工作风缸、气路控制箱外部尘垢。 ▲ 气路控制箱须分解清扫过滤器及其滤网	
（2）连接单车试验器，关闭截断塞门及另一端折角塞门，用木锤敲打主支管、副风缸、工作风缸及连通管	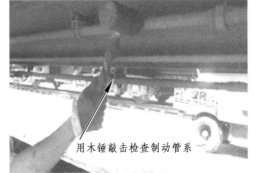用木锤敲击检查制动管系
（3）待风压充至 600 kPa，微控单车选择"快充位"，连续三次以上开、闭另一端折角塞门。开通截断塞门，将车辆另一端的折角塞门关闭。依次连续三次以上开、闭副风缸、工作风缸等排水塞门，关闭各排水塞门。 ▲ ① 各风缸积水须排尽。 ② 排水塞门须作用良好	

作业步骤及质量标准	图　　示
（4）制动支管除尘时拆除 1、2 位制动支管电子防滑器排风阀前端滤尘装置滤尘网，用木锤敲击制动支管后，打开截断塞门，操作单车试验器充风，待压力达到定压，进行减压 170 kPa，对制动支管进行 2～3 次吹尘（每次 10 s），制动支管除尘完毕后，安装 1、2 位防滑器排风阀前端滤尘网。 ▲ 滤尘器安装须良好，检查无漏风	
5. 裙板检查	
（1）外观检查裙板支架安装牢固，裙板固定螺栓、铆钉无缺失、松动。 （2）裙板支撑杆作用良好无卡滞，开口销无折断、丢失。 （3）裙板锁作用良好，安全链齐全	
6. 分配阀及远心集尘器检查	
（1）拆卸 104 分配阀。 ▲ ① 取出的滤尘器（网）放于干净处。 ② 选择"快充位"，用压力空气吹 5 s 以上。 ③ 卸下阀的安装面上应装防尘罩。 ④ 滤尘器（网）或杯须无锈蚀、堵塞、破损	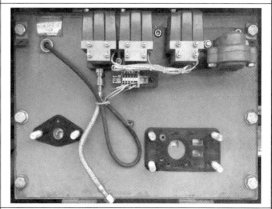
（2）远心集尘器除尘。 ▲ ① 组合式截断塞门的集尘器下体须分解。清除尘垢。 ② 检查集尘器各部须无裂纹，止尘伞须良好。 ③ 止尘伞下表面需用黑色水彩笔书写辅修日期（例如：22.05.08），二次分解时，需去除上次标记，再要求重新书写日期标记。 ④ 紧固螺栓须除锈，检查无裂纹、砂眼，锈蚀严重的螺栓更换新品；严禁使用全螺纹螺栓，如遇不锈钢螺栓，必须更换新品	

作业步骤及质量标准	图　　示
（3）安装 104 分配阀。 ▲ ① 橡胶垫更换新品，新品须无破裂、老化、不过期（保存期不超 6 个月），安装须正位。 ② 紧固安装螺栓，安装阀体，最后紧固螺母，要求螺栓无松动、胶垫密封线不挤出安装面外	
（4）安装远心集尘器。 ▲ ① 安装组合式截断塞门时不得反位，箭头方向应指向分配阀（主管指向支管）。 ② 胶垫、螺栓、螺母更换新品	
7. 气路控制箱检查	
（1）气路控制箱外观检查。 ▲ ① 箱体无腐蚀、破损。 ② 箱盖搭扣、合页安装牢固，作用良好	
（2）气路控制箱开箱检查。 ▲ ① 箱盖安全链安装牢固，作用良好。 ② 各球阀（塞门）标识清晰、作用良好。 ③ 箱内清洁无杂物	

作业步骤及质量标准	图 示
8. 基础制动装置检查 （1）单元制动缸及夹钳检查。 ▲ ① 清除单元制动缸杂物。 ② 单元制动缸销轴压板螺栓紧固，销轴不窜出，防脱挡齐全。 ③ 各制动销套配合间隙不超过 3 mm，衬套无松动窜出，螺栓紧固，开口销状态良好。 ④ 基础制动装置各部须配件齐全，状态良好，各杠杆、吊杆、夹钳良好、无裂纹。 ⑤ 检查闸片与制动盘两侧间隙之和不超过 3～5 mm。闸片最薄处厚度不小于 5 mm，青藏客车闸片最薄处厚度不小于 10 mm，闸片须成对更换。 ⑥ 更换作用不良的基础制动装置配件。 ★ 在更换闸片时，严禁将手指伸入闸片和制动盘之间，以防挤压伤害	
（2）制动盘检查。 ▲ ① 制动盘盘毂无松动、裂纹。 ② 制动盘整体厚度不小于 96 mm。 ③ 半盘连接部位和盘毂不得有裂纹，散热片不得有贯穿裂纹。 ④ 制动盘与盘毂连接螺栓紧固，螺栓、开口销无折损、丢失。 ⑤ 制动盘内不得夹有纸屑等杂物。 ⑥ 盘面热裂纹长度符合下表要求。	 测量制动盘裂纹不过限

裂纹位置	裂纹长度	
距内、外边缘 ≥10 mm	PW-220K	<90 mm
	其他	<95 mm
距内、外边缘 <10 mm	<65 mm	

■ 严禁用检点锤敲打制动盘面

9. 手制动机检查

（1）外部检查。
▲ ① 清除手制动拉杆、支点、托架、螺杆、齿轮箱、链及轮等零部件上的尘垢。手制动拉杆支点转动须灵活，紧固件齐全、良好、无松动。分解涡轮盒检查。
② 手制动拉链条无裂损，钢丝绳无破损、折断影响使用。
③ 检查手制动机标记须清楚正确。
★ 在给手制动机外观清扫时，必须正确佩戴和使用梯凳并且要有专人防护，以防坠落摔伤

作业步骤及质量标准	图　示
（2）动态检查。 ▲ ① 车辆在缓解状态下，向制动方向拧紧手制动机摇把制动，确认各基础制动装置状态。一位基础制动装置须抱紧制动盘。 ② 缓解手制动机，闸片须离开摩擦盘（或闸片无压力）。 ③ 向缓解方向转动手制动机摇把缓解，确认不得发生制动作用。 ④ 钢丝绳有 90～120 mm 的松弛量	
10. 客列尾天线检查	
登顶对客列尾天线进行外观检查。 ▲ 车顶天线配件齐全，安装牢固，密封性能良好；法兰座根部焊接处无裂纹，防水性良好；天线电压驻波比不大于 1.5。 ★ 登顶作业时，必须正确佩戴和使用安全带，做到高挂低用，以防坠落摔伤	
11. 转向架检查	
（1）构架检查。构架组成、牵引拉杆、抗侧滚扭杆、轴箱弹簧与车体连接的牵引支座、扭杆座、抗蛇形减振器座等进行外观检查。 ▲ ① 各部须无缺陷、裂纹，状态良好。 ② 牵引拉杆外观状态良好，牵引拉杆节点脱胶深度大于 20 mm 且长度超过 1/4 圆周时更新	
（2）橡胶件检查。 ▲ 各橡胶件须无明显裂纹、破损、脱胶现象，有下列情况之一者更换： ① 橡胶与金属件结合面之间产生开裂且长度超过 1/4 圆周，深度超过 5 mm 时； ② 橡胶表面产生周向裂纹且长度超过 1/4 圆周，深度超过 5 mm 时； ③ 橡胶表面产生周向贯通裂纹且深度超过 3 mm 时； ④ 橡胶表面产生溶胶现象且有明显的块状橡胶脱出时	

作业步骤及质量标准	图 示
（3）其他要求。 ▲ ① 各油压减振器零部件齐全、安装牢固、方向及朝向正确、作用良好，不得漏油。 ② 高度调整阀、差压阀须作用良好，不泄漏。高度调整阀调整杆动作可靠。 ③ 抗侧滚扭杆：各连接部位螺母无松动；橡胶密封圈须无损伤，破损者更换；连杆处关节轴承转动灵活，无明显的轴向窜动；扭杆、连杆表面无裂纹，状态良好；拧开扭杆轴承座堵头向轴承座内注适量润滑脂（油脂型号 Molykote G-Raid plus）。 ④ PW-220K 转向架还需进行以下工作：牵引销、轴箱、夹紧箍与定位转臂的连接螺栓不得松动，各开口销无丢失、折损。各紧固螺栓防松标记丢失或不良者，须用扭力扳手按要求进行检测合格后重新打防松标记	
（4）空气弹簧检查。 ▲ ① 清除空气弹簧外部污垢。 ② 上盖、下座、弹性支承的橡胶表面须光滑，金属表面须无锈蚀，胶囊无破损、无帘线外露缺陷。 ③ 上盖、下座与胶囊之间不得有异物嵌入。 ④ 空气弹簧须无漏风现象。 ⑤ 空气弹簧供风系统各管路、接头、截断塞门作用良好，不漏风。 ⑥ 空气弹簧外观检查，更换标准需满足右表要求	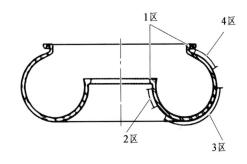 PW-220K 空气弹簧更换标准

PW-220K 空气弹簧更换标准

部位	缺陷	更换判定标准
胶囊	龟裂	露帘线
	磨损	深度超过 1 mm，3、4 区橡胶帘线外露
	裂纹	深度超过 1 mm，裂纹长度超过 30 mm，2 区裂纹
	鼓泡	胶囊表面有不均匀鼓泡
上盖板	变形	不能保证与橡胶囊密封
	缺损	不能保证与橡胶囊密封
橡胶堆	臭氧龟裂	橡胶与金属分离深度超过 20 mm，长度超过 1/4 圆周

作业步骤及质量标准	图　　示
	其他空气弹簧更换标准 表格见下方

其他空气弹簧更换标准

部位	缺陷	更换判定标准
胶囊	龟裂	露帘线
	磨损	深度超过 1 mm，橡胶囊帘线外露
	裂纹	深度超过 1 mm，裂纹长度超过 30 mm
	鼓泡	直径 20 mm 以下超过 2 处，直径 30 mm 以下超过 1 处
上盖板	变形	不能保证与橡胶囊密封
	缺损	不能保证与橡胶囊密封
橡胶堆	臭氧龟裂	橡胶与金属分离深度超过 20 mm，长度超过 1/4 圆周

12. 轴箱检查

（1）轴箱外部除尘检查。

▲ 轴箱须无裂纹、甩油，螺栓无松动

（2）轴端接地装置。

▲ ① 检查摩擦盘、轴承压板须状态良好，摩擦盘如有异常，须进行更换，防松片禁止重复使用。

② 检查防松片无折损松动；检查摩擦盘、轴承压板安装螺栓无松动，摩擦盘安装螺栓扭矩为 45 N·m，轴承压板安装螺栓扭矩为 200~240 N·m，螺母紧固力矩为 176~186 N·m。

③ 接地体拆卸后，要保证轴箱内清洁，不得有水或杂物进入轴箱内。

④ 检查轴端接地装置碳刷厚度不小于 5 mm。

⑤ 接地体与轴箱盖密封纸垫必须更新。

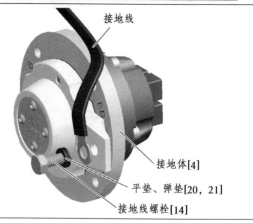

接地线

接地体[4]

平垫、弹垫[20，21]

接地线螺栓[14]

续表

作业步骤及质量标准	图　　示

各螺栓紧固力矩

序号	螺栓型号	力矩值
1	M6	8.8 N·m
2	M8	21 N·m
3	M10	45 N·m
4	M12	55 N·m

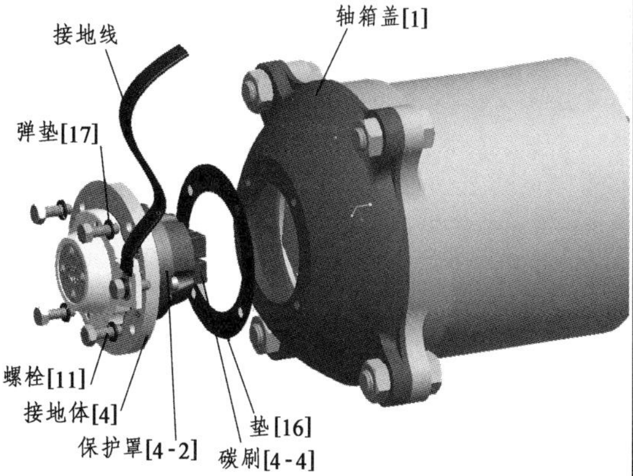

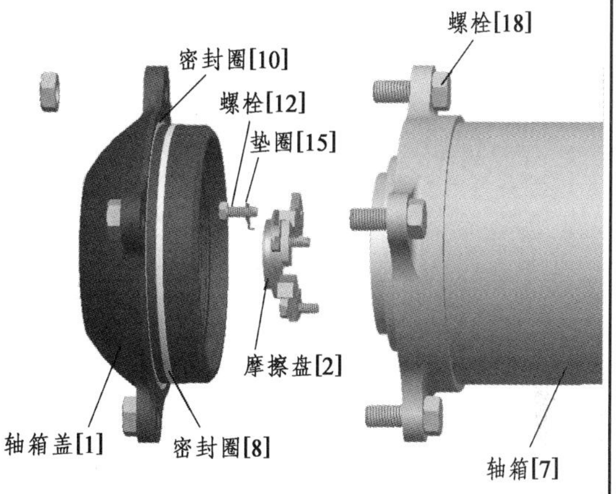

13. 轮对测量

（1）第四种检查器检定不过期，各部无损伤

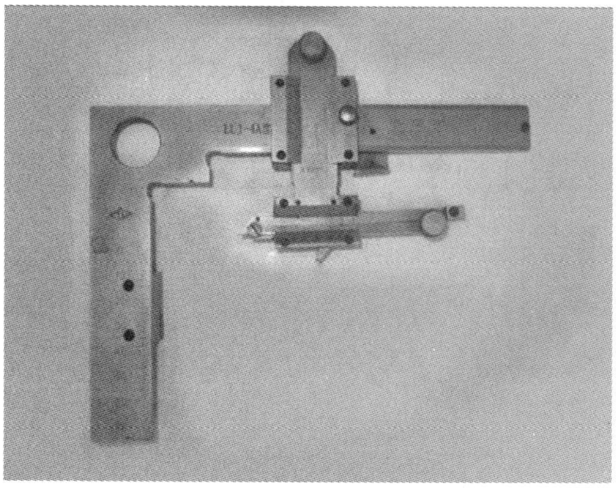

作业步骤及质量标准	图　　示
（2）轮对限度： ▲ ① 轴身打痕、碰伤、磨伤及弹伤深度≤2 mm 时，将锐角消除继续使用；>2 mm 时，换轮。 ② 轮辋厚度须测量三处，<26 mm 时，换轮。 ③ 轮缘产生碾堆时须消除，轮缘厚度<23 mm 时，换轮或镟轮。轮缘缺损时换轮，轻微掉皮可用砂轮打磨，但不得影响顶部线形，打磨平坦，凹痕深度不超过 1 mm。 ④ 轮缘不得形成锋芒，垂直磨耗时换轮或镟轮。 ⑤ 踏面圆周磨耗深度须测量三处，>3 mm 时，换轮或镟轮。 ⑥ 踏面擦伤及局部凹入深度>0.5 mm 时，换轮或镟轮。 ⑦ 踏面剥离长度，一处>15 mm，两处>10 mm 时，换轮或镟轮。判断要求如下： 　a. 沿圆周方向测量； 　b. 长条状剥离，其最宽处不足 20 mm 者，不计； 　c. 两剥离外边缘相距小于 75 mm 时，每处长不得超过 20 mm，连续剥离长度不超过 350 mm。 ⑧ 踏面缺损，在相对车轮轮缘外侧至缺损部距离≥1 505 mm 处测量（指缺损后的轮辋宽加轮对内侧距离，再加相对车轮轮缘厚度之总和）。缺损部（沿圆周方向）长度>150 mm 时，换轮或镟轮。 ⑨ 轮对外侧碾宽>3 mm 时，换轮或镟轮。 ⑩ 调阅辅修前 1 个月 TPDS 数据，报警当量>17 时，换轮或镟轮	
14. 单车试验	
▲ ① 按《客车制动机单车试验作业指导书》进行制动机试验。 ② 制动机试验时，校对制动压力表与单车试验器压力表压力差小于±10 kPa。 ③ 车辆一位端连接单车试验器，如遇首尾车辆时，在两车连接处连接单车试验器，对首尾折角塞门进行关闭位泄漏检查。 ④ 制动机试验时，对组装后的空气管路系统进行泄漏检查，各部无泄漏。 ⑤ 制动机试验时，检查各塞门、单向阀、制动缓解指示器、金属软管等作用不良者更换	
15. 电子防滑器检查	
（1）主机、压力开关及接线检查。 ▲ 使用毛刷对主机、压力开关接线进行清扫，检查接线及接线排无烧损、破损，接线压插接良好	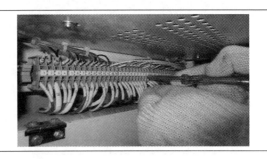

作业步骤及质量标准	图　　示
（2）分线盒检修。 ▲ ① 检查各部，确保易脱件无脱落可能，必要时进行加固处理。 ② 车下线管、接线盒须完整，断裂或严重腐蚀时更换新品	 接线盒安装良好
（3）速度传感器及附属装置检查。 ▲ ① 速度传感器安装牢固，安装螺丝无松动、丢失。 ② 速度传感器与齿轮顶径向间隙需符合标准，必要时加垫处理。 ③ 速度传感器线管及管卡安装牢固，无破损、抗磨。 ④ 速度传感器接线分线盒，分线盒安装牢固，无断裂、严重腐蚀。取下速度传感器接线分线盒盖，使用毛刷清扫，检查接线及接线排无烧损、破损、接线压插接良好	 测量速度传感器与齿轮顶径向间隙
（4）检查排风阀及附属装置。 ▲ ① 排风阀安装牢固，安装螺丝无松动，丢失。 ② 取下排风阀接线插头，检查接线和接插件无烧损、变色现象。 ③ 检查排风阀线管及管卡安装牢固，无破损、抗磨。 ④ 检查防滑器接线分线盒，分线盒安装牢固，无断裂、严重腐蚀。取下防滑器接线分线盒盖，使用毛刷清扫，检查接线及接线排无烧损、破损，接线压插接良好	
（5）泄漏检查。用肥皂水检查排风阀、压力开关是否有泄漏。 ▲ ① 列车管充风后，检查压力开关各处须无泄漏。 ② 车辆实施常用制动后，检查排风阀各处须无泄漏。	

作业步骤及质量标准	图　　示
（6）通电试验。 ① 车辆充风压力值达到电子防滑器压力开关动作值时，防滑器能自动通断电；防滑器通电后，防滑系统正常显示代码为铁科院系列防滑器"88"、KNORR 系列防滑器"9999"、SAB 系列防滑器"99"。 ▲ a. 铁科院电源接通压力值为>200 kPa，断电值为<200 kPa； b. KNORR 电源接通压力值为>187 kPa，断电值为<187 kPa； c. SAB 电源接通压力值为>180 kPa，断电值为<130 kPa。 ② 进行防滑器自检。 ▲ 铁科院系列防滑器长按"诊断"按钮，KNORR 防滑器长按"S2"按钮，SAB 防滑器长按"TEST"进行自我诊断试验；诊断试验时各电磁排风阀充排风动作顺序、时间正常；试验完后无故障代码显示	
16. 油润	分解手制动机
对基础制动、手制动机各磨耗部给油；手制动机涡轮盒给油润滑	
17. 标记涂打	
（1）涂打轴箱端盖标记，包括轴箱位数，检修段代号"573"，端盖凸缘高度"L21""L51"	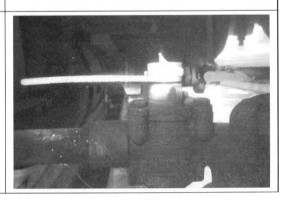
（2）缓解阀、截断塞门手把喷涂白色油漆	

作业步骤及质量标准	图 示
（3）对制动软管与折角塞门、折角塞门与补助管涂打防松标记。同时，塞门与补助管连接处涂打防松标记，总长度为 40 mm，宽度为 5 mm；塞门与制动软管、塞门与总风软管处涂打防松标记，总长度为 60 mm，宽度为 5 mm。双管供风客车使用白色标记	
（4）使用超声波测漏仪测漏完毕后在副风缸侧面涂打测漏标记，在管系活结箍处涂打移动标记	

（5）检修完毕，在二、三位端墙定检标记 A1 栏内，喷涂白色检修标记。

▲ 年、月、日及单位使用 40 号大宋字体，字周边留 30 mm，行间距为 50 mm

修程	时间	检修单位
A1		
A2		
A3		
A4		
75 mm	212 mm	75 mm

18. 整理工具，清理作业场地，做到"工完地净"	
19. 安全员撤除安全号志	
使用工具	微控单车试验器、管钳、活动扳手、手锤、钩引、撬棍、螺丝刀、扭力扳手、木槌、钢丝刷、游标卡尺、漏模、毛刷、呆扳手、钢丝钳、铅封钳、第四种检查器、塞尺、卷尺、检点锤、手电筒、秒表、三角钥匙、裙板钥匙、空气弹簧压力风表等

三、空调/普通客车辅（A1）修（表2-19）

表 2-19　空调/普通客车辅（A1）修

作业步骤及质量标准	图　示
1. 工前准备 （1）做好风源排水除尘工作。 （2）微控单车试验器每日开工前必须进行机能检查，确保试验器状态良好。 （3）检查工具、材料。 ▲ 工具、材料备品良好齐全。 （4）作业之前必须正确佩戴劳保用品，严防人身伤害	
2. 设置防护 （1）安全员到脱轨器室设置安全号志，进行股道作业	
（2）确认脱轨器上道后使用对讲机告知班组工长"XX道XXX次安全防护已设置好"。 ★ 单车作业时应确认两端铁鞋（止轮器）防溜状态	

作业步骤及质量标准	图　　示
3. 空气管系检查 （1）检查制动软管。 ▲ ① 软管无鼓泡，安装无松动。 ② 检查软管连接器及密封胶圈。 ③ 软管安装须牢固，其连接器口平面须与地面垂直呈 90°夹角。 ④ 防尘堵链长度为（853±20）mm，挂座焊接牢固。风管堵链留有适当余量进行捆扎，要求风管堵链自然垂下时距轨面不小于 50 mm。 ⑤ 软管鼓泡须更换新品。更换时，在软管的丝扣处沿顺时针方向从前往后沿着丝扣槽依次缠上生料带，用量不宜太多，丝扣槽填满后再覆盖一圈即可。缠绕过程中，应适当用力，不得松动，并且前后各留一扣丝不缠。组装时不得抹去检修标记及扭伤胶管体，安装须牢固	
（2）检查管卡、吊架。 ▲ ① 管系各管卡、吊架无松动、丢失。 ② 腐蚀超过管子壁厚1/2时须更换	
（3）检查折角塞门和截断塞门。 ▲ ① 折角塞门作用灵活，安装无松动，角度正确（如图）。 ② 截断塞门作用灵活。 ③ 作用不良者更换为检修合格品	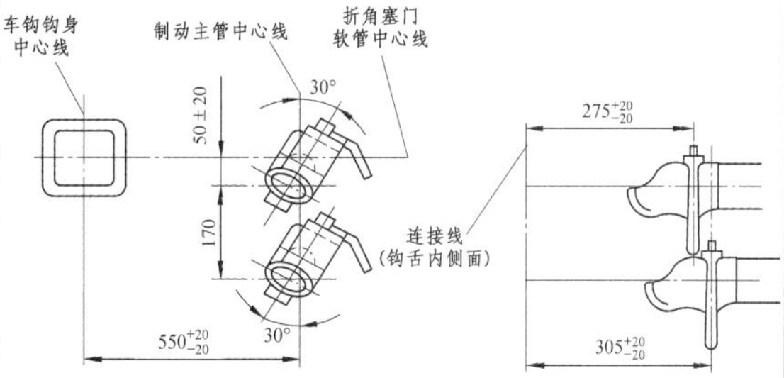
（4）紧急制动阀检查。 ▲ 紧急制动阀阀体、手把不得有裂损、弯曲	
（5）检查压力风表状态。 ▲ ① 检定标记须在有效期内，风表检定标签及铅封齐全，否则进行更换。 ② 需更换压力表时，表座与墙板须牢固，表面须入槽，安装螺丝不得穿出墙面	

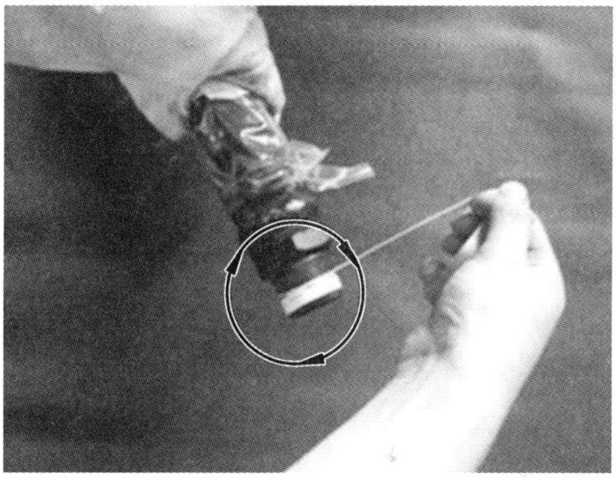

作业步骤及质量标准	图　示
（6）检查客列尾附属装置。 ▲ ① 客列尾附属装置快速接头、堵帽挂座等配件齐全、安装牢固 ② 客列尾管系各管卡、接头安装牢固	
（7）检查缓解指示器。 ▲ ① 安装牢固，作用良好。 ② 面罩清洁，显示清晰	
4．除锈吹尘	
（1）使用钢丝刷清理各风管路、副风缸、工作风缸、制动缸、气路控制箱外部尘垢。 （2）连接单车试验器，关闭截断塞门及另一端折角塞门，用木锤敲打主支管、副风缸、工作风缸及连通管 （3）待风压充至 600 kPa，微控单车选择"快充位"，连续三次以上开、闭另一端折角塞门。开通截断塞门，将车辆另一端的折角塞门关闭。依次连续三次以上开、闭副风缸、工作风缸等排水塞门，关闭各排水塞门。 ▲ ① 各风缸积水须排尽。 ② 排水塞门须作用良好。 （4）制动支管除尘时拆除 1、2 位制动支管电子防滑器排风阀前端滤尘装置滤尘网，用木锤敲击制动支管后，打开截断塞门，操作单车试验器充风，待压力达到定压，进行减压 170 kPa，对制动支管进行 2～3 次吹尘（每次 10 s），制动支管除尘完毕后，安装 1、2 位防滑器排风阀前端滤尘网。 ▲ 滤尘器安装须良好，检查无漏风	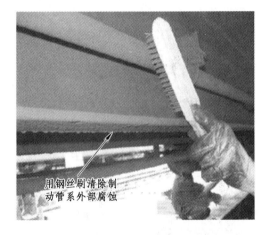 用钢丝刷清除制动管系外部腐蚀  用木锤敲击检查制动管系

作业步骤及质量标准	图　　示
5. 分配阀及远心集尘器检查	
（1）拆卸 104 分配阀。 ▲ ① 取出的滤尘器（网）放于干净处。 ② 选择"快充位"，用压力空气吹 5 s 以上。 ③ 卸下阀的安装面上应装防尘罩。 ④ 滤尘器（网）或杯须无锈蚀、堵塞、破损。 （2）远心集尘器除尘。 ▲ ① 组合式截断塞门的集尘器下体须分解。清除尘垢。 ② 检查集尘器各部须无裂纹，止尘伞须良好	 检查密封垫无老化 
（3）安装 104 分配阀。 ▲ ① 橡胶垫更换新品，新品须无破裂、老化、不过期（保存期不超 6 个月），安装须正位。 ② 紧固安装螺栓，安装阀体，最后紧固螺母，要求螺栓无松动、胶垫密封线不挤出安装面外	

作业步骤及质量标准	图　示
（4）安装远心集尘器。 ▲① 安装组合式截断塞门时不得反位，箭头方向应指向分配阀（主管指向支管）。 ② 胶垫、螺栓、螺母更换新品	
6. 气路控制箱检查	
（1）气路控制箱外观检查。 ▲① 箱体无腐蚀、破损。 ② 箱盖搭扣、合页安装牢固，作用良好。 （2）气路控制箱开箱检查。 ▲① 箱盖安全链安装牢固，作用良好。 ② 各球阀（塞门）标识清晰、作用良好。 ③ 箱内清洁无杂物	
7. 制动缸检修（踏面制动车辆） ▲① 清扫活塞杆压板、螺栓，清洁皮碗。 ② 缸体无裂纹，内壁清洁，无锈迹，皮碗磨损、变形、裂损或胀力不足时更换。活塞杆须无弯曲，否则更换。 ③ 清除制动缸内壁、泄漏沟及活塞皮碗上的旧油和锈垢。 ④ 在缸内壁皮碗沿圆周方向均匀涂抹机车车辆制动缸 89D 润滑脂。制动缸直径为 356 mm 时油脂量为 0.3 kg，制动缸直径为 406 mm 时油脂量为 0.35 kg，制动缸直径为 457 mm 时油脂量为 0.4 kg。 ⑤ 组装活塞，应对角紧固。 ⑥ 活塞杆涂打行程标记，在缓解状态时，沿制动缸前盖露出的活塞杆周围，涂上白铅油基础线，由基础线向内测量，以活塞行程最小限度处为起点，最大限度处为终点，沿活塞杆涂打白铅油线。即分别由基准线向内测量 175 mm 或 180 mm 处向内环方向涂 30 mm 或 20 mm 宽的白铅油标记。 ⑦ 装用自动间隙调整器，活塞行程为（190±15）mm。 ⑧ 装用 ST1-600 型闸调器，活塞行程为（190±10）mm。 ⑨ 密封式制动缸须作单车试验，作用良好、不泄漏可不分解	 步骤1：检查活塞有无裂纹  步骤2：清洗制动缸内壁旧油

作业步骤及质量标准	图　示
8. 自动间隙闸调器检修	
（1）自动间隙调整器清扫、给油，卸下自动间隙调整器连通管，卸下掣轮螺栓，取下调整器体，将调整器体外部尘垢清扫干净	
（2）卸下调整丝杠外筒后部限位螺栓，向调整丝杠外筒内灌入铅粉，确保均匀	
（3）自动间隙闸调器分解。 ▲① 螺杆、护管、闸调器体、控制杆等无弯曲、变形，连接部位配件齐全。 ② 导框圆销磨耗超过 2 mm 时更换，销与套配合间隙超过 3 mm 时换销或套。 ③ 风筒鞲鞴压板、掣轮、掣子等配件裂损者更换，皮碗进行更新。 ④ 调整螺丝、调整螺母配件及十字头部等，磨耗严重时加修或更换	 步骤8：检查弹簧有无折损
9. ST1-600 型闸调器检查	
清除 ST1-600 型闸调器外部污垢，端部螺杆止推装置开口销更换新品。 ▲① 检查闸调器防松止铁磨耗不过限，止铁作用良好。 ② ST1-600 型闸调器外筒固定螺栓紧固	
10. 基础制动装置	
（1）单元制动缸及夹钳检查。 ▲① 清除单元制动缸杂物。 ② 单元制动缸销轴压板螺栓紧固，销轴不窜出，防脱挡齐全。 ③ 各制动销套配合间隙不超过 3 mm，衬套无松动窜出，螺栓紧固，开口销状态良好。 ④ 基础制动装置各部须配件齐全，状态良好，各杠杆、吊杆、夹钳良好、无裂纹。 ⑤ 检查闸片与制动盘两侧间隙之和不超过 3～5 mm。闸片最薄处厚度不小于 5 mm，青藏客车闸片最薄处厚度不小于 10 mm，闸片须成对更换。 ⑥ 更换作用不良的基础制动装置配件。 ★ 在更换闸片时，严禁将手指伸入闸片和制动盘之间，以防挤压伤害	

作业步骤及质量标准	图　示
（2）制动盘检查。 ▲① 制动盘盘毂无松动、裂纹。 ② 制动盘整体厚度不小于 96 mm。 ③ 半盘连接部位和盘毂不得有裂纹，散热片不得有贯穿裂纹。 ④ 制动盘与盘毂连接螺栓紧固，螺栓、开口销无折损、丢失。 ⑤ 盘面热裂纹长度符合下表要求。 表格见下 ■ 严禁用检点锤敲打制动盘面	 测量制动盘裂纹不过限
（3）踏面制动基础制动装置检查。 ▲① 制动拉杆不磨座和车轴，拉杆不抗转向架。 ② 制动梁不弯曲、变形、磨耗，缓解簧（或安全托）无裂损、丢失，螺栓不松动。 ③ 缓解簧磨耗板不得丢失或窜出。各拉杆吊座、拉杆吊、固定杠杆、制动拉杆、移动杠杆及支座良好，各开口销角度为 60°～90°。 ④ 各圆销、衬套磨耗及销套间隙不大于 3 mm；圆开口销磨耗小于原直径的 1/4；扁开口销磨耗剩余厚度不小于 1.5 mm	
11. 手制动机检查	
（1）外部检查。 ▲① 清除手制动拉杆、支点、托架、螺杆、齿轮箱、链及轮等零部件上的尘垢。手制动拉杆支点转动须灵活，紧固件齐全、良好、无松动。分解涡轮盒检查。 ② 手制动拉链条无裂损，钢丝绳无破损、折断影响使用。 ③ 检查手制动机标记须清楚正确。 ★ 在给手制动机外观清扫时，必须正确佩戴和使用梯凳并且要有专人防护，以防坠落摔伤	
（2）动态检查。 ▲① 车辆在缓解状态下，向制动方向拧紧手制动机摇把制动，确认各基础制动装置状态。一位基础制动装置须抱紧制动盘，踏面制动车辆全车闸瓦须抱紧车轮。 ② 缓解手制动机，闸片须离开摩擦盘（或闸片无压力），踏面制动车辆闸瓦须离开车轮踏面（或闸瓦无压力）。 ③ 向缓解方向转动手制动机摇把缓解，确认不得发生制动作用。 ④ 钢丝绳有 90～120 mm 的松弛量	

表（盘面热裂纹长度）：

裂纹位置	裂纹长度
距内、外边缘≥10 mm	<95 mm
距内、外边缘<10 mm	<65 mm

作业步骤及质量标准	图　　示
12. 客列尾天线检查 登顶对客列尾天线进行外观检查。 ▲车顶天线配件齐全，安装牢固，密封性能良好；法兰座根部焊接处无裂纹，防水性良好；天线电压驻波比不大于1.5。 ★登顶作业时，必须正确佩戴和使用安全带，做到高挂低用，以防坠落摔伤	
13. 转向架检查 检查构架及摇枕悬吊装置。 ▲①构架、摇枕、弹簧托梁及各安装座无裂纹、变形。 ②摇枕吊、牵引拉杆、上下心盘、各安全吊无裂纹，轴箱弹簧无断裂。 ③旁承间隙为2～6 mm。 ④各油压减振器配件无缺失、安装牢固，无漏油、折损	
14. 轴箱检查 检查轴端接地装置。 ▲①检查摩擦盘、轴承压板状态良好，摩擦盘如有异常，须进行更换，防松片禁止重复使用。 ②检查防松片无折损松动；检查摩擦盘、轴承压板安装螺栓无松动，摩擦盘安装螺栓扭矩为45 N·m，轴承压板安装螺栓扭矩为200～240 N·m，螺母紧固力矩为176～186 N·m。 ③接地体拆卸后，要保证轴箱内清洁，不得有水或杂物进入轴箱内。 ④检查轴端接地装置碳刷厚度不小于5 mm。 ⑤接地体与轴箱盖密封纸垫必须更新。 各螺栓紧固力矩 表格见下	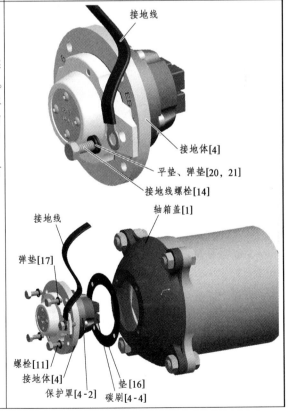

各螺栓紧固力矩

序号	螺栓型号	力矩值
1	M6	8.8 N·m
2	M8	21 N·m
3	M10	45 N·m
4	M12	55 N·m

作 业 步 骤 及 质 量 标 准	图　示
	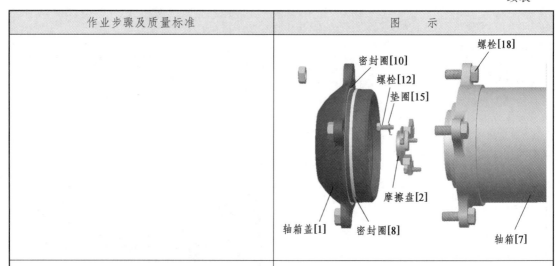
15. 轮对测量	
轮对限度： ▲ ① 轴身打痕、碰伤、磨伤及弹伤深度≤2 mm 时，将锐角消除继续使用；>2 mm 时，换轮。 ② 轮辋厚度须测量三处，<26 mm 时，换轮。 ③ 轮缘产生碾堆时须消除，轮缘厚度<23 mm 时，换轮或镟轮。轮缘缺损时换轮，轻微掉皮可用砂轮打磨，但不得影响顶部线形，打磨平坦，凹痕深度不超过 1 mm。 ④ 轮缘不得形成锋芒，垂直磨耗时换轮或镟轮。 ⑤ 踏面圆周磨耗深度须测量三处，>3 mm 时，换轮或镟轮。 ⑥ 踏面擦伤及局部凹入深度>0.5 mm 时，换轮或镟轮。 ⑦ 踏面剥离长度，一处>15 mm，两处>10 mm 时，换轮或镟轮。判断要求如下： 　a. 沿圆周方向测量； 　b. 长条状剥离，其最宽处不足 20 mm 者，不计； 　c. 两剥离外边缘相距小于 75 mm 时，每处长不得超过 20 mm，连续剥离长度不超过 350 mm。 ⑧ 踏面缺损，在相对车轮轮缘外侧至缺损部距离≥1 505 mm 处测量（指缺损后的轮辋宽加轮对内侧距离，再加相对车轮轮缘厚度之总和）。缺损部（沿圆周方向）长度>150 mm 时，换轮或镟轮。 ⑨ 轮对外侧碾宽>3 mm 时，换轮或镟轮。 ⑩ 调阅辅修前 1 个月 TPDS 数据，报警当量>17 时，换轮或镟轮	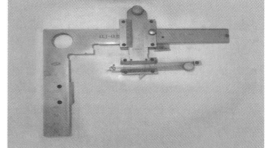 

作业步骤及质量标准	图　　示
16. 单车试验 ① 按《客车制动机单车试验作业指导书》进行制动机试验。 ▲ ② 制动机试验时，校对制动压力表与单车试验器压力表压力差小于±10 kPa。 ③ 车辆一位端连接单车试验器，如遇首尾车辆时，在两车连接处连接单车试验器，对首尾折角塞门进行关闭位泄漏检查。 ④ 制动机试验时，对组装后的空气管路系统进行泄漏检查，各部无泄漏。 ⑤ 制动机试验时，检查各塞门、单向阀、制动缓解指示器、金属软管等作用不良者更换	 接线盒安装良好
17. 电子防滑器检查	
（1）主机、压力开关及接线检查。 ▲ 使用毛刷对主机、压力开关接线进行清扫，检查接线及接线排无烧损、破损，接线压插接良好	
（2）分线盒检修。 ▲ ① 检查各部，确保易脱件无脱落可能，必要时进行加固处理。 ② 车下线管、接线盒须完整，断裂或严重腐蚀时更换新品	
（3）速度传感器及附属装置检查。 ▲ ① 速度传感器安装牢固，安装螺丝无松动、丢失。 ② 速度传感器与齿轮顶径向间隙需符合标准，必要时加垫处理。 ③ 速度传感器线管及管卡安装牢固，无破损、抗磨。 ④ 速度传感器接线分线盒，分线盒安装牢固，无断裂、严重腐蚀。取下速度传感器接线分线盒盖，使用毛刷清扫，检查接线及接线排无烧损、破损，接线压插接良好	

续表

作业步骤及质量标准	图　　示
（4）检查排风阀及附属装置。 ▲ ① 排风阀安装牢固，安装螺丝无松动、丢失。 ② 取下排风阀接线插头，检查接线和接插件无烧损、变色现象。 ③ 检查排风阀线管及管卡安装牢固，无破损、抗磨。 ④ 检查防滑器接线分线盒，分线盒安装牢固，无断裂、严重腐蚀。取下防滑器接线分线盒盖，使用毛刷清扫，检查接线及接线排无烧损、破损、接线压插接良好	
（5）泄漏检查。用肥皂水检查排风阀、压力开关是否有泄漏。 ▲ ① 列车管充风后，检查压力开关各处须无泄漏。 ② 车辆实施常用制动后，检查排风阀各处须无泄漏	
（6）通电试验。 ① 车辆充风压力值达到电子防滑器压力开关动作值时，防滑器能自动通断电；防滑器通电后防滑系统正常显示代码为铁科院系列防滑器"88"、KNORR系列防滑器"9999"、SAB系列防滑器"99"。 ▲ a. 铁科院电源接通压力值为>200 kPa，断电值为<200 kPa； b. KNORR电源接通压力值为>187 kPa，断电值为<187 kPa； c. SAB电源接通压力值为>180 kPa，断电值为<130 kPa。 ② 进行防滑器自检。 ▲ 铁科院系列防滑器长按"诊断"按钮，KNORR防滑器长按"S2"按钮，SAB防滑器长按"TEST"进行自我诊断试验；诊断试验时各电磁排风阀充排风动作顺序、时间正常；试验完后无故障代码显示	
18. 油润	
对基础制动、手制动机各磨耗部给油；手制动机涡轮盒给油润滑	

作业步骤及质量标准	图　　示
19. 标记涂打	
（1）涂打轴箱端盖标记，包括轴箱位数，检修段代号"573"，端盖凸缘高度"L21""L51"。 （2）缓解阀、截断塞门手把喷涂白色油漆	
（3）对制动软管与折角塞门、折角塞门与补助管涂打防松标记。同时，塞门与补助管连接处涂打防松标记，总长度为 40 mm，宽度为 5 mm；塞门与制动软管、塞门与总风软管处涂打防松标记，总长度为 60 mm，宽度为 5 mm。双管供风客车使用白色标记，单管供风客车使用红色标记。 （4）使用超声波测漏仪测漏完毕后在副风缸侧面涂打测漏标记，在管系活接箍处涂打移动标记	
（5）检修完毕，在二、三位端墙定检标记 A1栏内，喷涂白色检修标记。 ▲ 年、月、日及单位使用 40 号大宋字体，字周边留 30 mm，行间距为 50 mm	见下表

修程	时间	检修单位
A1		
A2		
A3		
A4		
75 mm	212 mm	75 mm

作业步骤及质量标准	图　　示
20. 整理工具，清理作业场地，做到"工完地净"	
21. 安全员撤除安全号志	
使用工具	微控单车试验器、管钳、活动扳手、手锤、撬棍、钩引、螺丝刀、钢丝钳、铅封钳、呆扳手、木槌、制动缸检修吊架、游标卡尺、钢板尺、钢丝刷、铜丝刷、秒表、漏模、毛刷、探针、力矩扳手、塞尺、卷尺、检点锤、手电筒、三角钥匙、第四种检查器

任务六　临客整备

【任务目标】

（1）了解什么是临客；

（2）了解临客整备的概念；

（3）掌握临时旅客列车相关内容。

【学习内容】

（1）临时客车概念；

（2）临客整备的概念；

（3）临时旅客列车相关内容。

【阅读材料】

（1）临客的概念；

（2）临客整备的概念；

（3）临客整备的要求。

一、临客的概念

临时旅客列车简称临客，车次通常以"临"字汉语拼音的第一个字母 L 为开头，亦有部分临客以 K、T 等固定列车车次开头。

临时旅客列车是铁路开行的特定旅客列车不能满足客流需要的时候的一个补充。它是为了满足季节性、偶发性客流需要而加开的旅客列车。因此，它具有开行时间短、往程客流大、返程客流小、社会效益大等特点。

临时旅客列车的车底构成较杂，快速客车与普速客车混编是常见现象。L 系列列车在铁路列车时刻表上是查不到的，所以又称之为不上表列车。

临时加开的旅客列车，分为直通临客和管内临客。

二、临客整备的概念

为了保证临时旅客列车运营安全，临时旅客列车开行前须进行技术整备，并按规定实施专项检修，达到《运用客车出库质量标准》。临客整备是铁路客车运用检修的重要组成部分。

三、临客整备的要求

临客整备除了需要达到《运用客车出库质量标准》要求外，还应根据季节性、线路条件、客流性质，进行相应的整修，要求如下：

（1）春运期间开行的临客车底，须按照客车整修中分钩检查要求以及秋季整修中防寒整备要求对春运临客车底进行整修。

（2）暑运期间开行的临客车底，须按照客车整修中春季整修要求进行整修，经整修后的临客，需达到《运用客车出库质量标准》。

任务七 客车出库作业及乘务作业

【任务目标】

（1）掌握乘务员本属库内作业流程及标准；

（2）掌握列车始发作业流程图及标准；

（3）掌握途中巡视作业流程及标准；

（4）掌握站停作业内容及标准；

（5）掌握站折作业内容及标准。

【学习内容】

（1）本属库内作业；

（2）列车始发作业；

（3）途中巡视作业；

（4）站停作业；

（5）站折作业。

【阅读材料】

（1）本属出库作业；

（2）始发作业；

（3）途中巡视作业；

（4）站停作业。

一、本属出库作业（表 2-20）

表 2-20　本属出库作业

作业步骤及质量标准	图　示
1. 出乘报道	
（1）在列车出库前 3 h 及以上，接车乘务组全体人员要统一着装，佩戴臂章（左臂，正面朝外），由车辆乘务长带队到客技站、车间值班室工位机报到，接受酒精测试，同时在"车统-84"签到，了解客变计划及列车编组变动情况	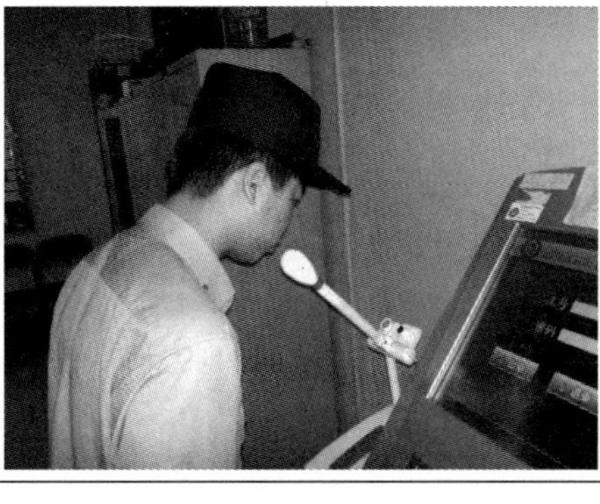

作业步骤及质量标准	图　示
（2）听取值班员传达命令、电报、指示及有关事项，并摘记在"车统-15"内，领取轴报 IC 卡、离线客车轴温记录单、电气巡视记录单。记录《旅客列车技术状态交接簿》（车统-181）中乘务员交接的故障和库列检填记的重点故障	
（3）接受车队长的业务提问和出乘前的有关纪律检查，听取车队长的工作安排	
2. 插设安全号志	
报到完毕后，1#车辆乘务员负责到客整所脱轨器室办理安全号志插设手续后方能开始作业	
3. 出库检查	
（1）出乘乘务员对列车进行出库前质量复查，不要求对担当列车进行全部检查，但对经检查的项目承担安全防范责任。出库前"三乘检查"与出库前质量复查同时进行。 （2）1#车辆乘务员核查"车统-181"记录故障处理情况，并确认车辆紧急制动阀封印完整，发现不完整重新施封	
（3）1#车辆乘务员负责客列尾主机及附属装置检查。 ① 确认客列尾（KLW）主机及附属装置安装状态。KLW 主机安装牢固，主机风管、馈线连接良好，风管、馈线无弯折、破损，主机风管快速接头、球芯截断塞门快速接头堵帽应在堵帽座上安装良好。	

作业步骤及质量标准	图　示
② KLW 主机通电检查。检查 KLW 主机数码管显示的 KLW 主机 ID 号与主机面板 ID 号一致，供电电压在 DC 44 V 以上。 ③ 检查完毕，确认 KLW 球芯截断塞门、KLW 主机电源处于关闭状态后，锁闭 KLW 安装箱、柜门	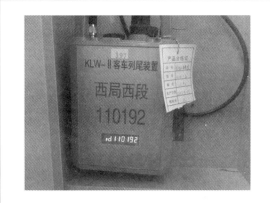
（4）2#车辆乘务员确认全列减载，电气控制柜主回路空开 Q1、Q2 断开，减载完毕后与发电车办理停电手续	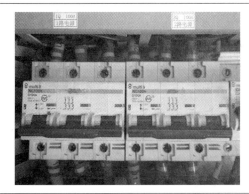
（5）1#、2#车辆乘务员分两侧检查车下各箱门锁闭情况。要求各箱门锁闭良好，箱门止铁固定良好，开口销安装良好，防开装置作用良好	
（6）1#、2#车辆乘务员分两侧对换挂车辆的车钩钩提杆、车钩下锁销防跳装置、折角塞门手把开口销安装（三捆绑）及车端连接状态进行确认。车钩连接良好，相邻两钩钩差不超过 75 mm。软管及连接器状态良好，折角塞门开口销齐全，符合标准，车钩防跳卡闭合，钩提杆防跳圈固定在钩提杆固定座圆孔内	

作业步骤及质量标准	图　示
（7）检查手制动机状态。 1#、2#车辆乘务员分车上、车下分别检查手制动机旋转机构入槽到位、锥形链轮表面导槽无手制动机链缠绕、手制动机链多余部分不得悬挂在车体过梁孔外、过梁孔内手制动机链处于自由垂落状态、手制动机钢丝绳处于松弛状态、曲拐处于松弛状态，发现问题及时处理	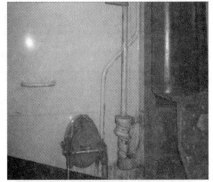 
（8）检查列车干线绝缘。 1#、2#车辆乘务员使用 500 V 级兆欧表在车列一端测量车列 AC 380 V 两路干线绝缘（U 对 N、V 对 N、W 对 N、U 对 V、U 对 W、V 对 W）。测量前须进行校表，测量时应保证兆欧表平稳，摇把转速不低于 120 r/min，确认检测数据不低于列车干线绝缘测试值表对应数值，测量完毕后将测量数据填入首尾车端的标记框"乘务员"栏内以及发电车乘务日志和"车统-181"内	 

作业步骤及质量标准	图　　示
（9）复查时检查发现须地面班组处理的故障，要及时上报客技站值班室，由值班室通知相关班组进行处理，处理后的故障，乘务员须对其进行复查，并将复查情况报告值班室	
（10）1#车辆乘务员办理出库质量交接	
（11）1#车辆乘务员到值班室签认车统-181，经值班员复核后，领取车统-181；2#车辆乘务员合上全列客车电气控制柜主回路空开 Q1、Q2，检查确认综合控制柜各开关用电器处于准备工作状态并锁闭柜门	
（12）1#车辆乘务员撤除安全号志，双班跟车出库	
（13）2#车辆乘务员到发电车签字要电，逐辆加载预冷、预热，加载时要与发电车乘务员联系确保发电车双路供电负荷均衡	

二、始发作业（表 2-21）

表 2-21　始发作业

作业步骤及质量标准	图　　示
1. 上站作业	
（1）车列上站后，1#车辆乘务员在车列首部做好连挂机车准备工作。2#车辆乘务员在列车尾部设置尾灯，并开启 KLW 主机电源和 KLW 球芯截断塞门	
（2）在有客列检作业的始发站，始发前除发电车留 1 人值班外，包乘组其他人员必须到客列检值班室刷卡报到进行酒精测试，同时在"车统-84"签到（所在地无客列检的除外，时间不足 30 min 采取电话报到）	
2. 有客列检作业的始发作业程序	
（1）客列检作业完毕后，确认机车与第一辆车的车钩连挂良好，钩差不超过 75 mm，软管连接良好，确认三捆绑安装良好	
（2）以书面形式将本列尾部 KLW 主机 ID 号、通信联系方式（客列尾 ID 信息联络卡）交机车司机，相互核对时钟，双方填写完毕后各持一份，通知尾部乘务员加强监控	
（3）机车连挂作业完毕后，1#车辆乘务员要沿着站台侧或车上由机次向尾部巡视，重点对供电状态及旅客乘降对车体的影响进行检查	

作业步骤及质量标准	图　　示
（4）当司机查询列车尾部风压不正常并呼叫车辆乘务员确认时，2#车辆乘务员使用无线调度通信设备与本务机车司机进行联系确认，建立客车列尾装置与机车综合无线通信设备（简称 CIR 设备）唯一关系，通报 KLW 主机显示机车号	

① 列车司机与 2#车辆乘务员联系确认 KLW 显示的机车号。

标准用语如下：

司机（呼叫）："XX 次车辆乘务员，XXXXXX 号列尾连接完毕，确认机车号"。

2#车辆乘务员（应答）："XXXXXX 号列尾，机车号 XXXXXXXX"。

司机（应答）："XX 次司机明白"。

② 机车 CIR 设备与 KLW 装置主机连续 3 次不能建立连接时，车辆乘务员要与机车乘务员核对尾部风压。列车出站后连接恢复，车辆乘务员不再人工核对风压

（5）2#车辆乘务员参与列车制动机简略试验。

进行简略试验时，须检查车辆制动风表压力变化及泄漏量；检查车辆制动风表及 KLW 风压，不足定压或超出时查明原因；检查尾部车辆总风表压力，须达到 550～620 kPa，不足或超出时应通知司机调整；确认尾部一辆客车制动缓解显示器状态。高站台时，车辆乘务员在非站台侧确认，低站台时在站台侧确认

| （6）在列车始发前确认列车尾部折角塞门、制动软管（总风软管）及防尘堵状态 | 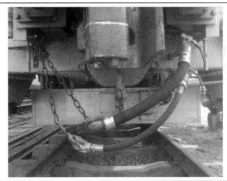 |

3. 无客列检作业的始发作业程序

| （1）机车与第一辆客车连挂后，1#车辆乘务员在机次一位车辆非站台侧插设安全号志，昼间红旗，夜间红灯 |  |

作业步骤及质量标准	图　示
（2）确认机车与车辆间车钩连接良好，钩差不超过75 mm，软管连接前须开启车辆列车管、总风管折角塞门，快速打开关闭机车折角塞门排水，确认无水后连接软管。连接后开启机车列车管折角塞门，机车总风管折角塞门须在机车升弓后方可开启	
（3）安装车钩下锁销防跳装置、车钩钩提杆防跳装置以及列车管、总风管折角塞门开口销（"三捆绑"）	
（4）以书面形式将本列尾部KLW主机ID号、通信联系方式（客列尾ID信息联络卡）交机车司机，相互核对时钟，双方填写完毕后各持一份，通知尾部车辆乘务员加强监控	
（5）连挂作业完毕后撤除安全号志，机车供风后须确认机车车辆间制动软管、总风软管连接处无泄漏	
（6）机车连挂作业完毕后，1#车辆乘务员要沿着站台侧或车上由机次向尾部巡视，重点对供电状态及旅客乘降对车体的影响进行检查	
（7）当司机查询列车尾部风压不正常并呼叫车辆乘务员确认时，2#车辆乘务员使用无线调度通信设备与本务机车司机进行联系确认，建立客车列尾装置与机车综合无线通信设备（简称CIR设备）唯一关系，通报KLW主机显示机车号。机车CIR设备与KLW装置主机连续3次不能建立连接时，车辆乘务员与机车乘务员核对尾部风压。列车出发后连接恢复，车辆乘务员不再人工核对风压	
（8）2#车辆乘务员进行始发前列车制动机简略试验。 　进行简略试验时，须检查车辆制动风表压力变化及泄漏量；检查车辆制动风表及KLW风压，不足定压或超出时查明原因；检查尾部车辆总风表压力，须达到 550～620 kPa，不足或超出时应通知司机调整；确认尾部一辆客车制动缓解显示器状态。高站台时，车辆乘务员在非站台侧确认，低站台时在站台侧确认。 　负责列车尾部软管防尘堵的安装和吊起，下站台作业前须插设安全号志，作业完毕后及时撤除安全号志	
（9）单班单司机值乘时，1#车辆乘务员负责机车与客车第一辆车的连挂。 ① 在机次一位车辆非站台侧插设安全号志，昼间红旗，夜间红灯。 ② 机车到达后，检查机车车钩三态作用，须状态良好；检查列车管、总风管及橡胶密封圈正常后，开启机车列车管、总风管折角塞门进行排风，确认无水后关闭机车折角塞门（在连接机车、车辆间软管时不再进行排水）	
③ 撤除防护信号。车辆乘务员在车列机次一辆非站台侧车辆限界外，向机车司机出示连接信号：昼间两臂高举头上，使拢起的手信号旗杆成水平末端相接；夜间红、绿色灯光（无绿色灯光的人员，用白色灯光）交互显示数次	 

作业步骤及质量标准	图　　示
④　向机车司机出示向显示人方向稍行移动的信号：昼间拢起的红色信号旗直立平举，再用展开的绿色信号旗左右小动；夜间绿色灯光下压数次后，再左右小动	
⑤　确认机车车钩与车辆车钩连挂上后，向机车司机出示停车信号：昼间，将直立拢起的红色信号旗平放展开；夜间按下红灯按钮，向机车司机出示停车信号	
⑥　连挂后试拉。向机车司机显示人反方向去的信号：昼间展开的绿色信号旗上下摇动；夜间绿色灯光上下摇动	
⑦　观察机车反方向移动时机车车钩与车辆车钩可靠连接，向机车司机出示停车信号：昼间，将直立拢起的红色信号旗平放展开；夜间按下红灯按钮，向机车司机出示停车信号，连挂完毕	

作业步骤及质量标准	图　示
4. 始发站加挂客车作业	
（1）列车编组中加挂客车作业时，有客列检的由客列检作业人员、无客列检且加挂车无车辆乘务员的由本列车辆乘务员，按照客列检对通过列车作业范围对加挂客车进行技术检查。 客列检对通过列车作业内容： （1）车钩、软管、风挡及各电气连接线的连接状态； （2）车轮有无缺损、踏面剥离、擦伤及局部凹入超限情况； （3）摇枕悬吊装置、基础制动装置、车下各箱体等配件有无折损、脱落、变形； （4）车辆有无车体倾斜超限、弹簧压死、走行部零部件与车体顶抗磨碰； （5）钢弹簧有无折损，空气弹簧有无破损、泄漏	
（2）加挂客车与本列密封风挡及车端电气连接线的连接由本列车辆乘务员负责；"三捆绑"及列车尾部软管吊起由客列检作业人员负责，无客列检的由本列车辆乘务员负责	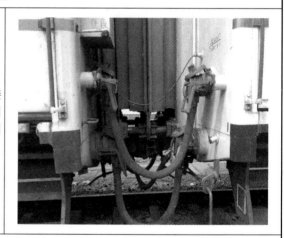
5. 始发前三乘检查	
1#车辆乘务员在列车出库或始发放行前，按照职责分工对列车设备设施进行检查，无论是否存在问题，均在"始发检查记录"填记检查情况。检查时间与出库前质量复查同时进行	

三、途中巡视作业（表 2-22）

表 2-22　途中巡视作业

作业步骤及质量标准	图　示
1. 巡视注意事项	
车辆乘务员值乘中每 3 h 左右对全列车厢进行一次巡视作业，运行途中"三乘检查"与巡视作业同时进行，具体巡视计划按乘务技术作业图表规定执行。巡视过程中使用巡检仪设备在每辆车设置的巡检点上进行打点确认，未安装巡检设备的须填写"列车巡检记录单"，对巡视中发现的故障和问题要及时处置并填入"三乘检查记录"，对不能当场处理的应采取临时措施确保安全，按规定报告并如实记录，危及行车安全的，应立即停车处理。值乘乘务员必须随身携带无线调度通信设备，佩戴在胸前，严禁人机分离。途中换频点及时更换频道时，换频道时须双频（换频前频率、换频后频率）待机	
2. 巡视重点及作业要求	
（1）列车运行状态：运行是否平稳，下部有无异响，车厢振动情况	

作业步骤及质量标准	图　　　示
（2）电气系统工作状态：检查综合控制柜及其他车辆电器运行工况正常	
（3）检查两炉一灶	
① 电茶炉工作状态正常，电源指示灯指示正确	
② 检查餐车电冰箱、蒸饭箱、电磁灶工作正常，抽油烟机工作正常	
（4）上部设施重点检查。 ① 巡视过程中，主动询问客运乘务员是否存在上部设施问题。 ② 对客车孔隙封堵、各门（窗）锁、给水设备等技术状态进行检查。 ③ 巡视过程中对平顶板检查门防脱明锁状态和暗锁封签状态进行检查，发现防脱明锁锁舌松动、暗锁封签破封等情况时，须对安全吊带、暗锁状态进行检查确认	
（5）客列尾装置检查。 ① 车辆乘务员结合途中巡检，要对客车列尾装置技术状态进行检查。尾部车辆客车列尾装置主机连接良好，电源、风压正常，机次位车辆客车列尾装置主机电源和球芯截断塞门处于关闭位，首尾车辆客车列尾装置安装箱锁闭良好。 ② 当机车司机通报列尾装置电压欠压报警时，车辆乘务员使用客车列尾续航器给客列尾主机提供电源，确保客列尾装置正常使用	
（6）进行巡视时，要身感车辆异振，耳听车辆异响，鼻闻车内异味，眼观车内异状，在两端通过台和小走廊处要进行短暂停留，重点检查	

作业步骤及质量标准	图　示
（7）巡视过程中使用巡检仪设备在每辆车设置的巡检点上进行打卡确认	
（8）列车始发后的第一次巡视、接班后的第一次巡视及终到前最后一次巡视，车辆乘务员须打开控制柜，对电源柜主接线排处、主接触器进出线接线处、主空气开关进出线接线处进行测温，并对感温贴粘贴状态进行检查。要求接线处温度高于环温35 ℃或实测温度高于80 ℃时，同一接线排各通电接头温度差高于20 ℃时，同一电器三相接线处温度差高于15 ℃时要查明原因，进行处理。在开箱检查过程中，禁止触碰箱内带电部位	
（9）车辆乘务员值乘时，须经常检查压力表压力，及时发现和处理列车制动主管、总风管结冰、堵塞及压力异常等故障	
（10）巡视间隔期间，车辆乘务员应在固定地点值乘，值乘位置原则上为首尾车乘务室	
3. 轴温监控	
（1）轴温报警装置联网使用的客车，可不抄记轴温数据。列车运行途中每次巡视检查前必须逐辆调阅各车辆轴温数据和联网状态，如发现编组中有离线车辆，则在巡视中抄记该车辆轴温数据	
（2）列车运行途中，车辆乘务员随时掌握客车轴温变化情况，妥善进行处置。 ① 车辆乘务员得到轴温报警装置、TCDS报警及THDS预报强热的信息时，须立即查看报警轴温数据，并迅速赶到报警车厢观察轴温变化。 ② 轴温报警装置显示的轴温达到外温加60 ℃、但未达到90 ℃时，应通知机车乘务员至就近前方站停车；当显示轴温持续上升达到90 ℃时，应通知机车乘务员立即采用常用制动停车	
③ 停车后，车辆乘务员须用便携式测温仪检查全车轴箱温度，当轴箱温度达到90 ℃或超过外温加60 ℃时必须摘车；低于上述温度时，可继续监控运行，轴温超过外温加45 ℃时重点监控	
4. 客列尾装置故障应急处理	
（1）运行途中机车司机反馈客列尾主机报电压不足时，可使用客列尾续航器为客列尾主机提供电源	
（2）运行途中机车司机反馈客列尾电压低或客列尾失联时，车辆乘务员应立即检查客列尾主机电源以及客列尾主机ID显示面板，确定为电源故障后，联控机车司机不要对客列尾主机进行解锁操作，同时告知机车司机启用人工核对风压工作。待列车到站停车后，立即使用客列尾续航器对客列尾主机提供电源，并检查客列尾主机联控状态，若机车已解锁，联控司机进行客列尾连接操作，确认客列尾使用正常后，立即处理客列尾电源故障。在使用客列尾续航器进行供电时，车辆乘务员及时对客列尾续航器进行补充电，同时加强巡视工作，确保客列尾主机使用正常	

作业步骤及质量标准	图　示
（3）客车列尾装置主机故障无法修复时，车辆乘务员可将机次客车列尾装置主机更换至尾部车辆，并通知司机建立客车列尾装置连接。注意：更换时应在站停时进行	
（4）客车列尾装置故障运行期间，车辆乘务员应在尾部值乘，并根据司机通知核对列车尾部风压。 ① 列车出发前，应按规定与司机核对列车尾部风压。 司机呼叫："××（次）车辆乘务员核对尾部风压。" 车辆乘务员应答："××（次）尾部风压××千帕。" 司机应答："××（次）尾部风压××千帕，司机明白。" ② 列车在停车站进站前、出站后和进入长大下坡道前，司机应呼叫车辆乘务员核对风压。联控用语同上。 ③ 贯通试验联系用语如下： 列车司机："××（次）车辆乘务员，贯通试验。" 车辆乘务员："××（次）车辆乘务员明白。" 在司机减压制动后，车辆乘务员："××（次）尾部风压××千帕。" 列车司机："××（次）尾部风压××千帕，司机明白。" ④ 当列车尾部风压异常时，车辆乘务员呼叫："××（次）尾部风压××千帕。" 司机应答："××（次）尾部风压××千帕，司机明白。" ⑤ 区间列车停留超过 20 min 时，配合机车司机进行简略试验。 司机："××次车辆乘务员，缓解试风。（缓解保压 1 min，每分钟泄漏不得超过 20 kPa）。" 车辆乘务员："××次司机，缓解好了，制动。" 司机："××次制动。（制动保压 1 min，每分钟泄漏不得超过 20 kPa）。" 车辆乘务员："××次制动好了，缓解。" 司机："××次缓解。" 车辆乘务员："××次试风好了。"	
（5）因处理故障或客列尾发生故障需核对风压等不能按时进行巡视作业时，由车辆乘务员及时上报段调度科备案，并在"乘务日志"内登记，作为不纳入考核的依据。客列尾主机停用时，车辆乘务员应关闭客列尾球芯截断塞门，断开客列尾主机电源	
5. 非正常停车处理	
（1）列车发生紧急制动停车后，车辆乘务员须联系司机，了解停车原因，必要时下车对车轮踏面、车钩连接等技术状态进行检查；下车前，应使用列车无线调度通信设备通知本务司机。发现危及行车安全的故障，正确判断，果断处理，同时向段调度科汇报，检查符合安全运行条件后，通知司机开车，开车后加强运行状态监控	
（2）列车在区间被迫停车不能继续运行时，如遇自动制动机故障，车辆乘务员在接到机车乘务员的防溜通知后，应立即组织列车乘务人员拧紧全列人力制动机，开车前由列车长组织列车乘务人员松开全列人力制动机，并经车辆乘务员下车检查确认，撤除防护号志后方可开车	
（3）遇非正常停车时，认真按照列车被迫停车处理的规定进行处理（执行《技规》第 366 条、367 条、368 条、369 条、370 条、371 条、372 条以及《行规》第 134 条）。乘务员加强瞭望，注意列车运行	

車辆运用与管理（现代学徒制教材）

续表

作业步骤及质量标准	图　　　示
（4）在不得已情况下，列车必须退行时，车辆乘务员应站在列车尾部注视运行前方，发现危及行车或人身安全时，应立即使用紧急制动阀或使用列车无线调度通信设备通知司机，使列车停车	
（5）运行途中（包括在站折返）如遇临时制动机故障，在停车时间内不能修复时，准许关闭一辆，但列车最后一辆不得为关门车	
（6）120 km/h速度等级及编组小于8辆的140 km/h速度等级旅客列车在运行途中（包括在站折返）遇自动制动机故障而关门车1辆时，在≤20‰的下坡道区段，按100 km/h限速。旅客列车发生自动关门限速时，车辆乘务员要向机车司机递交"旅客列车制动关门限速证明书"	
（7）列车运行途中因抱闸被拦停时，车辆乘务员应在停车后对抱闸车辆手制动机状态进行检查确认，然后联系机车司机对列车施行缓解后，检查制动缸、闸瓦（片）状态，确认抱闸故障符合关门条件的，进行关门处理，按规定速度运行。车辆乘务员要将检查处理结果经机车司机转报列车调度员和车站值班员。关门车编挂位置或数量不符合规定的，按以下要求办理（列车停在车站的，就地处理）： ① 关门车位于最后一辆的，列车运行至前方站停车处理或调整编组。 ② 关门车为2辆及2辆以上时，车辆乘务员要计算每百吨列车重量换算的闸瓦压力，根据闸瓦压力提出限速要求，列车按限速要求运行至前方站停车处理或甩车	
（8）车辆乘务员发现下列危及行车和人身安全情形时，应使用紧急制动阀（紧急制动装置）停车： ① 车辆燃轴或重要部件损坏； ② 列车发生火灾； ③ 有人从列车上坠落或线路内有人死伤； ④ 旅客列车起动后遇车门故障无法关闭、运行中塞拉门开启等非正常情况时； ⑤ 其他危及行车和人身安全必须紧急停车时。 紧急制动阀使用要求：使用车辆紧急制动阀（以下简称拉阀）时，不必先行破封，立即将阀手把向全开位置拉动，直到全开为止，不得停顿和关闭。遇弹簧手把时，在列车完全停车以前，不得松手。在长大下坡道上，必须先看制动主管压力表，如压力表指针已由定压下降100 kPa时，不得再行使用紧急制动阀（遇折角塞门关闭时除外）	
（9）列车在途中使用手制动机时，车辆乘务员按照规定程序在开车前对手制动机缓解状态进行检查确认，并记入乘务日志	
6. 双管改单管应急处理	
（1）双管供风旅客列车应由双管供风机车牵引，运行途中因机车供风系统故障或用单管供风机车救援接续牵引，需改为单管供风时： ① 双管改单管（以下简称双改单）作业应在站内进行，在区间发生故障需改单管供风时，应限速120 km/h运行至前方站内进行。 ② 铁路局列车调度员接到双改单或单管供风机车牵引双管供风列车救援申请后，应立即通知机车、车辆调度员，列车调度员在发布的调度命令中应注明双管改单管供风，调度命令由车站值班员分别转交车辆乘务员和列车长。有客列检的车站，车站应同时通知客列检。 ③ 客列检人员（无客列检时，由车辆乘务员）根据调度命令将编组客车风管路改为单管供风状态。 ④ 跨局运行时，改为单管供风后，由机车乘务员经车站值班员转报列车调度员，列车调度员通知机车、车辆调度员。同时，铁路局列车、机车、车辆调度员应立即上报国铁集团列车、机车、车辆调度员。由国铁集团机车、车辆调度员下发调度命令通知有关单位，列车后续交路按单管供风办理，直至终到站。 ⑤ 双改单列车运行至终到站后，接续开行其他车次时，可维持单管供风至接续列车终到站。终到入库后，由库列检（不入库检修的列车由客列检，无客列检作业的由车辆乘务员）恢复双管供风状态	
（2）装用真空集便装置的旅客列车因改为单管供风或装用集便装置的客车编挂在单管供风列车中，进行列车制动机试验期间，客运乘务人员应将全列厕所锁闭。运行途中因使用厕所造成临时停车时，车辆乘务员应通知列车长暂时锁闭部分厕所，并通知机车乘务员立即充风，列车缓解后尽快开车	

作业步骤及质量标准	图　　示
7. 车窗玻璃破损应急处置 （1）接到列车工作人员通知后，车辆乘务员须立即对破损玻璃进行检查，若破损玻璃位于列车交会侧（列车运行方向右侧、含折角运行后），须在前方站停车处理	
（2）对需要在前方站停车处理的，车辆乘务员按以下规范用语向司机报告："××次司机，机后×位运行方向×侧车窗玻璃破损，请求在前方站停车处理。"对不需要停车处理的，车辆乘务员按以下规范用语向司机报告："××次司机，机后×位运行方向×侧车窗玻璃破损，目前跟踪观察，请报告列车调度员或车站值班员。"	
（3）在到达下个停车站前，车辆乘务员要加强与列车司机联系，如不满足"列车在前方车站停车，并安排破损车窗侧停靠站台"条件，继续加强与列车司机联系至最近具备条件的车站停车处理并及时向调度科反馈信息	
（4）列车停稳后，车辆乘务员按规定设置安全防护号志后对破损玻璃进行检查。仅为外层玻璃破损时，车辆乘务员负责将破损玻璃全部清除；内外层玻璃均破损时，车辆乘务员要清除内外层破损玻璃，并采取木板封堵等安全措施	
（5）处理结束后，车辆乘务员要及时报告司机，尽快发车	
（6）车辆乘务员要做好信息反馈工作，按 A 类信息及时将车窗破损以及处理情况上报段调度科	
8. 车门管理 列车站停时，列车工作人员因作业需要等原因，打开非旅客乘降的车门时，按照谁打开谁负责的原则，负责做好监护，防止旅客乘降，作业完毕及时将车门锁闭良好；不能有效监护车门时，应及时通知客运乘务人员	
9. 运行途中对单车漏电量超标的客车，车辆乘务员要查明原因，并停用漏电设备；对漏电量没有超标但较大的，要加强监控并将漏电故障部位及漏电量记录在"旅客列车技术状态交接簿"（车统-181）。发生供电故障需要限制用电时，须保证照明系统用电，但暑运期间也须尽量维持空调机组半载运行	
10. 旅客列车运行途中发生客车空气弹簧故障时须限速运行，运行速度不得超过 120 km/h	
11. 空调客车的空调温控器应设定为：冬季 18～20 ℃，夏季 24～28 ℃。当环境温度低于 18 ℃ 时，严禁开启空调设备制冷。当环境温度低于 5 ℃ 时，须开启电伴热装置。旅客列车运行途中，通风机不得停用；因供电装置故障或长时间停留时，车辆乘务员可酌情减少用电负荷。使用空调机组空气预热器时，停用时须先关闭空气预热器，5 min 后方能关闭通风	
12. 运行途中，严禁关闭电子防滑器、轴温报警装置、烟火报警装置、TCDS 车载设备、在线绝缘检测装置和其他报警监控装置	
13. 列车因故不能正点运行，燃油不能维持运行到终到站时，车辆乘务员会同列车长在列车到达应急补油点前 4 h，拍发请求补油电报，并适当减载	
14. 途中交接班 （1）按作业图表规定的地点交接班，值班人员在列车到达换班站前 20 min 叫醒接班乘务员，做好接班前的准备工作，交班乘务员应向接班乘务员详细介绍列车运行情况并填写有关记录	
（2）车辆乘务人员交接班在休息车乘务员室或监控室进行	
（3）交班前，交班乘务员应将当班过程中使用的随车公用工具放回规定的存放位置，并对使用的随车材料备品进行清点	
（4）交接班时，由交班乘务员向接班乘务员详细介绍随车工具、材料使用情况，列车运行情况及需要注意和重点监控的项目；接班乘务员应认真听取交车乘务员的情况介绍，将重点项目记录在车统-15 上，并对交班乘务员值乘期间各项台账记录进行复查，确保均已如实填写完毕	
（5）情况介绍完毕，交、接班乘务员共同对随乘工具、材料进行交接，确保各工具、材料均存放在规定位置；重点对巡检仪、列车无线调度通信设备及各充电器进行性能检查，确保性能良好、电量充足	

四、站停作业（表 2-23）

表 2-23　站停作业

作业步骤及质量标准	图　　　示
1．有客列检作业站站停作业	
（1）在列车尾部最后一辆客车主动与客列检人员办理列车车辆技术状态交接，在"车统-15"和"乘务日志"上记录客列检人员臂章号及姓名，将运行途中发现的异常情况向客列检人员通报，对客列检作业中处理的故障部位要重点盯控、进行拍照，做好记录及时向段调度科汇报	
（2）机车换挂和列车换向时实行双人双班作业，作业时乘务员分别位于车列两端，解除客列尾连接，与机车司机办理"客列尾 ID 信息联络卡"交接，摘挂尾灯	
（3）列车停妥后，尾部车辆乘务员配合机车立即司机解除尾部客列尾主机与摘解机车 CIR 的通信连接关系。解除与客列尾装置主机连接后，司机应主动联系车辆乘务员进行确认。联系用语如下： 　司机（呼叫）："××次车辆乘务员，列尾已经解除，请确认。" 　车辆乘务员在检查确认客车列尾装置主机不再显示机车号时，应答："××次司机，列尾已经解除。"	
（4）在机车换向站，须关闭到达尾部客列尾主机电源及球芯截断塞门	
（5）连挂机车、客列尾连接程序同"有客列检作业的始发作业程序"	
（6）机车换向站时，1#车辆乘务员负责到达机次一位车辆尾部标志灯的设置，2#车辆乘务员负责出发机次一位车辆尾部标志灯的摘解	
2．无客列检作业站站停作业	
（1）在无客列检作业站值乘车辆乘务员应就近下车瞭望，观察车辆有无冒烟、倾斜等异状；对运行途中异常车辆应在停站前到达该车厢等候，待列车停站后及时下车检查确认	
（2）在换机、换向站必须实行双人双班作业，作业时车辆乘务员分别位于列车机次和列车尾一位	
（3）单班单司机值乘摘机作业。 ① 1#车辆乘务员摘挂机车时须设置安全号志，在机次一位车辆非站台侧插设安全号志，昼间红旗，夜间红灯。 ② 先关闭车辆列车管、总风管折角塞门，再关闭机车列车管、总风管折角塞门，关闭到位后，摘开机车与车辆之间的列车、总风软管连接	
③ 提起机车（车辆）钩提杆开锁。向机车司机出示向显示人反方向稍行移动的信号：昼间展开的绿色信号旗上下摇动；夜间绿色灯光上下摇动	 

作业步骤及质量标准	图　　示
④ 确认机车车钩与车辆车钩分离后，向机车司机出示停车信号：昼间，将直立拢起的红色信号旗平放展开；夜间按下红灯按钮，向机车司机出示停车信号	 
（4）挂机作业。 ① 连挂机车作业程序同"无客列检作业的始发作业程序"。 ② 在机车换向站负责列车尾部标志灯的摘挂。1#车辆乘务员须关闭折角塞门、加装开口销，负责尾部软管吊起	

3. 在站简略试验

有列检作业的由列检人员负责，无列检作业的由车辆乘务员负责，无车辆乘务员的由车站人员负责。挂有列尾装置的列车由司机负责（挂有列尾装置的旅客列车，始发前、摘挂作业开车前及在途中换挂机车站、客列检作业站，有列检作业的由列检人员负责，无列检作业的由车辆乘务员负责）。客车列尾装置故障、未安装客车列尾装置及安装客车列尾装置的旅客列车尾部加挂有客车时，在车站有列检作业的由列检人员负责，无列检作业的以及在区间由车辆乘务员负责

4. 宝秦区段摘挂补机时

（1）补机连挂后，解除本务机车、建立补机 CIR 与客车列尾装置主机通信连接关系；补机摘解前，解除补机、建立本务机车 CIR 与客车列尾装置主机通信连接关系

（2）由机车乘务员交接客列尾信息联络卡，车辆乘务员与司机联系核对

（3）列车在不办理客运业务的车站（含线路所、西安站、宝鸡站、安康站除外）发车时，有助理值班员的车站由车辆乘务员和司机确认发车条件并汇报车站值班员，无助理值班员的车站由车辆乘务员和司机确认发车条件

（4）旅客列车在区间乘降点（含新丰镇站区）一停再开时发车，由列车长确认人员乘降完毕并在列车中部通知车辆乘务员，车辆乘务员在得到人员乘降完毕的通知后，使用列车无线调度通信设备通知司机开车。联系用语规定如下：

车辆乘务员："××（次）司机，人员乘降完毕。"

列车司机："××（次）车辆乘务员，人员乘降完毕，司机明白。"

项目三　客车定期检修

项目目标

（1）熟悉客车定期检修流程；
（2）了解客车 A2、A3 修范围及内容；
（3）掌握客车转向架检修质量标准；
（4）掌握车钩缓冲装置检修质量标准；
（5）掌握基础制动装置检修质量标准；
（6）熟悉整车落成检查内容及标准；
（7）能够按照要求完成转向架地面检查作业。

任务一　客车定期检修介绍

【任务目标】

（1）了解客车维修模式；
（2）了解客车 A2、A3 修有关规定；
（3）了解客车 A2、A3 修基本要求；
（4）掌握客车段修流程。

【学习内容】

（1）客车定期检修概述；
（2）铁路客车段修管理有关规定；
（3）客车段修流程。

【阅读材料】

（1）铁路客车段修管理有关规定；
（2）客车段修流程。

一、铁路客车段修管理有关规定

1.《铁路客车段修规程》规定

根据客车及其主要零部件的设计要求，客车段修以可靠性为目标，实行以走行里程为主、时间周期为辅的计划预防维修制度，换件修和状态修相结合的检修模式。

（1）客车段修实行资质管理，检修单位须取得检修资质。

（2）客车段修原则上按现车结构检修，结合段修进行的加装改造须按规定程序办理。

（3）客车段修能力须配置合理，关键工序做到分解与检查、检测、修理分开，修理与组装分开，待修配件与修竣配件分开。

（4）客车段修配备的工装设备及检测计量器具须满足段修工艺要求，逐步实现检修、检测机械化、自动化。检测、探伤、试验设备和计量器具须按规定定期校验、检定。

（5）客车段修单位应完善质量保证体系，健全质量管理机构，全面落实质量责任制。

（6）客车段修单位须建立健全专业技术管理体系，配备段修所需的技术规章、技术标准、工艺文件、产品图样、维护使用说明书等技术资料，并编制岗位作业指导书。

（7）客车段修单位须在贯彻零部件标准化、通用化的基础上，积极推行新技术、新工艺、新材料、新装备，不断提高客车检修技术水平。

（8）客车段修在执行本规程的同时，还须参照执行有关标准和规章的相关规定。本规程规定不明确或与现车实际有出入时，须在保证安全的前提下，由段修单位参照使用维护说明书等技术文件制定检修方案，并报备国铁集团机辆部，发生的质量问题由段修单位负责。

（9）本规程适用于标记速度不大于 160 km/h 在国铁线路上运行的客车，规程中未特别注明的，A2、A3 修程均适用。按客车管理的其他用途车可参照执行。

2. 基本要求

（1）客车段修周期：

走行里程和时间周期以先到者为准，时间周期计算到月。

① A2 修：运行 60^{+6}_{0} 万千米或距前次 A2 修以上修程 2.5 年。

② A3 修：距前次 A2 修运行 60^{+6}_{0} 万千米或 2.5 年。

（2）本规程中的"分解"未特殊说明时，均不包括焊接结构和铆接结构（拉铆结构除外）。

（3）本规程中未明确说明的电气绝缘值是指相对湿度不大于 65%时的值。

（4）本规程中的磨耗、腐蚀限度，未特殊说明时均以设计尺寸为基本尺寸，圆销、衬套的腐蚀、磨耗未特殊说明的均指直径，板材、管材的腐蚀、磨耗未特殊说明的均指厚度（深度）。

（5）本规程中清除锈垢无明确要求的，清洁度均须达到 GB/T 8923.2《已涂覆过的钢材表面局部清除原有涂层后的处理等级》规定的 St2 级或 Sa2 级标准。

（6）本规程中裂纹检查方法无明确要求时，均为目视检查。

（7）客车段修时探伤件经热处理、调修后或经过焊修、机械加工的探伤部位须复探。外购新品可不探伤（另有规定者除外）。

（8）金属件检修完成后表面须进行防腐处理，喷涂底漆、面漆漆膜厚度均不小于 60 μm。不锈钢件、铝制件、铭牌及电镀件、喷塑件和有特殊要求者除外。

（9）钢结构铆接时须符合 TB/T 2911《铁道车辆修理铆接技术条件》。拉铆铆接时原则上采用钢铆钉或不锈钢铆钉。

（10）衬套压装后不得有裂纹、缺损、松动现象，组装后衬套凸出基体表面不大于 1 mm，或凹入不大于 2 mm（有特殊要求者除外）。衬套基体孔磨耗、损伤导致衬套松动时，允许换装等级衬套，磨耗、损伤严重者须加修孔，衬套须符合 TB/T 1240《机车车辆用衬套》要求。

（11）各部位连接圆销竖向或斜向安装时，穿向由上向下；横向安装的圆销以车体中心线为界，穿向由里向外。有特殊要求或受空间限制者除外。

（12）各开口销分解时更新。开口销须双向均匀劈开，角度为 60°～90°，劈开后受结构限制，不能转动 1 周时须卷起。

（13）各安全钢丝绳断股或断丝数量超过总数 10%时更新，钢丝绳胶套脱落、破损时更新。

（14）螺纹紧固件。

① 重复使用的螺栓、螺母螺纹须状态良好。与防松螺母配套使用的螺栓为新品。弹簧垫圈分解时更新。采用双螺母结构（螺母厚度不同时，薄螺母在内）时，内侧螺母采用 80%的力矩紧固，外侧螺母采用 100%的力矩紧固。

② 转向架、车下悬吊及车钩缓冲装置螺纹紧固件紧固后，M8 及以上螺栓或螺母须在便于观察的位置涂打防松标记（采用防松片、防松铁丝的除外）。

③ 各螺栓有紧固力矩要求的，须符合相应力矩要求。组装紧固后，螺杆须露出螺母 2 扣及以上（受结构限制，可露出 1 扣以上），且不得影响本零件及其他零部件的组装。

（15）焊修。

（16）配件管理。

① 客车段修装用的配件和材料须满足设计结构要求，采用替代产品或技术升级时须遵循以优代劣的原则。

② 段修客车装用的重要零部件须按规定涂（刻）打或粘贴检修标记（单位代号、编号、检修年月、装用年月等），新品重要零部件还须有永久的制造标记（单位代号、制造年月等）。

③ 新品零部件须按规定进行入库检验，使用前须按规定进行全数外观质量检查。良好配件储存条件须符合规定要求，并按先进先出的原则在规定存放期限内装车使用。

④ 车内使用材料须符合 TB/T 3139《机车车辆非金属材料及室内空气有害物质限量》、Q/CR 699《铁路客车非金属材料阻燃技术条件》的规定。

（17）客车重要零部件实行质量保证、寿命管理。在质量保证期内发生质量问题时，由配件制造单位承担质量保证责任。实行寿命管理的配件，根据剩余寿命情况，确定更换或继续使用。寿命期限以首次装用时间为准，装用时间不明时以制造时间为准；在使用寿命期限内，因设计、制造缺陷或材质原因造成的安全质量问题，由制造单位负责。

（18）客车段修单位须按简洁、实用、有效的原则建立检修记录，记录基本内容须包括配件名称、规格型号、制造标记、检修内容、检修（检验）人员、检修日期等信息。检修记录实行一车一档管理，保存一个 A3 修周期或 5 年。

（19）客车段修单位按规定使用和完善铁路客车技术管理信息系统（KMIS），逐步实现客车段修信息化管理。

（20）客车段修单位须推行生产网络计划管理，不断优化生产组织，合理控制段修修时。客车段修修时为 5～7 个工作日（发电车、特种车可适当延长）。

（21）客车段修单位对承修客车实行质量保证管理，经段修的客车，在正常运用维护、使用及不存在原始制造缺陷的情况下，质量保证期须符合表 3-1 的要求，表中未明确项目，质保期为 1 个 A1 修周期，易损易耗件除外。

表 3-1 客车段修质量保证期

序号	零部件名称	段修质保项目	段修质保期
1	各吊、各销、摇枕吊、吊轴及制动梁端轴	不断裂	1 个 A2 修
2	衬套	不松动、不裂损	1 个 A2 修
3	弹性定位套	不裂、不脱胶	1 个 A2 修
4	橡胶节点（25T 型除外）	不松动、裂损不过限	1 个 A3 修
5	209HS 轴箱定位器	不裂、不脱胶	1 个 A2 修
6	供水管路、水暖散热管	各接头不漏	1 个 A2 修
7	15 系列钩体、钩舌、钩尾框	不裂	1 个 A2 修
8	车体配线	不因检查、修理不当而影响安全使用	1 个 A2 修
9	折棚风挡	不漏水	1 个 A2 修
10	油漆面层涂膜（25T 型和 25G 型 600 V 客车除外）	不裂、不剥落、无明显褪色	1 个 A3 修

（22）零部件检修范围见表 3-2。

表 3-2 零部件检修范围表

检修项目		检修要求		试验要求		是否原车原装	备注
分类	检修配件名称	A2	A3	A2	A3		
车体	钢结构	Z_Z	Z_Z			/	
	底架各梁	Z_Z	Z_Z			/	
	裙板	Z_Z	Z_Z	○	○	/	
	通过台	Z_Z	Z_Z			/	
	翻板、脚蹬	Z_Z	Z_F	○	○	/	
	扶手	Z_Z	Z_Z			/	
	风挡	Z_Z	Z_Z			/	
	橡胶风挡	Z_Z	Z_Z			/	
	铁风挡	Z_Z	Z_Z			/	
	折棚风挡	Z_Z	Z_Z			/	
	车端缓冲及阻尼装置	Z_Z	F_F			/	
	防火装置	Z_Z	Z_Z			/	

车辆运用与管理（现代学徒制教材）

续表

检修项目		检修要求		试验要求		是否原车原装	备注
分类	检修配件名称	A2	A3	A2	A3		
车钩缓冲装置	15 系列车钩缓冲装置	F_F	F_F	⊙	⊙	/	
	密接式车钩缓冲装置	Z_Z	F_F	○	○	/	
	15 号托梁式车钩	Z_Z	Z_Z	○	○	/	首尾车和到期车钩
		F_F	F_F	○	○		
	CA-3 型车钩缓冲装置	F_F	F_F	⊙	⊙	/	
转向架	构架	F_Z	F_Z			是	
	轴箱定位装置	F_F	F_F			/	
	转臂	Z_Z	F_Z			是	CW-200K、PW-220K、AM96
		Z_Z	F_F			是	其他
	轮对轴箱装置	F_F	F_F	⊙	⊙	/	
	中央悬挂装置	F_F	F_F			/	
	弹簧托梁	F_Z	F_Z			是	
	摇枕	F_Z	F_Z			是	
	空气弹簧	F_Z	F_F	⊙	⊙		
	钢弹簧	F_Z	F_F		⊙	/	CW-200K、PW-220K、AM96、SW-220K
		F_F	F_F	⊙	⊙	/	其他
	牵引装置	F_F	F_F			/	
	油压减振器	F_Z	F_F	⊙	⊙	/	
	基础制动装置	F_F	F_F			/	
	制动梁	F_Z	F_Z	⊙	⊙	/	
	闸瓦托、吊	F_Z	F_Z			/	
	各杠杆、拉杆、拉板、拉板吊	F_Z	F_Z	⊙	⊙	/	
	闸片托、吊	F_Z	F_Z			/	
	盘形制动杠杆吊座及吊轴（横穿螺栓）	F_Z	F_Z			/	

- 178 -

检修项目		检修要求		试验要求		是否	备注
分类	检修配件名称	A2	A3	A2	A3	原车原装	
制动、供风装置	手制动机	Z_Z	Z_Z	○	○	/	
	制动、供风管系	Z_Z	Z_Z	○	○	/	
	分配阀	F_F	F_F	⊙	⊙	/	
	中间体	Z_Z	Z_Z	○	○	/	
	风缸及吊带（座）	Z_Z	Z_Z	○	○	/	
	模块吊架	Z_Z	Z_Z				
	制动缸	Z_F	Z_F	○	○	/	
		F_Z	F_F	⊙	⊙		模板单元制动缸
		F_F	F_F	⊙	⊙		皮碗单元制动缸
	J型自动间隙调整器	F_F	F_F	○	○	/	
	杠杆	F_Z	F_Z	⊙	⊙		
设备	车窗	Z_Z	Z_Z	○	○	/	
	侧门、风挡门	Z_Z	Z_Z	○	○	/	
	折页门	Z_Z	Z_Z	○	○	/	
	手动塞拉门	Z_Z	Z_Z	○	○	/	
	电控气动塞拉门	Z_Z	Z_Z	○	○	/	
给水卫生系统	给水系统	Z_Z	Z_Z	○	○	/	
	给水管系	Z_Z	Z_Z	○	○	/	
	水箱	Z_Z	Z_Z	○	○	/	
	燃煤茶炉	Z_Z	Z_Z	○	○	/	
	采暖系统	Z_Z	Z_Z	○	○	/	
	采暖管系	Z_Z	Z_Z	○	○	/	
	温水锅炉及水箱	Z_Z	Z_Z	○	○	/	
	水泵	Z_Z	Z_Z	○	○	/	
	卫生系统	Z_Z	Z_Z	○	○	/	
	排水、排便筒	Z_Z	Z_Z	○	○	/	
	真空集便装置	Z_Z	Z_Z	○	○	/	
车电装置	配线及接线端子	Z_Z	Z_Z	○	○	/	
	开关、插座、按钮	Z_Z	Z_Z	○	○	/	
	各型天线	Z_Z	Z_Z	○	○	/	
	伴热装置	Z_Z	Z_Z	○	○	/	
	附属装置	Z_Z	Z_Z	○	○	/	

符号说明：Z_Z——在原位置进行状态检修；

$\quad\quad\quad Z_F$——在原位置进行分解检修；

$\quad\quad\quad F_Z$——从上一级分解下来后状态检修；

$\quad\quad\quad F_F$——从上一级分解下来后对本体分解检修；

$\quad\quad\quad$⊙——单独部件试验；

$\quad\quad\quad$○——现车试验。

二、客车段修流程（见表 3-3）

表 3-3　段修车三进三出生产节点流程

序号		作业内容	备注
1	16 道	预检、冲洗、除锈铲泡、拆车内配件	第一天
2	3 道	油漆刮灰、打磨、面漆	第二天
3	3 道	油漆刮灰、打磨、面漆。17 点后将 3 道东 1~3 位车分别调 25、26、27 东平台	第三天
4	25、26、27东平台；大库内作业	（1）上午拆空调机组安装座螺丝及航插、刷车顶油漆 （2）12：00—13：00 调车对位； （3）14：30—15：30 拆卸空调机组； （4）15：30—18：00 架车、冲洗转向架； （5）16：00—17：00 落前天台转向架作业； （6）17：30—22：30 对位进行车底架及电池箱喷漆作业，然后对位到空调库进行预交	第四天
5	大库、台车库、配件库、空调库	（1）8：30—12：30 台车组装车作业； （2）8：00—17：00 三机库机组检修作业及空调库空调机组安装作业； （3）14：00—19：30 台车分解作业、抛丸除锈； （4）14：30—20：30 配件检修	第五天
6	大库、空调库	通风通电预交车作业	第六天
7	大库、空调库	预交车检修作业	第七天
8	空调库	（1）10：00—12：00 总交车验收作业； （2）17：30 以后对位预交车 3 辆	第八天

任务二　转向架检修作业

【任务目标】

（1）了解 209P 型转向架的检修流程；
（2）掌握转向架分解、检修组装作业内容及标准；
（3）掌握转向架落成检查方法。

【学习内容】

（1）209P 型转向架分解、组装；
（2）209P 型转向架基础制动装置分解；
（3）209P 型转向架中央悬挂装置分解；
（4）209P 型转向架客车整车落成检查。

【阅读材料】

（1）209P 型转向架预分解作业；

（2）209P 型转向架预组装作业；

（3）209P 型转向架基础制动装置分解作业。

一、209P 型转向架预分解作业（见表 3-4）

表 3-4　209P 型转向架预分解作业

工序	作业内容及标准	图　　示
1. 作业前准备	穿工作服，戴工作帽，戴劳保手套，穿防砸鞋，持上岗证。 工作服、工作帽、手套、鞋干净整洁，上岗证有效	
	确认相关设备、工装状态。检查各表、检测器具、吊具状态。 转向架流水线、轴箱定位机、配件运搬车状态良好。 检测量具、吊具状态良好，检定合格，不过期	
2. 转向架冲洗	将转向架移动到西平台27道，设置好防溜后使用高压冲洗机，冲洗转向架各部位，清除转向架各部位附着的污物、油泥，每台转向架冲洗时间不少于 15 min，转向架每个部位必须冲洗到位。 ★冲洗过程中注意不得将止轮器冲掉，若冲掉应及时补设	
3. 测量心盘垫板和旁承垫板厚度	使用钢卷尺测量心盘垫板和旁承垫板厚度，并做好记录。钢卷尺与被测物平行	 测量心盘垫板厚度

工序	作业内容及标准	图　　示
4. 配件编号	轴箱弹簧、摇枕弹簧在分解之前做好标记，做到原拆原装。配件位数与定位编号一一对应	 轴箱弹簧标记
5. 完工整理	填写记录。对各处所加垫数量应作详细记录，组装时原位恢复。 清扫作业场地，整理工具、材料，检查设备。场地清洁，托架、托盘等摆放整齐，工具、材料收拾整齐，摆放到指定位置	
使用工具	转向架流水线、钢卷尺、轮径尺、冲洗机	

二、209P 型转向架预组装作业（见表 3-5）

表 3-5　209P 型转向架预组装作业

工序	作业内容及标准	图　　示
1. 作业前准备	穿工作服，戴工作帽，戴劳保手套，穿防砸鞋，持上岗证。 工作服、工作帽、手套、鞋干净整洁，上岗证有效	
2. 上道工序控制	（1）全数外观检查待装配件状态及检验标记。 待装探伤配件须涂打白油漆标记。 （2）全数外观检查防松螺母状态及标记。 螺栓等级须为 8.8 级，防松螺母等级为 8 级。 防松螺母标记清晰，有制造厂家代号、强度级别等标记	

工序	作业内容及标准	图　　示
3. 完工整理	（1）填写记录。字迹清晰，记录准确，无遗漏	
	（2）清扫作业场地，整理工具、材料，检查设备。场地清洁，工具及托架、托盘等摆放整齐，工具、材料收拾整齐，摆放到指定位置	
使用工具	配件存放架、配件存放托盘、配件搬运车、样板、螺纹通止规	

三、209P 型转向架基础制动装置分解作业（见表 3-6）

表 3-6　209P 型转向架基础制动装置分解作业

工序	作业内容及标准	图　　示
1. 作业前准备	（1）穿工作服，戴工作帽，戴劳保手套，穿防砸鞋，持上岗证。 工作服、工作帽、手套、鞋干净整洁，上岗证有效	
	（2）确认相关设备、工装状态。检查各表、吊具状态。 转向架流水线、配件运搬车状态良好。 吊具状态良好，检定合格，不过期	

工序	作业内容及标准	图　示
2. 分解制动软管	（1）使用扳手分解制动单元与构架之间的制动软管连接。对接头做好防尘处理	分解单元制动缸软管　　接头防尘处理
	（2）使用扳手分解构架与制动单元之间的制动软管连接。对接头做好防尘处理	分解构架连接软管　　接头防尘处理
3. 分解基础制动单元	使用风动扳手分解杠杆吊座横穿螺栓及螺母。使用钩引、手锤分解闸片托吊圆销开口销，取下圆销。卸下开口销报废处理，其他配件按类存放。将卸下配件成套送配件检修区检修	分解闸片托吊圆销

工序	作业内容及标准	图　示
4. 完工整理	清扫作业场地，整理工具、材料，检查设备。场地清洁，工具及托架、托盘等摆放整齐，工具、材料收拾整齐，摆放到指定位置	
使用工具	转向架流水线、气割设备、风动扳手、钩引、手锤、扳手、配件存放托盘、配件搬运车	

任务三　车钩缓冲装置检修作业

【任务目标】

（1）了解车钩零部件及附属配件的检查及加修；

（2）掌握15系列车钩缓冲装置分解作业的内容及标准。

【学习内容】

（1）15系列车钩缓冲装置分解；

（2）车钩零部件及附属配件的检查及加修。

【阅读材料】

（1）15系列车钩缓冲装置分解作业；

（2）15系列车钩零部件及附属配件检查作业；

（3）15系列车钩零部件及附属配件加修作业。

一、15系列车钩缓冲装置分解作业（见表3-7）

表3-7　15系列车钩缓冲装置分解作业

工序	作业内容及标准	图　示
1. 开工前准备	（1）检查钩缓装置分解组装机状态。启动钩缓装置分解组装机，检查钩缓装置分解组装机各功能状态，确保其横向、纵向液压导柱伸缩功能良好。 （2）检查天车状态。启动天车，操作天车前进、后退及吊具的升降，确保天车行进过程、吊具升降过程无卡滞，并检查天车吊具探伤日期未超期。 （3）检查各工具状态，确保工具功能作用良好；同时工具就近摆放整齐，便于作业时取用	

工序	作业内容及标准	图　示
2. 吊送车钩	用钩缓检修间的天车吊具卡住钩体的钩颈与钩锁口部位，然后启动天车进行试动作，确保天车吊具卡死钩体，然后操作天车，将钩体吊送至工作台上，使钩尾扁销的横穿螺栓朝上。 　　★天车吊送前，确保天车吊具卡死车钩缓冲装置，天车吊送过程中，天车行进速度应缓慢，并确保行进路线上无其他作业人员及配件，防止吊送过程中磕碰作业人员或磕碰车钩缓冲装置	
3. 拆卸钩舌	（1）用钩引和手锤拆下型号为 10×80 的钩圆销开口销，将开口销放入废料筐中，然后取出钩圆销，将其放置在配件筐内	
	（2）双手分别紧抓住钩舌 S 面的上下端，将钩舌从钩腔内取出，将其放置在配件筐内	
4. 取出钩腔内配件	用手向上托起钩锁销，使钩锁销将钩锁铁顶起，然后从钩腔内取出钩舌推铁，然后松开钩锁销，使其恢复原位，再依次取出钩锁铁和钩锁销，并将其放进配件筐内	
5. 拆卸钩尾扁销	（1）使用手锤和钩引将防松垫和直径 4 mm 的 1 类镀锌钢丝打直，并将其取下，将其放入废料筐中	

工序	作业内容及标准	图　　示
5. 拆卸钩尾扁销	（2）使用电动扳手将两条横穿螺栓的方头螺母拆除，然后取出横穿螺栓及防松垫，将其放入废料筐内	
	（3）操作钩缓装置分解组装机，使工作台横向液压导柱伸出，压缩从板，使钩尾扁销处于放松状态，然后取出钩尾扁销，并放进配件筐内	
6. 拆卸车钩缓冲器	操作钩缓装置分解组装机，使横向液压导柱缩回，依次将缓冲器、前从板、后从板从钩尾框内取出，并放进配件筐内	
7. 配件送修	将拆下的钩舌、钩圆销、钩锁销、钩锁铁、钩舌推铁、前从板、后从板、车钩缓冲器、钩尾框、钩体等配件分别运送至相应检修岗位进行检修	
8. 完工整理	（1）关闭设备电源，擦拭保养。 （2）收好工具材料，定置存放。 （3）清扫作业场地，保持清洁	
使用工具	天车、钩缓装置分解组装机、手锤、钩引、扳手、电动扳手	

二、15 系列车钩零部件及附属配件检查作业（见表 3-8）

表 3-8   15 系列车钩零部件及附属配件检查作业

工序	作业内容及标准	图　示
1. 作业前准备	（1）检查各检测样板状态。检测样板外形良好，无变形、破损；校验标签清晰完好，校验不过期。检测样板就近摆放整齐，便于作业时取用。 （2）检查各工具状态，确保工具功能作用良好；同时工具就近摆放整齐，便于作业时取用	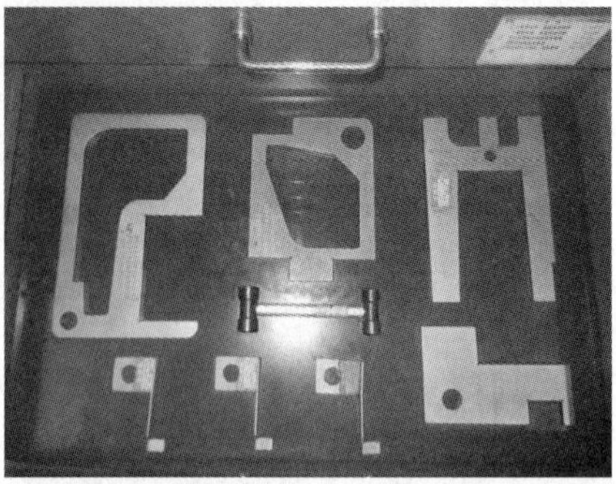
2. 钩锁铁检查	（1）目测检查钩锁铁外观。钩锁铁除锈彻底，露出金属本色。目测检查钩锁铁有明显缺损时报废，钩锁铁无铸造标识时报废，并在钩锁铁侧面用白色油漆笔涂打"X"形报废标记	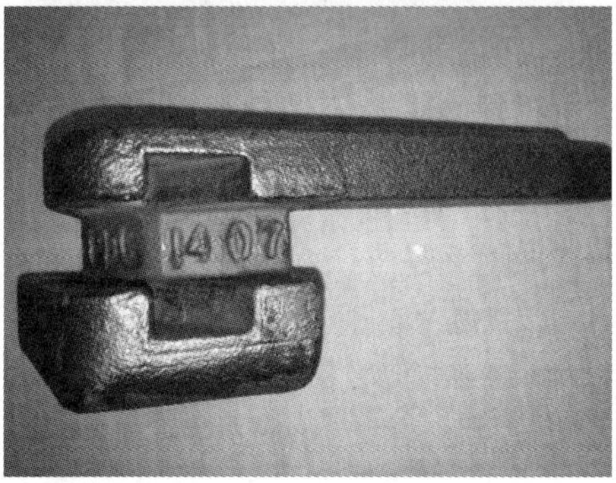
	（2）检测钩锁铁侧面磨耗。 检测方法：将钩锁铁平放在工作台上，将锁铁侧面尺寸检查样板的测量部叉口两侧对着钩锁铁侧面卡入。钩锁铁导向面平面应置于量规上两条刻度线之间。不符者送钩锁铁焊修岗位焊修或报废更换，并在钩锁铁侧面磨耗过限部位用白色油漆笔涂打"B"形焊修或"X"形报废标记	
	（3）检测钩锁铁作用槽。 检测方法：将钩锁铁平放在工作台上，用锁铁侧面尺寸检查样板的"T"通端插入作用槽，将"Z"止端从作用槽任意三点（沿作用槽均分）插入作用槽。"T"通端能顺利插入并到底，"Z"止端每次检测均不得插入，不符者报废，并在钩锁铁侧面用白色油漆笔涂打"X"形报废标记	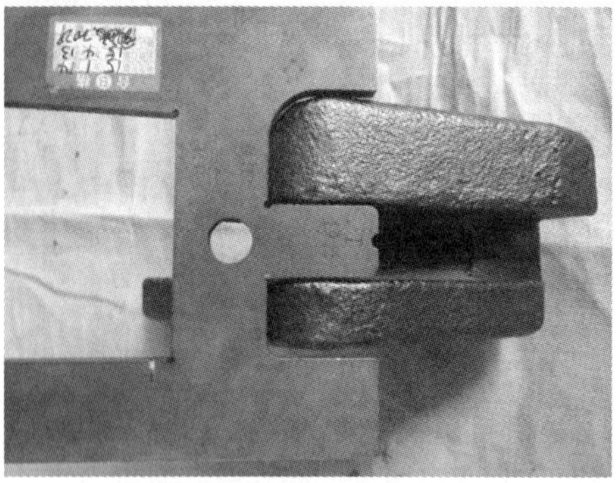 "T"通端检测方法图示

工序	作业内容及标准	图　　示
2. 钩锁铁检查	（4）检测钩锁铁十字销槽。 检测方法：将钩锁铁平放在工作台上，分别将锁槽检查量规的"T"通端和"Z"止端插入十字销槽。"T"通端顺利插入凹槽底部，"Z"止端不能插入凹槽，不符者报废，并在钩锁铁侧面用白色油漆笔涂打"X"形报废标记	 "Z"止端检测方法图示 "T"通端检测方法图示 "Z"止端检测方法图示
	（5）检测钩锁铁全开作用面。 检测方法：将钩锁铁平放在工作台上，将锁铁尾部全开作用面外形/锁铁背至导向角前部距离检查样板套入锁铁全开作用面，并用塞尺测量周边间隙。用锁铁尾部全开作用面外形/锁铁背至导向角前部距离检查样板的"98"开口处卡住钩锁铁端部，测量锁铁背至导向角前部距离。检测样板顺利套入并通过钩锁铁，周边间隙不得大于 2 mm，锁角斜面处间隙不得大于 5 mm。"98"开口处不得通过（钩锁铁磨耗不得超过 2 mm）。不符者送钩锁铁焊修岗位焊修或报废，并在钩锁铁侧面用白色油漆笔涂打"B"形焊修或"X"形报废标记	 测量周边间隙方法图示 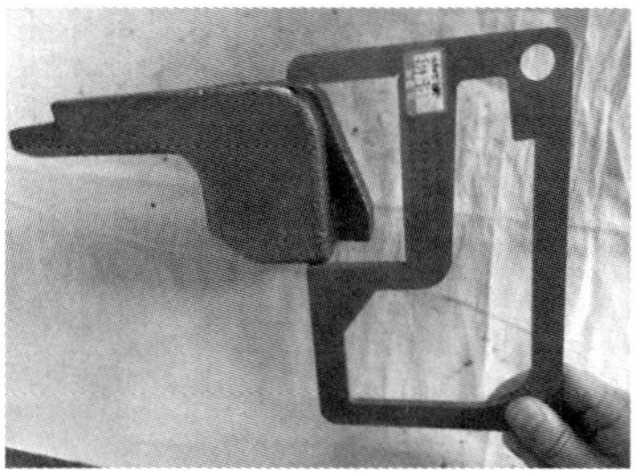 测量锁铁背至导向角前部距离

工序	作业内容及标准	图　　示
2. 钩锁铁检查	（6）检测钩锁铁导向面。 检测方法：将钩锁铁平放在工作台上，将锁铁导向角面外形/钩锁铁全开作用面至导向角上部距离检查样板套入钩锁铁导向角面，并用塞尺检查周边间隙，检查样板顺利套入钩锁铁导向面并到底，周边间隙不得大于3 mm。用锁铁导向角面外形/钩锁铁全开作用面至导向角上部距离检查样板的"18""21"测量端，检测钩锁铁全开作用面至导向角上部距离，"18"测量面卡到底并有余量，"21"测量面卡不到底（钩锁铁磨耗不得超过2 mm）。不符者送钩锁铁焊修岗位焊修或报废更换，并在钩锁铁导向面用白色油漆笔涂打"B"形焊修或"X"形报废标记	
3. 钩舌推铁检查	目测检查钩舌推铁外观。钩舌推铁除锈彻底，露出金属本色。钩舌推铁有明显缺损时报废，钩舌推铁变形时报废；钩舌推铁无铸造标识时报废，并在钩舌推铁表面用白色油漆笔涂打"X"形报废标记	
4. 钩锁销检查	（1）目测检查钩锁销外观。钩锁销除锈彻底，露出金属本色。钩锁销有明显缺损时报废，钩锁销变形时用手锤在变形部位敲击调直，无法调平者报废，钩锁销无铸造标识时报废，并在钩锁销表面用白色油漆笔涂打"X"形报废标记	

工序	作业内容及标准	图　示
4. 钩锁销检查	（2）检测钩锁销磨耗。 检测方法：将钩锁销水平放在工作台上，将钩提外形/厚度检查样板套入钩锁销，并用塞尺检查周边间隙。检查样板顺利套入并到底，防跳作用部间隙不得大于 1 mm，新品周边间隙不得大于 2 mm。不符者送钩锁销焊修岗位焊修或报废，并在钩锁销磨耗过限部位用白色油漆笔涂打"B"形焊修或"X"形报废标记	 检查防跳作用部间隙方法图示  检查周边间隙方法图示
	（3）检测钩锁销厚度磨耗。 检测方法：将钩锁销垂直放置在工作台上，分别用钩提外形/厚度检查样板的"T"通端和"Z"止端测量钩锁销厚度。"T"通端检测任意部位时均能通过，"Z"止端检测任意部位时均不得卡入。不符者送钩锁销焊修岗位焊修或报废，并在钩锁销磨耗过限部位用白色油漆笔涂打"B"形焊修或"X"形报废标记	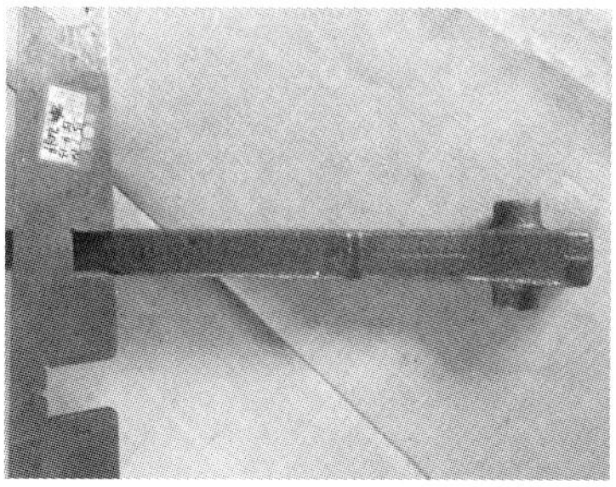 "Z"通端检测方法图示 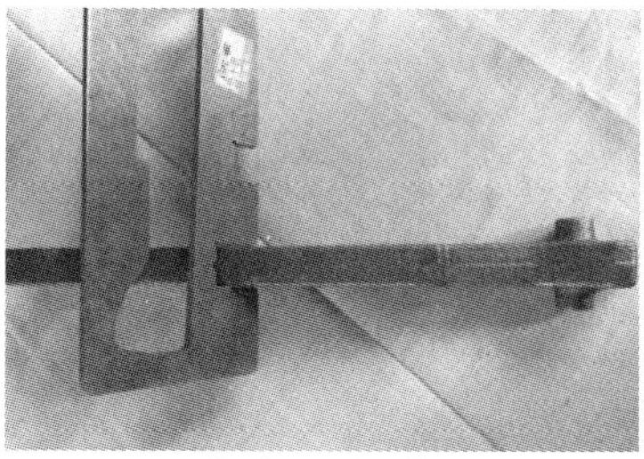 "T"止端检测方法图示
5. 前从板检查	（1）目测检查前从板外观。前从板除锈彻底，露出金属本色；前从板弯曲时调修，横裂纹时报废，并在前从板平面用白色油漆笔涂打"B"形焊修或"X"形报废标记	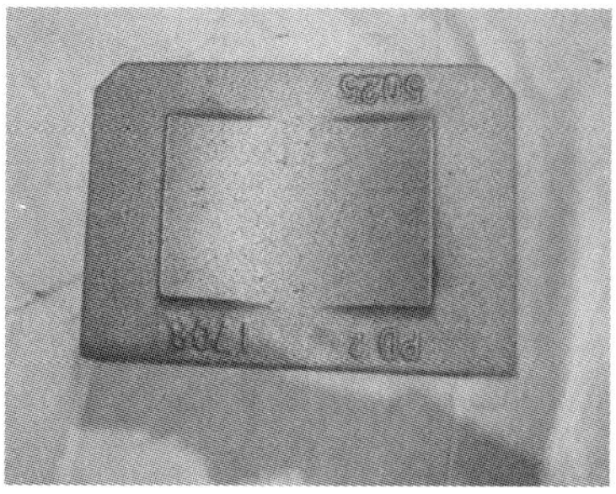

工序	作业内容及标准	图　　示
5. 前从板检查	（2）用前从板检查修复样板的"R150"端密贴前从板，用塞尺进行检查磨耗程度，磨耗量大于 2 mm 时报废；用"3"端对前从板厚度任意部位的磨耗进行检查，样板"3"端均不能通过。不符者送前从板焊修岗位焊修，并在前从板磨耗过限部位用白色油漆笔涂打"B"形焊修或"X"形报废标记	 "R150"端检测方法图示
6. 后从板检查	（1）目测检查后从板外观。后从板除锈彻底，露出金属本色；后从板弯曲时调修，横裂纹时报废，并在后从板平面用白色油漆笔涂打"B"形焊修或"X"形报废标记	
	（2）用前从板检查修复样板的"3"端对后从板厚度任意部位的磨耗进行检查，样板"3"端均不能通过。不符者送后从板焊修岗位焊修，并在后从板磨耗过限部位用白色油漆笔涂打"B"形焊修标记	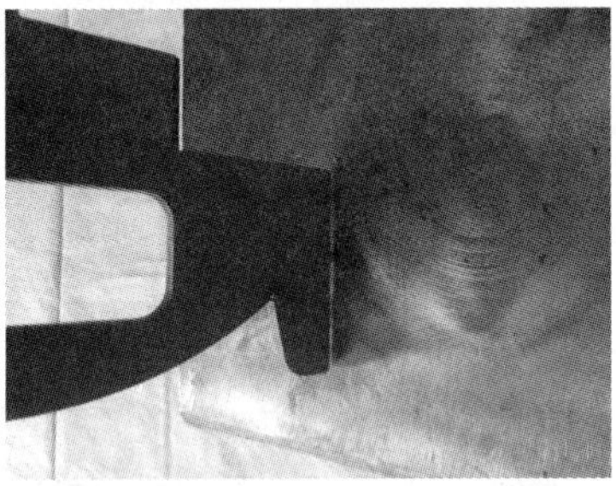
7. 下锁销连杆检查	（1）目测检查下锁销连杆外观。下锁销连杆除锈彻底，露出金属本色	
	（2）用游标卡尺测量下锁销连杆直径，直径腐蚀深度超过30%时报废（下锁销连杆直径原形尺寸为 25 mm），并在下锁销连杆表面用白色油漆笔涂打"X"形报废标记	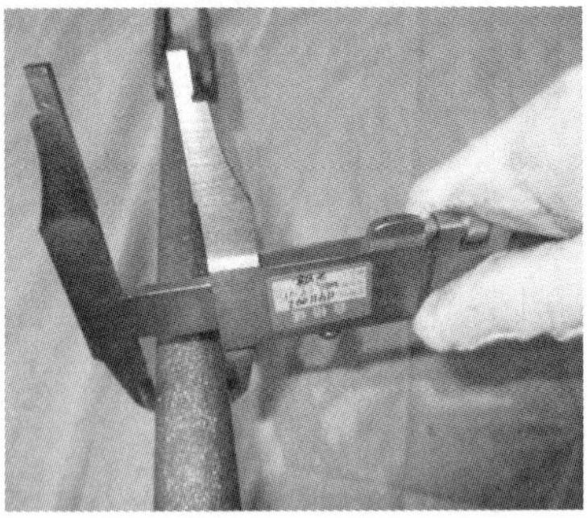

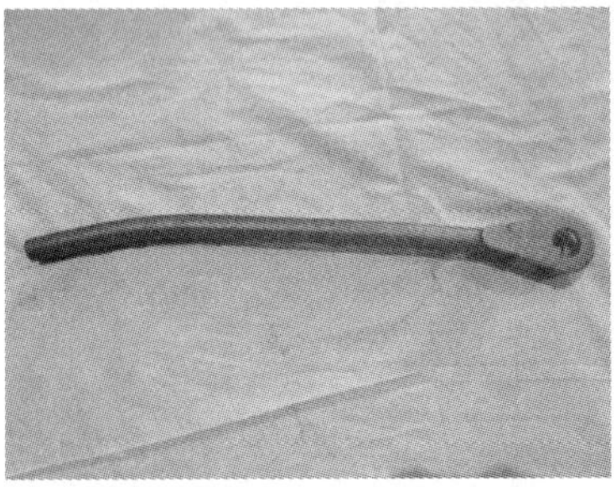

工序	作业内容及标准	图　　示
8. 摆块检查	（1）目测检查摆块外观。摆块除锈彻底，露出金属本色 （2）摆块更新时，需使用升版摆块，对升版摆块检修检测时，需使用新购置符合规范的检测样板	
	（3）用前从板检查修复样板的"3"端检测摆块各部磨耗，样板"3"端均不能通过。不符者送摆块焊修岗位焊修，并在摆块磨耗过限部位用白色油漆笔涂打"B"形焊修标记	
9. 摆块吊检查	（1）目测检查摆块吊外观。摆块吊除锈彻底，露出金属本色。目测检查摆块吊有明显缺损时报废，摆块吊裂纹、弯曲变形时报废，并在摆块吊表面用白色油漆笔涂打"X"形报废标记	
	（2）用前从板检查修复样板的"3"端检测摆块吊各部磨耗，样板"3"端均不能通过。不符者送摆块吊焊修岗位焊修，并在摆块吊磨耗过限部位用白色油漆笔涂打"B"形焊修标记	

工序	作业内容及标准	图　示
9. 摆块吊检查	（3）检测摆块吊端头内侧面距离。 检测方法：用摆块吊检查修复样板"252"端和"245"端测量摆块吊端头内侧面距离；"245"端能顺利通过无卡滞，"252"端不能通过，不符合要求时报废，并在摆块吊表面用白色油漆笔涂打"X"形报废标记	 "245"端端检测方法图示  "252"端端检测方法图示
10. 钩提杆检查	（1）目测检查钩提杆外观。钩提杆除锈彻底，露出金属本色；钩提杆变形时调修，在钩提杆表面用白色油漆笔涂打"B"形焊修标记	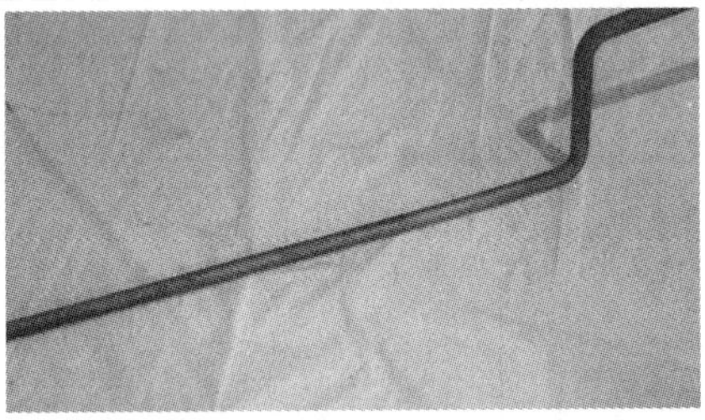
	（2）用游标卡尺测量钩提杆直径，腐蚀深度大于 5 mm 时报废（原形尺寸为 25 mm），并在钩提杆表面用白色油漆笔涂打"X"形报废标记	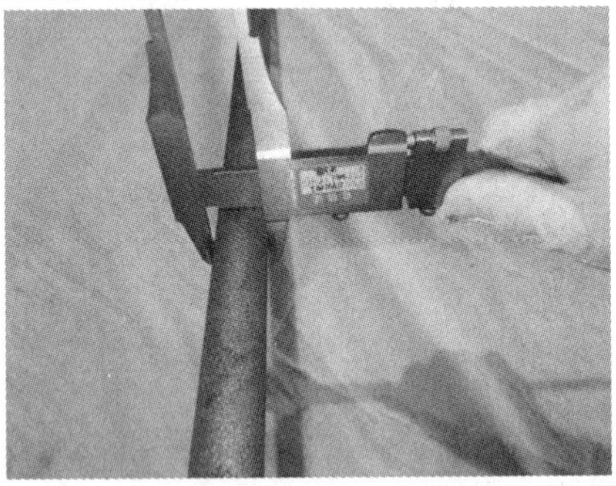
11. 钩托板检查	（1）目测检查钩体托板及钩尾框托板外观。钩体托板及钩尾框托板除锈彻底，露出金属本色。钩体托板及钩尾框托板裂纹时焊修或更换，在钩体托板及钩尾框托板表面用白色油漆笔涂打"B"形焊修或"X"形报废标记	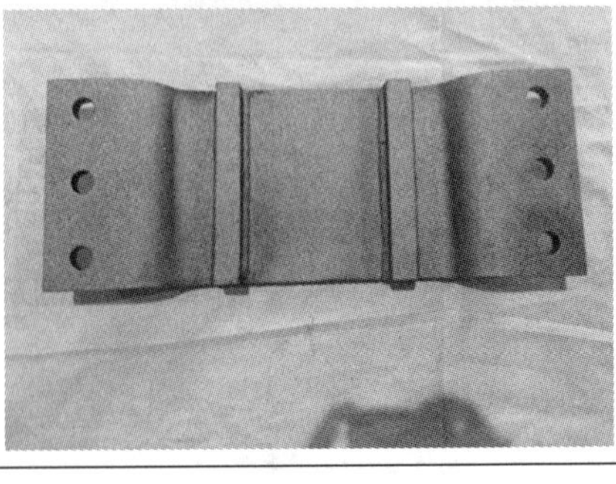

工序	作业内容及标准	图　　示
11. 钩托板检查	（2）用游标卡尺测量钩体托板及钩尾框托板厚度，磨耗大于 3 mm 时焊修（原形尺寸为 14 mm），并在钩体托板及钩尾框托板磨耗过限部位用白色油漆笔涂打"B"形焊修标记	
12. 填写检修记录	工作者按实际检修情况，在"车钩缓冲装置检修记录单"中逐项填写以上各项检修实际情况，工作者、工长、质检员、验收员检验合格后分别签章。检修记录应如实填写，杜绝漏填错填，确保检修数据的准确性和可追溯性，将检修记录纳入"一车一档"管理，保存期限为 1 个 A3 修周期或 5 年	
13. 摆块吊探伤	将摆块吊送至摆块吊探伤岗位进行探伤，有横向裂纹时报废，允许存在长度不大于 20 mm 的纵向发纹，数量不超过 5 条，超限时报废，并在摆块吊裂纹处用白色油漆笔涂打"X"形报废标记	
14. 不良件送修	将涂打"B"形焊修标记的钩锁铁、钩舌推铁、钩锁销、前从板、后从板、下锁销连杆、摆块、摆块吊、钩提杆、钩托板等配件送至相应的配件加修岗位，将涂打"X"形报废标记的钩锁铁、钩舌推铁、钩锁销、前从板、后从板、下锁销连杆、摆块、摆块吊、钩提杆、钩托板等配件送至废料存放区	

工序	作业内容及标准	图示
15. 完工整理	（1）擦拭工装、样板、量规，并将工具备品放入工具箱。 （2）清理作业场地卫生，清扫多余杂物，保证地面应无油垢、杂物，物料定置摆放	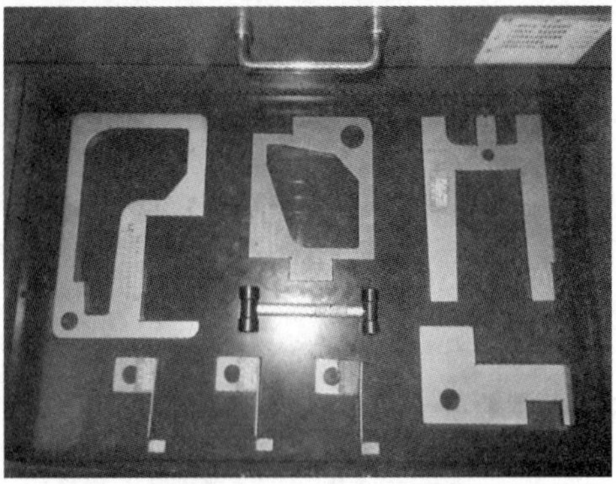
使用工具	锁铁侧面尺寸检查样板、锁铁槽检查量规、锁铁尾部全开作用面外形/锁铁背至导向角前部距离检查样板、锁铁导向角面外形/钩锁铁全开作用面至导向角上部距离检查样板、钩提外形/厚度检查样板、从板检查修复样板、摆块吊检查修复样板、手锤、塞尺、白色油漆笔	

三、15 系列车钩零部件及附属配件加修作业（见表 3-9）

表 3-9　15 系列车钩零部件及附属配件加修作业

工序	作业内容及标准	图示
1. 作业前准备	（1）检查电焊机状态。启动电焊机，检查电焊机各功能，确保作用良好。 （2）检查各工具状态，确保工具功能作用良好；同时工具就近摆放整齐，便于作业时取用。 （3）检查各检测样板状态。检测样板外形良好，无变形、破损；校验标签清晰完好，校验日期不过期。检测样板就近摆放整齐，便于作业时取用	
2. 加修配件鉴定	（1）检测钩锁铁侧面磨耗程度。 检测方法：将钩锁铁平放在工作台上，将锁铁侧面尺寸检查样板的测量部叉口两侧对着钩锁铁侧面卡入，配合塞尺测量涂打"B"形待修标记的部位磨耗尺寸，用以确定焊修时的堆焊量	

工序	作业内容及标准	图　　示
2. 加修配件鉴定	（2）检测钩锁铁全开作用面磨耗程度。 检测方法：将钩锁铁平放在工作台上，将锁铁尾部全开作用面外形/锁铁背至导向角前部距离检查样板套入锁铁全开作用面，用锁铁尾部全开作用面外形/锁铁背至导向角前部距离检查样板的"98"开口处卡住钩锁铁端部，配合塞尺测量锁铁背至导向角前部距离磨耗尺寸；检测样板顺利套入并通过钩锁铁，用塞尺测量各部间隙（周边间隙不得大于 2 mm，锁角斜面处间隙不得大于 5 mm），用以确定焊修时的堆焊量	
	（3）检测钩锁铁导向面磨耗程度。 检测方法：将钩锁铁平放在工作台上，将锁铁导向角面外形/钩锁铁全开作用面至导向角上部距离检查样板套入钩锁铁导向角面，用塞尺检查周边间隙（周边间隙不得大于 3 mm）。用锁铁导向角面外形/钩锁铁全开作用面至导向角上部距离检查样板的"21"端进行检测，目测钩锁铁全开作用面至导向角上部距离磨耗（钩锁铁磨耗不得超过 2 mm），用以确定焊修时的堆焊量	
	（4）检测钩锁销磨耗程度。 检测方法：将钩锁销水平放在工作台上，将钩提外形/厚度检查样板套入钩锁销，用塞尺检查周边间隙（防跳作用部间隙不得大于 1 mm），用以确定焊修时的堆焊量	

工序	作业内容及标准	图　示
2. 加修配件鉴定	（5）检测钩锁销厚度磨耗程度。 检测方法：将钩锁销垂直放置在工作台上，分别用钩提外形/厚度检查样板的"Z"止端配合塞尺测量钩锁销厚度磨耗尺寸，用以确定焊修时的堆焊量	
	（6）检测前从板、后从板、摆块、摆块吊局部磨耗程度。 检测方法：用前从板检查修复样板的"3"端对前从板、后从板、摆块、摆块吊任意部位的磨耗进行检查，目测确定焊修时的堆焊量	
	（7）检测钩体托板及钩尾框托板磨耗程度。 检测方法：用游标卡尺测量钩体托板及钩尾框托板厚度，根据测量的实际厚度，结合钩体托板及钩尾框托板的原形厚度及磨耗范围限度，确定焊修时的堆焊量（钩体托板及钩尾框托板厚度原形尺寸为 14 mm，磨耗大于 3 mm 时焊修）	
3. 配件加修	使用电焊机对配件待加修部位进行堆焊，堆焊后使用乙炔进行局部加热，使用石棉网进行冷却，消除应力，最后使用角磨机进行打磨修形。加修完成后用样板对加修部位进行复测，确保符合样板要求	
4. 配件焊修工艺	（1）基本要求。 ① 焊接现场应无风，环境温度应高于 5 ℃。 ② 焊条应符合 GB 5118 的规定要求，并与 15 号 C 级钢车钩材料性能接近一致。首选 E5016 焊条，条件受限时也允许采用 E4316 焊条。焊条使用前需对焊条进行烘焙。 ③ 焊前应先清除待加修工件表面锈垢或缺陷	

工序	作业内容及标准	图 示
4. 配件焊修工艺	（2）焊前准备。 ① 根据缺陷大小决定是否需要开坡口。需要开坡口时，坡口形状应根据铸件缺陷部位、大小、深度、界面厚度及焊工操作条件等确定；坡口角度应在 15°～60°，可用机械加工、风铲或砂轮、氧割等制备。 ② 对于裂纹首先确定裂纹的末端，必要时钻上止裂孔，然后再清除裂纹缺陷。 ③ 新制坡口应清洁、无锈皮和熔渣，坡口底部与侧壁应由不小于 5 mm 的圆弧过渡，不应留有尖角，坡口两边 10～20 mm 应清除油污、铁锈和其他杂质。 ④ 双面焊时，焊缝根部间隙为 2～3 mm，以确保充分焊透。 ⑤ 进行贯通的单面坡口焊接时，可采用背面垫板或封底板，但垫板的化学成分应与铸件化学成分类似。 ⑥ 长度大于 50 mm 的裂纹坡口，焊前应采用磁粉探伤方法检查，确认裂纹消除后方可施焊	
	（3）焊接要求。 ① 焊接小于 50 mm 长的缺陷时，在能够保证不出现焊接裂纹的前提下，允许不进行预热；否则应将工件预热至 150～250 ℃。预热时，可采用整体预热，也可采用火焰法局部预热，预热宽度至少达到 3 倍焊缝截面厚度。堆焊时，允许不预热。 ② 焊接引弧时，应防止电弧击伤铸件表面，不应在铸件的非焊部表面引弧。 ③ 施焊时，一般不应间断，且保持层间温度不应低于预热温度。 ④ 多层焊时，第一层焊缝应采用较细的焊条施焊，以减少母材熔入焊缝中的比例，防止产生裂纹；每焊完一层后，应清除焊渣后再焊下一层。 ⑤ 焊后应缓冷，焊渣应待冷却后方可清除。 ⑥ 采用双面焊或单面封底焊时，先焊的面焊后应清除焊根，清除焊瘤、熔渣、氧化物，然后焊另一面。	

工序	作业内容及标准	图　　示
4. 配件焊修工艺	⑦ 焊缝长度大于 200 mm 时，应采用分段退焊法进行焊接。 ⑧ 焊接时应采用小电流、慢焊速、窄焊道的多道多层焊填满整个焊接坡口。焊条不应横向摆动，先焊最底层，再焊两侧、中间直至全部填满。 ⑨ 焊接过程不应中断（除非设备故障），起弧和灭弧点均应熔化于焊道内。 ⑩ 采用直流焊机焊接低合金钢时，采用直流反接进行焊接（即工件接负极，焊钳接正极）。 ⑪ 每层焊完清渣后，都应用清渣锤适当敲击焊道周围，以消除焊接应力。 ⑫ 采用二氧化碳气体保护焊时，焊前应送保护气体，焊后滞后断保护气体。 ⑬ 焊缝不应有裂纹、未焊透、未熔合、气孔和凹坑等焊接缺陷。 ⑭ 非加工部位上焊缝咬边深度，在主要部位处不应超过 0.5 mm，其他部位不应超过 1 mm。 ⑮ 相交焊缝的相交处应充分熔合，无接头不良、焊瘤等缺陷。焊缝相交处应平缓过渡。 ⑯ 缺陷焊补处理后均应按照相关零件探伤技术要求进行磁粉探伤检查。 ⑰ 焊缝发现裂纹、未焊透、未熔合时，应将缺陷清除后重新焊补，焊缝同一位置处的返修以二次为限	
	（4）焊后处理。 ① 深度小于 15 mm 或坡口面积不超过 10 cm^2 的焊补，允许采用火焰或电加热局部消除焊接应力。局部热处理的加热范围为距焊补区周围至少 100 mm 的区域。局部加热后，用石棉布覆盖自然冷却。 ② 超出上述规格的补焊，应进行整体热处理。在炉内加热至 520 ~ 600 ℃ 保温后随炉冷却至 300 ℃ 出炉，保温时间不少于 4 h。 ③ 为调整间隙或磨耗后恢复原形需要进行的堆焊允许采用火焰或电加热局部消除焊接应力的方法。 ④ 焊后应通过磨修或加工方法使焊缝表面平整，不应出现影响装配和导致整个面受力不匀的不平顺现象	

工序	作业内容及标准	图 示
5. 配件探伤	将已加修完毕的配件送至配件探伤岗位进行探伤，重点对焊修部位进行探伤，缺陷未消除时重新进行焊修。探伤合格后，在配件相应部位涂打白铅油探伤标记	
6. 涂刷清漆	在加修合格的配件表面涂刷清漆，然后储存至配件成品柜待用	
7. 填写记录	工作者按实际加修情况，在"车钩缓冲装置检修记录单"中填写相应配件加修合格记录，工作者、工长、质检员检验合格后分别签章。检修记录应如实填写，杜绝漏填错填，确保检修数据的准确性和可追溯性，并将检修记录纳入"一车一档"管理，保存期限为1个A3修周期或5年	
8. 完工整理	（1）关闭电源，擦拭工装、设备、样板、量规，并将工具备品放入工具箱。 （2）清理作业场地卫生，清扫多余杂物，保证地面应无油垢、杂物，物料定置摆放	
使用工具材料	电焊机、角磨机、锁铁侧面尺寸检查样板、锁铁尾部全开作用面外形/锁铁背至导向角前部距离检查样板、锁铁导向角面外形/钩锁铁全开作用面至导向角上部距离检查样板、钩提外形/厚度检查样板、从板检查修复样板、摆块吊检查修复样板、石棉布。 　　材料：焊条、清漆	

任务四　整车落成检查作业

【任务目标】

（1）掌握转向架落成检查方法；

（2）掌握转向架地面技术检查方法。

【学习内容】

（1）转向架落成检查方法；

（2）转向架地面技术检查方法。

【阅读材料】

（1）209P型转向架客车整车落成检查作业；

（2）209P型转向架地面技术检查。

一、209P型转向架客车整车落成检查作业（见表3-10）

表3-10　209P型转向架客车整车落成检查作业

工序	作业内容及标准	图　　示
1. 作业前准备	（1）按规定穿戴好劳保用品，加强作业过程安全卡控；注意呼唤应答。 （2）检查风动扳手、450 mm/600 mm管钳、固定扳手、梅花扳手、车体倾斜测量尺、转向架四角测量平尺、塞尺、钢卷尺、手锤、撬棍是否齐全、作用良好、刻度清晰。 （3）检查行车吊具及钢丝绳状态是否良好。 （4）车辆空气制动装置、车钩缓冲装置、钢结构等落车后不便于检修的部位已检修完工。 （5）对影响落成数据变化的设施需安装完好，配件齐全	 

工序	作业内容及标准	图　　示
	（1）找平后，按规定扭矩紧固各紧固件并涂打防松标记。 （2）摇枕吊入位落车后，摇枕吊轴与摇枕吊组装须正位，各摇枕吊须作用良好，不得上下窜动。 （3）上下心盘凸缘的垂直间隙段修不小于 3 mm。 （4）调整摇枕间隙。同一侧摇枕端头与构架摇枕吊座之间的距离之差不大于 5 mm，超差时不得以紧固牵引拉杆调整摇枕偏移量，需重新调整摇枕或枕簧位置，然后再落车。 （5）找平后方可紧固牵引拉杆，牵引拉杆的长螺杆端与摇枕安装，短螺杆端与构架安装，牵引拉杆两端橡胶垫须均匀压缩。 （6）调整摇枕弹簧。允许在弹簧夹板与弹簧之间加厚度不大于 6 mm 的调整铁垫（为补偿不同车重造成的弹簧高差而预添加的设计结构垫除外）	
2. 落成检查及调试	（7）车体初次落成后，测量车体倾斜：用卷尺、车体倾斜尺在枕外距枕梁中心（200±20）mm 的车顶雨檐下平面（或侧墙顶部）至侧墙板下边缘测量车体左右倾斜，不大于 30 mm。 调整方法：选配枕簧压缩高度。 （8）车钩缓冲装置落成。 ① 测量车钩高度，中心线至钢轨面的垂直距离为 860~890 mm，两端车钩高度差不得大于 10 mm。 调整方法：调整钩高时，上心盘允许加数量不超过 1 块且厚度不大于 16 mm 的铁垫，下心盘允许加数量不大于 2 块且总厚度不大于 40 mm 的铁垫或倒置摇枕吊销支撑板；通过更换总厚度不超过 12 mm 的钩身磨耗板或改变摆块吊长度调整。 ② 钩身上部与冲击座下部间隙为 20~48 mm。 调整方法：更换钩身磨耗板厚度 3~12 mm 或更换摆块吊有效长度。 ③ 测量车钩钩舌与钩腕内侧面距离：闭锁位和全开位尺寸须分别不大于 130 mm、245 mm。 调整方法：不符时更换钩舌或锁铁	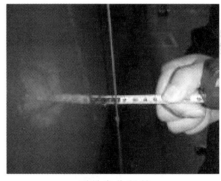 测量车体倾斜  测量车钩高度

工序	作业内容及标准	图　　示
2. 落成检查及调试	④ 在闭锁位时，向上托起钩锁铁，移动量不大于 15 mm。 调整方法：不符时更换下锁销或焊修防跳棱台。 ⑤ 钩锁铁导向角在钩腔内搭接量距钩口边缘距离不小于 5 mm。 调整方法：不符时更换锁铁或加修锁铁导向角与全开作用面垂直高度。 ⑥ 钩提杆落在钩提杆座内，顺时针拉紧钩提杆，检查钩提杆与座槽间隙不大于 2 mm。 调整方法：不符时加修钩提杆扁平处厚度或焊修钩提杆座槽。 ⑦ 测量钩提杆与下锁销连杆之间距离大于 15 mm。 调整方法：不符时更换钩提杆。 ⑧ 车钩托板与摆块挂钩底面间隙为 4～18 mm，车钩托板安装处焊接牵引梁下盖板结构者，车钩托板与摆块挂钩搭接量不小于 10 mm。 调整方法：不符时更换摆块吊。 ⑨ 检查摆块吊有效长度之差不大于 2 mm，各接触安装面间隙不大于 2 mm。 调整方法：不符时调整摆块吊有效长度。 ⑩ 测量风挡缓冲板外侧面与钩舌外侧面距离为 13～35 mm。 调整方法：不符时调整风挡缓冲杆弹簧压缩量。 （9）测量转向架四角高。测量转向架构架两端外侧的导柱安装面与轨面垂直距离，左右相差不超过 10 mm，前后相差不超过 12 mm。 调整方法：在支柱环与轴簧之间加厚度不大于 10 mm 的 1 块调整铁垫。 （10）测量轴箱弹簧高度：轴箱边沿与导柱安装面垂直距离，同一轴箱两簧高度差不超过 6 mm。 调整方法：允许在支柱环与轴簧之间加厚度不大于 10 mm 的 1 块调整铁垫。 （11）测量支持环下边缘与轴箱弹簧座间隙不小于 5 mm。 调整方法：允许在支柱环与轴簧之间加厚度不大于 10 mm 的 1 块调整铁垫。	测量闭锁位尺寸 测量全开位尺寸 检查钩提杆与座槽间隙  测量钩提杆与下锁销连杆之间距离

工序	作业内容及标准	图　　示
2. 落成检查及调试	（12）测量轴箱顶部与转向架侧梁下部距离：不得小于 38 mm（包括轴温报警器传感器部分）。 调整方法：允许在支柱环与轴簧之间加厚度不大于 10 mm 的 1 块调整铁垫或更换轴箱弹簧。 （13）转向架上部与车体底架下部各零部件的垂直距离应满足：横梁（或制动横梁）以内不小于 50 mm（手制动拉杆、手制动钢丝绳、摇枕与枕梁之间零部件除外）；横梁（或制动横梁）以外不小于 75 m；线管及空气制动管与轮缘距离须大于 100 mm。 调整方法：增加心盘垫板厚度或更换车轮直径。 （14）测量转向架弹簧托梁与安全托垂直距离为 20～60 mm。 调整方法：不符时调整、更换安全托。 （15）旁承间隙：确保下旁承滑块压实，取塞尺能通过的最小值，同一转向架两侧旁承间隙之和为 4～6 mm，每侧均不得密贴。 调整方法：如间隙过大，允许在旁承盒与摇枕间加数量不大于 3 块的调整铁垫，螺栓长度按加垫厚度选配，螺栓端部不得高出旁承盒。 （16）转向架一系簧下各垂下件与轨面距离不小于 60 mm，电气件不小于 100 mm。 调整方法：更换直径较大的车轮。 （17）根据实际测量数据计算选配好心盘垫板和旁承垫板的厚度，配备所需长度的螺栓。 ① 用标准钩高 880 mm 减去现车测量钩高值即为该端下心盘垫板厚度，同理可测得另一位下心盘垫板厚度；按车辆定距之比（1∶4∶1）调整车辆两端钩高，并保证两端钩高值之差不大于 10 mm。 ② 旁承必须安装铁垫板。 ③ 心盘和旁承必须安装 8.8 级螺栓和防松螺母	 检查摆块吊有效长度及各接触安装面间隙  测量风挡缓冲板外侧面与钩舌外侧面距离  测量转向架四角高  测量轴箱弹簧高度

工序	作业内容及标准	图　　示
2. 落成检查及调试		测量支持环下边缘与轴箱弹簧座间隙 测量转向架上部与车底下部各零部件的垂直距离
3. 完工整理	（1）填写记录，字迹清晰，记录准确，无遗漏	
	（2）清扫作业场地，整理工具、材料，检查设备。场地清洁，工具及托架、托盘等摆放整齐，工具、材料收拾整齐，摆放到指定位置	

二、209P 型转向架地面技术检查（见表 3-11）

表 3-11　209P 型转向架地面技术检查

工序	作业内容及标准	图示
1. 行进至第一处车轮所在的转向架外端部，面向第一处车轮踏面方向，采用一腿弯曲，一腿伸直，下蹲姿势，用手电筒照看，检点锤敲击协助检查	使用手电筒照射目视锤敲检查车轮中下 1/3 圈轮缘、踏面、轮辋、辐板、轮毂。 ▲（1）各部不得有裂纹。 （2）轮缘内侧缺损不得超过 30 mm×10 mm。 （3）轮缘垂直磨耗不得超过 15 mm。 （4）踏面圆周磨耗不得超过 8 mm。 （5）踏面局部凹入及擦伤深度：本属客车不超过 0.5 mm，外属客车不超过 1.0 mm。 （6）踏面剥离长度：一处长不得超过 30 mm，两处时每处长不得超过 20 mm，连续剥离长度不得超过 350 mm。 （7）踏面缺损：相对轮缘外侧至缺损部距离不得小于 1 505 mm，缺损部之长不得超过 150 mm。 （8）轮辋厚度不得小于 25 mm。 （9）车轮直径碾宽不得大于 5 mm。 轮径差：同一转向架不得大于 20 mm，同一车辆不得大于 40 mm（相同部位、配件质量标准下同）	
2. 用手电筒照看轴箱后壁，自上而下沿轴箱弹簧螺旋方向照看，检点锤敲击弹簧，听声音协助确认。向前迈步正对第一处轴箱盖，先下蹲、后起身，用手电筒照看，检查轴箱弹簧、轴箱盖、定检标记，检点锤敲击协助检查	使用手电筒照射目视、锤敲依次检查轴箱后壁；导柱座螺栓、轴箱弹簧（由上往下看、三面要看全）、轴箱托盘；导柱、导柱套、支持环、橡胶缓冲垫；导柱套挡盖、螺栓、弹簧垫、防松铁线；轴箱、轴箱前盖及标记、螺栓、铅封、标志牌、辅修标记。 ▲（1）轴箱后壁及前盖无甩油。 （2）各部无裂纹、磨耗，符合规定限度。 （3）各部螺栓齐全，螺栓无松动。 （4）导柱套压盖螺栓防松铁线无折损、丢失。 （5）轴箱弹簧无力弱、抗磨、裂纹、折损。 （6）导柱套无脱胶、窜动、脱落。 （7）支持环无裂纹，支持环、橡胶缓冲垫无窜位，橡胶缓冲垫弹性良好。 （8）轴箱标记清晰、涂打正确，轴箱前盖螺栓无松动、丢失，铅封齐全。 （9）辅修标记涂打正确、清晰不过期（二、三位侧架上）（相同部位、配件质量标准下同）	

工序	作业内容及标准	图　　示
3. 起身迈步面对第一轴箱盖，探身至车轮上方，用手电筒照看，检点锤敲击协助检查	使用手电筒照射目视锤敲检查车轮上方1/3圈轮缘、踏面、轮辋、辐板、轮毂、轴箱后壁；车底板、各梁、构架侧梁。 ▲（1）底板无腐蚀，孔洞封堵良好。 （2）各梁无裂纹（相同部位、配件质量标准下同）	
4. 迈步至第二处轴箱弹簧与摇枕吊之间，侧身面向第一处车轮踏面方向，采用一腿弯曲，一腿伸直，下蹲姿势，用手电筒照看，检点锤敲击协助检查	（1）使用手电筒照射目视、锤敲依次检查导柱座螺栓、轴箱弹簧、轴箱托盘；导柱、导柱套、支持环、橡胶缓冲垫；导柱套挡盖、螺栓、弹簧垫、防松铁线。 （2）使用手电筒照射目视、锤敲检查车轮中下方1/3圈轮缘、踏面、轮辋、辐板、轮毂、轴箱后壁	
5. 位置不变，转身面向第一处摇枕弹簧方向，采用一腿弯曲，一腿伸直，下蹲姿势，用手电筒照看，检点锤敲击协助检查	（1）使用手电筒照射目视、锤敲依次检查摇枕安全吊、吊座及螺栓、安全吊座与构架焊接面、螺栓孔处、横向缓冲器及挡板。 ▲① 摇枕安全吊无弯曲、变形。 ② 螺栓无松动，安全吊及座无裂纹、开焊。 ③ 横向缓冲器安装牢固、无丢失，缓冲橡胶无破损；磨耗板无开焊、丢失（相同部位、配件质量标准下同）	
	（2）使用手电筒照射目视、锤敲检查摇枕吊轴、吊轴内外挡铁、吊轴螺栓、摇枕吊、吊销、销轴、开口销、吊销支撑板、摇枕吊销座、吊座托架与侧架连接处。 ▲① 各部配件无裂纹、磨耗，符合规定限度。 ② 吊轴螺栓无松动、折损、丢失，挡铁无丢失。 ③ 开口销无折损、丢失，磨耗符合规定限度。 ④ 摇枕吊与吊轴无位移、吊套无窜动（相同部位、配件质量标准下同）	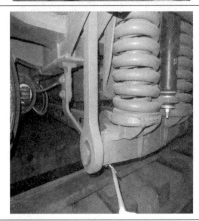

工序	作业内容及标准	图 示
5. 位置不变，转身面向第一处摇枕弹簧方向，采用一腿弯曲，一腿伸直，下蹲姿势，用手电筒照看，检点锤敲击协助检查	（3）使用手电筒照射目视、锤敲依次检查组装螺栓、开口销、内外卷摇枕弹簧、弹簧托盘。 ▲① 摇枕弹簧无抗磨、力弱、裂纹、折损。 ② 摇枕弹簧组装螺栓无折损、脱落，开口销齐全、角度正确。 ③ 弹簧托盘无裂纹（相同部位、配件质量标准下同）	
6. 迈步至正对垂向油压减振器。采用站立和半蹲姿势，使用手电筒照看，检点锤敲击协助检查	（1）使用手电筒照射目视、锤敲检查牵引拉杆固定端开口销、薄螺母、止退垫圈、螺母、内外夹板、橡胶缓冲垫、隔套、牵引拉杆体、摇枕与构架两侧间隙。 ▲① 牵引拉杆配件齐全、安装牢固，牵引拉杆无裂纹。 ② 内、外夹板无裂损，橡胶缓冲垫弹性良好。 ③ 止退垫圈、开口销角度正确，摇枕两侧与构架间隙均匀（相同部位、配件质量标准下同）	
	（2）使用手电筒照射目视或锤敲依次检查油压减振器下螺母、防锈帽、压板、橡胶缓冲垫、铁垫、安装座、油压减振器、油压减振器上螺母、防锈帽、压板、橡胶缓冲垫、铁垫、安装座。 ▲① 油压减振器配件齐全、安装牢固，无漏油、脱节、偏磨、裂折。 ② 安装座、压板、铁垫及橡胶缓冲垫无裂损，橡胶缓冲垫性能良好（相同部位、配件质量标准下同）	
	（3）使用手电筒照射目视、锤敲依次检查下旁承座、螺栓、垫板、旁承、滑块、旁承间隙、上旁承、螺栓、枕梁。 ▲① 配件齐全，各部无裂纹，旁承垫板无顶磨、裂损、窜出。 ② 旁承安装牢固螺栓无松动，旁承左右间隙之和为 2～6 mm	
	（4）使用手电筒照射目视、锤敲检查牵引拉杆调整端开口销、薄螺母、止退垫圈、螺母、内外夹板、橡胶缓冲垫、隔套、止退垫圈、牵引拉杆座、牵引拉杆体、摇枕与构架两侧间隙	

工 序	作业内容及标准	图 示
7. 迈步至第三处轴箱弹簧与摇枕吊之间，侧身面向第二处摇枕弹簧方向，采用一腿弯曲，一腿伸直，下蹲姿势，用手电筒照看，检点锤敲击协助检查	（1）使用手电筒照射目视，依次检查组装螺栓、开口销、内外卷摇枕弹簧、夹板、橡胶缓冲垫、弹簧托盘、托梁	
	（2）使用手电筒照射目视、锤敲检查摇枕吊轴、吊轴内外挡铁、吊轴螺栓、摇枕吊、吊销、销轴、开口销、吊销支撑板、摇枕吊销座、吊座托架与侧架连接处	
	（3）使用手电筒照射目视、锤敲依次检查摇枕安全吊、吊座及螺栓、安全吊座与构架焊接面、螺栓孔处、横向缓冲器及挡板	
8. 位置不变，转身面向第二处车轮踏面方向，采用一腿弯曲，一腿伸直，下蹲姿势，用手电筒照看，检点锤协助检查	（1）使用手电照看手制动机曲拐（1位轮与摇枕间）。 ▲ ① 安装螺栓、螺母、圆销、垫圈、开口销无丢失，开口销无折断。 ② 钢丝绳不受力、无断股，连接圆销、垫圈齐全，开口销无折断。 ③ 钢丝绳转向轮安装牢固、无丢失	
	（2）使用手电筒照射目视、锤敲检查车轮中下方1/3圈轮缘、踏面、轮辋、辐板、轮毂、轴箱后壁	

工序	作业内容及标准	图　　示
8. 位置不变,转身面向第二处车轮踏面方向,采用一腿弯曲,一腿伸直,下蹲姿势,用手电筒照看,检点锤协助检查	(3)使用手电筒照射目视、锤敲依次检查导柱座螺栓、轴箱弹簧、轴箱托盘;导柱、导柱套、支持环、橡胶缓冲垫;导柱套挡盖、螺栓、弹簧垫、防松铁线	
9. 起身迈步面对第二轴箱盖,探身至车轮上方,用手电筒照看,检点锤敲击协助检查	使用手电筒照射目视、锤敲检查车轮上方1/3圈轮缘、踏面、轮辋、辐板、轮毂、轴箱后壁;车底板、各梁、构架侧梁	
10. 迈步至第二处车轮所在的转向架外端部,面向第二处车轮踏面方向,采用一腿弯曲,一腿伸直,下蹲姿势,用手电筒照看,检点锤敲击协助检查	(1)使用手电筒照射目视、锤敲依次检查导柱座螺栓、轴箱弹簧、轴箱托盘;导柱、导柱套、支持环、橡胶缓冲垫;导柱套挡盖、螺栓、弹簧垫、防松铁线	
	(2)使用手电筒照射目视、锤敲检查车轮中下方1/3圈轮缘、踏面、轮辋、辐板、轮毂、轴箱后壁	
使用工具	塞尺、检点锤、手电筒、对讲机、粉笔、白铅油笔、常用工具等	

项目四　货车运用维修

项目目标

（1）掌握列检技术作业的分类及要求；

（2）理解货车运用维修流程；

（3）掌握货车运用作业场的分类；

（4）了解货车运用维修作业场的设置；

（5）了解货车运用维修范围及内容；

（6）掌握货车运用维修质量标准及特点；

（7）掌握铁路货车故障处理的要求；

（8）了解货车车体、转向架及车钩缓冲装置的故障形式及检修方法。

任务一　货车运用维修认知

【任务目标】

（1）了解货车运用维修工作的目的和方针；

（2）能说出货车运用维修的主要工作；

（3）了解货车运用维修工作的管理及场地。

【学习内容】

（1）货车运用维修的意义、目的；

（2）货车运用维修的主要工作；

（3）货车运用维修工作的管理及场地。

【阅读材料】

（1）货车运用维修的意义；

（2）货车运用维修工作的目的和方针；

（3）货车运用维修的主要工作；

（4）货车运用维修工作的管理及场地。

一、货车运用维修的意义

车辆在运用中的安全性和可靠性，原则上应由车辆制造质量和施行厂、段修的质量来保证，但由于车辆在长期运用中，各零部件会发生不同程度的磨耗与损伤，如不及时进行检查维修，车辆运行质量必然下降，甚至可能酿成行车事故。因此，车辆日常检查维修对延长车辆寿命和完成运输生产任务具有重要意义。

货车运用条件较差，在解体、编组及机械化装卸作业中承受频繁的冲击，易腐货物对配件造成的腐蚀，重载运输、长大列车在运行中的冲撞等，使货车零部件产生较大的磨耗、变形、松弛、腐蚀等故障。因此，必须对货车进行及时检查维修，使运用中的货车保持良好的技术状态，保证安全、正点、优质、高效地完成货物运输任务。

二、货车运用维修工作的目的和方针

铁路货车是铁路运输的重要装备。铁路货车运用维修工作是确保铁路运输安全和畅通的重要环节，是铁路运输的重要组成部分。铁路货车原则上实行无固定配属管理，全国运行。货车运用工作由国铁集团统一领导，统一技术标准要求，并执行国家有关技术规范和技术政策。在造修源头质量保证基础上，货车运用安全实行区段负责制，并实施质量追溯。国铁集团所属企业必须树立全局观念，严格落实有关技术标准和要求。

货车运用工作坚持"安全第一、预防为主、综合治理"的方针，应用先进的检查、检测、修理技术，及时发现和处理铁路货车故障；应适应运输组织需要，不断优化列检布局，推进作业方式变革，采用科学管理手段，加强安全基础建设，提高作业人员素质，实现布局合理、防范有力、技术先进、管理规范、素质过硬、安全稳定的货车运用工作目标。货车运用工作应充分发挥铁路货车运行安全监控系统作用，科学合理界定作业范围。优化到达作业，为始发作业打好列车技术质量基础；强化始发作业，确保始发列车达到货物列车运用质量标准；加强中转作业，保证列车安全和运输畅通。

货车运用工作实行国铁集团、铁路局集团公司、车辆段三级管理。按照领导负责、分工负责、专业负责、岗位负责的要求，实施严格的管理和考核机制，不断提升货车运用管理水平。

三、货车运用维修的主要工作

（1）负责货物列车的技术检查、货物列车自动制动机性能试验（以下简称列车制动机试验）、铁路货车故障处置和修理（以下简称铁路货车故障处理）等。

（2）负责定检到（过）期车、技术状态不良车（含沿途发生故障的铁路货车）及事故车的扣修和回送工作。

（3）负责铁路货车运行安全监控系统的运用管理。

（4）负责翻车机翻前卸后、散装货物解冻库（以下简称解冻库）解冻后的铁路货车的技术交接检查和故障处理。

（5）负责进出厂矿、港口、地方铁路、合资铁路、专用铁路、企业专用线和工程临管线等单位的铁路货车的技术交接检查和故障处理。

（6）负责国际联运货物列车的技术交接。

（7）负责往返循环开行的快速货物班列、局管内固定编组开行的货物快运列车等整备作业。

（8）负责铁路货车运用技术质量的分析、评价和管理，组织开展货物列车技术质量监控；负责铁路货车设计、新造、检修和主要配件的质量监督与反馈。

（9）负责爱护铁路货车（以下简称爱车）工作，组织爱车宣传并指导、监督和检查铁路货车的使用，制止损坏铁路货车的行为，负责损坏铁路货车的索赔和管理。

（10）按规定负责重点物资运输及超限货物列车和机械冷藏车的技术作业及车辆乘务等工作。

（11）按规定协助进行铁路货车新车型、新技术、新型配件运用考核的相关工作。

（12）参加相关铁路交通事故的调查和事故救援，协助铁路货车交通事故的处理和管理，负责铁路货车行车设备故障的调查、处理和管理。

（13）国铁集团规定的其他有关工作。

四、货车运用维修工作的管理及场地

（1）货车车辆处是铁路局集团公司货车运用工作的主管部门，须设负责货车运用工作的主管领导和货车运用、安全、安全监控设备运用、爱车等专（兼）职人员，同时负责铁路局集团公司车辆运行安全中心监测站的专业管理和业务指导。

（2）车辆段是货车运用工作管理的实施单位，负责落实运用规章制度、细化作业标准。货车运用车间是车辆段的主要生产车间，管辖一个或几个货车运用作业场，负责运用工作的生产组织、执行相关作业标准，确保运用货车技术状态良好。

（3）货车运用作业场按规定的检查范围和质量标准，对货物列车或铁路货车进行技术作业，承担相应的安全保证责任，保证铁路货车相应部位在正常运用条件下，安全到达下一个负责检查该部位的货车运用作业场。

任务二　货车运用作业场

【任务目标】

（1）掌握货车运用维修作业场的分类；

（2）了解货车运用维修作业场的设置。

【学习内容】

（1）货车运用维修作业场的分类；

（2）货车运用维修作业场的设置。

【阅读材料】

（1）货车运用维修作业场的分类、设置；

（2）货车运用作业场设施、设备。

一、货车运用维修作业场的分类、设置

货车运用维修作业场包括列检作业场、动态检查作业场、技术交接作业场、国境站技术交接作业场、整备作业场等。货车运用工作由货车运用作业场和站修作业场承担，站修作业场的技术管理按《铁路货车站修规程》执行。

列检作业场以人工检查或人机分工检查方式为主，列检作业场的布局须满足铁路运输安全和畅通的需要，在编组站的车场及相应的车站，根据列车运行图中编制的到达解体列车（简称到达列车）、编组始发列车（简称始发列车）、中转列车的数量，同时按照运输组织、机车交路、运行工况、列检作业安全保证距离等合理设置。

（一）货车运用维修作业场分类

列检作业场等级分为特级、一级。列检作业场的名称须与所在车场、站区的名称相对应，站区内设多个车场时，原则上采用上行或下行、到达或始发、一或二等方式进行命名。

（二）列检作业场的设置

（1）特级列检作业场设置在日均解体作业 3 000 辆及以上的编组站的车场。

（2）一级列检作业场设置在列车编组作业量较大或大量装卸货物的其他编组站、区段站的车场，以及停车技术作业中转列车较多的区段站、中间站。

（3）动态检查作业场利用 TFDS 以动态检查方式进行列车技术检查，动态检查作业场的名称须与所在车场、站区或集中作业地点的名称相对应。动态检查作业宜集中进行。

（4）技术交接作业场设置在有翻车机、解冻库的企业专用线，或实际装卸车数量每昼夜平均 300 辆及以上的厂矿、港口、地方铁路、合资铁路、专用铁路、企业专用线、工程临管线等与国铁接轨的车站。在翻车机、解冻库的企业专用线设置技术交接作业场的工作量标准由铁路局集团公司确定。接轨站设有列检作业场的可不设置技术交接作业场，由列检作业场承担技术交接作业场的有关工作。

（5）国境站技术交接作业场设置在办理铁路货车国际联运的国境站。国境站技术交接作业场负责外方铁路货车在中方铁路的国境站进行货物换装前和返回外方前的技术交接工作，以及外方铁路货车在中方铁路的国境站换装中方转向架前和换回外方转向架后的技术交接工作；负责中方铁路货车在外方铁路的国境站进行货物换装前和返回中方前的技术交接工作。

（6）整备作业场设置在对往返循环开行的快速货物班列车辆、局管内固定编组开行的货物快运列车车辆定点、定期进行集结整备作业的车站。

二、货车运用作业场设施、设备

（一）列检作业场、动态检查作业场

（1）列检作业场所在车站或站区均应有临修能力。暂无临修能力的，应设故障铁路货车临时整修的专用线路，其直线段有效长度不小于 60 m，具备重车架车条件，并配置电焊机、架车机具等临时整修铁路货车故障的设施、设备及安全防护设施。

（2）列检作业场应配备列车队中处理铁路货车故障的专用工具、机具，满足故障修理需要，并不断研发和更新列车队中新型的故障修理和抢修机具。

（3）列检作业场的生产生活房屋应相对集中设置在列检综合楼内，列检综合楼设在站场或车场外侧中部。房屋一楼室内地面标高不低于站场轨面标高。既有一楼室内地面标高低于站场轨面标高时，待检室所在楼层应有通往站场的栈桥。列检作业场须有与外界公路相通的道路，列检作业场的作业线路两端或一端应铺设平交运输道路，与列检作业场道路相通，其宽度应在 3.5 m 以上，路面应硬化。运输道路与正线相交时，应设汽车和人员涵洞通道。

（4）列检作业场的作业线路应满足列检作业需要，两侧无站台及障碍物。作业线路间及线群外侧（距线路中心 3.0 m）应以水泥预制板铺平至与轨枕上平面同高，宽度 1.0 m 左右，长度应铺至两端脱轨器所在位置，并具备良好的排水条件，线路应铺设混凝土平头轨枕，线群外侧设挡砟墙；作业线路间（包括两轨间）及线群外侧（距线路中心 3.0 m）水泥预制板未铺处应以细道砟填平至轨底面；各单位施工不得影响列检作业安全和设备使用，施工后须恢复。

（5）列检作业场的作业线路须设灯桥或灯塔，照明范围覆盖全部作业区域，照度符合相关规定。在夜间及光线较暗的时间段进行列检作业时，灯桥或灯塔应处于照明状态。

（6）列检作业需穿越正线或邻近正线作业的列检作业场，须安装列车接近语音报警提示装置和隔离设施。

（7）列检作业场的作业线路须安装具有安全防护功能的固定脱轨器。固定脱轨器应具备抗恶劣天气干扰和防雷功能，安装位置应根据本股道的信号机、警冲标及机车停车位置标的位置、机车长度等情况确定。根据站场实际情况，还须配置一定数量的移动脱轨器，实行定置管理。

（8）列检作业场须安装微机控制列车制动机试验装置，试验执行器的数量和安装位置应根据列车制动机试验的需要确定。

列检作业场应设空气压缩机房，满足列车制动机试验最大用风量需要，并具备除尘、除湿、控温的功能。压缩空气管路须采用管径不小于 50 mm 的不锈钢等耐腐蚀材料，采取防冻措施，进入作业线路后须铺设在专用的地沟或地下管道中。

（9）列检作业场须安装列车车辆制动试验监测装置，并在列检值班室设监测终端和主机。列车车辆制动试验监测装置的通信距离满足作业要求，传输信号完整、清晰，具备数据导出、自动分析等功能，参数设置须符合标准，显示界面须统一。

列检作业场应配备适应作业线路条件的工具、材料运输车。列检作业场的作业线路应交叉设置工具材料分存箱，满足铁路货车故障修理的需要，工具材料分存箱应规格统一实行定置管理。

（10）列检作业场须配备货车车号自动识别系统列检复示终端、铁路货车管理信息系统（简称 HMIS）运用子系统、列检手持机系统、铁路货车运行安全监控系统等信息系统。

（11）铁路局集团公司须组织将车站等相关单位的有关信息通过信息共享、复示等方式在列检作业场、动态检查作业场显示：

① 列车作业股道、车次、编组辆数、车种、车型、车号、到达时间、计划发车时间、总质量、总换长等信息。

② 车辆编组顺序、空重状态、货物品名、到发站、关门车、检修车等信息。

③ 车站日、班计划，阶段计划；编组站内现在车情况、作业场股道占用及空闲情况等；作业场所在车场信号显示，调车作业计划，列车、调车及机车的运行信息。

④ 车辆历史信息查询，扣修检修车位置查询。

（12）铁路局集团公司须组织将列检作业场有关信息通过信息系统向车站复示：

① 列检作业开始、结束信息，脱轨器上、下轨状态等信息。

② 车辆倒装、检修车扣修等信息。

（13）货车运用车间与列检作业场动态检查作业场须接入铁路综合信息网，网络带宽须满足数据传输的需要，并具有备用网络通道，满足实时、不间断数据传输的要求。应根据需要部署局域网和用于列检手持机系统的无线专网，其技术要求应符合有关规定，网络须覆盖列检作业场相关列车技术作业区域。须配备数据库服务器、传输服务器、应用服务器及网络通信设备，满足数据存储、统计分析、传输及信息共享的需要，并具有一定的冗余量和可扩展性。

（14）列检作业场、动态检查作业场原则上应设值班室、待检室、动态检车室、办公室、会议室、交接班室、资料室、多媒体学习培训室、安全警示室、计算机设备机房、模具展示室、故障展览室、练功基地等生产设施，并设文化活动室、更衣室、间休室、食堂、洗衣间、浴室、卫生间等生活设施。列检作业场还应设充电室、空气压缩机室、工具室、材料配件分存室、室外大型配件存放棚、微机控制列车制动机试验装置的车场端部机房等设施。

（15）列检值班室应设在列检作业场综合楼内或车站调度楼内，便于瞭望列车到发的位置。列检值班室须按以下要求配置：

① 面积满足工作和设备安装需要，设综合控制操作台，正前方安装显示列检作业进度、作业线路监控及设备状态等大屏幕显示器。

② 应配备列检现场作业监控、微机控制列车制动机试验、脱轨器、铁路货车运行安全监控系统、HMIS 运用子系统、列检手持机系统和站区电子签名终端，以及车场专用电话、铁路普通固定电话、无线对讲设备、传真机、打印机、数字语音记录装置等。数字语音记录装置须与车场专用电话、铁路普通固定电话、无线对讲设备、列检专用有线广播等连接。

③ 应配备资料柜，存放有关规章和列车运行图、作业指导书等技术资料。

④ 揭示列检作业场管辖范围示意图、作业线路示意图等。

（16）待检室应根据站场环境或车场内列检作业线路长度、数量设置。列检综合楼内应设待检室，当作业线路有效长为 850 m 及以上时，还应在车场两端适当位置设待检室；当列检综合楼设在车场的一端时，应在车场中部和另一端设待检室；当列检作业线路为 10 条及以上时，还应在站场或车场列检综合楼的另一侧适当位置设置待检室。列检综合楼外的待检室内设独立工具间、卫生间。待检室应配备 HMIS 运用子系统终端、打印机、与列检值班室直通电话、接发列车及安全信息揭示系统显示终端、座椅等。

（17）动态检车室须按以下要求配置：

① 动态检车室须单独设置，面积满足工作和设备安装需要，具备良好的隔音、通风功能。根据作业组作业人员的数量配备相应的工位机，安装 TFDS 作业平台系统，TFDS 的网络通道带宽、传输距离及设备软硬件须满足动态检查需要。

② 动态检车工位、动态检车组长须有独立的工作台，每个工作台上设不小于 21 英寸（约 53 cm）的高清晰液晶显示器。动态检车组长工位应配备铁路普通固定电话、与铁路局集团公司车辆运行安全中心监测站和列检值班室的直通电话、数字语音记录装置等。数字语音记录装置须与上述电话连接。可安装视频监控装置，实现对作业纪律的远程管理。

③ 配备列车运行图复示系统，具备显示负责作业径路上货物列车运行的计划时间和实际时间的功能。

④ 应配备资料柜，存放有关规章和列车运行图、作业指导书等技术资料。

⑤ 揭示列检作业场管辖范围示意图、作业线路示意图等。

（18）其他生产设施设置要求。

① 值班室、待检室应配备时钟，并与车站定期校准。有关信息系统及应用终端应按要求进行时间同步。

② 资料室须配备规格统一的资料柜。多媒体学习培训室面积及学习桌椅应满足培训人数的需要，配备投影仪、计算机、远程技术教育系统、动态检查练功系统等多媒体培训设施，并配备必备的学习用品。

③ 充电室内须设存放台、工具台、控制台、充电设备；工具室配置工作台、钳工台、砂轮机、台式钻床等必备的维修机具、设备配件及备品。设工具存放架或存放柜，并有工具明细表和使用说明书。

④ 模具展示室须配备主型车辆零部件的剖件、模具、课件；故障展览室墙上应揭挂故障发现方法图示。摆放有代表性的铁路货车故障损品，并有标注发现时间、列车车次、车号、定检和故障配件的名称等标牌。

⑤ 练功基地面积满足练功需要，应设置理论培训、实作演练、电化教学、配件实物、故障损品展示等不同区域，有围墙或栅栏，设防雪、防雨棚，地面硬化，须有装用主型或新型铁路货车配件的练功车，具备故障模拟、制动机试验等功能，揭挂"一班、一列、一辆"标准图示。

⑥ 交接班室的面积应根据作业场交接班的人数设置，使用面积按两班检车员总数设计，并配备桌椅。

⑦ 材料配件分存室、室外大型配件存放棚面积须满足材料配件存储需要，并配备材料配件存放架和储存箱。

⑧ 文化活动室、浴室、食堂、卫生间等生活房屋面积须满足作业场人员及生活需要。

⑨ 所有房屋须有照明、给排水设施，符合消防要求。值班室、动态检车室、待检室等处所应安装空调降温和采暖设施等。

（二）其他货车运用作业场设施、设备

（1）技术交接作业场、国境站技术交接作业场、整备作业场应设值班室、待检室、更衣室、休息室、交班室、办公室、资料室、信息机房、食堂、浴室、卫生间、工具材料存放间等生产生活房屋。根据需要部署局域网，接入铁路综合信息网，网络带宽须满足数据传输的需要；配备数据库服务器、传输服务器、应用服务器及网络通信设备，满足数据存储、统计分析、传输及信息共享的需要，并配备办公计算机、打印机、车场专用电话、铁路普通固定电话、传真机、数字语音记录装置、无线对讲及相应的生活配套设施。作业线路及照明装置应满足作业需要，配齐必要的故障处理工装、检测器具及样板等生产设施。具体标准由铁路局集团公司根据作业标准制定。

（2）在翻车机和解冻库企业设置的技术交接作业场，生产生活房屋及设施、交通工具、视频监控系统等由翻车机和解冻库使用单位提供。整备作业场应配备 50 t 电动千斤顶、更换轮轴必备工装、拆装制动阀防盗罩和拉铆必备工装、电焊机、切割专用工具等整备检修工装设备。

任务三　货车运用维修技术作业标准

【任务目标】

（1）掌握货物列车的作业性质及要求；

（2）了解列检技术作业范围及质量标准；

（3）理解列检技术作业过程；

（4）熟悉列车技术作业时间；

（5）掌握铁路货车故障处理的要求；

（6）了解铁路货车故障的修理。

【学习内容】

（1）列检作业场和动态检查作业场的技术作业标准；

（2）列车技术检修作业过程；

（3）其他货车运用作业场的作业；

（4）列车制动机试验；

（5）列车技术作业时间及货车运用限度；

（6）铁路货车故障处理。

【阅读材料】

（1）列检作业场和动态检查作业场的技术作业标准；

（2）列车技术检修作业过程。

一、列检作业场和动态检查作业场的技术作业标准

（一）列检技术作业分类及要求

货物列车的作业按性质不同分为到达作业、始发作业、中转作业、通过作业。

（1）到达作业指对列检作业场所在车站到达列车进行的作业，实行人机分工检查方式，对铁路货车执行"人机分工 TFDS 动态检查范围和质量标准"及"到达列车人机分工人工检查范围和质量标准"；列检作业场接入列车进路无 TFDS 的，实行人工检查方式，对铁路货车按"人机分工 TFDS 动态检查范围和质量标准"及"到达列车人机分工人工检查范围和质量标准"范围执行。

（2）始发作业指对列检作业场所在车站始发列车进行的作业，实行人工检查方式，对铁路货车执行"始发列车检查范围和质量标准"。

（3）中转作业指对列检作业场所在车站且处在列检作业安全保证距离位置上的中转列车进行的作业，实行人机分工检查方式，对铁路货车执行"人机分工 TFDS 动态检查范围和质量标准"及"中转列车人机分工人工检查范围和质量标准"；列检作业场接入列车进路无 TFDS 的，实行人工检查方式，对铁路货车执行"始发列车检查范围和质量标准"；对加挂的铁路货车，实行人工检查方式，执行"始发列车检查范围和质量标准"。

（4）通过作业指对上述情况以外的货物列车，利用 TFDS 进行的作业，实行动态检查方式，对铁路货车执行"通过作业 TFDS 动态检查范围和质量标准"。

对仅在本局管内运行的货物列车，列检技术作业规定比照到达、始发、中转、通过作业标准，由铁路局集团公司制定。

无列检作业场的车站编组始发列车，应在途经第一个列检作业场进行列检作业，采取人工检查或人机分工检查方式，执行"人机分工 TFDS 动态检查范围和质量标准"及"中转列车人机分工人工检查范围和质量标准"；列检作业场接入列车进路无 TFDS 的，执行"始发列车检查范围和质量标准"，铁路局集团公司须在运行图技术资料中明确上述列车的作业地点；在本铁路局集团公司未途经列检作业场时，由上述车站所在铁路局集团公司通知接入铁路局集团公司在途经第一个列检作业场进行作业，并在相关文件中明确。

（二）列检技术作业范围和质量标准

1. 始发列车检查范围和质量标准

（1）车轮轮缘垂直磨耗、内侧缺损不超限，踏面无碾堆，踏面擦伤、剥离、局部凹下、缺损、圆周磨耗不超限，轮缘厚度、轮辋厚度不超限；辐板孔边缘径向无裂纹，周向裂纹不超限；轮辋无破损。

（2）滚动轴承无甩油，外圈、轴箱无破损，轴端螺栓无松动、脱出、丢失，前盖无丢失；承载鞍无破损、错位，转 K2 型转向架承载鞍顶面无金属碾出；侧架导框、副构架导框纵向与滚动轴承外圈无接触；轴箱橡胶垫无错位，轴箱橡胶垫中间橡胶与上、下层板无错位；轴箱橡胶弹簧、轴箱纵向弹性垫无错位；轴承挡键无丢失，螺母无松动、丢失。

（3）摇枕、侧架、一体式构架、副构架无折断；副构架与连接杆连接用螺母及开口销无

丢失；上心盘铆钉无折断，下心盘螺栓无折断，螺母、开口销无丢失，心盘无脱出；侧架立柱磨耗板、斜楔及主摩擦板无破损、窜出、丢失，侧架立柱磨耗板折头螺栓、铆钉无折断、丢失，摇枕斜楔摩擦面磨耗板无窜出；摇枕斜面磨耗板折头螺栓无丢失；旁承体无破损、丢失，双作用弹性旁承上旁承与下旁承尼龙磨耗板无间隙，旁承滚子或旁承尼龙支承板与上旁承磨耗板不得接触，间隙旁承间隙不超限；交叉支撑装置盖板及交叉杆体无折断、变形，扣板螺栓、铆钉无丢失，安全索无丢失，交叉杆端部螺栓无松动、脱出、丢失；轴箱、摇枕及减振弹簧无折断、窜出、丢失；转向架弹簧托板、折头螺栓无折断，螺母及开口销无丢失。

（4）钩体无破损，牵引杆、钩尾框无折断；钩舌销及开口销无折断、丢失；钩锁锁腿无折断，下锁销组成配件无丢失、脱落；钩提杆座无裂损，螺母无丢失；钩提杆及复位弹簧无折断、丢失，钩提杆链松余量符合规定；两连接车钩中心水平线高度之差（简称互钩差）不超限，车列首尾端部车钩钩舌 S 面无裂损，三态作用试验良好；从板无折断、丢失，从板座、缓冲器、冲击座无破损，从板座及冲击座铆钉无折断、丢失；安全托板、钩尾框托板、钩尾销托梁螺母、开口销无丢失；钩尾销插托无错位，螺母无松动、丢失；钩尾销及安全吊螺母无松动、丢失，13 型、13A 型钩尾框安全吊螺栓开口销无丢失，13B 型钩尾框钩尾销螺栓开口销无丢失；车钩托梁无折断，螺栓、螺母无丢失；钩体支撑座、钩尾框托板、钩尾销托梁、从板、缓冲器箱体含油尼龙磨耗板无窜出；钩体支撑座止挡铁及螺母、铆钉无丢失；车钩防跳插销及吊链无丢失，插设良好。

（5）制动缸活塞制动、缓解作用良好，集成制动装置制动缸活塞行程指示器显示制动、缓解位置正确；制动缸、副风缸、加速缓解风缸、容积风缸、降压风缸缸体无裂损、脱落、丢失，吊架无折断、脱落，吊架螺母无丢失；集成制动装置制动缸连接软管无破损、脱落、丢失，制动缸安装座拉铆销套环无丢失，制动缸推杆及β形插销无丢失，制动缸活塞行程指示器、标志牌无丢失；制动阀中间体吊架螺母无丢失，制动阀防盗罩无脱落；制动主管、支管、连接管无折断，卡子及螺母、法兰螺母无丢失；空重车自动调整装置限压阀、调整阀、传感阀无破损、丢失，横跨梁无折断，螺母及开口销无丢失；制动软管、远心集尘器及组合式集尘器、缓解阀无破损、丢失，制动软管连接状态良好，制动软管吊链无丢失，挂钩与制动软管无脱出，制动软管堵及吊链无丢失；缓解阀拉杆、空重车调整杆无折断、脱落、丢失，吊架无裂损、脱落，手动空重车位调整正确；缓解阀拉杆开口销无折断、丢失；折角塞门、直端塞门手把无关闭（列尾端未挂列尾装置的除外），折角塞门、直端塞门、截断塞门无破损，塞门手把无丢失，折角塞门、直端塞门卡子无丢失；闸瓦间隙自动调整器（简称闸调器）无破损，闸调器螺杆连接螺母、防松垫圈及开口销无丢失，集成制动装置闸调器控制杆螺母及锁紧螺母无松动、丢失；脱轨自动制动装置调节杆无折断，拉环无脱落，拉环与车轴无接触，拉环圆销无丢失，拉环无丢失，塞门手把无关闭（始发、中转作业故障时现场可不处理）。

（6）制动梁梁体、支柱无折断，支柱夹扣螺母无丢失，闸瓦托铆钉无丢失；制动梁吊无裂损，圆销及开口销无折断、丢失，转 K3 型转向架制动梁端头与闸瓦托组装开口销无折断、丢失；制动梁安全链无脱落；制动梁安装位置正确、无脱落；闸瓦及闸瓦插销无折断、丢失，闸瓦磨耗不超限、无碾出金属镶嵌物，闸瓦插销安装位置正确，闸瓦插销环无丢失；基础制动装置的各拉杆、杠杆、圆销及开口销无折断、丢失，固定杠杆支点座、固定杠杆支点、固定杠杆支点链蹄环、制动缸后杠杆支点及圆销、开口销无折断、丢失，拉铆销套环无丢失，拉杆、杠杆吊架无折断、脱落，制动缸后杠杆支点组装螺母无丢失；固定杠杆支点座拉铆钉无丢失；下拉杆安全吊或索无脱落、丢失，下拉杆下垂不超限。

（7）人力制动机拉杆、拉杆链、轴链无折断、脱落，吊架无脱落，螺母无丢失，导向杆无卡滞，拉铆销套无丢失，附加杠杆、拉杆及圆销、开口销无丢失，附加杠杆座无脱落、丢失，轴链拉杆与车轴无接触；折叠式人力制动机轴折页无折断，圆销及开口销无丢失，托架无折断；集成制动装置手制动杠杆及销轴无丢失。

（8）中梁、侧梁、端梁、枕梁、横梁及牵引梁无折断，侧梁下垂、车体倾斜或外胀不超限；铁路货车车号自动识别标签无丢失。

（9）防火板无脱落、丢失；侧柱、角柱无裂损，敞车上端梁、上侧梁无折断；车门、端板、渡板折页及座无折断，圆销无丢失；底开门转轴开口销无折断、丢失；车门滑动轨道无折断，车门滑轮无脱出轨道，车门、车窗无脱落、丢失；墙板、门板、地板、浴盆板破损或腐蚀穿孔不超限；车门锁闭装置配件无破损、丢失；绳栓无折断，柱插无破损；脚蹬、车梯扶手、集装箱锁头、门挡及车端护栏无破损、折断、丢失，脚蹬、车梯扶手弯曲不超出车辆限界；罐车卡带无折断，紧固螺母及锁紧螺母无松动，圆销及开口销无丢失；罐体及阀无泄漏，人孔盖及安全阀无丢失，下卸式排油管、加热管及盖无脱落，罐体上部走板、防护栏无脱落、窜出。

（10）空车定检不过期（回送检修车除外）。

2．人机分工 TFDS 动态检查范围和质量标准

（1）车轮踏面、轮辋无缺损。

（2）滚动轴承无甩油，外圈、轴箱无破损，前盖、轴端螺栓无丢失；承载鞍无错位，挡边无折断；轴箱橡胶垫中间橡胶与上、下层板无错位；轴箱橡胶弹簧、轴箱纵向弹性垫无错位；轴承挡键无丢失，螺母无松动、丢失。

（3）摇枕、侧架、一体式构架、副构架无折断；下心盘螺栓无折断，螺母及开口销无丢失；心盘无脱出；交叉支撑装置盖板及交叉杆体无折断、明显变形，扣板螺栓、铆钉无丢失，安全索无丢失，交叉杆端部螺栓无丢失；轴箱、摇枕弹簧无折断、窜出、丢失；转向架弹簧托板、折头螺栓无折断，螺母及开口销无丢失。

（4）钩体、牵引杆、钩尾框无折断；钩舌销无折断、丢失，钩舌销开口销无丢失；钩锁锁腿无折断，下锁销组成配件无丢失、脱落；钩提杆及复位弹簧无折断、丢失；从板无折断、丢失，从板座、缓冲器无破损；安全托板、钩尾框托板、钩尾销托梁螺母、开口销无丢失；钩尾销插托无错位，螺母无松动、丢失；钩尾销及安全吊螺母无松动、丢失，13 型、13A 型钩尾框安全吊螺栓开口销无丢失，13B 型钩尾框钩尾销螺栓开口销无丢失；车钩托梁无折断，螺栓、螺母无丢失；钩体支撑座、钩尾框托板、钩尾销托梁、从板、缓冲器箱体含油尼龙磨耗板无窜出；钩体支撑座止挡铁及螺母或铆钉无丢失；车钩防跳插销及吊链无丢失，车钩防跳插销插设良好（到达作业故障时现场可不处理）。

（5）制动缸、副风缸、加速缓解风缸、容积风缸、降压风缸无脱落、丢失，吊架无脱落；制动阀防盗罩无脱落；制动主管、支管、连接管无折断，卡子及螺母、法兰螺母无丢失；空重车自动调整装置限压阀、调整阀无丢失，横跨梁无折断，螺母及开口销无丢失；制动软管、远心集尘器及组合式集尘器、缓解阀无丢失，制动软管连接状态良好，制动软管吊链无丢失，

挂钩与制动软管无脱出，制动软管堵及吊链无丢失；缓解阀拉杆、空重车调整杆无折断、脱落、丢失；缓解阀拉杆开口销无折断、丢失，吊架无脱落；折角塞门、直端塞门手把无关闭（列尾端未挂列尾装置的除外），截断塞门手把无关闭，折角塞门、直端塞门手把及卡子无丢失；闸调器无破损，闸调器螺杆连接螺母、防松垫圈及开口销无丢失；脱轨自动制动装置拉环无脱落，拉环无丢失，塞门手把无关闭（中转作业故障时现场可不处理）；集成制动装置闸调器控制杆螺母及锁紧螺母无丢失，制动缸连接软管无脱落，制动缸安装拉铆销套环无丢失。

（6）制动梁梁体、支柱无折断，支柱夹扣螺母无丢失，闸瓦托下铆钉无丢失，制动梁、制动梁安全链无脱落；闸瓦无折断、丢失，磨耗不超限，闸瓦插销安装位置正确，闸瓦插销环无丢失；基础制动装置的各拉杆、杠杆、圆销及开口销无折断、丢失，固定杠杆支点座、固定杠杆支点、固定杠杆支点链蹄环、制动缸后杠杆支点及圆销、开口销无折断、丢失，拉铆销套无丢失，拉杆、杠杆吊架无折断、脱落，制动缸后杠杆支点组装螺母无丢失；固定杠杆支点座拉铆钉无丢失；下拉杆安全吊或索无脱落、丢失。

（7）人力制动机拉杆、拉杆链、轴链无折断、脱落，吊架无脱落，导向杆无卡滞，拉铆销套无丢失，附加杠杆、拉杆及圆销、开口销无丢失，轴链拉杆与车轴无接触，折叠式人力制动机轴无脱落；集成制动装置手制动杠杆及销轴无丢失。

（8）横梁无折断；铁路货车车号自动识别标签无丢失。

（9）防火板无脱落、丢失；端板或渡板无脱落、丢失；地板、浴盆板无破损，罐车下卸式排油管、加热管及盖无脱落。

TFDS 具备车体检查功能时还应检查：车门滑动轨道无折断，车门滑轮无脱出轨道；车门及车窗无脱落、丢失；车门折页及座无折断，圆销无丢失；车门锁闭装置配件无破损、丢失；墙板、门板无破损；罐车卡带无折断；脚蹬、车梯扶手及车端护栏无折断、丢失。

3. 中转列车人机分工人工检查范围和质量标准

（1）车轮轮缘垂直磨耗、内侧缺损不超限；踏面无碾堆，踏面擦伤、剥离、局部凹下、缺损、圆周磨耗不超限；轮缘厚度、轮辋厚度不超限；辐板孔边缘径向无裂纹，轴向裂纹不超限；轮辋无破损。

（2）滚动轴承外圈、承载鞍无破损，轴端螺栓无松动、脱出，转 K2 型转向架承载鞍顶面无金属碾出；侧架导框、副构架导框纵向与滚动轴承外圈无接触，交叉杆端部螺栓无松动、脱出。

（3）装有弹簧托板的转向架摇枕、上心盘铆钉无折断；副构架与连接杆连接用螺母及开口销无丢失；侧架立柱磨耗板、斜楔及主摩擦板无破损、窜出、丢失，侧架立柱磨耗板折头螺栓、铆钉无折断、丢失，摇枕斜楔摩擦面磨耗板无窜出；摇枕斜面磨耗板折头螺栓无丢失；旁承体无破损、丢失，双作用弹性旁承上旁承与下旁承尼龙磨耗板无间隙，旁承滚子或旁承尼龙支承板与上旁承磨耗板不得接触，间隙旁承间隙不超限；装有弹簧托板的转向架内侧摇枕弹簧、减振弹簧无折断、窜出、丢失。

（4）钩体无破损；钩提杆座无裂损，螺母无丢失，钩提杆链松余量符合规定；互钩差不超限；冲击座无破损，从板座及冲击座铆钉无折断、丢失；车列首尾端部车钩钩舌 S 面无裂损，三态作用试验良好。

（5）制动缸活塞制动、缓解作用良好；集成制动装置制动缸活塞行程指示器显示制动、缓解位置正确；副风缸、加速缓解风缸、容积风缸、降压风缸缸体无裂损，吊架无折断，螺母无丢失；制动缸吊架无折断，螺母无丢失；集成制动装置制动缸连接软管无破损，制动缸推杆及β形插销无丢失，制动缸活塞行程指示器、标志牌无丢失；制动阀中间体吊架螺母无丢失；制动主管卡子及螺母、法兰螺母无丢失；空重车自动调整装置限压阀、调整阀、传感阀无破损；制动软管、远心集尘器及组合式集尘器、缓解阀无破损，缓解阀拉杆、空重车调整杆吊架无裂损，手动空重车位调整正确；折角塞门、直端塞门、截断塞门无破损；脱轨自动制动装置调节杆无折断，拉环与车轴无接触，拉环圆销无丢失。

（6）制动梁闸瓦托铆钉无丢失；制动梁吊无裂损，圆销及开口销无折断、丢失，转 K3 型转向架制动梁端头与闸瓦托组装开口销无折断、丢失；制动梁安装位置正确；闸瓦上部无折断，闸瓦插销无折断、丢失，闸瓦磨耗不超限，无碾出金属镶嵌物；基础制动装置的固定杠杆支点座、固定杠杆支点、固定杠杆支点链蹄环、上拉杆、制动缸后杠杆支点及圆销、开口销无折断、丢失，拉铆销套环无丢失。

（7）人力制动机附加杠杆座及圆销、开口销无丢失；折叠式人力制动机轴折页无折断，圆销及开口销无丢失，托架无折断。

（8）中梁、侧梁、端梁、枕梁及牵引梁无折断；侧梁下垂、车体倾斜或外胀不超限。

（9）侧柱、角柱无裂损，敞车上端梁、上侧梁无折断；端板、渡板折页及座无折断，圆销无丢失；底开门转轴开口销无折断、丢失；墙板、门板破损或腐蚀穿孔不超限；绳栓无折断，柱插无破损；脚蹬、车梯扶手、集装箱锁头、门挡及车端护栏无破损、折断、丢失，脚蹬、车梯扶手弯曲不超出车辆限界；罐车卡带紧固螺母及锁紧螺母无松动，圆销及开口销无丢失；罐体及阀无泄漏，人孔盖及安全阀无丢失，罐体上部走板、防护栏无脱落、窜出。

TFDS 不具备车体检查功能时还应检查：车门滑动轨道无折断，车门滑轮无脱出轨道；车门及车窗无脱落、丢失；车门折页及座无折断，圆销无丢失；车门锁闭装置配件无破损、丢失，罐车卡带无折断。

（10）空车定检不过期（回送检修车除外）。

（11）对铁路货车运行安全监控系统预报的故障进行确认和处置。

4. 到达列车人机分工人工检查范围和质量标准

（1）车轮轮缘垂直磨耗、内侧缺损不超限；踏面无碾堆，踏面擦伤、剥离、局部凹下、缺损、圆周磨耗不超限；轮缘厚度、轮辋厚度不超限；辐板孔边缘径向无裂纹，周向裂纹不超限；轮辋无破损。

（2）钩提杆座无裂损；侧柱、角柱无裂损，敞车上端梁、上侧梁无折断；端板、渡板折页及座无折断，圆销无丢失；底开门转轴开口销无折断、丢失；墙板、门板破损或腐蚀穿孔不超限；绳栓无折断，柱插无破损；脚蹬、车梯扶手、集装箱锁头、门挡及车端护栏无破损、折断、丢失，脚蹬、车梯扶手弯曲不超出车辆限界；罐车卡带无折断，紧固螺母及锁紧螺母无松动，圆销及开口销无丢失；罐体及阀无泄漏，人孔盖及安全阀无丢失，罐体上部走板、防护栏无脱落、窜出；车门滑动轨道无折断，车门滑轮无脱出轨道；车门及车窗无脱落、丢失；车门折页及座无折断，圆销无丢失；车门锁闭装置配件无破损、丢失。

（3）空车定检不过期（回送检修车除外）。

（4）对铁路货车运行安全监控系统预报的故障进行确认和处置。

5. 通过作业 TFDS 动态检查范围和质量标准

（1）滚动轴承轴箱无破损；轴承前盖、轴端螺栓无丢失；承载鞍无错位。

（2）摇枕、侧架、一体式构架、副构架无折断；心盘无脱出；交叉支撑装置盖板及交叉杆体无折断，交叉杆端部螺栓无丢失；轴箱、摇枕弹簧无丢失。

（3）钩尾框无折断；钩提杆无脱落；钩尾销插托无错位，螺母无丢失；钩尾销安全吊螺栓、螺母无丢失；车钩托梁无折断；安全托板、钩尾框托板、钩尾销托梁无脱落。

（4）折角塞门、直端塞门手把无关闭（列尾端未挂列尾装置的除外）。

（5）制动缸、副风缸、加速缓解风缸、容积风缸、降压风缸、缓解阀拉杆、脱轨自动制动装置拉环无脱落。

（6）制动梁、上拉杆、下拉杆无折断、脱落；制动梁支柱圆销、开口销、拉铆销套环无丢失；下拉杆圆销、开口销无丢失。

（7）人力制动机轴链、折叠式人力制动机轴无脱落。

（8）车门、端板、渡板无脱落；重车地板、浴盆板破损故障不影响行车安全。

6. 过轨技术检查

（1）自备铁路货车、企业内用铁路货车和出口铁路货车进入国铁运行时，须按有关规定由国铁车辆段进行过轨技术检查，过轨技术检查仅对与国铁货车相同的通用部件进行检查，并执行"始发列车检查范围和质量标准"，其他部件由自备铁路货车企业、企业内由铁路货车企业或出口铁路货车制造企业负责。经检查符合要求的填发"自备铁路货车、企业内用铁路货车过轨技术检查合格证"。办理过轨技术检查时，企业须向车辆部门提供交通工具和符合过轨技术检查的条件。

（2）重型轨道车（含轨道平车）、大型养路机械、接触网作业车遇有以下情况需进入国铁营业线运行前，应办理过轨手续，按照国铁集团设备主管部门提供的过轨技术检查标准进行过轨技术检查。

① 国外引进抵达港口或国境站后首次进入国铁营业线运行时。

② 大修或返厂修需与列车挂运时（重型轨道车、大型养路机械具备有效"年检合格证"的除外）。

③ 路外企业所属的重型轨道车或大型养路机械进入国铁挂运时。

④ 施工场地转移进入国铁与列车挂运时。

（3）重型轨道车（含轨道平车）、大型养路机械、接触网作业车按以下程序办理过轨技术检查：

① 重型轨道车（含轨道平车）、大型养路机械、接触网作业车所属单位须对自轮运转特种设备进行检查，确保达到过轨技术检查标准，提前 7 天向所在地车辆段以"自轮运转特种设备过轨技术检查申请表"书面形式提出过轨技术检查申请，申请内容包括自轮运转特种设备名称、用途、运行区段、技术状态等。

② 过轨技术检查还需提供技术结构资料和铁路局集团公司及以上专业主管部门发放的有效技术状态合格证明。其中，接触网作业车、供电轨道车须提供铁路局集团公司供电处发放的"年检合格证"；国铁大型养路机械、工务轨道车须提供国铁集团工电部发放的"年检合格证"（"年检合格证"过期的须提供铁路局集团公司工务处发放的有效技术状态合格证明）；路外大型养路机械、工务轨道车须提供铁路局集团公司工务处发放的技术状态合格证明。

③ 车辆段接到书面申请后，须对有关资料进行审核，并复印存档，符合规定的方可办理过轨技术检查。自轮运转特种设备所属单位须负责向车辆部门提供交通工具和符合过轨技术检查的条件。

④ 过轨技术检查合格后，方可出具"自轮运转特种设备过轨技术检查合格证"，一式两份，设备所属或使用单位、车辆部门各一份，加盖过轨检查运用车间或车辆段公章。

⑤ 货运部门凭车辆部门签发的"自轮运转特种设备过轨技术检查合格证"方可受理自轮运转特种设备货物运输，"自轮运转特种设备过轨技术检查合格证"自车辆部门填发之时起 7 日内交给货运部门。

7. 特殊技术检查

（1）对长期不经列检作业场的固定编组、固定区段运行的循环车组，由铁路局集团公司按照列检作业安全保证距离的要求，制定上述车组的列检作业办法；跨局运行时由相邻铁路局集团公司联合制定。

（2）列检作业场对自备铁路货车、企业内用铁路货车、出口铁路货车中的专用铁路货车（如装液化气体、化工产品、放射性物品、有毒物品的铁路货车等），只负责走行部、制动装置、车钩缓冲装置、车体及底架通用部件进行检查维修，其他部件由自备铁路货车企业、企业内由铁路货车企业或出口铁路货车制造企业负责。自备铁路货车装载放射性物品、剧毒品或感染性物质时，列检作业场所在车站须在列检作业前，将铁路货车的车位、车号通知列检作业场。

（3）自轮运转特种设备挂运列车进入国铁运行时，所属单位须派员随车，负责对自轮运转特种设备进行检查，确保技术状态良好。对采取人工检查或人机分工检查方式进行列检作业的货物列车中的自轮运转特种设备，列检作业场只负责检查车轮技术状态和与铁路货车连接的互钩差，并须符合铁路货车运用规定。对随车人员预报的车辆故障，列检作业场应积极配合处理，并对处理的车辆故障进行质量检查。发现热轴时，由列检作业场确认能否继续安全运行。挂运列车需计算每百吨列车质量换算闸瓦压力时，未公布的自轮运转特种设备自重和闸瓦压力由随车人员提供。

（4）客车编入货物列车时，须派车辆押运人员；客车编入军用列车时，须派车辆乘务员；城市轨道客车编入货物列车时，须派车辆技术人员。客车、城市轨道客车配属或造修单位须确保客车、城市轨道客车技术状态符合规定。客车编入货物列车或军用列车前，由配属、代管、产权或检修单位确认缓解阀处于导通位，并对缓解阀手柄实施可靠捆绑。

（5）对采取人工检查或人机分工检查方式进行列检作业的货物列车、军用列车中的客车，列检作业场按以下检查范围和质量标准进行技术检查：

① 车轮踏面、轮缘内侧缺损、踏面擦伤及局部凹入深度、踏面剥离长度，须符合表 4-1 规定。

表 4-1　客车车轮运用限度表（摘自《铁路客车运用维修规程》）

序号	名　称		运用限度/mm	备　注
1	车轮踏面缺损	相对车轮轮缘外侧至缺损部位距离	≥1 505	指缺损后的轮辋宽加轮对内侧距离，再加相对车轮轮缘厚度的总和；沿圆周方向测量
		缺损部位长度	≤150	
2	车轮轮缘内侧缺损	长	≤30	
		宽	≤10	
3	车轮踏面擦伤及局部凹入深度		≤1.5	
4	车轮踏面剥离长度	1 处	≤30	① 沿圆周方向测量。测量时，两端宽度不足 10 mm 的剥离尖端部分不计算在内；② 长条状剥离，其最宽处不足 20 mm 者，不计；③ 两剥离外边缘相距小于 75 mm 时，每处长不得超过 20 mm，连续剥离长度不超过 350 mm；④ 剥离前期未脱落部分不计算在内
		2 处（每 1 处均）	≤20	

② 闸瓦及闸瓦插销无折断、丢失，闸瓦磨耗剩余厚度不小于 10 mm；闸瓦插销正位。

③ 客车与铁路货车连挂符合规定。与铁路货车连接的车钩连接状态良好，两连接车钩互钩差不超限。

④ 与铁路货车连接的制动软管连接状态良好。

⑤ 进行列车制动机持续一定时间全部试验时，客车制动机须发生制动、缓解作用。

列检作业场发现客车故障，应及时通知车辆押运人员或车辆乘务员处理；对车辆押运人员或车辆乘务员预报的客车故障，列检作业场应积极配合处理。发现客车故障是否需要扣车，由列检作业场决定。

（6）对采取人工检查或人机分工检查方式进行列检作业的货物列车，编有城市轨道客车的，列检作业场人工检查作业前须通知车辆技术人员对城市轨道客车进行技术检查和制动机试验。车辆技术人员负责确认城市轨道客车技术状态良好、制动机试验符合规定，并将城市轨道客车中的关门车及时通知列检作业场检车员。列车技术作业完成前，列检作业场检车员须与城市轨道客车车辆技术人员核对关门车情况。

（7）客车、城市轨道客车关门车编挂位置、数量执行铁路货车关门车的相关规定，需计算每百吨列车质量的换算闸瓦压力时，《铁路技术管理规程》规定以外的客车、城市轨道客车自重及换算闸瓦压力，由车辆押运人员、车辆乘务员或车辆技术人员提供。

（8）对采取人工检查或人机分工检查方式进行列检作业的货物列车中的 DL1 型大吨位预制梁运输专用车组（简称预制梁运输车组），列检作业场除按规定的检查范围和质量标准进行列检作业外，还需对以下配件进行技术检查：

① 空车运行时，支撑装置配件齐全。

② 空车运行时，所有专用车钩缓冲停止器应处于非工作位并锁闭。重车运行时，与游车相邻铁路货车的专用车钩缓冲停止器应处于工作位状态，预制梁运输车组两外端专用车钩缓冲停止器处于非工作状态；专用车钩缓冲停止器配件齐全良好。

③ 转向盘底座旁承磨耗板连接螺栓及螺母无松动、丢失。

④ 转向盘底座与车体间的连接螺栓及螺母无松动、丢失。

（9）对采取人工检查或人机分工检查方式进行列检作业的货物列车中的机械冷藏车组（含单节机械冷藏车，下同），列检作业场按以下检查范围和质量标准进行技术检查：

① 车轮轮缘垂直磨耗、内侧缺损不超限，踏面无碾堆，踏面擦伤、剥离、局部凹下、缺损、圆周磨耗不超限，轮缘厚度、轮辋厚度不超限。

② 闸瓦及闸瓦插销无折断、丢失，闸瓦磨耗不超限，无碾出金属镶嵌物，闸瓦插销正位，闸瓦插销环无丢失。

③ 制动缸活塞制动、缓解作用良好（到达列车除外）；制动软管无破损，连接状态良好。

④ 钩舌销无折断，车钩连接状态良好、处于闭锁位，互钩差不超限；钩提杆及座无脱落，钩尾销及安全吊螺母无松动，开口销无丢失。

对随车车辆乘务员预报的故障，列检作业场应积极配合处理；发现机械冷藏车组存在故障需要扣车时，由列检作业场办理。

（10）对采取人工检查或人机分工检查方式进行列检作业的货物列车中的 C_{100} 型敞车，列检作业场除执行相应的检查范围和质量标准外，还须执行以下检查范围和质量标准：

① 二位转向架摇枕组成的下旁承平面磨耗板、立面磨耗板和三位转向架下旁承磨耗板无裂损、丢失；三位转向架下旁承磨耗板螺母无松动、丢失。

② 三位转向架中心销筒的磨耗套或中心销无裂损，焊缝无开焊。

③ 二、三位转向架闸瓦磨耗剩余厚度不小于 25 mm；同一制动梁两端闸瓦厚度差不大于 10 mm。

④ 均载装置连接杆和均衡拉杆及圆销、开口销无折断、丢失。

⑤ 均载装置安装座下平面与上旁承体不得接触。

⑥ 均载装置安装座与枕梁的连接螺栓、螺母无松动、丢失。

⑦ 均载装置旁承滚轮座与下旁承磨耗板不得接触。

（11）标记载重 260 t 及以上的落下孔车、标记载重 300 t 及以上的凹底平车、钳夹车等铁路长大货物车装车前、装车后、卸车后，货运部门须提前通知车辆配属单位，由车辆配属单位指派车辆乘务人员进行技术检查，铁路长大货物车通用部分执行铁路货车"始发列车检查范围和质量标准"，其他部分须执行以下检查范围和质量标准：

① 包板式转向架：构架侧梁、横梁无裂损；轴箱导框无裂损，导框铆钉无折断、丢失；附加弹簧传动组成弹簧座、吊杆、活动吊座、均衡梁、卡板、吊环、卡子、吊环铁无裂损；附加弹簧无折断，吊环铁、销子、卡子、中心轴无窜出；板弹簧簧片及簧箍无裂损，板弹簧组成中间弹簧箍与均衡铁无错位，下拉板螺栓无折断、丢失。

② 焊接构架式转向架：构架侧梁、横梁无裂损；构架导框无裂损，导框磨耗板无破损、窜出、丢失；直顶式减振器顶座无裂损；均衡梁、弹簧座无裂损，组装圆销、开口销无窜出、丢失；制动梁闸瓦托吊座无裂损。

③ 轴箱无裂损，轴箱弹簧及均衡梁弹簧无折断、窜出、丢失，轴箱前盖、后盖无裂损，组装螺栓无脱出，轴箱橡胶垫无窜出、丢失，轴箱弹簧座无裂损。

④ 心盘衬垫无窜出；心盘防脱螺栓无折断、丢失，心盘防脱圆销、开口销无丢失。

⑤ 滚轮式旁承组装螺栓、滚轮轴卡板组装螺栓无折断、丢失；滚子式旁承滚子无丢失，

滚子盒无裂损，组装螺栓无折断、丢失；旁承盒无裂损，组装螺栓无折断、丢失；旁承间隙符合规定。

⑥ 焊接构架式转向架扁钢制动梁梁体无裂损，端轴开口销无丢失，闸瓦托、闸瓦托吊、安全链及调整装置无裂损。制动主、支管不得与车体或其他零部件干涉，连接软管不得接触零部件。

⑦ 凹底架侧梁弯角部位无裂损；落下孔车、钳夹车承载框架拉杆、压杆、等分撑杆及座无裂损；心盘防脱装置连接件无裂损。

（12）长大平车、双联平车、标记载重 260 t 以下的落下孔车、标记载重 300 t 以下的凹底平车等铁路长大货物车装车前、装车后、卸车后，货运部门须提前通知就近车辆段派员进行技术检查，铁路长大货物车通用部分执行铁路货车"始发列车检查范围和质量标准"，其他部分须执行以下检查范围和质量标准：

① 构架侧梁、横梁、构架导框无裂损，构架导框磨耗板无破损、窜出、丢失；直顶式减振器顶座无裂损；均衡梁、弹簧座无裂损，组装圆销、开口销无窜出、丢失；制动梁闸瓦托吊座无裂损。

② 轴箱无裂损，轴箱弹簧及均衡梁弹簧无压死、折断、窜出、丢失，轴箱前盖、后盖无裂损，组装螺栓无脱出，轴箱橡胶垫无窜出、丢失，轴箱弹簧座无裂损。

③ 心盘衬垫无窜出；心盘防脱螺栓无折断、丢失，心盘防脱圆销、开口销无丢失。

④ 滚轮式旁承组装螺栓、滚轮轴卡板组装螺栓无折断、丢失；滚子式旁承滚子无丢失，滚子盒无裂损，组装螺栓无折断、丢失；橡胶堆弹性旁承预压卡板、磨耗板无破损、丢失；旁承盒无裂损，组装螺栓无折断、丢失；旁承间隙符合规定。

⑤ 制动故障关门车符合规定；焊接构架式转向架扁钢制动梁梁体无裂损，端轴开口销无丢失，闸瓦托、闸瓦托吊、安全链及调整装置无裂损；D_2、D_{2G} 下拉杆组成圆销及开口销无丢失，螺母、背母无松动，安全链及吊座无裂损；中拉杆组成螺母、背母无松动；曲臂式制动杠杆曲臂无裂损，杠杆与曲臂轴无窜出，安装座螺栓无松动，曲臂杠杆与制动水平杠杆连接链环无折断，制动回转装置无裂损，组装螺母无松动、丢失。制动主、支管不得与车体或其他零部件干涉，连接软管不得接触零部件。

⑥ 凹底架侧梁弯角部位无裂损；心盘防脱装置连接件无裂损。

（13）对采取人工检查或人机分工检查方式进行列检作业的货物列车中的铁路长大货物车，列检作业场只对铁路长大货物车通用部分进行技术作业，执行铁路货车"始发列车检查范围和质量标准"。

（14）铁路长大货物车的液压、机械、电气部分由车辆乘务人员负责检查，检查范围和质量标准由配属管理单位组织制定。

（15）军用列车等重点物资运输列车的列检作业按货物列车要求办理。列检作业场对所在站到达、始发、中转且编挂有铁路货车的路用列车，比照货物列车作业要求办理。

8. 其他相关规定

（1）接入进路安装有 TPDS 的列检作业场，到达、中转列车中铁路货车车轮踏面碾堆、擦伤、剥离、局部凹下的检查由 TPDS 负责；接入进路安装有 TWDS 的列检作业场，到达、中转列车中铁路货车车轮轮缘垂直磨耗、轮缘厚度、踏面圆周磨耗深度以及轮辋厚度的检查由 TWDS 负责。

（2）到达、中转列车进站前，检车员应提前到达指定位置接车，重点观察车轮是否因故障打击钢轨，配件有无脱落；列车到达后，检车员应及时向本务机车司机了解列车途中运行情况。始发、中转列车发车时，检车员应在指定位置送车，重点观察配件无脱落，折角塞门无关闭等。如因转线作业等无法安排全组接、送车时，可指定专人在列车尾部接车、首部送车。

二、列车技术检修作业过程

下面以某铁路局为例，介绍列检作业场的作业过程。

（一）列检作业场到达列车一列作业过程

1. 作业流程（见图 4-1）

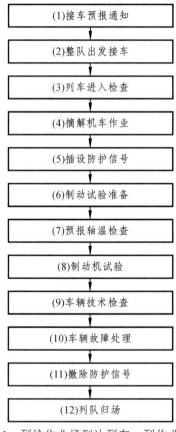

图 4-1　列检作业场到达列车一列作业流程

2. 作业程序、标准及示范

1）接车预报通知

（1）列检作业场当班现场检车员，按作业段数根据值班检车员的派班分组情况，分别在各自中间或两端待检室进行待检。

（2）值班检车员接车信息后，其作业程序、标准及作业要求见"到达列车预报通知"作业指导书。

2）整队出发接车

（1）作业组工长组织现场检车员携带工具出待检室。

（2）列检值班员根据以下安全风险提示信息及掌握的列车推送、通过及单机（调车机）运行信息，用对讲机及时向现场进行安全提示，规范用语："××道有列车、调车机（客车）通过，请站内作业人员注意避让"。

安全风险提示：

① 工长横越本段线路时，发现有推送列车、进站列车、单机（调车机）运行情况时，须用对讲机向现场通报"××道有推送列车、进站列车、单机（调车机）通过"信息，提示站内检车员人身安全，防止发生人身伤害。

② 横越线路确需从车钩上方通过时，应挑选两车连接处无手闸或一端有手闸的车辆，并与两端检车员对讲机联系，确认列车（车列）无移动可能，方可执行人身安全制度在车钩上方安全通过。

③ 三人及以上行走需成列，两人分前后，前后距离不超过 1.5 m，保持队形不散，并随时注意邻线来往的机车车辆，顺线路行走时不得走道心及枕木头。

3）列车进入检查

（1）接车作业组现场检车员，按本列检作业场进入站内接车行走路径规定，列队进入接车线路规定位置线路两侧，检车员接车站位须避开钢轨接缝处准备接车。检车员在接车线路两侧站位，见图 4-2。

图 4-2 到达列车检车员接车位置图示

（2）列车接入本线后，接车检车员及工长需面向来车方向站立，当机车越过检车员本人位置时，面向来车方向呈 45°角半蹲式接车，接车采取"听、看、闻、查"检查方法，见图 4-3。

① 听——听车轮是否有打击钢轨的声音，轴承是否有异常声响，提前发现车轮踏面损伤或轴承故障。

② 看——目视铁路货车技术状态是否有异状，转向架配件有无脱落及其他异常情况。

③ 闻——鼻闻有无燃烧异味。

④ 查——查本位置车辆编组位数及列车总辆数，为作业分车做准备。

（3）尾部作业段检车员及工长若发现问题，于列车停稳后通过对讲机向作业段检车员进行预报，规范用语："×组××道××次列车机后××辆存在××故障，请注意检查确认。"作业段检车员接到信息后回复，规范用语："×段接到信息，明白"，见图 4-4。

图 4-3 "听、看、闻、查"方法　　　　图 4-4 预报故障

安全风险提示：

未做好"听、看、闻、查"制度，不提前到达接车位置，不易提前发现故障。检查时，需随时注意车上是否有物品坠落，防止发生人身伤害；进入检查的站位禁止发生侵线行为。

（4）尾部检车员确认列车尾部车辆已进入本线该端出站信号机或调车信号时，尾部检车员通过对讲机向列车前方逐段传达列车进入信息；机后检车员接到尾部检车员通知列车进入信息后，昼间用检车锤（夜间用检车灯）在下部左右摆动，直至引导机车到达"机车停车位置标"处。

（5）尾部检车员接到机次检车员向值班室汇报列车运行情况后，同段检车员共同确认列车尾部是否进入脱轨器内方以及安全防护距离是否符合规定，如防护距离不足 20 m 时，通知列检值班员联系车站锁闭道岔。

（6）预报联系：列车进入停稳后，工长（或尾部正号检车员）通过对讲机联系列检值班员（或 5T 值班员）THDS、TFDS、TPDS、TADS、TWDS 预报情况并相互进行核对，将预报的内容记载在车统-15A 中，包括车次、辆数、预报辆数、左右侧、轴位、预报故障具体名称及方位等信息。

4）摘解机车作业

（1）使用微控地面试风装置进行列车制动机试验作业时，摘解机车作业程序、标准及作业要求见"到达列车摘解机车"作业指导书。

（2）中部检车员在未收到机车摘解后信息及未设置安全防护信号前，须站立于本段分车位置等待作业，禁止钻车、跳车。

（3）使用本务机车进行列车制动机试验作业时，机后司机侧检车员在机后第一辆车运行方向左侧车体插设停车信号（昼间红旗夜间红灯）后，通过对讲机通知列车尾部司机侧正号（负号）检车员在列车尾部第一辆车运行方向左侧插设停车信号，见图 4-5。

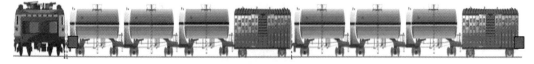

图 4-5 摘解机车作业

待利用本务机车进行列车制动机试验结束后，机后司机侧检车员撤除车体上的安全防护信号，同时通过对讲机通知尾部司机侧检车员撤除车体上的安全防护信号，并按相关规范进行摘解机车作业。

5）非正常作业

（1）机后司机侧检车员与司机联系运用情况遇有列车运行中发生过制动系统行车设备故障时，暂不进行机车摘解作业，应立即向工长及列检值班员报告，列检值班员需向车间值班干部报告；工长根据值班员的要求立即按调查程序组织进行调查处理，按相关规范进行安全防护，对故障车辆组织进行故障车辆制动机试验和相关调查；调查处理结束后，由工长将相关调查处理情况报告列检值班员。

（2）使用微控地面试风装置时，按相关规范进行摘解机车作业；使用本务机车进行制动机试验时，按相关规范进行摘解机车作业。

安全风险提示：

摘解机车或摘接制动软管时，未设安全防护信号、未关闭车辆及机车折角塞门易发生人身伤害。

控制措施：检车员在关闭折角塞门前，需确认是否已安设安全防护信号；摘解车辆与机车连接制动软管时，需确认是否已关闭车辆及机车折角塞门。

6）插设防护信号

（1）列车作业各段分车规定：每个作业组配置 3 段作业时，每段由正面（背面）2 名检车员组成，根据进车方向的不同，作业段由列车的"机次"向"尾部"依次排序，依次分为机次第 1 段、机次第 2 段、尾部第 1 段等。

技术检查辆数划分方法：技术作业辆数 = 全列车总辆数 ÷ 作业段数，平均等分辆数后剩余的辆数，按进车方向由尾部第 1 段开始逐段向前均加。

（2）安全防护信号设置规定：本务机车驶出脱轨器外方后，其插设防护信号作业程序、标准及作业要求见"到达列车插设安全防护信号"作业指导书。

（3）非正常情况处置：

① 当集控联锁电动脱轨器故障或该端安全防护距离<20 m 时，通知列检值班员联系车站锁闭道岔。

② 遇恶劣及能见度低（昼夜交替时间）等不良天气等情况时，需加强安全防护信号的联系和确认，并采取无线对讲机辅助手段进行安全防护信号联系，严格按上述条款技术要求执行，同段进行互控确认执行，防止误、错插设。

安全风险提示：

监控脱轨器上脱后未向列检值班员进行报告，易造成值班员监控互控不及时。

控制措施：监控脱轨器上脱后，必须及时向值班员报告，并与机次负号检车员共同确认上脱状态。

7）分车牌设置规定

（1）机次负号、中间正号、中间负号、尾部负号检车员，将分车牌插设在列车运行方向左侧各段分车车辆角柱上（分车牌下边缘距角柱下平面 100 mm），设置位置见图 4-6。

脱轨器　红旗　　　　　　　　　分车牌　　　　　　　分车牌　　　　　　　红旗　脱轨器

图 4-6　分车牌设置位置

（2）中部负号检车员收到机次正号检车员用对讲机发出"××××次××道停车信号插设完毕"后，用右手将分车牌粘贴在分车位车辆运行方向右侧后端角柱处（分车牌下边缘距角柱下平面 100 mm），见图 4-7。

图 4-7　粘贴分车牌

（3）机次负号、尾部负号检车员的分车牌，在制动机试验前到达分车位置时进行设置。

安全风险提示：

越传、越接、漏传、错接安全防护信号，易发生人身伤害。

控制措施：严格执行信号依次传递制度，严禁越传、越接、漏传、错接信号；遇恶劣天气、曲线线路等特殊情况时，信号传递可采用无线对讲机等辅助手段。

8）制动试验准备

（1）使用微控试地面风装置时。

① 充风：微控试风执行机构端正号检车员，确认执行机构塞门处于关闭状态，操纵微控试风装置手持操作器（或通知值班员）进行充风。

② 吹尘：执行机构端正号检车员监督负号检车员，将微控地面试风装置延长软管堵取下，握紧长软管前端（连接器平面对线路前方，不得对人、机车及邻线），正号检车员缓慢开启执行机构塞门至全开位，对延长软管进行吹尘及排污（时间不少于 2 s），然后关闭。

③ 连接：执行机构端负号检车员将延长软管与车辆端部制动软管连接，正号检车员先缓慢开放执行机构端塞门，通知负号检车员缓慢开启车辆折角塞门，向车列充风。

④ 安装记录仪：尾部正号检车员将无线风压监测记录仪电源开关打开，按规定启动无线风压监测仪，并输入相关的股道等信息，将无线风压监测仪安装在尾部车辆制动软管上，缓慢打开车辆折角塞门，见图 4-8。

图 4-8　安装记录仪

⑤ 先进行车列制动机试验时：机次正号检车员在机次车辆端部，机次负号与中部正号在中部分车处，中部负号与尾部负号按车辆检查两段的分车处，尾部正号检车员在尾部车辆端部，准备进行列车制动机试验，分车及站位见图 4-9。

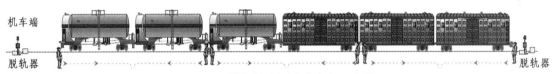

图 4-9　列车制动机试验走行示意图

⑥ 先进行车列技术检查时：机次、尾部及中部正（负）号检车员分别在机次、尾部车辆端部，中部正（负）号检车员分别车列中部分车端部，准备进行车辆技术检查，分车及站位见图 4-10。

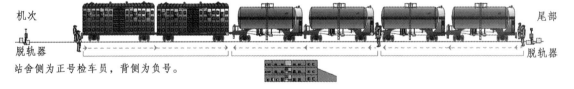

站舍侧为正号检车员，背侧为负号。

图 4-10　车列技术检查站位

（2）使用本务机车进行试风装置时。

① 充风：设置安全防护信号后，机次司机侧正号（或负号）检车员通知司机对列车进行充风。

② 安装记录仪：尾部正号检车员将无线风压监测记录仪电源开关打开，按规定启动无线风压监测仪，并输入相关的股道等信息，将无线风压监测仪安装尾部车辆制动软管上，缓慢打开车辆折角塞门，见图 4-8。

③ 到位试风：机次、尾部及中部正号检车员，分别在机次、尾部车辆及中部分车处车辆等待进行制动机试验；机次、尾部及中部负号检车员，分别行走到分车处，准备进行制动机试验，站位见图 4-11。

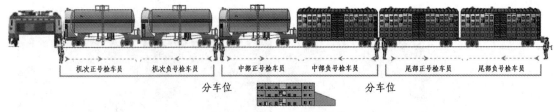

图 4-11　制动机试验站位

9）预报轴温检查

（1）各段正（负）号检车员，遇本侧有 THDS 等级预报（含最大值预报）时，将本作业位置预报信息记录在车统-15A 上（记录内容：车种、车型、车号、编挂辆序、运行方位、预报等级），并与列检值班员复诵核对。

（2）对于 THDS 预报轴承所在位置检车员，需在车辆技术检查或列车制动机试验过程中，对轴承及车轮等技术状态进行外观技术检查，同时与值班员核对 AEI（车号地面自动识别设备）车号是否正确，对有异状轴承须在车统-15A 中做好记载，并通知故障专修人员使用滚动轴承转动检查仪运用"七字检查法"转动检查，并将检查的相关预报信息反馈给值班检车员。

（3）对于 THDS 等级预报（含最大值），现场检车员执行的作业程序、标准及作业要求见"到达列车轴温检查"作业指导书。

（4）遇有下列情况时，工长需在做好安全防护信号、制动机试验准备后，组织各段正号检车员组织同段负号检车员首先进行人工手摸轴承（箱）检查，各段需平行作业，并将检查情况反馈给列检值班员。人工检查轴温行走路径见图 4-12。

① THDS 发生临时故障时；

② THDS 受到干扰出现异常时；

③ 列车在 THDS 探测站调速或停车影响探测时；

④ 因停电、维修、线路施工及其他因素等造成 THDS 无法探测时。

图示说明：运行方向左侧为正号
　　　　　运行方向右侧为负号

图 4-12　人工检查轴温行走路径

安全风险提示：

红外线设备发生故障需全列手摸轴温时，未按规定执行人工手摸轴温检查，易发生热轴事故。

控制措施：遇人工手摸轴温检查时，须严格执行标准进行，及时发现热轴故障。

10）特殊轴温检查

对有轴箱滚动轴承、滑动轴承和因铁路货车结构轴承底部有遮挡的无轴箱滚动轴承铁路货车（及 D 型车），须进行手摸轴承（箱）检查。

11）人工手触轴承（轴箱）检查轴温位置规定

（1）无轴箱滚动轴承：人工检查轴温（测量轴温）位置为轴承外圈底部、前后排滚子所处外圈相应部位的运行方向后侧。

（2）有轴箱滚动轴承：人工检查轴温（测量轴温）为轴箱前盖内侧、轴箱体上部的前盖内侧。

（3）滑动轴承：人工检查轴温（测量轴温）为轴箱盖上部防雨檐内侧、轴箱体上部。

（4）手触检查轴温动作：手摸轴温检查时，手指背触摸轴承外圈或轴箱体。

（5）触摸时间：冬季 5~7 s，其他季节 3~5 s。

发现轴温异常或外观有异状须转动检查时，须通知工长进行综合判断，确定轴温异常的原因，同时还须通知故障专修人员。手摸轴温检查图示见图 4-13。

图 4-13　手摸轴温检查

安全风险提示：

THDS 等级预报（含最大值），须按规定标准进行检查、确认、判断与处置，此要求为（THDS）探测系统之红线规定，是遏制热轴故障，消除隐患，防燃、防切的重要手段。

12）制动机试验

（1）到达列车制动机试验规定：在列车到达后进行列车制动机"到达全部试验"。

（2）车列制动机试验侧别规定。顺车列制动机试风侧迅速行走到车列试风分车规定位置，等待进行车列制动机试验。侧别规定如下：

① 使用微控地面试风装置进行车列制动机试验时，均在站舍侧进行制动机试验。

② 利用本务机车进行车列制动机试验时，均在司机侧进行制动机试验。

③ 特殊情况利用本务机车进行车列制动机试验时，如相邻两线均有技术作业车列，并且两车列的制动机试验均在同一侧进行容易发生制动信号混淆问题的特殊情况下，作业组可在副司机（或站舍）侧进行制动机试验。

④ 遇有站台时，由于受站台的限制，无法确认制动机状态的车辆，可在站台的对侧进行制动机能试验（含 X_{6K} 集装箱平车等须在制动缸侧进行制动机确认）。

13）制动试验分车及制动机试验行走路径规定

（1）试验分车方法：作业组的每个作业段车辆技术检查总辆数/2，若不能整除时，各段负号增加 1 辆。

（2）试验行走路径。

检车员站位规定：机次正号检车员在机后一辆，机次负号与中部正号检车员在分车处，中部负号与尾部负号检车员在分车处，尾部正号检车员在尾部一辆，见图 4-14。

检车员对头规定：机次正号与机次负号检车员对头，中部正号与中部负号检车员对头，尾部正号与尾部负号检车员对头（对头规范：相邻段现场检车员到达对头车辆的制动缸处即可），见图 4-14。

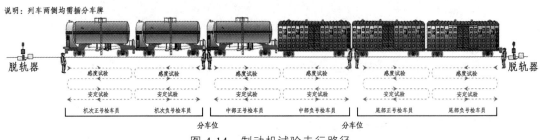

图 4-14　制动机试验走行路径

14）列车制动试验标准

（1）列车制动机感度试验作业程序、标准及作业要求见"列车制动机感度试验"作业指导书。

（2）列车制动机安定保压试验作业程序、标准及作业要求见"列车制动机安定保压试验"作业指导书。

安全风险提示：

一是不仅要确认制动缸活塞的制动缓解状态，更要确认好活塞推杆是否完全缓解。对于制动缸活塞缓解，但推杆不缓解的现象，要全面查找基础制动装置存在的故障根源，彻底消除。二是制动机试验过程中，作业人员随时注意邻线来往的机车、车辆，确保人身安全。三是制动机试验结束后，应按列车防溜相关规定进行车列防溜，使车列保持制动状态。

安全风险提示：

遇特殊结构车型，未在试风反面侧进行车列制动机性能试验，易发生制动机性能试验确认不到位问题。

控制措施：遇特殊结构车辆制动机性能试验时，须在制动缸侧进行制动机性能试验。

15）制动试验相关规定

（1）对到达后开放截断塞门的车辆要重点确认制动机作用，对制动机试验后处理的制动故障关门车，要重新进行一次制动机到达全部试验。

（2）检车员需将处理和放行的制动故障关门车有关信息记载车统-15A内，同时将本段制动机试验车辆中的关门车编挂位置、车号、定检、故障通知列检值班员。

（3）列检值班员需将放行关门车车号、编挂位置，利用连接有语音记录功能的电话通知车站（或通过信息系统进行反馈）；列检值班员还需将检车员扣修、车队处理和放行的制动关门车的"车号、编挂位置、定检、故障等信息"录入 HMIS 运用子系统（或记录在关门车台账中）。

16）车辆技术检查

（1）技术检查方向规定：机次正（负）号检车员向车列中部，中部正（负）号检车员向尾部，尾部正（负）号检车员向车列中部进行车辆技术检查，机次正（负）号检查到中部分车处，中部正（负）号与尾部正（负）号检查到中部对头，作业位置和方向见图4-15。

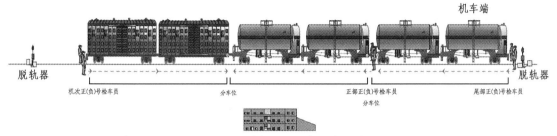

图 4-15　列车技术检查行走线路

（2）车辆技术检查要求：技术检查作业时，同段须平行作业，作业中其前后距离相差不得超过1个转向架，重点车型、定检及相关部位要呼唤应答提示检查确认。

（3）非人机分工作业时：根据列车作业性质确定一辆车技术检查作业标准，分别执行"全面检或重点检""一辆作业内容"指导书标准，完成本段应负责检查车辆的技术检查作业；对"一辆作业内容"未涉及的车型，均参照执行。

（4）实行人机分工作业时：一辆车技术检查作业执行相应车型的"人机分工现场一辆作业内容"指导书标准，完成本段应负责检查车辆的技术检查作业；对"人机分工现场一辆作业内容"未涉及的车型，均参照执行。

TFDS 已预报故障的确认：实行人机分工技术检查作业时，在进行车辆技术检查作业过程中，对本位置 TFDS 预报的故障需进行检查确认，待检车完毕后再进行修理，并及时用对讲机向 TFDS 组长反馈故障是否属实，反馈内容包括处理故障车型车号、故障部位、实际位数、处理方式等，如图4-16所示。

图 4-16　检查故障

安全风险提示：

简化作业过程，作业标准落实不到位，易造成漏检漏修及导致事故发生。

控制措施：同段作业人员做到相互监督、呼唤应答，对故障修理相互检查确认。

安全风险提示：

禁止定检过期车辆（货车）上线使用。严格执行段"落实《国铁集团运输局关于车辆实施基本规章制度红线管理》保证措施及责任追究办法"的相关管理规定，发现厂、段、辅修过期车辆（货车），按规定办理扣修或回送，预防和有效遏制过期车辆（货车）上线使用。

17）值班员、两端检车员现场技术作业时人身安全提示

（1）值班员根据通信设备及车站通知有货车、客车、调车机的通过信息后，需用对讲机向现场通报有列车通过、注意人身安全安全提示，通报的规范用语："×组××道有客车（货车、调车机）通过，请注意避让，注意人身安全"，现场各区段检车员需确认回复，规范用语："×组××道有客车（货车、调车机）通过，明白"。

（2）两端检车员作业时发现邻线有货车、客车、调车机通过时，需用对讲机向去车方向的各区段检车员通报有列车通过、注意人身安全安全提示，通报的规范用语："××道有客车（货车、调车机）通过，请注意避让，注意人身安全"，现场各区段检车员需确认回复，规范用语："××道有客车（货车、调车机）通过，明白"。

18）对 TPDS、TADS 预报故障检查处置

（1）踏面损伤报警检查处置：技术检查作业过程中对责任范围内预报的一级、二级、三级踏面损伤车轮踏面进行外观检查，对损伤部位利用第四种检查器进行测量；同时，对该转向架的制动梁、交叉杆、轴承、摇枕、侧架等部位进行重点检查。对车轮踏面损伤达到或超过运用限度、微热预报轴承且 24 h 内 TPDS 系统对该车轮曾有二级及以上预报的车辆进行扣车处理；其他外观检查无异状且损伤部位未超过运用限度的做好记录，并做放行处理。在"检车员工作记录手册"上记录 TPDS 预报位数和实际检查位数，并记录轮对损伤现场测量数据、转向架检查情况，良好时记录"转向架无异常"，有故障时记录故障部位情况。

（2）运行品质不良报警检查处置：对责任范围内运行品质不良报警货车的轮对、侧架导框、侧架立柱磨耗板、斜楔及主摩擦板、摇枕斜楔摩擦面磨耗板、常接触式旁承或间隙旁承、承载鞍及与承载鞍接触的有关配件、枕簧和心盘螺栓等技术状态进行检查，并将检查结果在"检车员工作记录手册"中做好记录，及时通过对讲机反馈给列检值班员。检查确认预报车辆技术状态良好的，经作业场主管主任或工程技术人员复核后可以就地放行；存在故障的须扣入站修作业场，由车间主管主任及工程技术人员鉴定后进行彻底处置。

（3）超偏载报警检查处置：对局车辆安全监测站预报的超偏载车辆，须会同车站货运人员进行联合检查，重点检查转向架、车轮、摇枕及减振弹簧、旁承等部位的技术状态，测量车辆是否存在倾斜；由货运人员确认货物装载、加固状态。对装载、加固状态不良不能继续运行的，由货运部门负责整理或换装。检查确认完毕后，与货运人员共同在"超偏载铁路货车检查确认记录"（一式三份）上签字确认检查情况。

（4）TADS 预报故障检查处置：作业范围的车辆有 TADS 单次一级报警或联网综合报警的车辆，对相应轴位进行轴承转动检查。经检查无故障时，报车间工程技术人员进行复核；有故障时，报工长确认后填写"TADS 甩车粘贴标志"（辆货统-001），粘贴在轴承外圈的正

下方,将确认信息报告列检值班员,并将 TADS 预报、检查和复核情况在"检车员工作记录手册"(车统-15A)上记录。对微热预报轴承且 24 h 内 TPDS 系统对该车轮曾有二级及以上预报或 TADS 系统在 30 日内对该轴承曾有三级及以上预报的扣车处理,并做好登记。

19)车辆故障处理

(1)一般故障处置:对 TFDS 预报及发现的故障按质量标准进行修理,及时向值班员反馈 TFDS 预报故障是否相符及故障处理情况。故障修理时要先主后次,对危及行车安全故障必须彻底修理;小件修故障实行检车员自检自修、自检自验,同段作业人员互控检查制度;在列车队发现大件修故障时,应及时通知工长和故障修理人员,并配合故障修理人员进行处理;对处理的大小件修故障,检车员应详细记录在车统-15A 内,如图 4-17 所示。

图 4-17 一般故障处理

安全风险提示:

在规定区域和固定径路上取送和搬运配件,双人同行,呼唤应答,同起同落,相互配合,并注意邻线列车动态,这是规避安全风险、减少人身伤害的有效措施。

(2)关门车处置:充分利用技检时间,积极处理制动故障关门车,对处理后的制动故障关门车,须按规定进行车辆制动机的到达全部试验,经试验良好后方可开门放行,试验时工长及同段检车员须进行互控确认。对须关门放行的制动关门车,关门后须排净副风缸余风,将缓解阀拉杆最大限度地推向对侧后用铁线进行捆绑,同时检查闸瓦与车轮踏面须有间隙。

(3)检车员技术检查发现需摘车施修的故障车辆,须通知工长进行技术鉴定,经鉴定需扣修的故障车辆,检车员需按规定填写"车统-16",在故障车辆两侧定检车的票插内插设"车统-16"色票,并在扣修故障部位用粉笔进行标记,如图 4-18 所示。

检车员技术检查发现铁路货车定检到、过期时,须确认空重状态;对定检过期的空车,按当班段调度通知的扣车要求,办理回送手续,填发"检修车回送单"(车统-26),并在车辆 2、3 位票插中插设"车统-20"色票。对定检过期的重车,须插设"送往附近列检作业场"(车统-20),并在车统-15A 上做好记录(记录内容包括车型、车号、定检日期及处所)。对全车票插丢失或破损无法插设色票时,必须在 2、3 位票插处用粉笔涂打"××修程到、过期,卸空禁装、回送××列检作业场,年、月、日,本作业场第一个字母"。

图 4-18　插设"车统-16"色票

20）故障处理标准

须将处理的车辆故障、扣修车辆信息等情况记载在车统-15A内，根据故障类别检车员执行"故障修理作业内容"作业指导书，故障处理如图 4-19 所示。

图 4-19　故障处理

安全风险提示：

关闭截断塞门，排净副风缸余风，是安全处理制动故障的作业程序，否则将会产生不安全后果。

21）撤除防护信号

（1）列车技术作业完毕后，中部正号、中部负号立即撤除分车牌，回到作业开始位置，面向尾部站立，由尾部检车员发出完工信号（昼间用检车锤、夜间用检车灯由上部向车列方向做圆形转动三圈），待信号贯通后，机次与尾部正号将车辆首尾端部前后端磁性红旗（红灯）取下/关闭，并用对讲机告知全组"停车信号已撤除"，如图 4-20 所示。

（2）使用集控联锁脱轨器安全防护信号撤除规定：撤除集控联锁电动脱轨器时，其撤除防护信号作业程序、标准及作业要求见"到达列车撤除安全防护信号"作业指导书。

（3）使用移动脱轨器安全防护信号撤除规定：撤除安全防护信号后，两端同段检车员互控将脱轨器撤除钢轨，应按脱轨器编号放置在固定地点的存放架上定位，并加锁管理；移动脱轨器的防护红牌平面须顺线路方向，及时用对讲机向列检值班员进行报告，规范用语："×组×道××车次×端脱轨器撤除，上架加锁到位"；列检值班员接到信息后需进行回复，规范用语："×组×道××车次×端脱轨器撤除，上架加锁到位，明白"后，方可组织本段检车员等待连挂机车简略试验。

图 4-20　撤除防护信号

安全风险提示：

越传、越接、漏传、错接安全防护信号，易发生人身伤害。

控制措施：严格执行信号依次传递制度，严禁越传、越接、漏传、错接信号，遇恶劣天气、曲线线路等特殊情况时，信号传递可采用无线对讲机等辅助手段。

安全风险提示：

监控脱轨器下脱后未向列检值班员进行报告，易发生脱轨器下脱不到位，导致发生人身伤害。

控制措施：监控脱轨器下脱后，必须及时向值班员报告，并与机次负号检车员共同确认下脱状态。

22）列队归场

列车开出后，其作业结束，列队归场作业程序、标准及作业要求按"作业结束列队归场"作业指导书执行。

（二）始发列车一列作业过程

1. 始发作业流程（见图 4-21）

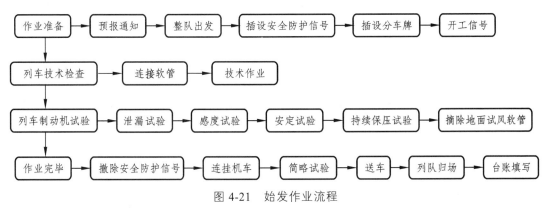

图 4-21　始发作业流程

2．作业程序、标准及示范

1）作业准备

（1）预报通知。

（2）整队出发。

（3）插设安全防护信号。

（4）插设分车牌。

（5）开工信号。

① 接到值班员监控确认的回复："××道××方向脱轨器上脱到位，可以作业"的通知后，机次正号检车员沿作业股道走行板中部安全路径行走至车列前端机次一位车辆端部，面向车列尾部呈立正姿势，发出开工信号，（昼间用检车锤、夜间用检车灯由上部向车列方向做圆形转动三圈）。

② 尾部正号检车员沿作业股道走行板中部安全路径行走至车列后端尾部一位车辆端部，面向车列首部站立，接收中部正号检车员发出开工信号（昼间用检车锤、夜间用检车灯向车列方向做圆形转动三圈）。

③ 中部正号检车员接到机次正号检车员发出的开工信号后，向尾部正号检车员进行传递，接到尾部正号检车员返回的开工信号，向机次正号检车员进行传递（昼间用检车锤、夜间用检车灯由上部向车列方向做圆形转动三圈）。

④ 机次负号、尾部负号检车员此时与正号检车员平行站立，不粘贴分车牌。

⑤ 待全组开工信号贯通后，将磁性红旗粘贴在首尾车辆运行方向左侧车辆前后端侧墙票插处（昼间红旗必须全部展开，夜间开启红灯并置于频闪状态，昼间能见度较低时，必须插设频闪红灯），如图4-22所示。

图 4-22　开工信号

安全风险提示：

越传、越接、漏传、错接安全防护信号，易发生人身伤害。

控制措施：严格执行信号依次传递制度，严禁越传、越接、漏传、错接信号，遇恶劣天气、曲线线路等特殊情况时，信号传递可采用无线对讲机等辅助手段。

2）列车技术检查

（1）连接软管。

① 始发列车制动软管连接分工规定：由分车位开始第一与第二辆车的制动软管的连接由

机次正号检车员负责,第二与第三辆车间制动软管的连接由机次负号检车员负责,以此类推连接到分车位置,负责开启本侧折角塞门。

② 车列通风采取"一确认、一连接、一开放"作业方式。

一确认:确认两连接的制动软管连接器胶圈技术状态良好(不得单圈反扣安装)。

一连接:将两相邻车辆的制动软管连接器连接正位。

一开放:开放本侧折角塞门到位。

安全风险提示:

未确认软管连接器连接到位,容易假连接,导致软管脱开,危及人身安全。

控制措施:必须在连接软管后对连接器敲击。

③ 由机次一位向分车位连接制动软管,打开本侧折角塞门,折角塞门手把应与车辆辅助管平行。

④ 连接制动软管方法:跨入钢轨内侧,握住机次二位车辆前端制动软管连接器上方,用力抬起软管连接器头部 60°,握住机次一位车辆后端制动软管连接器上方,然后将两软管连接器卡子贴合后,缓慢开启机次二位车辆前端折角塞门(折角塞门手把与车辆辅助管平行),如图 4-23 所示。

图 4-23　连接软管

(2)插设分车牌。

① 分车方法:编组总辆数/作业组数,若不能整除,尾部作业小组开始依次增加 1 辆。

② 待制动软管连接完毕后插设分车牌。

③ 待到达分车位,与值班员仔细核对后,机次正号检车员将分车牌插设在列车运行方向左侧与中部分车车辆角柱上,中间正号检车员将分车牌插设在列车运行方向左侧靠尾部方向分车车辆角柱上(分车牌下边缘距角柱下平面 100 mm)。

(3)技术作业。

列车技术作业要求按照相应作业指导书执行。

3)制动机试验

(1)制动机试验包括泄漏试验、感度试验、安定试验、持续保压试验。

(2)摘除地面试风软管。

① 待地面风管排风完毕后，机次正号检车员应首先关闭地面风管折角塞门，然后卸下地面试风安全链，关闭机次一位车辆前端折角塞门手把（与车辆软管呈 90°），摘解地面风管与车辆制动软管。

安全风险提示：

试风完毕未及时将地面风管连接器放回防尘盒内，易导致地面风管进异物；试风完毕不及时关闭地面风管截断塞门手把，在同一风井充风时易导致风管窜起，危及人身安全。

控制措施：试风完毕及时将地面风管连接器放回防尘座内，并关闭地面风管截断塞门手把。

② 将地面风管连接器放回股道间风管防尘盒内，并加盖锁闭。

安全风险提示：

遇特殊结构车型，未在试风反面侧进行车列制动机性能试验，易发生制动机性能试验确认不到位。

控制措施：遇特殊结构车辆制动机性能试验时，须在制动缸侧进行制动机性能试验。

4）作业完毕

（1）撤除安全防护信号。

（2）连挂机车。

（3）简略试验。

（4）送车。

安全风险提示：

遇作业现场连续到达、始发列车超过作业组数，列车始发时，全组无人送车存在列车质量安全隐患。

控制措施：遇作业现场连续到达、始发列车超过作业组数，列车始发时，应由值班员安排工长或副工长进行送车工作。

（5）列队归场。

（6）台账填写。

① 填写车统-15A、关门车记录等台账，用直通电话向列检值班员进行扣车（定检车、关门车、临修车），并与列检值班员不少于 1 次复诵核对。

② 将车统-15A 上的小件修通过待检室的工位机录入 HMIS 系统。

③ 在 IE 浏览器地址栏中输入 http://192.168.101.110:8087/lj 登录工位机系统。

④ 在系统"识别码"中输入四位数的个人编号，如"4114"。完成上述操作后点击旁边的登录按钮即可登录工位机系统。

⑤ 对照车统-15A 逐条输入，完成后仔细检查，杜绝错录、漏录。

安全风险提示：

未逐条核对记录信息，容易导致上报信息错误。

控制措施：必须逐条核对车统-15A 上记录的信息，发现错误必须立即改正。

（三）中转列车一列作业过程

1. 作业流程（见图 4-24）

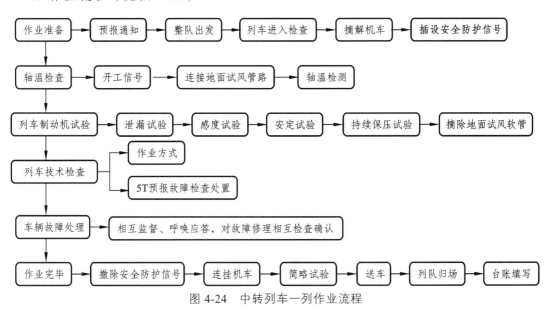

图 4-24 中转列车一列作业流程

2. 作业程序、标准及示范

1）作业准备

（1）预报通知。

（2）整队出发。

（3）列车进入检查。

① 当机车越过本人位置时，面向来车方向呈 45°角半蹲式接车。进入检查应做到"听、看、闻、联"，发现问题应及时记录在车统-15A 上，并向全组检车员预报，如图 4-25 所示。

图 4-25 列车进入检查

听：听车轮是否有打击钢轨的声音，轴承是否有异常声响。

看：目视铁路货车技术状态是否有异状，转向架各配件有无脱落及其他异常情况。

闻：鼻闻有无燃烧异味。

联：列车停稳后，尾部正号检车员应使用对讲机向机次正号检车员反馈接车有无发现异状。

安全风险提示：

未做好"听、看、闻、联"制度，不提前到达接车位置，不容易提前发现车辆故障。

控制措施：严格执行"整队出发、结对归所"制度，严禁单独行动，执行"一站立、二指看、三确认、四通过"制度，严禁抢越。禁止在机车车辆底部、端部，线路道心，轨枕端坐卧休息或躲避风雨。

② 机次正号检车员在接到尾部正号检车员通知列车进入××道尾部脱轨器后，昼间用检车锤（夜间用检车灯）在下部左右摆动直至引导机车到达"机车停车位置标"处，收到对讲机通报列车进入检查发现故障情况时，将本作业位置的故障信息记录在车统-15A 上。

③ 机次正号检车员在列车停稳后，沿作业线路与邻线间安全路径行走至本务机车前端车窗下，面向机车向司机了解运行情况（询问内容"师傅，列车运行中有无异常情况"），了解信息后，用对讲机将列车运行情况及机次一位车种、车型、车号告知列检值班员及全组作业人员，列检值班员及作业组全组人员应用对讲机回答"明白"。

④ 机次负号检车员在列车停稳后，沿作业线路与邻线间安全路径行走至分车位，面对分车位车辆后端站立，收到机次正号检车员通报向司机了解的列车运行情况时，应按照 2~6号的顺序依次用对讲机回复"×××号明白"，如图 4-26 所示。

图 4-26　了解列车运行情况

⑤ 尾部正号检车员在收到机次正号检车员向值班室汇报列车运行情况，待机次位向值班室报告机车驶出脱轨器后，与尾部负号检车员共同确认列车尾部是否进入脱轨器内方以及安全防护距离是否符合规定，如防护距离不足 20 m 时，应确认列车尾部进入警冲标内方，通知列检值班员锁闭该股道道岔。在车统-15A 上记录尾部一辆车种、车型、车号，并用对讲机将列车进入检查情况及尾部 1 位车种、车型、车号告知列检值班员和全组作业人员。

（4）摘除机车。

摘除机车作业按照"摘除机车作业指导书"执行。

（5）插设安全防护信号。

① 电动脱轨器的插设作业按照"插设安全防护信号作业指导书"执行。

② 分车方法：编组总辆数/作业组数，若不能整除时，从尾部作业小组开始依次增加 1 辆。

2）轴温检查

（1）开工信号。

① 接到值班员监控确认的回复"××道××方向脱轨器上脱到位，可以作业"的信息后，机次正号检车员沿作业股道走行板中部安全路径行走至车列前端机次一位车辆端部，面向车列尾部呈立正姿势，发出开工信号（昼间用检车锤、夜间用检车灯由上部向车列方向做圆形转动三圈），如图 4-27 所示。

图 4-27　发出开工信号

② 尾部正号检车员沿作业股道走行板中部安全路径行走至车列后端尾部一位车辆端部，面向车列首部站立，接收中部正号检车员发出的开工信号（昼间用检车锤、夜间用检车灯向车列方向做圆形转动三圈），如图 4-28 所示。

图 4-28　接收开工信号

③ 中部正号检车员接到机次正号检车员发出的开工信号后，向尾部正号检车员进行传递，接到尾部正号检车员返回的开工信号，向机次正号检车员进行传递（昼间用检车锤、夜间用检车灯由上部向车列方向做圆形转动三圈）。

④ 机次负号、尾部负号检车员此时与正号检车员平行站立，不粘贴分车牌。

⑤ 待全组开工信号贯通后，将磁性红旗粘贴在首尾车辆运行方向左侧车辆前后端侧墙票插处（昼间红旗必须全部展开，夜间开启红灯并置于频闪状态，昼间能见度较低时，必须插设频闪红灯）。

安全风险提示：

越传、越接、漏传、错接安全防护信号，易发生人身伤害。

控制措施：严格执行信号依次传递制度，严禁越传、越接、漏传、错接信号，遇恶劣天气、曲线线路等特殊情况时，信号传递可采用无线对讲机等辅助手段。

（2）连接地面试风管路。

（3）轴温检测。

3）列车制动机试验

热轴及最大值（跟踪）检查确认完毕后，各作业人员立即回到试风开始位置等待传递制动机试验信号。

待到达分车位插设分车牌，与值班员仔细核对后，中间检车员将分车牌插设在列车运行方向左侧靠机次方向分车车辆角柱上（分车牌下边缘距角柱下平面 100 mm），如图 4-29 所示。

图 4-29　插设分车牌

利用地面试风管路或本务机车进行列车制动机到达全部试验。中转作业时，对无调车作业的（只限特级作业场及 500 km 左右列检安全保证距离位置上的一级列检作业场），施行始发全部试验；对有调车作业的，到达后首先施行到达全部试验，发车前只施行始发全部试验中的泄漏试验。

列车制动机试验走行路径如图 4-30 所示。试风作业分车方法：作业小组本段作业总辆数/2，若不能整除时，各作业小组负号增加 1 辆。

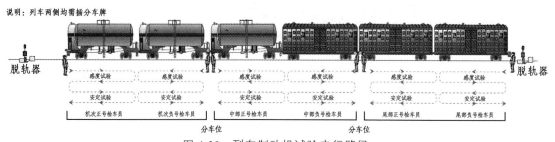

图 4-30　列车制动机试验走行路径

（1）泄漏试验。

（2）感度试验。

（3）安定试验。

（4）持续保压试验。

（5）摘除机车或摘除地面试风软管。

① 使用本务机车进行列车制动机试验时，摘除机车作业过程同"摘解机车"作业指导书。

② 待地面风管排风完毕后，机次正号检车员应首先关闭地面风管折角塞门，然后卸下地面试风安全链，关闭机次一位车辆前端折角塞门手把（与车辆软管呈 90°），摘解地面风管与车辆制动软管。

安全风险提示：

试风完毕未及时将地面风管连接器放回防尘盒内，易导致地面风管进异物；试风完毕不及时关闭地面风管截断塞门手把，在同一风井充风时，易导致风管窜起，危及人身安全。

控制措施：试风完毕及时将地面风管连接器放回防尘座内，并关闭地面风管截断塞门手把。

③ 将地面风管连接器放回股道间风管防尘盒内，并加盖锁闭。

安全风险提示：

遇特殊结构车型，未在试风反面侧进行车列制动机性能试验，易发生制动机性能试验确认不到位。

控制措施：遇特殊结构车辆制动机性能试验时，须在制动缸侧进行制动机性能试验。

4）列车技术检查

（1）列车技术检查作业方式同相关作业指导书。

（2）5T 预报故障检查处置。

① TFDS 预报故障检查处置。

对 TFDS 预报故障进行检查确认，检查预报的转向架故障时必须双脚跨入钢轨内侧距疑似故障部位 300 mm 内检查故障是否属实（光线不足或夜间用检车灯置强光呈 45°检查），如确认故障属实，待检车完毕后再进行修理，并及时用对讲机向 TFDS 组长反馈故障是否属实，反馈内容包括处理故障车型车号、故障部位、实际位数、处理方式等，如图 4-31 所示。

图 4-31　故障确认

② TPDS 预报故障检查处置。

a. 踏面损伤报警检查处置。

对责任范围内预报的一级、二级、三级踏面损伤车轮踏面进行外观检查，对损伤部位利用第四种检查器进行测量；同时，对该转向架的制动梁、交叉杆、轴承、摇枕、侧架等部位进行重点检查。对车轮踏面损伤达到或超过运用限度、微热预报轴承且 24 h 内 TPDS 系统对该车轮曾有二级及以上预报的车辆进行扣车处理；其他外观检查无异状且损伤部位未超过运用限度的做好记录，并做放行处理。在"检车员工作记录手册"上记录 TPDS 预报位数和实际检查位数，并记录轮对损伤现场测量数据、转向架检查情况，良好时记录"转向架无异常"，有故障时记录故障部位情况。

b. 运行品质不良报警检查处置。

对责任范围内运行品质不良报警货车的轮对、侧架导框、侧架立柱磨耗板、斜楔及主摩擦板、摇枕斜楔摩擦面磨耗板、常接触式旁承或间隙旁承、承载鞍及与承载鞍接触的有关配件、枕簧和心盘螺栓等技术状态进行检查，并将检查结果在"检车员工作记录手册"中做好记录，及时通过对讲机反馈给列检值班员。检查确认预报车辆技术状态良好的，经作业场主管主任或工程技术人员复核后可以就地放行；存在故障的须扣入站修作业场，由车间主管主任及工程技术人员鉴定后进行彻底处置。

c. 超偏载报警检查处置。

对局车辆安全监测站预报的超偏载车辆，须会同车站货运人员进行联合检查，重点检查转向架、车轮、摇枕及减振弹簧、旁承等部位的技术状态，测量车辆是否存在倾斜；由货运人员确认货物装载、加固状态。对装载、加固状态不良不能继续运行的，由货运部门负责整理或换装。检查确认完毕后，与货运人员共同在"超偏载铁路货车检查确认记录"（一式三份）上签字确认检查情况。

③ TADS 预报故障检查处置。

作业范围的车辆有 TADS 单次一级报警或联网综合报警的车辆，对相应轴位进行轴承转动检查。经检查无故障时，报车间工程技术人员进行复核；有故障时，报工长确认后填写"TADS 甩车粘贴标志"（辆货统-001），粘贴在轴承外圈的正下方，将确认信息报告列检值班员，并将 TADS 预报、检查和复核情况记录在"检车员工作记录手册"（车统-15A）上。对微热预报轴承且 24 h 内 TPDS 系统对该车轮曾有二级及以上预报或 TADS 系统在 30 日内对该轴承曾有三级及以上预报的扣车处理，并做好登记。

④ AEI 预报故障检查处置。

作业范围的车辆有 AEI 无车号的车辆，通过对讲机通知工长，与工长一起使用便携式标签读出器对车号自动识别标签进行复核。能读出的做好登记，并及时向列检值班员反馈；对读不出车号的车辆，须报请列检值班员进行扣修处理。检车员须将 AEI 预报、现场复测、处置情况在"检车员工作记录手册"（车统-15A）上详细记录。

5）车辆故障处理

（1）发现本作业位置故障车辆不能在列车队内修理，确需扣临修时，须通知工长进行鉴定。在故障车辆两端车体上的票插内插设"车统-16"色票，在色票上详细填记车种、车型、车号、故障方位、名称及尺寸，并在扣修故障部位用粉笔进行标记，如图 4-32 所示。

图 4-32 插设"车统-16"色票

（2）发现铁路货车车辆定检到、过期时，须确认空重状态。对定检过期空车，须办理回送手续，填发"检修车回送单"（车统-26），并在车辆2、3位票插中插设"车统-20"色票。对定检过期的重车，须插设"送往附近列检作业场"（车统-20），并在车统-15A上做好记录（记录内容包括车型、车号、定检日期及处所）。对全车票插丢失或破损无法插设色票时，必须在2、3位票插处用粉笔涂打"××修程到、过期，卸空禁装、回送××列检作业场，年、月、日，本作业场第一个字母"。

（3）处理小件修故障时，从本作业位置分车位逐辆向机次一位开始车辆故障修理。处理故障完毕后及时擦除故障粉笔标记（记录内容包括编挂位置、车型、车号、主要故障、处理方法），如图 4-33 所示。

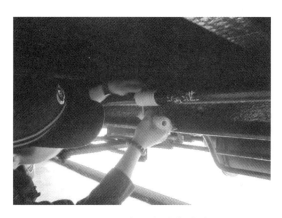

图 4-33 处理小件修故障

（4）处理大件修故障时，须用对讲机通知故障专修组及工长，两人及以上从事同一车辆故障修理作业时，必须由工长指挥，统一行动，相互配合。在站内抬运笨重工具、材料或在车底下传递工具、配件时，要呼唤应答、步调一致，并注意邻线列车动态；搬运材料、配件应在两线间行走，不得紧靠线路。两人及以上扛抬物品时，应同肩同步，同起同落，做好呼唤应答。在修理铁路货车上部时，应确认装载货物状态及车门的关闭状态，确保安全后，再进行作业，如图 4-34 所示。

图 4-34　处理大件修故障

（5）故障修理时要先主后次，对危及行车安全的故障必须彻底修理；小件修故障实行检车员自检自修、自检自验，工长抽查复核，同段作业人员互控检查制度。在列车队发现大件修故障时，应及时通知工长和故障修理人员，并配合故障修理人员进行处理；对处理的大小件修故障，检车员应详细地记录在车统-15A 内。

（6）列车队处理故障过程及标准见"故障处理作业内容"作业指导书。

安全风险提示：

简化作业过程，作业标准落实不到位，易造成漏检漏修并导致事故发生。

控制措施：同段作业人员做到相互监督、呼唤应答，对故障修理相互检查确认。

6）作业完毕

（1）撤除安全防护信号。

（2）连挂机车。

（3）简略试验。

（4）送车。

安全风险提示：

遇作业现场连续到达、始发列车超过作业组数，列车始发时，全组无人送车存在列车质量安全隐患。

控制措施：遇作业现场连续到达、始发列车超过作业组数，列车始发时，应由值班员安排工长或副工长进行送车工作。

（5）列队归场。

（6）台账填写。

填写车统-15A、关门车记录等台账，用直通电话向列检值班员进行扣车（定检车、关门车、临修车），并与列检值班员不少于 1 次复诵核对。

安全风险提示：

未逐条核对记录信息，容易导致上报信息错误。

控制措施：必须逐条核对车统-15A 上记录信息，发现错误时必须立即改正。

（四）列检作业计划

列检作业计划由基本作业计划、班作业计划组成。

（1）铁路局集团公司组织车辆段按照列车运行图规定的作业列车对数及列车到达、始发或通过时刻，结合列检作业场劳动组织、作业性质、作业方式制订 24 h 列检基本作业计划。当列车运行图调整时，应及时组织调整基本作业计划。运输阶段性调整计划时应及时通知车辆部门，车辆部门调整基本作业计划。

（2）列检值班员根据基本作业计划和车站提供的 12 h 班计划及阶段计划，编制列检班作业计划。

任务四　铁路货车运行安全监控系统

【任务目标】

（1）理解铁路货车运行安全监控系统的综合要求；

（2）掌握 THDS、TFDS、TPDS、TADS、TWDS 的运用要求。

【学习内容】

（1）铁路货车运行安全监控系统综合要求；

（2）THDS、TFDS、TPDS、TADS、TWDS 运用要求。

【阅读材料】

（1）铁路货车运行安全监控系统综合要求；

（2）THDS、TFDS、TPDS、TADS、TWDS 运用要求。

一、铁路货车运行安全监控系统综合要求

（一）货车运行安全监控系统的组成

货车安全防范系统是车辆运行安全监控系统的重要组成部分，主要由车辆轴温智能探测系统（THDS）、货车故障轨边图像检测系统（TFDS）、车辆运行品质轨边动态监测系统（TPDS）、车辆滚动轴承轨边声学诊断系统（TADS）和车辆轮对尺寸动态检测系统（TWDS）组成。

（1）THDS 运用红外线辐射探测、计算机和网络通信技术，具备实时监测运行车辆轴温、智能跟踪和热轴自动报警等基本功能。

（2）TFDS 运用高速数字图像采集、计算机和网络通信等技术，具备在列车运行状态下采集显示货车有关部件图像、自动判别部分货车故障等基本功能。

（3）TPDS 运用轮轨垂向力和横向力检测分析、计算机和网络通信等技术，具备实时监测运行货车车轮的踏面、运行品质、超偏载状态和自动报警等基本功能。

（4）TADS 运用声学诊断、计算机和网络通信技术，具备实时监测货车滚动轴承早期故障、联网综合评判和自动报警等基本功能。

（5）TWDS 系统可以在车辆运行过程中自动完成车辆轮对的轮缘高度、轮缘宽度、轮辋厚度、踏面圆周磨耗、垂直磨耗、车轮直径、轮对内侧距等参数的测量，具备过车数据存储与查询、状态跟踪、预警、过车超限报警和数据网络共享等基本功能。

（二）综合要求

（1）铁路货车运行安全监控系统须按照国铁集团统一规划，不断优化和完善探测站布局，实现探测站、铁路局集团公司、国铁集团三级联网，列检作业场、车辆段、铁路局集团公司三级复示应用，满足点线成网、跟踪运行、局间互控的需求。

（2）铁路局集团公司设车辆运行安全中心监测站，车辆段设动态检查作业场、列检作业场复示站或动态检车室。

（3）铁路货车运行安全监控系统须实现远程检测、联网监测、跟踪运行、信息共享，通过对探测信息的综合分析，建立智能综合判别模型，实现对铁路货车运行状态的全方位监控、综合预报警和跨局、跨线间的全程跟踪。铁路货车运行安全监控系统信息综合利用，应以车号为基础信息自动关联、同屏显示和预报，将安全防范的关口前移。

（4）铁路货车运行安全监控系统须自动判别列车运行方向、车次、车种、车型、车号，自动测速、计轴、计辆；具备系统自检、运行状态监测、远程维护及数据查询分析、统计报表自动生成等功能；具备数据传输功能，预留各系统间、与其他系统间信息交互接口；各级终端须统一规范用户界面、功能及操作流程，具备自动校对时间功能。

（5）铁路货车运行安全监控系统须满足在不同的地理位置、气候条件下不间断运行的要求，采用双路电源供电，并具有自动转换功能，配备不间断电源（UPS）、防雷装置，具备抗干扰能力；服务器、数据存储设备、监控（复示）终端和网络通道须有可靠的备份机制，实行一主一备或双机热备。

（6）铁路货车运行安全监控系统在设备工程验收合格且试用结束后，应进行运用验收，运用验收合格后方可投入正式使用。铁路货车运行安全监控系统要按规定检修，确保设备的正常使用；当设备发生故障时，须及时组织修复。因系统性能未满足技术条件或设备停机、非正常运行导致漏探、误探、漏预报铁路货车故障等影响铁路货车安全时，属系统设计技术结构缺陷、制造质量不良的，追究设备生产厂家责任；属检修、日常维护质量不良或系统故障未及时修复的，追究设备检修或日常维护单位责任。

（7）THDS、TPDS、TADS、TWDS 探测站自动生成列车报文并逐级上传至相应的列检作业场和动态检查作业场、铁路局集团公司、国铁集团。列车报文由列车基本信息和预报警信息等组成，基本信息主要包括探测站名称、列车通过时间、车次、运行方向、平均速度、编组辆数、编挂位置、车种、车型、车号、铁路货车标签安装位置判别、列车中铁路货车的总轴承数；预报警信息主要包括故障类型、预报警级别、故障方位等。

（8）铁路货车运行安全监控系统轨边设备的安装位置须避开曲线、长大下坡道、桥涵和调速区段，确保探测的准确性。探测站的名称由车站名、线路名、方向别及系统名四部分组成。设置的基本原则如下：

① THDS 探测站沿铁路线路平均距离 30 km 设置，特殊情况不超过 35 km。列检作业场所在车站进站信号机外均须安装，且须具备内、外探功能。

② TFDS 探测站根据动态检查作业的需要设置，布点平均距离为 300 km，距列检作业场不小于 10 km。

③ TPDS、TWDS 探测站在进入列检作业场的前方铁路线路设置，布点平均距离为 400 km。

④ TADS 探测站在进入列检作业场的前方铁路线路设置，布点平均距离为 500 km。

（9）配备列检手持机系统的列检作业场，列检值班员将铁路货车运行安全监控系统预报的信息通过列检手持机系统直接传递给检车员，检车员根据提示的故障信息进行检查、处理、反馈。

（10）铁路货车运行安全监控系统的预报模型和预报标准，由国铁集团机辆部或授权铁路局集团公司根据货车技术结构及运用实际优化调整。

二、THDS、TFDS、TPDS、TADS、TWDS 运用要求

（一）THDS 运用要求

（1）THDS 预报标准按不同程度的热轴故障，由低到高分为微热、强热、激热三个等级。

（2）THDS 热判标准应按照安全可靠的原则，由铁路局集团公司根据铁路货车轴承运转热的变化规律，结合铁路货车技术结构和各探测站的列车运行状况、线路情况、环境气候、地理位置等因素组织制定。

（3）按照"微热跟踪，强热前方车站停车，激热立即停车"的原则，微热由系统自动跟踪。铁路局集团公司红外线调度员负责强热、激热铁路货车的预报，THDS 动态检车员负责本站人机分工、人工检查作业列车的微热预报。

（4）对强热、激热报警信息，铁路局集团公司红外线调度员须立即进行分析和确认，经确认的强热、激热信息使用语音记录装置良好的电话按标准用语通知列车调度员，明确处置要求，同时列车调度员应在行调复示终端上点击确认，并按处置要求及时进行相应的行车调度指挥。

红外线调度员电话通知列车调度员后，须填写"铁路货车运行安全监控系统拦停通知卡"，由列车调度员签字确认。同时，还应及时将热轴报警后的处置情况通知铁路局集团公司车辆调度员。铁路局集团公司车辆调度员及时安排车辆段按规定处理热轴铁路货车。

报警信息中列车车次和铁路货车车号不清的，由铁路局集团公司红外线调度员联系列车调度员确认车次和车号等信息。

（5）对铁路局集团公司红外线调度员预报的激热报警的列车，列车调度员应立即安排就地停车；机车乘务员接到就地停车的口头通知后，立即停车。

① 列车在区间停车时，由车辆乘务员负责检查、判断和处置，无车辆乘务员的由机车乘务员判断处置。车辆乘务员或机车乘务员按照激热报警信息确定激热铁路货车编组位置和激热的轴位，并对轴承进行外观检查。当检查确认轴承外观无异状，可以继续运行时，应及时报告车站值班员并转报列车调度员，由列车调度员发布调度命令，限速不超过 25 km/h 就近运行到前方车站，或司机按照规定以限速不超过 15 km/h 退行至后方车站。当检查发现轴承

变色（变蓝或变红）、冒烟、外圈破损或变形、前盖丢失或变形、外圈存在新圆周磨痕、密封罩脱出等异状时，及时报告车站值班员并转报列车调度员，启动区间激热拦停应急处理预案。区间拦停应急处理预案由铁路局集团公司制定。

② 列车在站内停车时，停车车站有列检作业场的，由列检人员检查、处理；无列检作业场的，由车站安排将该车从列车中摘下，按规定通知车辆部门派员前往检查处理。

（6）对铁路局集团公司红外线调度员预报的强热报警的列车，列车调度员要立即安排列车在前方站停车并通知机车乘务员；机车乘务员根据通知在前方站停车。列车到达前方站后，停车车站有列检作业场的，由列检人员检查、处理；无列检作业场的，由车站安排将该车从列车中摘下，按规定通知车辆部门派员前往检查处理。

（7）对采取人工检查或人机分工检查方式进行列检作业的到达、中转列车，THDS 动态检车员要将微热报警信息通知列检值班员，由列检值班员通知检车员，检车员对微热报警的轴承进行轴温测量和起轴转动检查，对温升超过规定或转动检查有问题的铁路货车须扣修，并将检查处理结果报告列检值班员。

（8）当 THDS 探测站预报微热、下一个 THDS 探测站遇有以下情况时，须按强热预报处理。对采取人工检查或人机分工检查方式进行列检作业的到达、中转列车，列检作业场 THDS 探测站遇有以下情况时，须安排检车员对未正常探测的铁路货车进行人工轴温检查。

① THDS 发生临时故障。

② THDS 受到干扰出现异常。

③ 列车在 THDS 探测站调速或停车影响探测。

④ 因停电、维修、线路施工及其他因素等造成 THDS 无法探测。

（9）列检作业场对采取人工检查或人机分工检查作业方式进行列检作业的到达、中转列车中有轴箱滚动轴承和因铁路货车结构轴承底部有遮挡的无轴箱滚动轴承铁路货车，须进行人工轴温检查。

（10）人工轴温检查须使用具备数据存储功能的便携式红外线测温仪。检查部位：无轴箱滚动轴承为轴承外圈底部、前后排滚子所处外圈相应部位的运行方向后侧；有轴箱滚动轴承为轴箱前盖里侧轴箱体上部。发现轴温异常或外观异状，须转动检查。

（11）对无列检作业场的车站摘下的热轴铁路货车，列检人员应及时到达甩车车站进行热轴故障检查和图像采集，并将检查结果报车辆段调度员，车辆段调度员分别向铁路局集团公司红外线调度员、车辆调度员报告；铁路局集团公司红外线调度员须在发生时刻起 24 h 内将检查处理结果录入 THDS。

对有列检作业场的车站摘下的热轴铁路货车，列检作业场应及时进行热轴故障检查和图像采集，并将检查结果报告车辆段调度员，车辆段调度员分别向铁路局集团公司红外线调度员、车辆调度员报告。铁路局集团公司红外线调度员须在发生时刻起 6 h 内将检查结果录入 THDS。

（12）对车站摘下的 THDS 预报热轴铁路货车，须更换轮轴处理；对不具备更换轮轴条件的车站，车辆段须在确保安全的前提下制定铁路货车限速运行方案，运行到就近地点进行更换。

（13）热轴铁路货车更换轮轴后，须在规定的时间内将热轴轮轴送车辆段检修车间进行轴承退卸、分解，形成"THDS 热轴轴承故障诊断分析报告"，并妥善保存轴承故障损品。有关退卸和分析结果、故障数码照片自系统预警之日起 10 日内录入 THDS。"THDS 热轴轴承故障诊断分析报告"格式、内容由铁路局集团公司制定。

（二）TFDS 运用要求

（1）动态检查作业应按照"直通优先、先开优先"的原则安排检查顺序，每列车的动态检查作业须由 1 个动态检车组完成。

第一百六十四条：网络通道带宽、传输距离及设备软硬件须满足动态检查需要，探测图片存储不少于 1 个月；TFDS 作业平台须具备交接班，设备监控，智能分组、分车、分辆，探测图片显示，故障智能跟踪，丢图、窜图、曝光等质量不良图片标识，数据分析等功能；与列检复示终端实现故障预报、反馈、跟踪、确认的闭环管理。

第一百六十五条：动态检查作业发现"通过作业 TFDS 动态检查范围和质量标准"范围内的故障和其他危及行车安全的故障，按照"先报告后提交"的原则，向铁路局集团公司红外线调度员进行预报拦停，办理拦停手续。

（2）TFDS 动态检车员立即口头报告动态检车组长，由动态检车组长快速判断确认后，立即使用语音记录装置良好的直通电话将需要拦停的车次、故障铁路货车编挂位置和车种车型车号、故障等情况通知铁路局集团公司红外线调度员。

（3）铁路局集团公司红外线调度员使用语音记录装置良好的直通电话通知列车调度员立即安排就地停车，同时填写"铁路货车运行安全监控系统拦停通知卡"，送列车调度员签字确认。

（4）列车调度员接到拦停列车的信息后，立即安排列车就地停车。

（5）机车乘务员接到就地停车的口头通知后，立即停车。列车在区间停车时，由车辆乘务员负责确认，无车辆乘务员的由机车乘务员负责确认。按照拦停信息确定故障铁路货车编组位置，并确认能否继续安全运行到车站，可以继续运行的，及时报告车站值班员并转报列车调度员，根据口头指示，运行到前方车站或退行至后方车站；不能继续运行的，铁路局集团公司启动应急处置预案。列车在有列检作业场的车站停车时，由车辆段调度员通知列检作业场确认、处理；无列检作业场的，由车站安排将该故障铁路货车从列车中摘下，车辆段调度员通知列检作业场确认、处理。

（6）列检人员须将预报拦停的故障确认、处理结果反馈给列检值班员，列检值班员报车辆段调度员和动态检车组长，动态检车组长将故障处理方式、处理人、处理时间等内容，自故障发生时刻起 24 h 内录入 TFDS，车辆段调度员报铁路局集团公司红外线调度员和车辆调度员。

（7）对到达、中转作业的列车，动态检车组长应将每列预报确认的故障信息复核后通知列检值班员。列检值班员以辆为单位向现场预报，检车员确认、处理后，将结果报告列检值班员，列检值班员核对、汇总后反馈给动态检车组长，动态检车组长确认故障处理方式、处理人、处理时间等内容，并录入 TFDS。

（8）TFDS 发生丢图、窜图、曝光等故障及停机、停电、设备检修等无法正常进行动态检查时，实行人机分工检查方式的列车，应安排人工补充检查；实行动态检查方式的列车，只对能正常探测的部位进行动态检查。

（三）TPDS 运用要求

（1）TPDS 预警信息由车轮踏面损伤预警、运行品质预警和超偏载预警组成。车轮踏面损伤预警根据车轮踏面损伤程度由重到轻顺序分为一级、二级、三级，超偏载预警根据超载吨数、偏载尺寸、偏重吨数由重到轻顺序分为一级、二级。

（2）采取人机分工检查或人工检查方式进行列检作业的到达、中转列车，TPDS 动态检车员须查看该列车车轮踏面损伤及运行品质预警信息，将预警信息报文内容通知列检值班员，由列检值班员通知检车员进行处理。对到达列车中踏面损伤一级预警或运行品质预警铁路货车，须立即扣车；对其他踏面损伤预警铁路货车车轮进行检查，车轮踏面擦伤、剥离、局部凹下、缺损超限或车轮辐板、轮辋裂损、车轮踏面碾堆的，须扣车处理。检车员将检查处理情况报列检值班员，列检值班员核对后通知 TPDS 动态检车员将预警铁路货车的检查和处理结果录入 TPDS。

（3）铁路局集团公司红外线调度员对 TPDS 预报超偏载一级预警的铁路货车，在排除设备误报的情况后，须立即将车次、编组辆数、预警时间、TPDS 探测站、辆序、车种车型车号、预报类别等内容使用语音记录装置良好的电话通知列车调度员，并填写"超偏载铁路货车通知卡"送列车调度员，双方签字。列车调度员接到红外线调度员的电话通知后，按要求立即安排列车在运行前方站停车，并通知有关车站或货运部门，具体单位由铁路局集团公司自定；被通知单位对预报的铁路货车按规定程序确认和处理；被通知单位要将处理情况（是否换装整理）电话通知列车调度员，列车调度员将处理情况反馈红外线调度员；红外线调度员要将车次、辆序、车种车型车号、预报类别、预报时间、是否甩车换装等内容录入 TPDS。

（四）TADS 运用要求

（1）TADS 预警信息包括单次预警信息和联网预警信息。单次预警等级根据轴承故障的严重程度由重到轻顺序分为一级、二级、三级。

（2）对采取人机分工或人工检查方式进行列检作业的到达、中转列车，TADS 动态检车员须查看该列车 TADS 预警信息，将一级预警或联网预警信息报文内容通知列检值班员，由列检值班员通知检车员进行处理。对到达列车中一级预警或联网预警铁路货车，须立即扣车；对其他列车中一级预警或联网预警铁路货车的预警轴承进行转动检查，确认有故障时应扣车处理。检车员将检查处理情况报列检值班员，列检值班员核对后通知 TADS 动态检车员将预警铁路货车的检查和处理结果录入 TADS。

（3）故障铁路货车送站修作业场更换轮轴后，须及时将故障轮轴送至车辆段对故障轴承进行退卸、鉴定分析，形成"TADS 预警轴承故障诊断分析报告"，并妥善保存轴承故障损品。有关退卸和分析结果、故障数码照片自系统预警之日起 10 日内录入 TADS。"TADS 预警轴承故障诊断分析报告"格式、内容由铁路局集团公司制定。

（五）TWDS运用要求

（1）TWDS预警信息包括轮缘垂直磨耗预警、踏面圆周磨耗预警、轮缘厚度预警、轮辋厚度预警等。

（2）TWDS动态检车员对采取人机分工检查或人工检查方式进行列检作业的到达、中转列车，须查看每列车TWDS预警信息，将预警信息报文内容通知列检值班员，由列检值班员通知检车员进行处理。对预警铁路货车车轮进行检查，车轮轮缘垂直磨耗、踏面圆周磨耗深度、轮缘厚度、轮辋厚度超限的，应扣车处理。检车员将检查处理情况报列检值班员，列检值班员核对后通知TWDS动态检车员将预警铁路货车的检查和处理结果录入TWDS。

（六）综合预警运用要求

采取人机分工检查或人工检查方式进行列检作业的到达列车，列检值班员须将每列车的铁路货车运行安全监控系统综合预警信息通知检车员进行扣车处理。检车员将检查处理情况报列检值班员录入系统。

任务五　货车定期检修认知

【任务目标】

（1）熟悉我国车辆的检修制度；
（2）掌握货车定期检修的修程；
（3）理解货车定期检修的主要任务。

【学习内容】

货车定期检修概述。

【阅读材料】

货车定期检修概述。

货车定期检修概述

车辆检修制度就是规定在什么情况下对车辆进行检修及修理后车辆应达到何种状态的一种技术制度。

现在我国采用的是以计划预防修为主，状态修为辅的车辆检修制度，即在计划预防修的前提下，逐步扩大实施状态修、换件修和主要零部件的专业化集中修。计划预防性检修制度分为定期检修和日常保养两大类。定期检修是规定车辆每运用一定时间（或里程）对车辆的全部或部分零件进行一定程度的检修。在车辆尚未发生故障之前就对车辆进行修理，消除车辆零部件的缺陷和隐患，预防故障的发生。由于检修是定期的，全年的任务量可以计算出来，能提前准备车辆检修需要的材料、零件、检修设备及人力。而日常保养是车辆在运用中对易损零件和由于特殊情况造成的故障进行维修，确保车辆正常运行和安全。因此，这种检修制度的特点是具有预防性和计划性。

　　货车由于所运货物、运行方向和装卸地点一般不固定，所以不能固定其使用区间而需全路范围通行，因此，货车一般不固定配属，其维修和保养由途经的沿线各车辆检修部门负责。而客车及有固定装卸地点循环使用的专列罐车、煤车、矿石车、标记载重90 t以上的长大货车、保温车和少数专用车实行固定配属，其检修由配属单位负责。

一、定期检修

　　铁路货车定期检修周期分为以时间和运行里程结合时间两种。以时间确定定期检修周期的铁路货车分为厂修、段修、辅修和轴检四级修程，其中取消辅修的铁路货车分为厂修、段修两级修程。以里程结合时间确定定期检修周期的铁路货车分为大修（A级）、全面检查修（B级）、重点检查修（C级）三级修程。

（一）定期检修的修程

　　国铁集团对货车车辆的定期检修周期的规定见表4-2和表4-3。

表4-2　货车定期检修周期表1

车种、车型	厂修（大修）	段修（全面检查修）	辅修（重点检查修）	备注
P_{70}、P_{70H}	8 年	2 年		
P_{62NK}、P_{62NT}、P_{63K}、P_{64AK}、P_{64AT}、P_{64GH}、P_{64GK}、P_{64GT}、P_{64K}、P_{64T}	9 年	1.5 年		
P_{62N}、P_{64}	9 年	1.5 年	6 个月	
P_{62K}、P_{62T}、P_{66K}、P_{66H}	6 年	1.5 年		
P_{62}	6 年	1.5 年	6 个月	
P_{61}	5 年	1 年	6 个月	
C_{70}、C_{70H}、C_{70A}、C_{70E}、C_{70EH}、C_{100A}、C_{100AH}	8 年	2 年		
C_{70B}、C_{70BH}	12 年	2 年		
C_{76}、C_{76H}、C_{76A}、C_{76B}、C_{76C}、C_{80}、C_{80H}、C_{80A}、C_{80AH}、C_{80B}、C_{80BH}、C_{80EF}、C_{80CA}	8 年或 160 万千米	2 年或 40 万千米		
C_{64K}、C_{64H}、C_{64T}、C_{64AT}、C_{62BK}、C_{62BT}、IC_{6GK}	9 年	1.5 年		
C_{63}、C_{63A}	6 年	1 年	6 个月	

车种、车型	厂修（大修）	段修（全面检查修）	辅修（重点检查修）	备注
C_{62B}、IC_{6G}	9 年	1.5 年	6 个月	
C_{62AK}、C_{62AT}（车号为 45 字头开始）	6 年	1.5 年		
C_{62A}（车号为 45 字头开始）	6 年	1.5 年	6 个月	
C_{62AK}、C_{62AT}（车号为 14、44 字头开始）、C_{16K}、C_{16AK}	5 年	1 年		
C_{62A}（车号为 14、44 字头开始）、C_{62}、C_{62M}	5 年	1 年	6 个月	
C_{61K}、C_{61T}	8 年	1 年		
C_{61}、C_{61E}	8 年	1 年	6 个月	
C_{FK}	6 年	1 年		
C_F	6 年	1 年	6 个月	

表 4-3　货车定期检修周期表 2

车种、车型		厂修（大修）	段修（全面检查修）	辅修（重点检查修）	备注
罐车	GF_{70}、GF_{70H}	8 年	2 年		
	酸碱类罐车、液化石油气罐车、液氯罐车、黄磷罐车	4 年	1 年		提速
		4 年	1 年	6 个月	非提速
	其他型罐车	5 年	1 年		提速
		5 年	1 年	6 个月	非提速
矿石车	KF_{70}、KM_{70}、KM_{70A}、KZ_{70}、KZ_{70A}、KF_{60H}、KF_{60AK}	8 年	2 年		
	KM_{70B}	12 年	2 年		
	K_{13N}、K_{13AT}、K_{13NAK}、K_{13NT}、K_{13BT}、K_{14T}、K_{AAK}、K_{18AT}、K_{18BK}、K_{18DK}、K_{18DT}、K_{18DFK} 等提速耐候钢矿石车	8 年	1 年		
	K_{13N}、K_{13NA}、K_{13B}、K_{13D}、K_{14E}、K_{16}、K_{16A}、K_{18AE}、K_{18D}、K_{18DA}、K_{18DF}、K_{18DG}、K_{18DJ}、KF_{60N}、KF_S、KG_2、KH 等非提速耐候钢矿石车	8 年	1 年	6 个月	
	K_{13K}、K_{13T}、KF_{60QK}	5 年	1 年		
	K_{13}、K_{18}、K_{18F}、KF_{60} 等普碳钢车及 KF_{60Q}	5 年	1 年	6 个月	

续表

车种、车型	厂修（大修）	段修（全面检查修）	辅修（重点检查修）	备注
水泥车 U_{70}	8 年	2 年		
水泥车 U_{61WK}、U_{61WT}、U_{61WZK}	9 年	1.5 年		
水泥车 U_{61W}、U_{61WE}、U_{61WZ}	9 年	1.5 年	6 个月	
水泥车 U_{60WK}	5 年	1 年		
水泥车 U_{60}、U_{60WO}、U_{15}	5 年	1 年	6 个月	
集装箱平车 X_{70}、X_{4K}、X_{6K}	8 年	2 年		
集装箱平车 X_{2H}、X_{2K}	8 年	2 年		
集装箱平车 X_{3K}	9 年	1.5 年		
集装箱平车 X_{6AE}	6 年	1 年	6 个月	
集装箱平车 X_{1K}、X_{6BK}、X_{6BR}、X_{6CK}、X_{6CT}	6 年	1.5 年		
集装箱平车 GH_{65K}、NT	5 年	1 年		
平车、平车-集装箱共用车	5 年	1 年		提速
平车、平车-集装箱共用车	5 年	1 年	6 个月	非提速
小汽车运输专用车 JSQ_{1K}、JSQ_{2K}、J5SQ、J6SQ	5 年	1 年		
小汽车运输专用车 JSQ_{3K}	9 年	1.5 年		
小汽车运输专用车 JSQ_{4K}、JSQ5、JSQ6	6 年	1.5 年		
粮食车 L_{70}、L_{18}	8 年	2 年		
粮食车 L_{17}	5 年	1 年	6 个月	
粮食车 L_{17K}	5 年	1 年		
毒品车 W_{70S}	8 年	2 年		
毒品车 W_{5SK}、W_{6S}、W_{5AK}	5 年	1 年		
毒品车 W_5	5 年	1 年	6 个月	
长大货物车 D_{10}、D_{12}、D_{22G}、D_{70}	9 年或 90 万千米	3 年或 30 万千米	6 个月	
长大货物车 D_{10A}	8 年或 80 万千米	2 年或 20 万千米		
长大货物车 D_{15B}、D_{28}	9 年或 90 万千米	3 年或 30 万千米		
长大货物车 D_{11}、D_{15}、D_{17A}、D_{18A}、D_2、D_{2A}、D_{2G}、D_{22}、D_{23G}、D_{25}、D_{25A}、D_{26}、D_{26A}、D_{26AK}、D_{26B}、D_{30A}、D_{30G}、D_{38}	8 年或 80 万千米	2 年或 20 万千米	6 个月	
长大货物车 D_5	5 年	1 年	6 个月	
长大货物车 D_{15A}、D_{32}、D_{5A}、D_{K29}、D_{K36}、D_{L1}、D_{NX17K}	8 年或 80 万千米	2 年或 20 万千米		
长大货物车 D_{9A}、D_{22A}、D_{32A}、D_{45}、D_{A21}、D_{A25}、D_{A37}、D_{K17A}、D_{K23}、D_{K36A}、D_{Q35}、D_{Q45}	10 年或 100 万千米	2 年或 20 万千米		

车种、车型		厂修（大修）	段修（全面检查修）	辅修（重点检查修）	备注
特种车	T_6、T_{6D}	6 年	1.5 年	6 个月	
	T_{6DK}	6 年	1.5 年		
	T_{6FK}、T_7、T_{53}、T_{13}、T_P、T_{P11}	8 年	2 年		
	长钢轨车、60 t 的凹型车	5 年	1 年		提速
		5 年	1 年	6 个月	非提速
	其他特种车、专用车	8 年	2 年	6 个月	

注：① 专用车指救援车、机械车、线桥工程车、宿营车、发电车、检衡车、磅秤修理车、生活供应车、战备车等。
　　② 按运行里程检修的铁路货车检修周期以走行里程为主，兼顾运用时间，实行"先到为准"原则。

须按现车检修周期标记扣修定检车，厂修、段修车以月为准，辅修车以月、日为准，辅修可错后 10 天。厂修、段修、辅修在一个月内同时到期时应做高级修程。扣修的临修车距辅修到期在 10 天以内时，可提前做辅修。如确因事故等特殊情况需提前扣修时，须经国铁集团批准。

车辆每隔一定时间，进行一定修程的修理，如此循环地进行就构成了车辆定期修理的循环结构。货车中的普碳钢敞车的定期修理循环结构如图 4-35 所示。

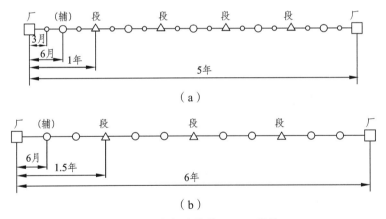

（a）

（b）

图 4-35　车辆定期修理循环结构

（二）定期检修的主要任务

1. 厂　修

其目的是恢复车辆的基本性能，使其接近新造车水平。厂修在车辆修理工厂施行。按规定应对车辆的各部装置进行全面分解检查、彻底修理，并进行必要的技术改造工作。对底架、车体钢结构各梁、柱、板的腐蚀及变形按厂修限度进行修理，将各主要配件恢复原有性能，保持其应有的强度。目前，厂修已采用定期修为主、状态修为辅的管理制度，规定了货车及主要配件的使用寿命。修竣后涂打厂修标记。

2. 段　修

主要是维护货车的基本性能，保持在下次相应修程之前各部状态、性能良好；延长车辆及零部件的使用寿命；减少临修，提高车辆使用寿命。段修在车辆段施行。货车段修须坚持质量第一的原则，认真按规定进行全面检查、彻底修理。在检修工作中须贯彻以工装保工艺、以工艺保质量、以质量保安全的指导思想，加强修车作业计划管理，做到均衡生产，实行配件异地检测、集中修理、扩大换件修和主要零部件寿命管理，达到提高质量的根本目的。修竣后涂打段修标记。

3. 辅　修

主要是对制动装置和轴箱油润部分施行检修，并对其他部分做辅助性修理，做到螺栓紧固、配件齐全、作用良好。货车辅修是在修车库或专用修车线（站修线）施行。修竣后涂打辅修标记。

项目五　动车组运用维修

项目任务

任务一　动车组运用维修认知
任务二　动车组一级修作业
任务三　动车组二级修作业

项目目标

（1）能说出动车组运用维修流程；
（2）了解动车组运用维修的范围及内容；
（3）掌握动车组运用维修的质量标准；
（4）能说出动车组运用维修安全注意事项；
（5）能参照动车组运用维修项目进行作业。

任务一　动车组运用维修认知

【任务目标】

（1）了解动车组运用维修的基本概念；
（2）了解动车组日常管理规定；
（3）掌握动车组运用检修的基本模式；
（4）了解动车组质量管理的基本内容。

【学习内容】

（1）动车运用维修的基本概念；
（2）动车组管理；
（3）动车组运用检修；
（4）动车组质量管理。

【阅读材料】

（1）动车运用维修基本概念；
（2）动车组管理；
（3）动车组运用检修；
（4）动车组质量管理。

一、动车组运用维修的基本概念

动车组是铁路旅客运输的高速运载工具，动车组的运用维修工作是铁路运输的重要组成部分，其维修质量直接关系到旅客生命财产安全和企业经济效益。坚持质量第一和为运输服务的原则，贯彻修、养并重，预防为主的方针，不断加强基础工作，完善运用维修管理制度，提供质量良好的动车组，是动车组运用维修工作的基本任务。

二、动车组管理

（1）动车组实行国铁集团、铁路局、动车（客车）段三级专业管理。

（2）国铁集团负责组织制定动车组运用维修规则等相关管理规定；铁路局负责组织制定动车组运用维修作业办法，明确检修项目、检修周期、检修内容、技术要求及检修工艺等；动车段负责组织编制动车组运用维修作业指导书，明确作业内容、作业步骤、作业标准、工装设备、安全事项等。

（3）动车组修程分为 5 级。一、二级检修为运用检修，在动车组运用所内进行；三、四、五级检修为高级检修，在具备相应车型检修资质的检修单位进行。

（4）动车组检修周期见表 5-1。

表 5-1　动车组检修周期

车型	一级检修	二级检修	三级检修	四级检修	五级检修
CRH1A/1B	≤（4 000＋400）km 或运用 48 h	15 天	（120±10）万千米 或 3 年	（240±10）万千米 或 6 年	（480±10）万千米 或 12 年
CRH1E CRH380D	≤（5 000＋500）km 或运用 48 h				
CRH2A（统）/2B/2C/2G、CRH6A/6F	≤（4 000＋400）km 或运用 48 h	3 万千米 或 30 天	60^{+2}_{-5} 万千米 或 1.5 年	120^{+5}_{-10} 万千米 或 3 年	（240±10）万千米 或 6 年
CRH2E、CRH380A（L）	≤（5 000＋500）km 或运用 48 h				
CRH3C、380B（L）/CL、BG	≤（5 000＋500）km 或运用 48 h	2 万千米	（120±12）万千米 或 3 年	（240±12）万千米 或 6 年	（480±12）万千米 或 12 年
CRH5A/G CRH3A	≤（5 000＋500）km 或运用 48 h	6 万千米			

（5）动车组运用所（简称动车所）是动车组进行日常运用维修的场所，其设立和撤销由国铁集团批准。

（6）动车所承担动车组运用检修、整备等工作，涉及车辆、机务、供电、电务、客运、运输及造修企业的售后服务等部门（单位）。车辆部门统一领导，结合各专业特点，优化完善作业流程，形成既分工负责、又协调联动的动车组运用检修整备一体化管理机制。

（7）运用维修班组承担动车组一级、二级检修和车辆整备，负责动车组检查、维护、试验、故障处理；负责检修设备的操作及日常保养；处理外属动车组随车机械师填报的影响运行安全的重点故障和委托检修的项目；对检修范围内的质量安全负责。

（8）动车所实行所长负责制；根据需要设置技术室、调度室等管理股室，设置一级检修组、二级检修组、临修组等直接生产班组，设置设备组、材料组等辅助生产班组。

三、动车组运用检修

（1）新建动车所启用或新车型配属前，铁路局组织相关部门对动车所设备设施、规章制度、作业标准、安全管理、劳动组织、职工素质、备品备件、后勤配套等方面进行评估和资质审查，合格后方可投入使用，并向国铁集团报备。

（2）动车组二级检修月计划由动车段负责编制；二级检修周计划、运用维修日计划由动车所编制并组织实施。

（3）动车组运用检修工作涉及车辆、机务、供电、电务、客运、运输、公安及主机厂售后服务等部门，统一领导、明确职责，各部门、单位既分工负责，又协调联动，形成动车组运用检修一体化管理体系。

（4）在动车所内作业时，各部门（专业）在动车所的统一组织下，按作业计划、作业流程和作业标准，实施动车组检修、整备作业。

（5）一级检修是对动车组的车顶、车下、车体两侧、车内和司机室等部位实施快速例行检查、试验和故障处理的检修作业，须在动车所检查库内实施。

（6）动车组一级检修采用无电（可接外接电源）-有电作业模式，或者有电-无电-有电作业模式。

（7）动车组一级检修时，短编（8辆编组）原则上由1个作业小组实施，长编（16辆编组）可由2个作业小组实施。

（8）动车段（所）应结合动车组出入所时间节点、每班工作量等，合理确定作业小组数量。

（9）动车组累计备用（含热备）时间超过48 h上线运营前须进行一级检修。

（10）临修、二级检修及高级检修动车组修竣后，上线运营前须进行一级检修。

（11）动车组一级检修原则上应在本所进行，下列情况除外：

① 动车组图定入外所检修。配属段须与承修段签订委托检修协议，明确质量、安全责任、检修费用等相关内容。

② 遇恶劣天气等特殊情况可能造成动车组一级检修过期，需入外局动车所检修。担当局应及时向所在地铁路局提出检修申请，所在地铁路局须积极组织安排，担当局做好配合。

（12）一级检修后须按规定进行动车组出所质量联合检查。

（13）二级检修是对动车组各系统、零部件实施的周期性维护保养、检测、试验，不得漏项、超期。

（14）二级检修可采用扣车检修或结合一级检修的方式进行。

（15）铁路局应积极推进二级检修项目的均衡修。动车段应对"周期相同、部位接近、性质类似"的检修项目合理组合、科学安排检修计划，优化生产组织。

四、动车组质量管理

（1）铁路局根据国铁集团动车组运用维修规则等制定发布动车组一、二级检修标准。一、二级检修动车组须符合质量标准。

（2）上线运营的动车组质量标准不低于"动车组出所质量规定"。

（3）动车段应制定动车组运用维修质量管理办法，完善作业者自检、工长巡检、质量检查人员（简称质检员）专检的质量监督机制，落实作业者岗位负责制。

（4）动车段须设置质量检查机构，配备质检员，负责动车组质量过程控制和结果确认；应制定动车组运用维修质量检查办法，明确检查范围及工作要求。

质检员基本职责：

① 一级检修作业质量抽检，重点故障处理确认；

② 二级检修作业质量确认，根据项目的重要性对作业全过程、重要节点或结果进行确认；

③ 临修作业质量确认；

④ 出所联检；

⑤ 动车组运用质量鉴定；

⑥ 技术变更质量监督。

（5）动车组质量实行全寿命周期管理，运用维修和高级检修故障均需纳入动车组故障库。

（6）单列动车组为固定编组，运用状态下不得解编。两列同型短编动车组原则上可重联编组。

（7）动车组禁止加挂各型机车车辆（无动力调车时的调车机车或公铁两用车、救援或无动力回送时的机车及回送过渡车除外）。动车组禁止编入其他列车。

任务二　动车组一级修作业

【任务目标】

（1）了解动车组一级修的有关概念；

（2）掌握动车组一级修的注意事项和作业流程；

（3）掌握动车组一级修的分工要求；

（4）了解动车组一级修生产任务的下达途径；

（5）掌握动车组一级修的无电作业。

【学习内容】

（1）CR400-AF动车组一级修注意事项和作业流程；

（2）CR400-AF动车组一级修车底作业（无电）；

（3）CR400-AF动车组一级修车体两侧作业（无电）；

（4）CR400-AF动车组一级修车顶作业（无电）；

（5）CR400-AF动车组一级修有电作业。

【**阅读材料**】

（1）动车组一级修作业准备；

（2）动车组一级修作业内容。

一、动车组一级修作业准备

（一）人员分工

（1）每个作业小组共4人，分1、2、3、4号位。1号位负责司机室设备、车载信息系统、数据下载、车顶作业及相关性能试验；2号位负责动车组放电、车内设施、了解"181"故障及领料、辅助升降弓、配合1号位完成司机室设备检查等作业；3、4号位负责接送车、车底、车侧作业。作业过程中各号位应做好呼唤应答。

（2）重联动车组设检修作业小组2个（8名作业人员），每个作业小组对1组动车组检修，作业流程和检修路线分别按单列车执行。动车组重联端司机室的相关试验取消，重联端车钩由出库方向作业小组负责。

（二）作业流程（见图5-1）

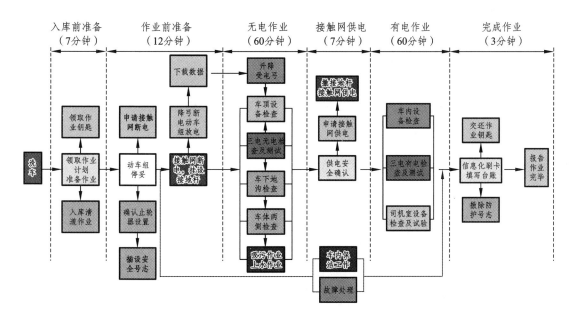

图5-1　一级检修作业流程

（三）作业路线

1. ①、②号作业路线（见图 5-2）

1）车顶作业路线

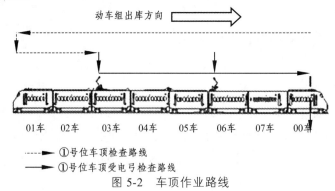

--------►①号位车顶检查路线
———————►①号位车顶受电弓检查路线

图 5-2　车顶作业路线

2）车内作业路线（见图 5-3）

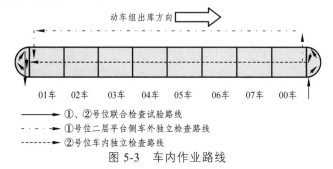

———————►①、②号位联合检查试验路线
- · - · - ►①号位二层平台侧车外独立检查路线
--------►②号位车内独立检查路线

图 5-3　车内作业路线

2. ③、④号作业路线

1）车底作业路线（见图 5-4）

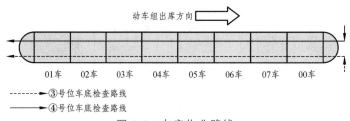

--------►③号位车底检查路线
———————►④号位车底检查路线

图 5-4　车底作业路线

2）车侧作业路线（见图 5-5）

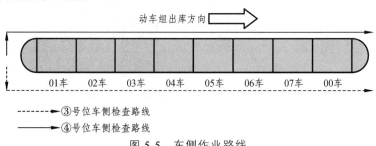

--------►③号位车侧检查路线
———————►④号位车侧检查路线

图 5-5　车侧作业路线

二、动车组一级修作业内容（见表 5-2）

表 5-2　动车组一级修作业内容

序号	作业项目	作业内容、标准及图示
1	作业准备	作业者按规定穿戴劳保用品。戴安全帽，穿劳保鞋，穿戴整齐
1.1	领取工作任务	（1）由工长或工长安排专人按时参加运用车间调度主持召开的一体化生产交班会议，领取当日动车组检修计划、维修重点及要求。 （2）作业人员参加班组开工布置会，听取工长分派任务、线上预报故障及其他注意事项，领取作业计划，确认动车组入库时间、停放股道列位。 （3）检修工长对信息系统生产任务进行派工，作业小组①号位核实车组遗留故障情况（根据任务分工，针对相应故障通知相应作业号位），必要时提前领料
1.2	工具及材料准备	（1）车组入库前作业小组提前接收作业计划，核实车组遗留故障情况，必要时提前领料。 （2）①号位向车间调度及工长了解动车组运行重点故障，并提前通知②、③、④号及其他人员，做好作业准备工作
1.3	领取钥匙、办理故障交接	①号位负责领取主控钥匙、禁动牌，了解动车组"181"故障及重点故障
1.4	申请接触网断电	①号位确认接触网可以断电后，在供断电人员处申请接触网断电
1.5	放电	（1）①号位确认断电股道及列位正确，接地杆可靠挂设。 （2）①号位挂禁动牌并在信息化工位终端刷卡【无电作业开始】
1.6	设置防护信号	⚠ 将非平台侧边门打开，会导致作业人员误入，跌落受伤；作业时无防护信号，会导致人身伤害。 （1）动车组停妥后，作业人员按照要求设置安全号志。 （2）动车组进库检修时，严禁打开非平台侧边门。 （3）检修班组加强盯控，作业前必须确认防护信号已设置，一体化作业单位在动车组防护信号设置完毕后，方可在信号灯或揭示牌上设置信号牌进行作业
1.7	了解故障	①、②、③、④号会合，由①号位传达车轮故障在线检测系统、受电弓及车顶状态动态检测系统、动车组运行故障动态图像检测系统（TEDS）检测情况及动车组故障
2	底部作业	
2.1	头车底部（01、00车）各部件状态	（1）头部底板无破损、变形和翘起，底部安装螺栓无松动、丢失。 （2）主排障器及下部导流罩安装螺栓无松动、丢失，防松标记清晰、无错位。 

序号	作业项目	作业内容、标准及图示
2.2	检查车体排障器底部、辅助排障器、扫石器等部件的外观及安装状态，并测量辅助排障器距轨面高度 📹	（1）检查车体排障器底部半圆形底板及 BTM 天线底板无破损、变形、翘起，安装螺栓无松动、丢失，底板螺栓无缺失，防松铁丝无断裂，止转铁片无折断、脱落。   （2）检查主排障器无裂损，安装螺栓无松动，防松铁丝无错位，测量距轨面高度在 20～28 mm。  （3）检查转向架扫石器无明显破损，2 颗安装螺栓紧固无松动，安装臂无裂损、变形，复核扫石器高度（20～35 mm）。 
2.3	检查车底天线及感应器（01、00车）状态 📹	（1）检查 TCR 天线安装座无裂纹，紧固螺栓无松动，防松标记无错位，周围底板安装牢固，紧固螺栓无松动。  

序号	作业项目	作业内容、标准及图示
2.3	检查车底天线及感应器（01、00车）状态 📹	（2）检查 BTM 天线安装座无裂纹，紧固螺栓无松动，防松标记无错位。 
2.4	撒砂装置的检查（01、04、05、00车）📹	（1）撒砂管安装牢固，防松标记清晰可见、无错位；软管无磨损、松脱，软管固定关卡安装紧固，管箍安装紧固，无松脱现象；吊绳无断裂。  （2）撒砂装置撒砂口外观状态良好，无裂纹，固定螺栓紧固状态良好，无明显机械损伤。测量撒砂喷嘴底部距离轨道高度符合（70±5）mm。  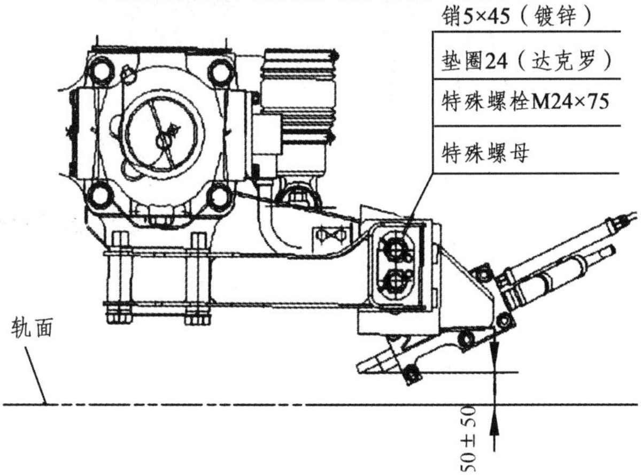

序号	作业项目	作业内容、标准及图示
2.5	制动装置（全列）检查	⚠️基础制动装置作用不良，可能影响行车安全。 卡控措施：一级修中加强对基础制动装置状态的检查；联检时进行制动试验，确保制动系统功能良好
2.6	检查制动盘状态、盘内是否有杂物、盘面磨损情况	制动盘外观状态良好，盘面厚度符合规定，不偏磨，摩擦面裂纹不过限，无贯穿裂纹；制动盘可见安装螺栓齐全，无窜出，螺栓头及螺母端部不得高于螺栓孔倒角下底面，制动盘偏磨、凹形磨耗不过限，盘面无圆周印痕。 
2.7	踏面清扫装置	（1）目视检查踏面清扫装置安装牢固、无松动，外观无破损、裂纹，配件齐全；悬吊部件无裂纹；空气管路无泄漏，安装牢固、无松动。 （2）检查研磨块安装到位（研磨块两侧卡销卡在安装座销孔中并完全伸出），无偏磨，用多功能测量尺测量研磨块厚度在 13 mm 以上（包含钢背厚度）
2.8	驱动装置（全列除 01、00 车）	⚠️齿轮箱油位低，可能造成运行中出现故障，影响运行安全；联轴节安装螺栓松动未及时发现，运行中会松脱；接地碳刷过限未发现，会造成接地回流不良
2.8.1	检查联轴节状态	（1）检查联轴节外观及安装状态良好，螺栓、螺丝无松动。 （2）轴毂与外筒张口处无沙粒或污垢堆积物。 （3）用手向上推动联轴节，径向不能移动。 （4）联轴节无漏油。 （5）联轴节注油堵无渗油，若有渗油，须更换注油堵密封垫，按规定扭矩重新紧固，并沿轴向移动联轴节无卡滞。 

序号	作业项目	作业内容、标准及图示
2.8.2	检查牵引电动机状态（02、04、05、07）	（1）牵引电动机外观良好，电机电源线、传感器及配线无破损，电源连接器状态良好、无松动，安装螺栓无松动，防松标记清晰无错位，各部件无裂纹，铭牌安装良好，无丢失。 （2）牵引电动机注油孔堵安装良好，无松动。  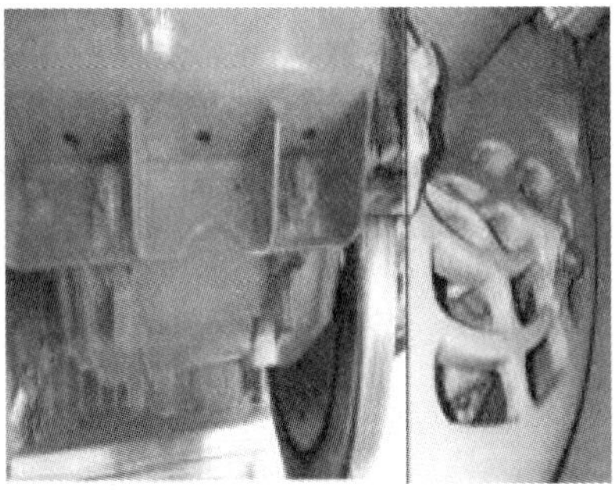
2.8.3	检查牵引电机冷却风道及排风口状态	（1）牵引电机冷却风道无破损、扭曲变形，无明显偏向一侧的变形，安装牢固，紧固螺栓防松标记无错位。 （2）排风口良好，无裂纹，无异物堵塞。  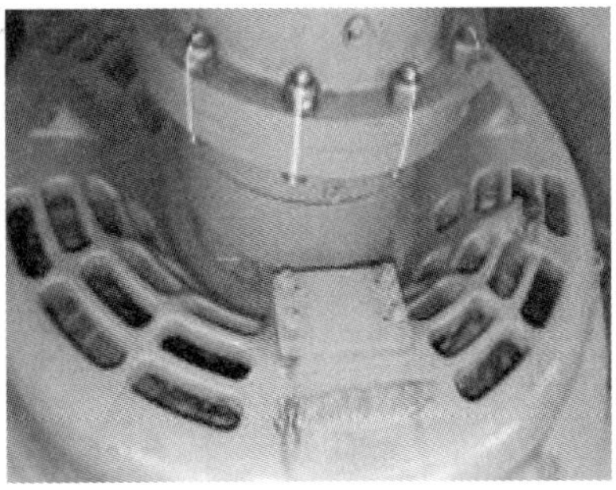
2.8.4	检查齿轮箱接地装置及碳刷状态，确认电刷剩余长度	（1）接地装置和碳刷外观及安装状态良好，接地线无松动、断裂；螺栓防松标记无错位，壳体安装螺栓防松标记清晰无错位。 （2）通过观察窗检查碳刷磨耗和压紧状态：红色剩余厚度指示针在视窗两刻度线之间。 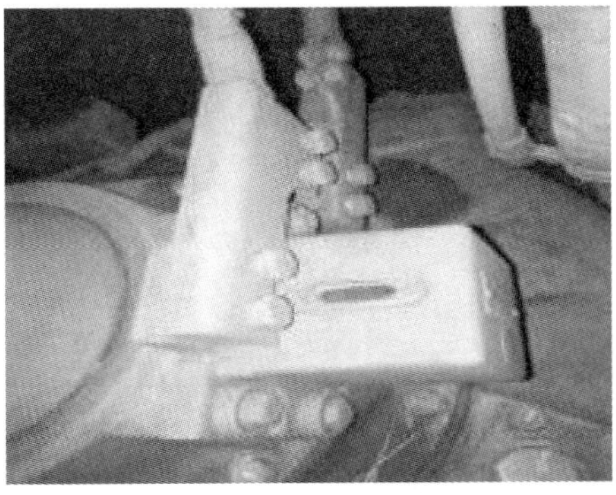

序号	作业项目	作业内容、标准及图示
2.8.5	检查速度传感器状态 📹	牵引电机温度传感器、速度传感器外观及安装状态良好，配线无损伤。 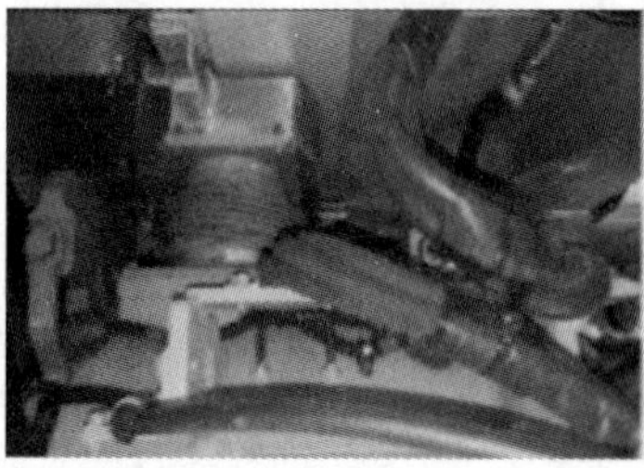 
2.9	牵引装置（全列）检查：检查牵引装置外观及安装状态 📹	（1）牵引拉杆外观及安装状态良好，中心销以及构架安装座无裂纹，两端安装螺栓无松动，防松标记无错位，防松铁丝无断裂，牵引杆橡胶节点无明显破损、龟裂、老化现象，有下列情况者须更换： ① 橡胶表面开裂长度 15 mm 以上或深度 5 mm 以上； ② 金属件末端的剥离长度 15 mm 以上。  ⚠️ 牵引拉杆安装螺栓松动、橡胶关节裂纹未及时发现，会影响运行安全。 卡控措施：一级修和专项修中加强对牵引拉杆安装状态及防松标记的检查，加强对橡胶关节的检查。 （2）横向止挡无明显破损、龟裂、老化现象；中心销与横向止挡左右间隙在 40~42 mm。 
2.10	转向架构架（全列）检查 📹	⚠️ 构架裂纹、安装螺栓松动未及时发现，会影响运行安全

续表

序号	作业项目	作业内容、标准及图示
2.10.1	空气弹簧检查	（1）检查空气弹簧外观状态良好，无破损、漏风；橡胶垫无开裂或老化；橡胶护套无破损； 　橡胶气囊龟裂限度：深度≤1.5 mm，长度≤50 mm。 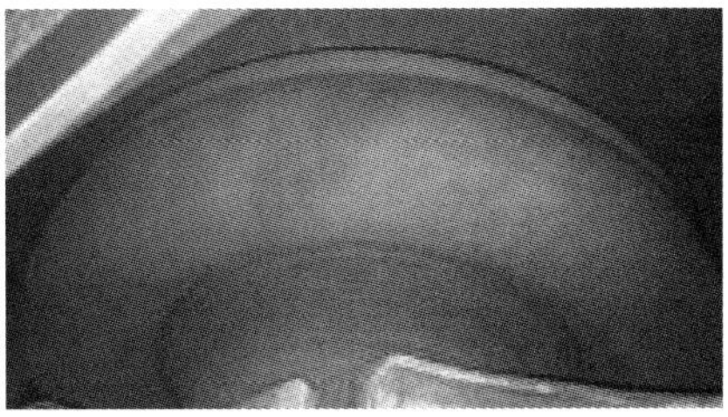 （2）检查空气管路无损伤、泄漏。橡胶空气软管无老化、鼓泡、漏气。橡胶空气软管与其他部件无相磨现象。检查线路管套无破损，管卡齐全，安装紧固无松动。 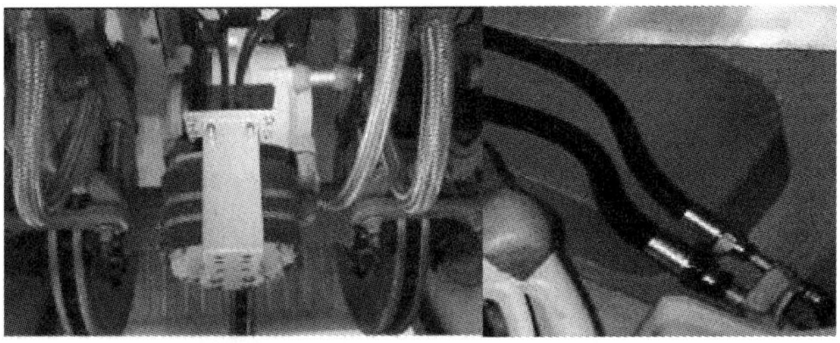
2.11	轮轴（全列）检查：检查轮轴、状态 📹	轮轴外观状态良好，各部无裂纹；轴身打痕、碰伤、擦伤深度符合限度要求。 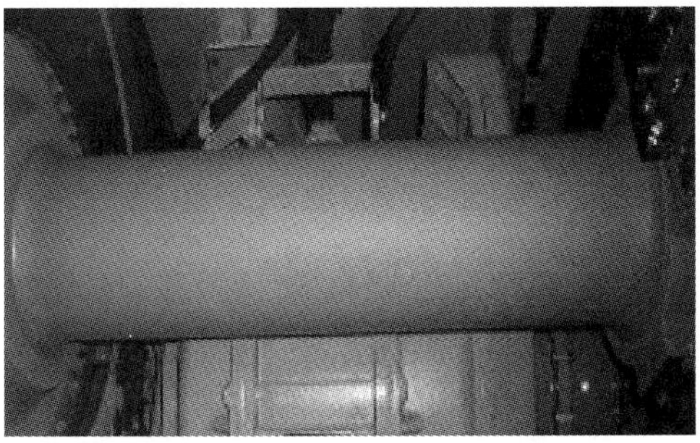
2.12	检查抗侧滚扭杆装置（全列）状态 📹	⚠ 螺栓松动或关节卡死未及时发现，会影响运行安全。 卡控措施：一级修加强检查各个部件的安装状态以及各紧固件的紧固状态。 

序号	作业项目	作业内容、标准及图示
2.13	防滑阀（全列）检查：检查防滑阀、空气管路等状态 🎥	⚠️电气接线不良、空气管路泄漏或螺栓松动未及时发现，会影响正常运行。 卡控措施：一级修与专项修中加强检查。 （1）防滑阀安装牢固，接线无松动、破损。 （2）防滑阀电线与防滑阀体连接正确，一一对应（一位侧为1、3轴；二位侧为2、4轴）。 （3）空气管路无损伤、泄漏。橡胶空气软管无老化、鼓泡、漏气。橡胶空气软管与其他部件无相磨现象
3	车体两侧检查	⚠️裙板、盖板松脱风险：两侧作业前确认裙板、盖板锁闭功能良好，锁闭到位，裙板完全落槽。 漏检导致带故障出库风险：两侧检查必须在高压有电下进行，确保异音、漏风类故障、外显类故障等被及时发现。作业中如需进行无电作业，可暂停有电作业，待有电时再续进行，避免出现漏检情况。 ①号位确认动车组供电正常，防护信号已设置，并通知③、④号进行车体两侧作业。 注：由③、④号位一人一侧同时进行车体两侧作业
3.1	头罩排障器（01、00车）检查 🎥	（1）目视开闭罩外观状态良好，无变形、击伤、掉漆，手推开闭罩无松动。  （2）主排障器外观状态良好，无撞击变形、裂纹或破损；前端排障板紧固螺栓防松标记清晰、无错位。 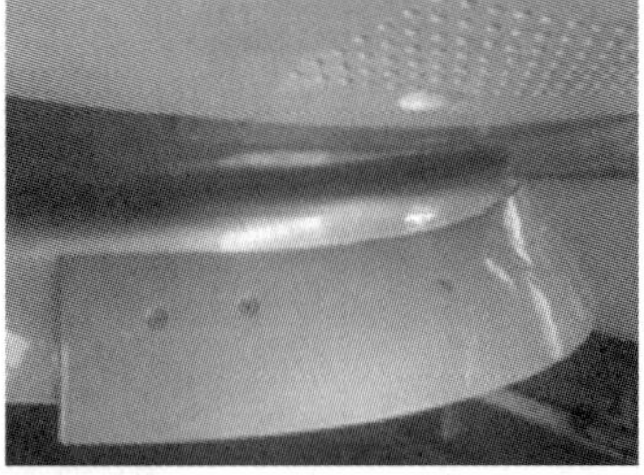 （3）检查侧部导流板外观平整，无击打变形、脱漆等情况，安装良好无松动。 

序号	作业项目	作业内容、标准及图示
3.2	车体（全列）检查 📹	裙板、盖板松脱风险：对于各盖板，加强检查，确认锁闭到位，安装螺栓无松动，防松标记无错位；裙板锁闭不到位、不牢固，可能造成运行中打开、脱落；动车组出库时，送车人员从动车组非出库端进行平行检查，确保锁闭良好
3.3	转向架构架（全列）检查 📹	转向架构架外观良好，无明显机械损伤、化学损伤和热损伤，焊接部件无裂纹、缺失；安装管路外观良好、无破损、安装牢固。铭牌无松动、脱落。 
3.4	轴箱及定位装置（全列）检查 📹	⚠ 部件安装螺栓松动未及时发现，会导致运行中松脱。 卡控措施：一级修中加强对螺栓安装状态的检查，确认各部件安装良好
3.4.1	检查轴箱油压减振器及各安装螺栓 📹	（1）检查垂向减振器无漏油，外观状态良好；连接螺栓及螺母无松脱、防松铁丝无折断；减振器座无裂纹，防尘套无破损，卡箍紧固良好。 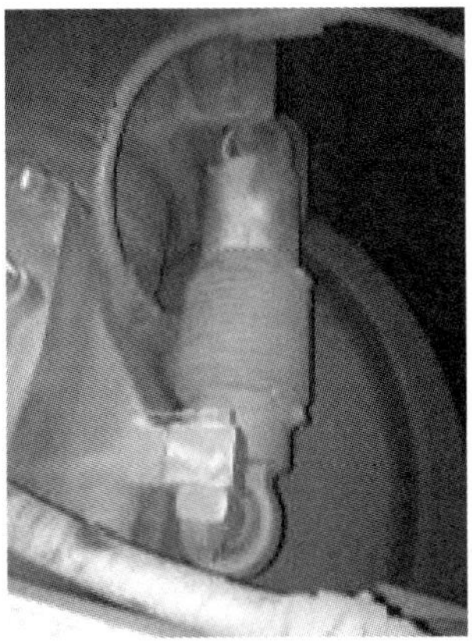 （2）检查安全提吊装置外观良好，无机械损伤、变形。 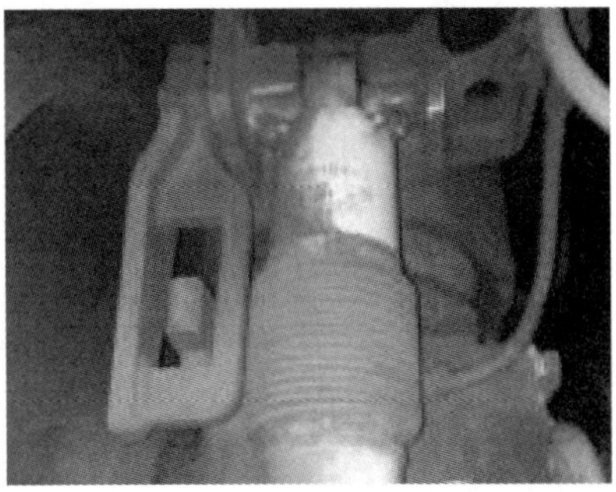

序号	作业项目	作业内容、标准及图示
3.5	车轮及轮盘（全列）检查	⚠ 轮对缺陷、安装螺栓缺失未发现，可能导致运行中出现故障，影响行车安全。 卡控措施：一级修中加强对轮对状态的检查。   （1）轮对检查标准： ① 踏面擦伤、剥离、硌伤、卷边（碾边）不超限。 ② 轮缘无缺损，磨耗状态正常。 ③ 核对轮对 LY 报警数据不超限。 ④ 轮装制动轮盘可见安装螺栓齐全，无窜出，盘面裂纹不过限。 ⑤ 车轮注油孔螺堵无松动、丢失。 ⑥ 拖车车轮降噪板开胶长度不超限。 （2）检查轮盘外观状态良好，盘面厚度符合规定，不偏磨，摩擦面裂纹不过限，无贯穿裂纹；制动盘可见安装螺栓齐全，无窜出，螺栓头及螺母端部不得高于螺栓孔倒角下底面，制动盘偏磨、凹形磨耗不过限，盘面无圆周印痕。具体限度见下表。
3.6	制动装置（全列）检查	⚠ 基础制动装置作用不良，可能影响行车安全

下表（3.5 中所引用）：

车轮踏面剥离	车轮直径 >900 mm	长度≤30 mm 且深度≤0.25 mm	• 当剥离位于踏面中心和轮辋外表面之间时，不需要镟轮。 • 当局部材料沿着缺陷长度方向脱离时，需要镟轮
	车轮直径 ≤900 mm	长度≤25 mm 且深度≤0.25 mm	
车轮踏面擦伤	车轮直径 >900 mm	长度≤30 mm 且深度≤0.25 mm	镟轮，使裂纹完全消失后，再加工厚度至少为 1 mm，为避免缺陷蔓延及随之发生的范围缺陷尺寸扩大
	车轮直径 ≤900 mm	长度≤25 mm 且深度≤0.25 mm	

序号	作业项目	作业内容、标准及图示
3.6.1	检查制动夹钳及闸片安装状态 📹	（1）闸片托外观状态良好、无断裂、安装牢固，螺栓无松动；闸片托防翻转机构安装牢固，无变形、折断。  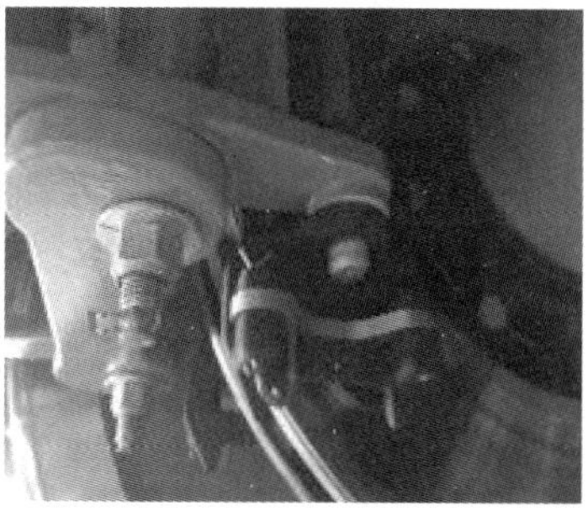 （2）闸片厚度不超限，闸片不反装，闸片无掉块、破损，闸片最薄处≥6 mm（含钢背厚度），闸片安装牢靠，锁簧锁闭到位，闸片无脱落风险，锁簧开尾销安装良好，无折断、击打痕迹，开口方向朝上，开尾角度不小于120°
3.6.2	撒砂装置的检查（01、04、05、00 车）📹	（1）透过观察镜检查目视范围内砂箱安装座，安装紧固，防松标记无错位；检查储砂量在刻度范围内。  （2）撒砂管安装牢固，防松标记清晰可见、无错位；软管无磨损、松脱，软管固定关卡安装紧固，管箍安装紧固，无松脱现象；吊绳无断裂；撒砂管安装臂安装紧固，防松标记无错位，防松铁丝无断裂。  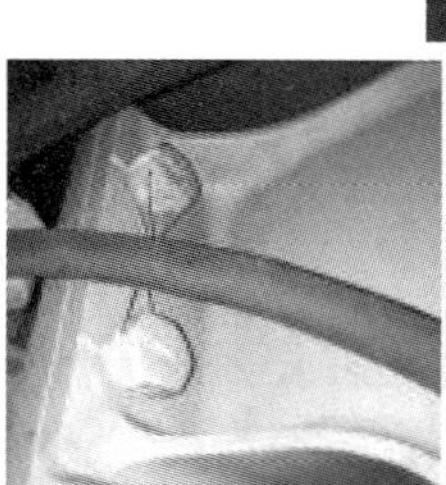  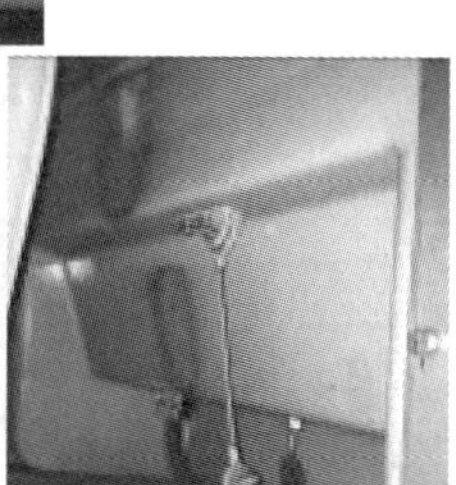

序号	作业项目	作业内容、标准及图示
3.7	空气弹簧及减振装置（全列）检查	⚠ 空气弹簧破损故障未及时发现，运行中会破裂；安装螺栓松动未及时发现，会影响运行安全
3.7.1	检查转向架空气弹簧状态	（1）空气弹簧外观状态良好，无破损、漏风。 （2）橡胶垫无开裂或老化；橡胶护套无破损。 （3）橡胶气囊龟裂限度：深度≤1.5 mm，长度≤50 mm。 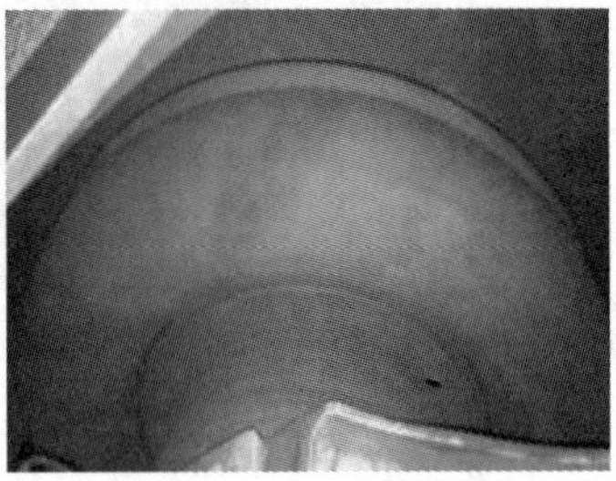
3.7.2	检查空气弹簧调整阀及调整杆状态	（1）高度调整阀无漏风，调整杆无变形，配件无缺失，球形关节左右转动顺畅，无卡滞。 （2）锁紧装置紧固，塞门正位，管路无泄漏。 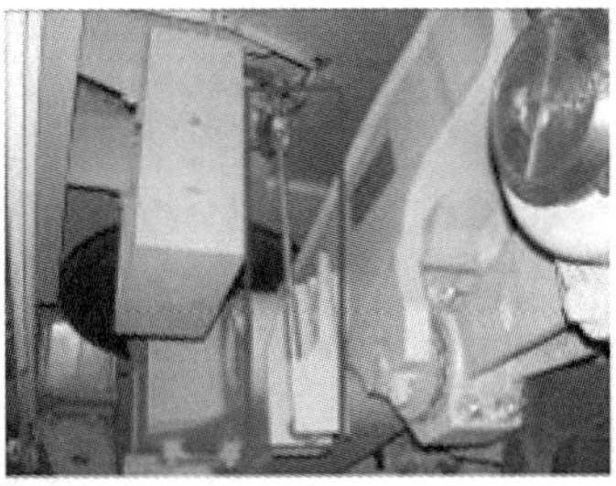
3.7.3	检查抗蛇行油压状态（全列）	（1）抗蛇行减振器无漏油，外观状态良好，手触检查安装螺栓无松动，防松铁丝无断裂，防尘护套无破损，卡箍紧固良好。  （2）减振器座无裂纹；橡胶套无破损，安装螺栓无松动，防松铁丝无断裂。 

序号	作业项目	作业内容、标准及图示
3.7.4	检查空气弹簧各阀门状态（全列）	高度阀和空气弹簧塞门手柄与管路平行，安装牢固、无漏风，标牌无脱落、松动。 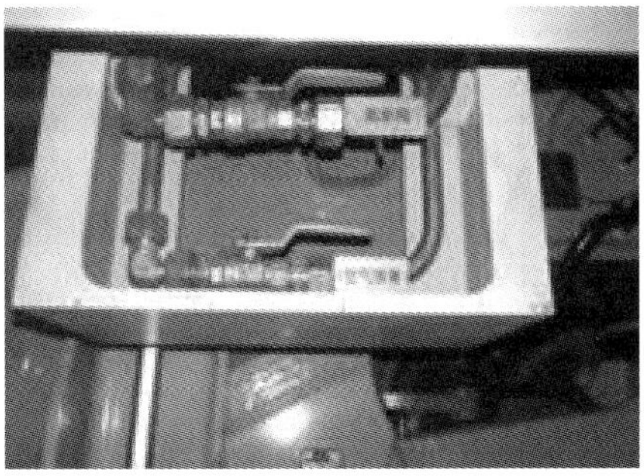
3.8	风挡及车端减振器（全列）检查	⚠ 车钩连接不良，减振器安装松动，电缆破损、松脱故障未及时发现，会影响运行安全
3.8.1	风挡及车端减振器检查	（1）检查外风挡下部、角部外风挡安装良好，紧固无松动，风挡胶囊破损、撕裂及异常磨损不超限。 外风挡更换标准： ① 左、右侧外风挡外翻超出车体达到 50 mm 时（测量时需要在入库停车 2 h 后进行测量），需要进行更换。 ② 任意一块胶囊出现裂纹，裂纹深度达到 2 mm，并且长度超过 50 mm，需要进行更换；或任意一块胶囊出现裂纹，裂纹深度达到 1 mm，但不足 2 mm，并且长度超过 100 mm，需要进行更换；或左右侧风挡、角风挡胶囊内部大工艺孔处出现裂纹，深度达到 2 mm，并且长度超过 30 mm 时，需要进行更换；裂纹深度达到 1 mm，但不足 2 mm，并且长度超过 50 mm，需要进行更换。 ③ 任意外风挡安装孔出现裂纹，深度达到 2 mm，并且长度超过 30 mm，需要进行更换；或任意外风挡安装孔出现裂纹，深度达到 1 mm，但不足 2 mm，并且长度超过 50 mm，需要进行更换；或任意外风挡安装孔撕裂导致安装孔脱出，需要进行更换。 ④ 如果外风挡出现磨损，磨损面积超过 25 cm^2，并且深度超过 2 mm 时，需要更换。 

序号	作业项目	作业内容、标准及图示
3.8.2	检查裙板端板	（1）检查侧端板外观良好，安装螺栓无松动，防松标记无错位。 （2）底板侧部安装螺栓、防脱销外观状态良好，安装紧固、无缺失，防松标记清晰、无错位，防松铁丝无松动、断裂、缺失；防脱销全部处于关闭状态。   防脱销（关位） 底板螺栓及防松铁丝、防脱销  底板螺栓及防松铁丝 　　　防脱销（关位）
3.9	自动过分相传感器检查（01、00 车）	自动过分相系统车载感应器外观状态良好，安装螺栓无松动，防松标记无错位，两侧挡板安装牢固，无裂损、脱落隐患。 
4	车顶作业	⚠️触电风险：接触网已断电，接地杆已挂设，动车组放电已结束。 ⚠️坠落风险：确认防护渡板已放下，应处于安全区域作业，注意防滑。 ⚠️闪络风险：绝缘子及高压部件应擦拭干净。 ①号位确认车组受电弓已降下，接触网已断电，动车组放电已结束，防护号志已设置，通知②、③、④号位可以无电作业
4.1	办理登顶手续	在供断电处办理登顶手续

序号	作业项目	作业内容、标准及图示
4.2	检查 01、00 车挡风玻璃外观 📷	检查挡风玻璃以及前端两侧玻璃无破损、裂纹，无异物击打痕迹。 
4.3	车顶天线检查（01、05、00 车）📷	检查车顶各天线无裂损、变形，外观及安装良好。安装基座安装牢固，无变形，螺栓无松动或缺失，防松标志清晰无错位。  
4.4	检查车顶板、防滑条（全列）表面状态 📷	车顶板无塌陷、破损，防滑地胶无破损、起边，外观平整，磨损防滑地胶剥离每辆车不超过 3 处，每处剥离不大于 100 mm×100 mm。 
4.5	检查风挡（全列）状态 📷	⚠ 风挡部位不可踩踏。 检查车顶部外风挡外观及安装状态良好，紧固无松动，风挡胶囊破损、撕裂及异常磨损不超限。 外风挡裂纹更换标准： ① 任意一块胶囊出现裂纹，裂纹深度达到 2 mm，并且长度超过 50 mm，需要进行更换；或任意一块胶囊出现裂纹，裂纹深度达到 1 mm，但不足 2 mm，并且长度超过 100 mm，需要进行更换；或左右侧风挡、角风挡胶囊内部大工艺孔处出现裂纹深度达到 2 mm，并且长度超过 30 mm 时要进行更换；裂纹深度达到 1 mm，但不足 2 mm，并且长度超过 50 mm，需要进行更换。

序号	作业项目	作业内容、标准及图示
4.5	检查风挡（全列）状态 📹	② 任意外风挡安装孔出现裂纹，深度达到 2 mm，并且长度超过 30 mm，需要进行更换；或任意外风挡安装孔出现裂纹，深度达到 1 mm，但不足 2 mm，并且长度超过 50 mm，需要进行更换；或任意外风挡安装孔撕裂导致安装孔脱出，需要进行更换。 ③ 如果外风挡出现磨损，磨损面积超过 25 cm^2，并且深度超过 2 mm 时，需要更换。 ④ 当上部风挡胶囊下垂超过 70 mm 或者上部风挡胶囊与左、右侧风挡胶囊之间错位量超过 70 mm 时，需要将上部风挡进行更换。 胶囊下垂测量方法：将水平尺置于两节车体上，用钢直尺测量胶囊厚薄过渡区域（距风挡框边缘约 100 mm 处）到水平的距离，即为胶囊下垂量；胶囊错位量测量方法：用钢直尺直接测量两个胶囊之间的错位量。 
4.6	检查各类标示状态 📹	各车顶标记状态良好，无破损、脱落。  
4.7	检查车顶高压接头箱盖板（03、04、05、06 车）安装状态 📹	检查盖板外观无明显变形、破损，每块罩板四周的安装螺栓安装紧固，防松标记清晰、无错位，防护胶无严重破损和脱落。 

序号	作业项目	作业内容、标准及图示
4.8	检查空调机组（全列）状态　📹	（1）检查空调盖板无明显变形、破损，每块罩板四周的安装螺栓防松线清晰、无错位；空调导流罩无明显变形、破损，每块空调导流罩四周的安装螺栓无缺失、松动，防松线清晰、无错位，铆钉无缺失；防滑带无翘起、起边。 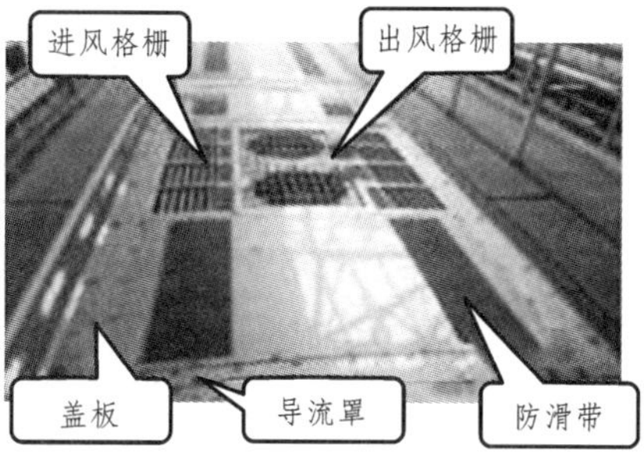 （2）检查空调风机罩格栅无裂损，紧固螺栓无松动，防松标记无错位，安装铆钉无失效、脱落；风扇罩网安装牢固，手拉无晃动，安装螺栓无松动，防松标记无错位，安装铆钉无失效、脱落；手推转动冷凝器风扇叶片，检查叶片与外框无抗磨、卡滞，透过格栅检查驱动电机安装紧固，其他部件无松动或损坏。   （3）检查新风口格栅无裂损，紧固螺栓无松动，防松标记无错位。 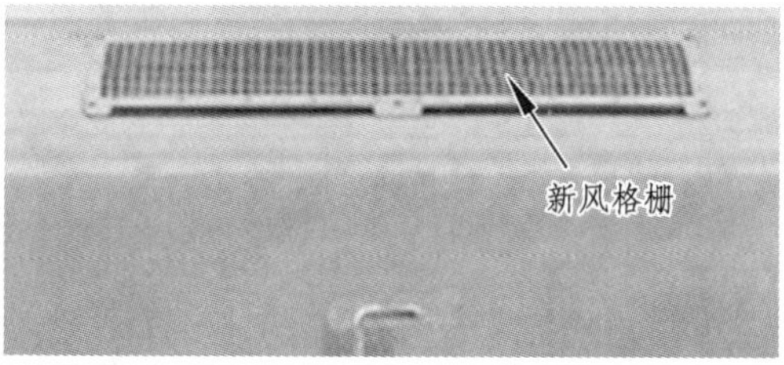
4.9	检查03、06车弓网检测装置　📹	（1）检查摄像头防护罩无变形、松动、破损，防护玻璃表面无裂纹、破损，内部摄像头外观及安装状态良好，补光灯照明良好。 （2）对摄像头防护玻璃进行检查，确保干净，视频清晰。 （3）检查受电弓监测装置底部安装螺栓紧固，无松动、丢失，防松标记无错位。 

序号	作业项目	作业内容、标准及图示
4.10	检查 03、06 车避雷器状态	检查外观无损伤、裂纹、伤痕，无缺陷，伞裙上下表面干净，上下部紧固螺栓、与受电弓连接端子安装牢固、无松动，防松标记无错位，接地线接地良好，无断股，固定牢固，安装端子无裂损，两端紧固螺栓无松动，防松标记无错位。  限度标准： ① 发现伞裙有缺损，伞裙缺损面积≥30 mm²，应立即更换。 ② 发现伞裙有开裂，伞裙开裂深度小于 2 mm，长度小于 15 mm，应立即更换。 ③ 避雷器护套有破损、开裂、飞石击破，应立即更换。 ④ 无贯穿裂纹
4.11	检查受电弓弓头、上下导杆、上下臂等机械部件状态	（1）检查弓头无变形，无严重点蚀和击穿现象，弓头与横杆安装螺栓紧固，防松标记无错位，焊缝处无裂纹，支撑柱、止挡齐全，上下导杆无变形、裂纹。 （2）上下臂无变形、裂纹、击穿，两端活动关节安装紧固，防松标记清晰可见、无错位，焊缝处无裂纹；导流线安装紧固，用手拉动无松脱现象。 （3）下支撑杆无变形、裂纹、击穿，安装紧固，防松标记清晰可见、无错位，焊缝处无裂纹；风管绑扎牢固，无抗磨、漏风现象。 （4）下倒杆无变形、裂纹、击穿，两端固定螺栓安装紧固、无松动，防松标记清晰可见、无错位，风管管接头处安装牢固，风管无裂损、漏风。   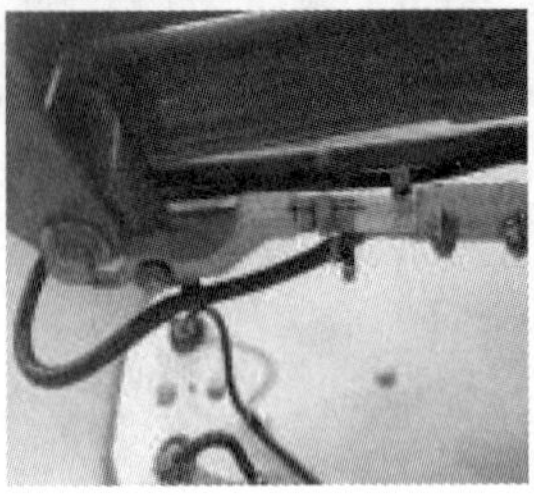 

序号	作业项目	作业内容、标准及图示
4.11.1	检查受电弓弓角状态 📷	（1）检查弓角无变形，弓角弹簧及拉杆无折损。安装螺栓无松动、缺失，防松标记清晰、无错位。更换时紧固弓角扭矩为 14 N·m。 （2）弓角无松动，裂纹长度应≤2 mm，测量 A 点厚度应≥18 mm，B 点厚度应≥17 mm。 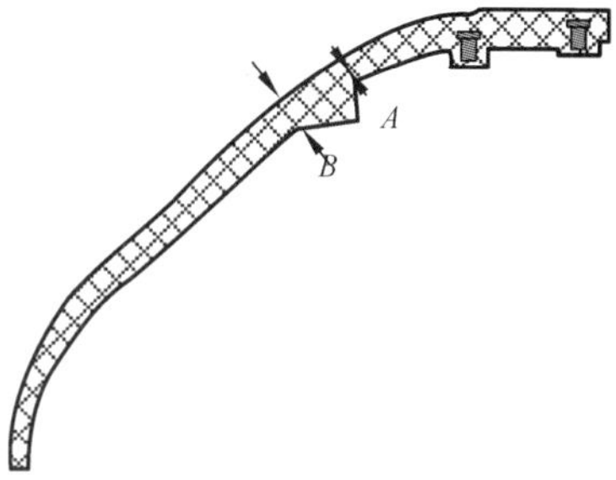 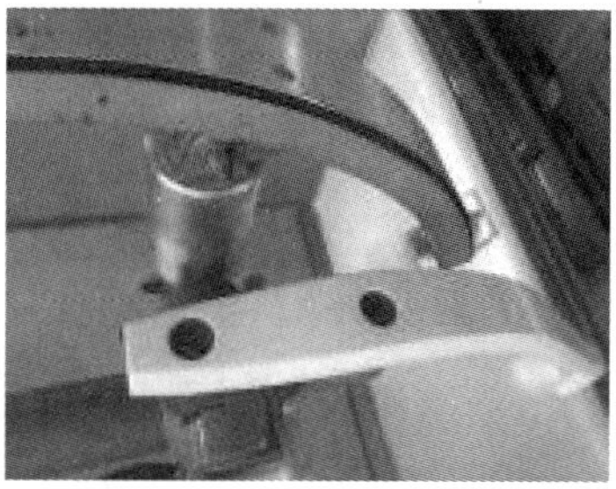
4.11.2	检查供风管路状态 📷	检查升弓供风管路无裂损，管接头安装牢固，绝缘护套表面无裂纹、破损，并对表面进行擦拭。 
4.11.3	检查升弓气囊、钢丝绳状态 📷	（1）检查升弓气囊安装牢固无松动，各安装螺栓无松动、缺失，防松标记清晰、无错位；气囊橡胶和自带软管无老化。升弓气囊发现裂纹时，检查气囊未露出内部帘布层，用钢板尺沿裂纹方向测量裂纹长度不超过 25 mm 或用深度尺测量深度不超过 1.2 mm（抬起受电弓，使钢丝绳处于松弛状态，即气囊不受力且不充气时检查）。  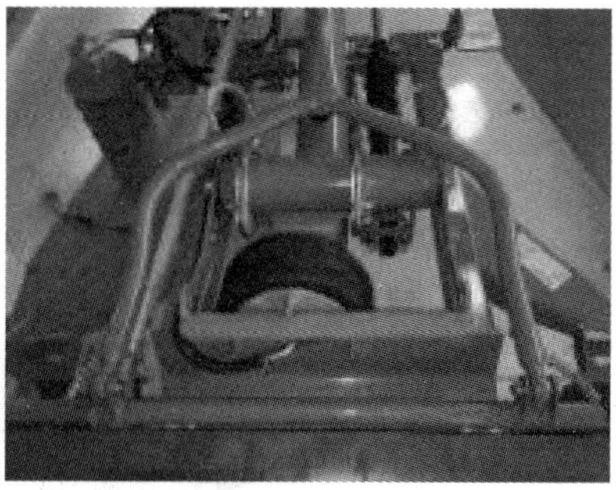 （2）凸轮拉绳处安装螺栓无缺失、松动，防松标记清晰、无错位。两侧钢丝绳张紧程度一致。 （3）两端风管安装紧固，无变形，金属风管与橡胶风管处管箍无松动

序号	作业项目	作业内容、标准及图示
4.11.4	检查阻尼器状态 📹	阻尼器外观状态良好，防尘套无破损，安装螺栓无松动、缺失，防松标记清晰、无错位，两端转轴处橡胶节点无破损。 
4.11.5	检查 ADD 阀（快速降弓阀）状态 📹	（1）检查 ADD 阀外观无异常，固定螺栓无缺失、松动，防松标记清晰、无错位，风管无松动漏风，管路卡箍无松脱损坏。 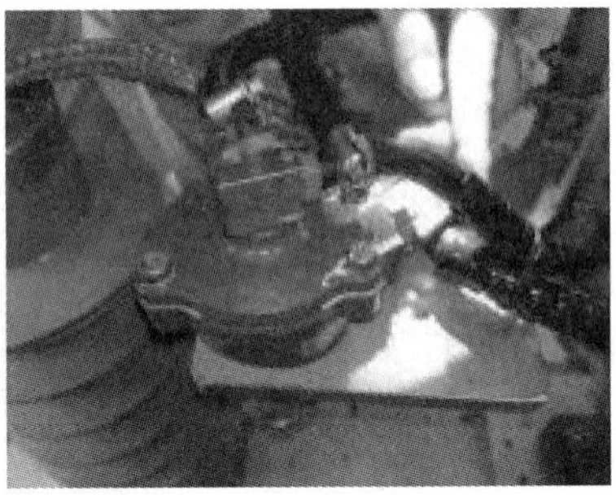 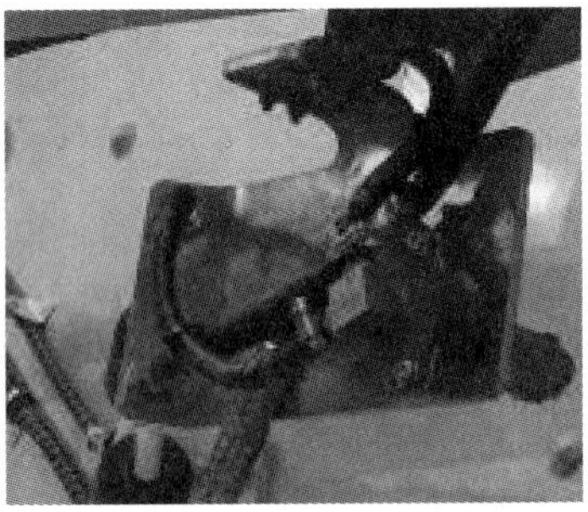 （2）阀体安装钢板座安装良好，与避雷器之间导流线安装紧固
4.11.6	检查底架、导流线状态 📹	（1）检查底架表面平整，无变形、裂纹，焊接处无裂纹。（2）导流线破损率≤导流线横截面面积的 5%，每条编导线两端安装螺栓无松动，防松标记无错位
4.12	擦拭、清洁车顶各绝缘子和绝缘护套 📹	擦拭后绝缘子及绝缘管表面无异物、污渍
4.13	检查受电弓平台隔声罩状态 📹	检查受电弓平台隔声罩状态良好，无撞击变形、裂纹或破损，密封胶无变形、开裂，紧固螺栓无缺失、松动。 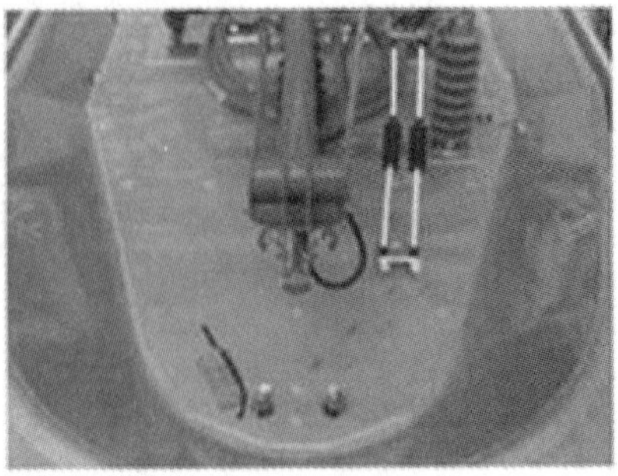

序号	作业项目	作业内容、标准及图示
4.14	受电弓检漏 （3、6车） 📹	⚠️ 磕碰风险：存在人身伤害风险，升降弓过程中要做好呼唤应答。 注意：升弓时不允许受电弓有任何回跳；降弓时应有缓冲，上框架顶管应落在2个橡胶减振座上，允许降弓时，在降弓位弹跳。  （1）受电弓检漏试验。在升弓情况下使用专用检漏剂对空气管路、气囊及碳滑板进行检漏测试，确保无泄漏。 （2）升弓试验时，司机室升弓人员使用对讲机与车顶工作人员确认离开受电弓动作范围后，方可升弓。 （3）车顶作业人员确认受电弓升弓动作状态正常，无轴承异音、漏风异音，无结构异振等异常情况。碳滑板工艺连接处无漏风。 （4）车顶作业人员确认离开受电弓动作范围后通知司机室人员降弓。确认降弓动作状态正常
5	有电作业准备	⚠️ 触电风险：严格按照规定流程办理供电手续
5.1	无电作业完工确认	（1）①号位与②、③、④号位联控，确认③、④号位已撤出地沟，①号位已离开车顶，受电弓已降下，三层平台已收起。 （2）①号位到现场供断电处办理申请接触网供电手续。 （3）①号位在信息化工位终端刷卡【无电作业结束】
5.2	接触网供电	（1）供断电操作人员与现场调度联控，确认各一体化单位无电作业完毕。 （2）供断电操作人员按照规定流程进行供电作业
5.3	动车组升弓送电	①号位确认作业股道接触网供电后，按照要求对动车组进行升弓送电操作
6	有电作业	
6.1	司机室设备检查 （01、00）	①、②号位配合完成司机室设备检查
6.1.1	查看HMI屏	（1）①号位通过HMI显示屏的"故障信息"查阅动车组当前及历史故障（历史故障查阅动车组检修近24 h），将重点故障转填至车统-15内，并落实处理。 （2）通过牵引、制动、维护和设备控制界面对高压、牵引、制动、空调、边门界面相应设备工作状态进行检查，发现异常及时分析并处理。

序号	作业项目	作业内容、标准及图示
6.1.1	查看 HMI 屏	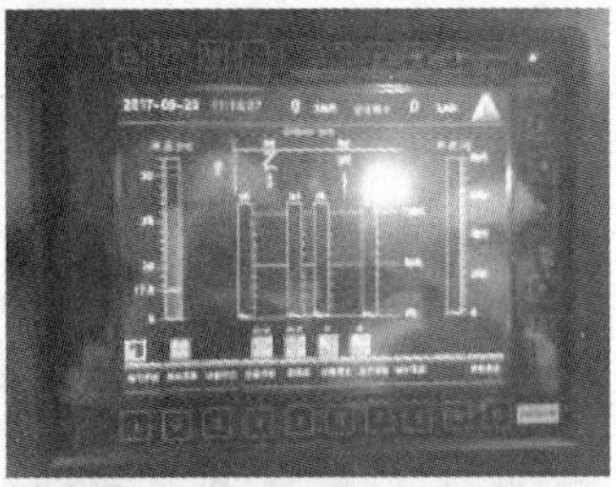  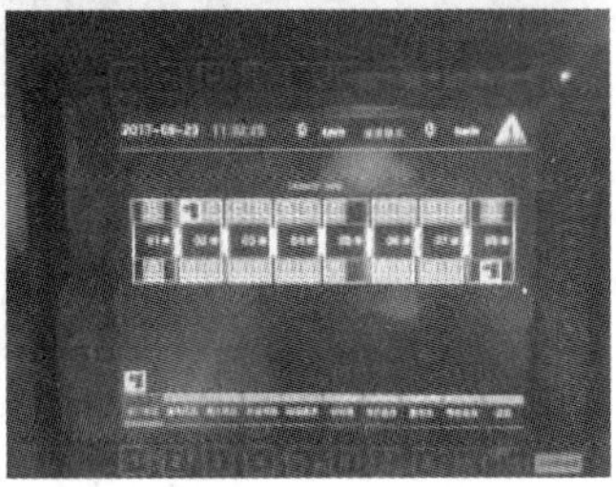 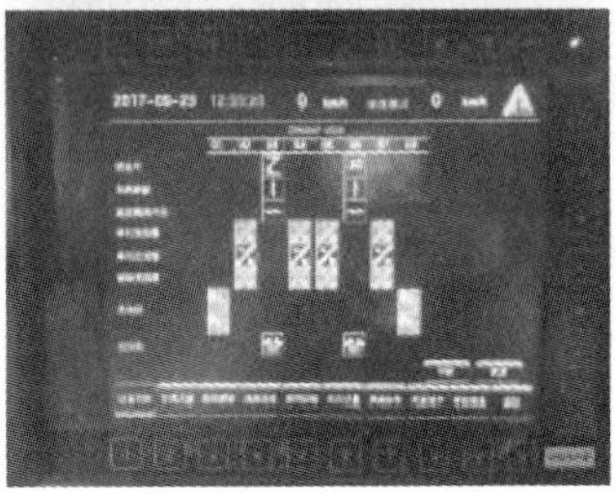 注意：HMI 信息检查必须检查故障信息、开关界面信息、轴温界面信息、制动界面、高压界面信息等
6.1.2	司机操作台检查	⚠ 测试边门前用车内广播通知，防止操作过程误碰工作人员，非平台侧操作完及时关闭，防止工作人员意外跌落。 （1）检查各显示屏（HMI 显示屏及接近预警显示屏）、司控器手柄、各风压表、GSM-R 电话、紧急制动按钮、紧急断电按钮、主控钥匙安装座和方向开关，以及各控制按钮、拨动开关和指示灯。各仪器外观无破损，安装牢固，显示功能良好。  （2）检查司机室照明和前照明拨动开关无松动，操作无卡滞、脱挡，外观状态良好。操作司机室照明拨动开关分别置于"弱光、强光、关"三个挡位，确认功能良好。①号操作前照明拨动开关分别置于"近光、远光、关"三个挡位，②号在车外检查照明功能良好，且与开关操作对应一致。 

序号	作业项目	作业内容、标准及图示
6.1.2	司机操作台检查	（3）检查手动过分相按钮外观状态良好，无松动、破损、凹陷，保护盖安装良好、无脱落；检查前窗玻璃加热按钮外观状态良好，无松动、破损、凹陷；检查开左门、释放左门、关左门按钮无松动、凹陷，按压无卡滞，防护罩无破损、脱落，左侧门在释放状态下，释放左门指示灯亮起，反之则指示灯灭灯，并结合显示器确认开关门状态正常。 （4）检查遮阳帘及旋钮外观无松动，手动将旋钮打至"降"位，确认遮阳帘伸出自如、无卡滞，检查遮阳帘布齐全、无破损，卡扣固定良好、无松动，并打至"升"位进行恢复，确保恢复到位。检查雨刮控制旋钮外观无松动，手动将旋钮打至"间歇、慢速、快速"挡位无卡滞，按压雨刮控制按钮无卡滞，松手后回弹正常，确认刮雨器动作顺畅，喷水角度正常，功能良好；确认雨刮胶条无破损、缺陷。   （5）目视检查 GSM-R 电话及显示屏外观状态良好，电线电缆无破损；检查紧急断电按钮外观状态良好，位置在旋出位置；检查操控台照明灯安装及照明效果良好；检查前置摄像头外观良好。   （6）检查停放施加、缓解按钮外观状态良好，无松动、破损、凹陷，实施停放制动，停放施加按钮"红"灯亮起，缓解停放制动时，停放缓解按钮"白"灯亮起，防护罩无裂损，脱落。 （7）检查清洁制动按钮外观状态良好，无松动、破损、凹陷。保持制动按钮外观状态良好，无松动、破损、凹陷，处于施加状态时"绿"灯亮起，防护罩无裂损，脱落。比例制动按钮外观状态良好，无松动、破损、凹陷，处于使用模式时"黄"灯亮起。 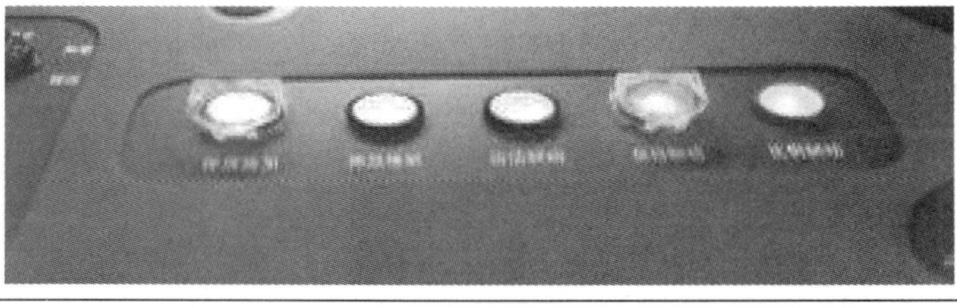

序号	作业项目	作业内容、标准及图示
6.1.2	司机操作台检查	（8）目视检查 ATP 主屏与辅助屏外观状态良好、无损伤。 （9）检查 HMI 显示屏外观无损伤，显示正常，按键功能良好。 （10）检查紧急制动按钮外观状态良好，位置在旋出位置；检查操控台照明灯安装及照明效果良好。  （11）检查 VCB、受电弓、撒砂、风笛各拨动开关安装牢固，无损坏，开关无卡滞、脱挡，功能良好（注意：测试风笛时保证导流罩附近没有作业人员）。 （12）检查复位按钮外观状态良好，无松动、破损、凹陷，按压弹起正常，无卡滞。检查 DSD 手动按钮外观无松动，安装状态牢固。 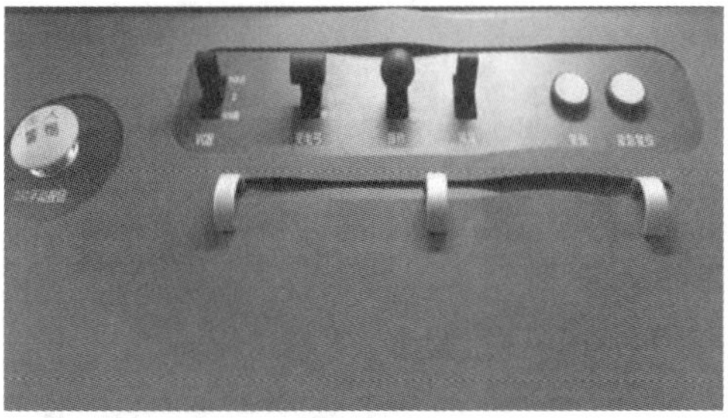 （13）检查司控器手柄外观状态良好、无松动，黑色帽无脱落，安装牢固，手柄前后推拉灵活，无卡滞、脱挡。检查操纵模式选择开关外观状态良好，无松动、破损、凹陷，按压弹起正常，无卡滞。 注：往前推时，需在降弓断主断状态下进行。同时退出司机室占用前将手柄置于"0"位。 

序号	作业项目	作业内容、标准及图示
6.1.2	司机操作台检查	（14）检查双针压力表、BP 压力表、控制电压表的表盘玻璃无裂损，定检标签无缺失，定检日期无超期（注解：双针压力表正常显示制动缸、总风压力；BP 压力表正常显示 BP 管压力，正常情况为 0 kPa；电压表正常显示控制电压值）。 （15）检查主控钥匙及方向开关钥匙孔插入及转动无卡滞，外观状态良好，孔内无杂物。方向开关无松动损坏，外观状态良好。 （16）检查分相故障指示灯无松动，外观状态良好。检查烟火报警器外观良好，无损坏。  （17）检查门关闭指示灯状态，车门全部关闭时，灯亮，至少一个门打开时，灯灭。 （18）检查开右门、释放右门、关右门按钮无松动、凹陷，按压无卡滞，防护罩无破损、脱落，左侧门在释放状态下，释放左门指示灯亮起，反之则指示灯灭灯，并结合显示器确认开关门状态正常。检查乘客报警旁路按钮外观状态良好，无松动、破损、凹陷，防护罩无破损、脱落。 ⚠ 测试边门前用车内广播通知，防止操作过程误碰工作人员，非平台侧操作完及时关闭，防止工作人员意外跌落。  （19）检查操控台盖板四角锁锁闭良好，盖板安装牢固。 （20）检查 PIS 电话，确认各车联络电话外观状态良好，无机械损伤。话筒线路无脱线，安装螺栓无缺失、松脱。 ①号在司机室、乘务室，②号分别在 02～07 车车载电话处，配合确认各车广播性能良好。 

序号	作业项目	作业内容、标准及图示
6.1.2	司机操作台检查	（21）检查4个空调控制旋钮外观无松动，手动旋转无卡滞、脱挡现象。 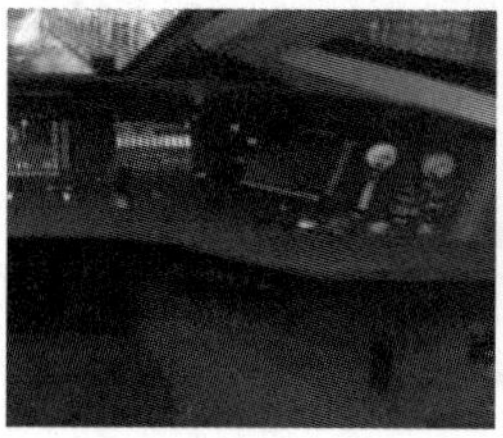 
6.2	上部设施	
6.2.1	VIP 设施检查	（1）检查 VIP 各电器柜外观良好，无裂损、变形，柜门锁闭良好，书报兜无脱落，拉开后能自动回弹，阻尼效果良好。  （2）照明开关安装良好，边框无脱落，测试开关功能正常，照明灯正常。  （3）检查座位号显示屏无裂损，显示正确。 

序号	作业项目	作业内容、标准及图示
6.2.2	检查侧墙板、衣帽钩状态	检查各车厢衣帽钩无损坏、脱落，缓冲胶垫无脱落。侧墙板无损坏、划痕，衣帽钩无脱落、丢失。 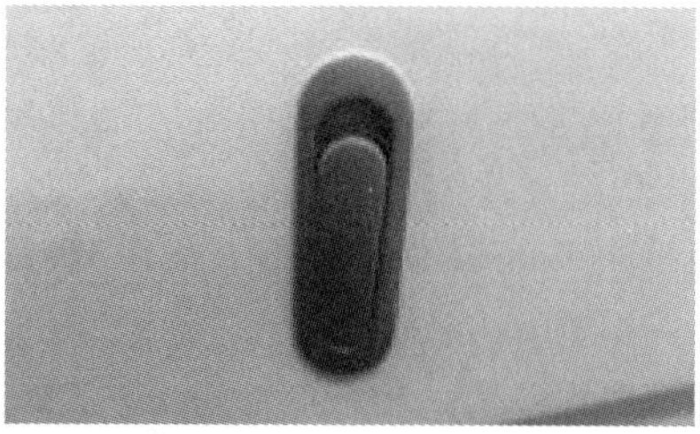
6.2.3	检查 VIP 服务台状态	（1）检查服务台面无裂损，照明功能良好。   （2）商务客室控制面板安装良好，照明开关安装紧固，测试功能良好；音量、风量调节安装紧固，无脱落，旋转无卡滞；呼叫服务屏安装良好，屏幕外观无破损，确认键无卡滞，背光灯正常
6.2.4	检查内风挡状态	（1）检查双波纹折棚风挡无撕裂、破损、孔洞、脱出框架现象。两侧扶手无变形，安装牢固，无松动。 （2）车间连接内风挡渡板安装牢固，无锈蚀。 （3）渡板和踏板上防滑贴完好。 （4）风挡框与车体连接板之间无闪缝。 （5）检查翻板、渡板无异常磨损。  
6.2.5	检查塞拉门状态	（1）车门玻璃无破裂，车门关闭无缝隙，标识无破损。两侧门板安装良好。 （2）紧急开门按钮罩、开关门按钮无裂损，安装牢固，紧固螺栓无松动，紧急解锁手柄外观状态良好，安装无松动。 （3）检查扶手固定无松动、变形。 （4）检查车门处顶板紧固良好，用手敲击无振动。

序号	作业项目	作业内容、标准及图示
6.2.5	检查塞拉门状态	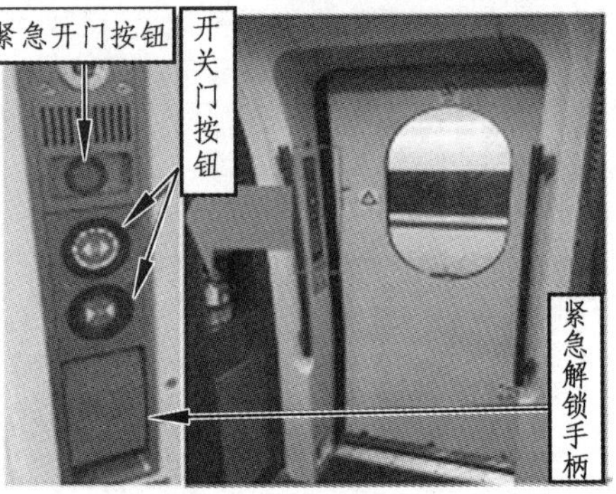
6.2.6	检查顶板、行李架状态（全列）	目视检查客室座席区弧形顶板，检查缝隙均匀，无脱开、损坏等异常；行李架无松动、裂损，外观状态良好；座号显示屏无损坏，显示正常；票务显示灯无亮起。  
6.2.7	检查玻璃、窗帘状态（全列）	窗帘无损坏、变形，上下拉动窗帘功能正常、无卡滞；玻璃无破损、裂纹、污物。窗台无开胶、松动。  
6.2.8	检查客室照明状态（全列）	确认全列照明开启，检查走廊圆形射灯功能良好，无损坏、松动情况，客室照明灯色一致，无灭灯。 
6.2.9	检查内显（全列）状态	检查车内显示正常，车次、车号正确，滚动字幕显示良好，显示屏完好无裂损。 

序号	作业项目	作业内容、标准及图示
6.2.10	检查卷纸盖、洗手池、镜面（全列）	（1）卷纸盖板外观良好、无裂损，四角锁锁闭到位。 （2）洗手池无堵塞，过滤器无丢失，台面无裂损，下水无堵塞，水龙头安装紧固，出水正常，按压开关回弹正常，标识粘贴良好。 （3）镜面清洁无破损，锁闭良好，补光灯亮
6.2.11	残疾人卫生间门、扶手、安全带	（1）残卫门外观良好，手动按动外部电控开关，残卫门作用及时，滑动作用顺畅不卡滞，按动内部开关，转动机械锁，残卫门作用及时，锁闭到位，滑动作用顺畅不卡滞。 （2）扶手齐全，安装牢固，卡扣无破损，功能正常。 （3）检查安全带无损坏，安装牢固，无松动
6.2.12	婴儿护理台、SOS 按钮	（1）婴儿护理台安装牢固，将婴儿护理台放下，检查其作用良好，阻尼器安装良好，标识粘贴良好。 （2）SOS 按钮外观良好，功能正常，安装牢固，无松动，防护罩无裂损、脱落。
6.2.13	电茶炉	检查电茶炉外观良好，出水、解锁按钮安装良好，功能正常，按压无卡滞；出水流量正常，出水嘴滤网安装良好，无丢失；各指示灯显示正常，接水盘无脏堵，铁链无断裂、丢失现象，下水通畅。 
6.2.14	检查各配电柜、储物柜（全列）	（1）各配电柜外观状态良好，各空开位置正常、状态良好、锁闭状态良好，标识粘贴良好。 （2）柜内洁净，无异物、积水。 （3）电气设备外观无破损，无变色痕迹，防松标记无错位。 （4）电路板插接牢靠、无松动，各标志牌安装牢固
6.2.15	影视	空开正常，工作状态良好；安装座无松动，固定良好，显示画面无卡滞，屏显无裂损
6.2.16	乘客紧急制动手柄	紧急制动手柄玻璃板无破损，安装牢固，标识无损坏。  

序号	作业项目	作业内容、标准及图示
6.3	动车组试验	
6.3.1	头灯试验	（1）①号位占用司机室，旋转"前照灯"至远光位，②号位车外确认白灯照明良好。 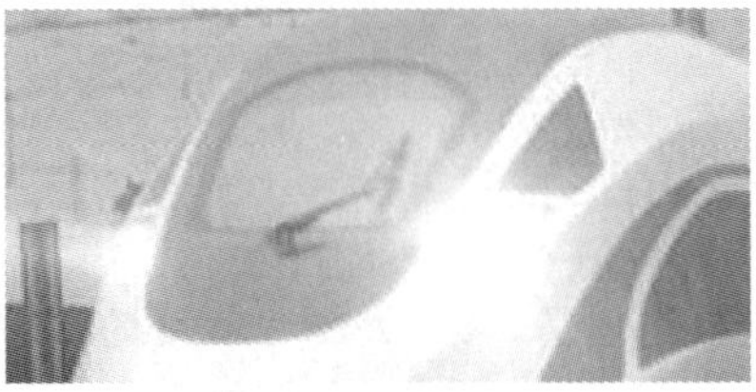 （2）①号位退出司机室占用，②号位车外确认红灯照明良好。 
6.3.2	刮雨器试验	刮雨器外观良好，胶条无破损，进行刮雨器试验，各挡位刮雨器动作良好，喷水正常，前窗玻璃刮刷干净；将刮雨器开关切换至"洗车"位，刮雨片停在风挡玻璃中间，将刮雨器开关切换至"停止"位，刮片自动调整到左侧（从车内向外看）。   刮雨器开关　　　　雨刷臂
6.3.3	车门试验	⚠测试边门前用车内广播通知，防止操作过程误碰工作人员，非平台侧操作完及时关闭，防止工作人员意外跌落。 将 HMI 屏调至车门界面，同时进行左右开关门试验，HMI 车门界面显示开关正常，HMI 故障信息界面没有报车门相关故障。 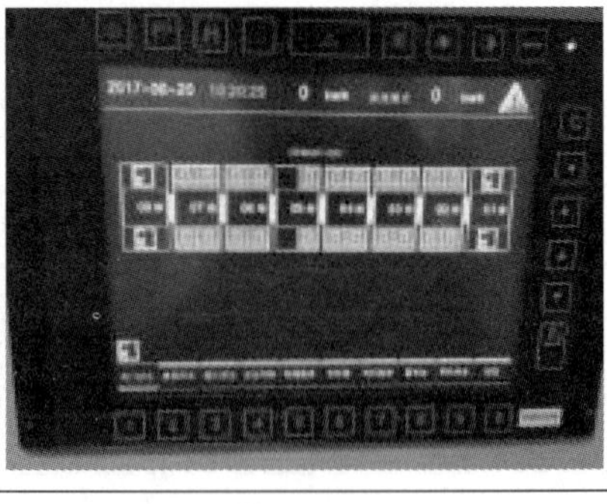

序号	作业项目	作业内容、标准及图示
6.3.4	制动试验	试验前条件确认：①停放制动施加；②总风压力在 850 kPa 以上；③制动处于缓解状态；④空压机停止工作。 （1）进入制动试验界面：点击"制动界面"→点击"制动试验"，待蓝框显示"试验条件满足，可以进行制动试验"时进行第（2）步。 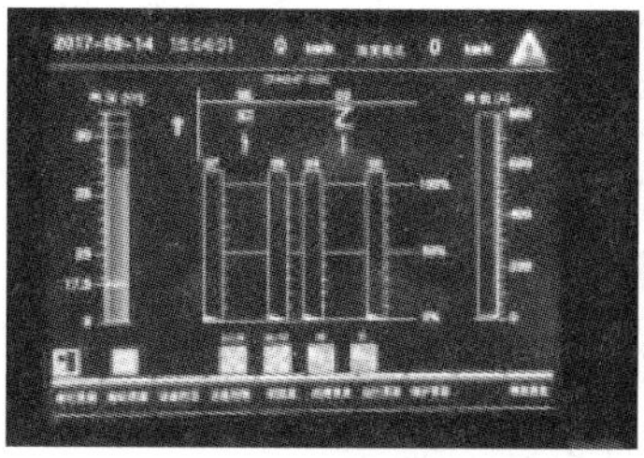 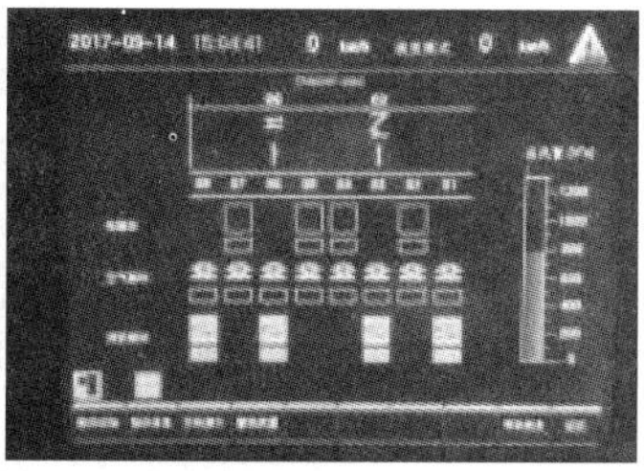 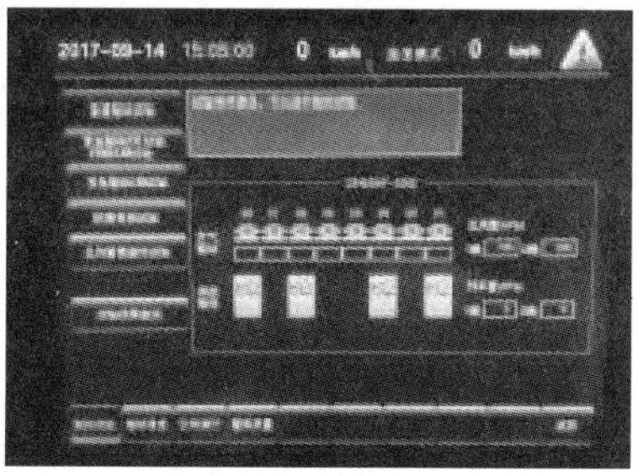 （2）①号位点击左侧"直通制动试验"，按蓝框提示再点击"开始试验"，按提示动作制动手柄，确认制动施加；按提示动作制动手柄，确认制动缓解；按提示确认试验结束，点击右侧"停止试验"，进入第（3）步。 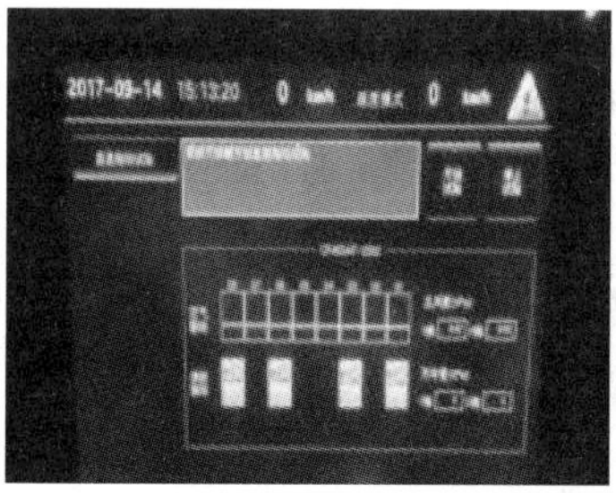 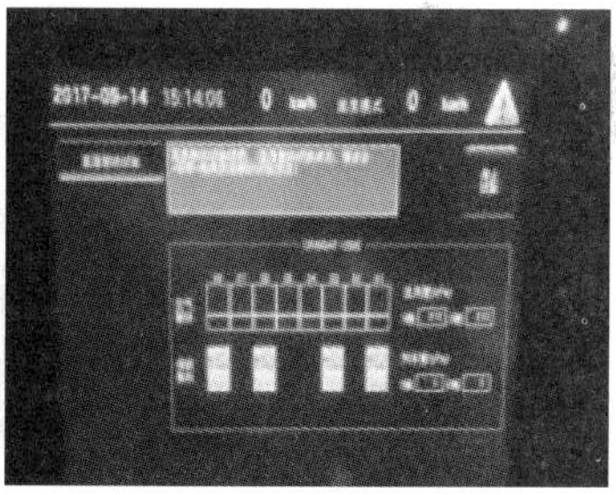 （3）①号位点击左侧"紧急制动 EB 试验，EB 转 UB 试验"，按蓝框提示再点击"开始试验"，按提示将制动手柄移动至 EB 位；按提示确认试验结束，点击右侧"停止试验"，进入第（4）步。 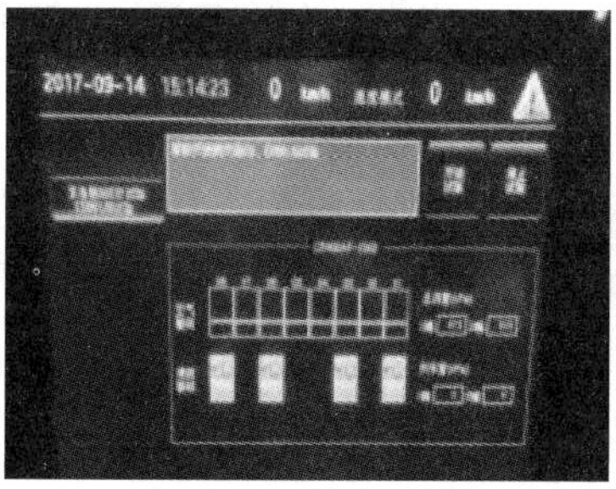 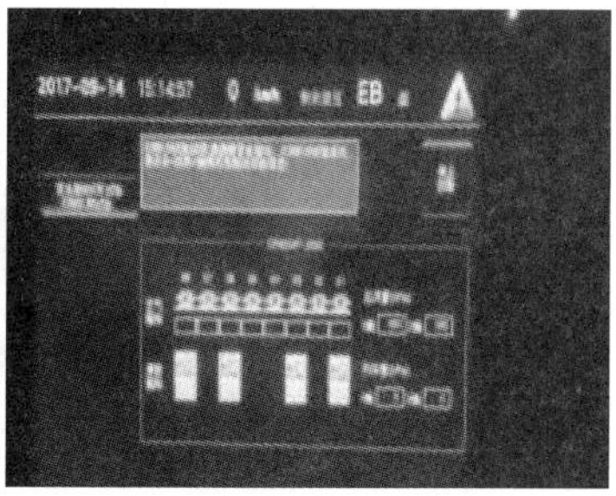

序号	作业项目	作业内容、标准及图示
6.3.4	制动试验	（4）①号位点击左侧"紧急制动 UB 试验"，按蓝框提示再点击"开始试验"，按提示按压 UB 按钮；按提示恢复 UB 按钮；按提示确认试验结束，点击右侧"停止试验"，进入第（5）步。 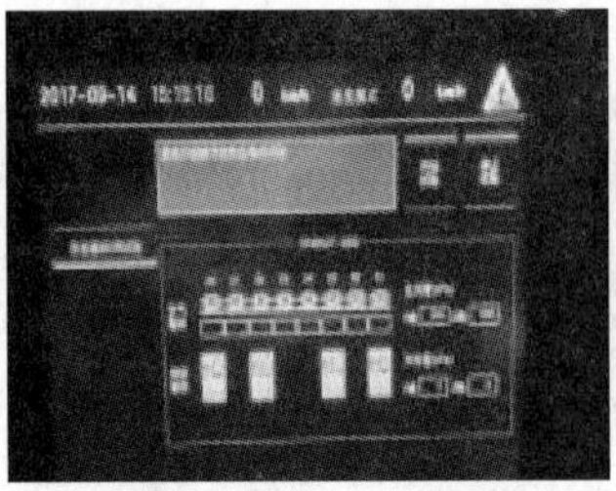 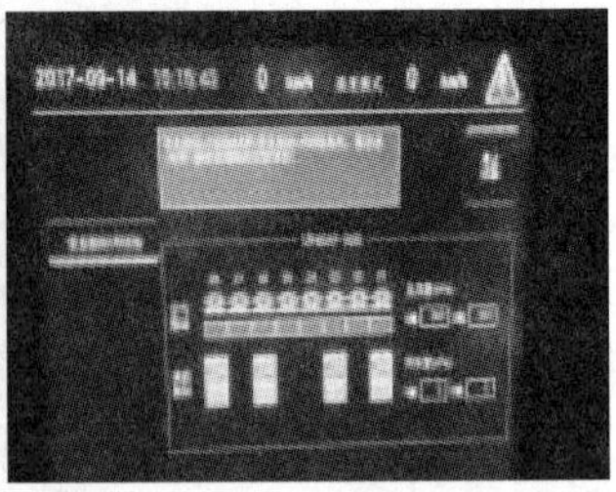 （5）①号位点击左侧"防滑系统试验"，按蓝框提示再点击"开始试验"；按提示确认试验结束，点击右侧"停止试验"，进入第（6）步。 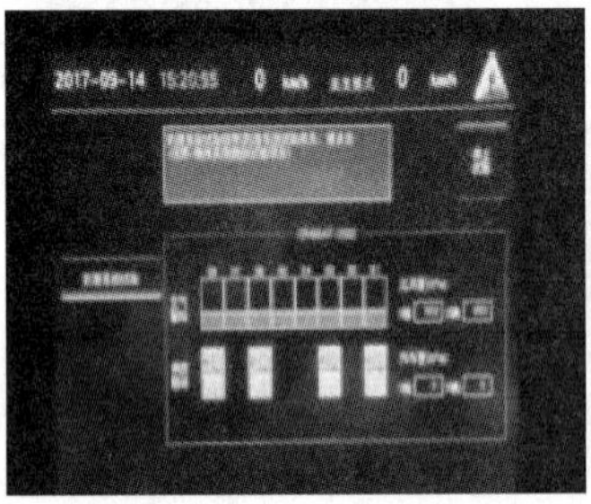 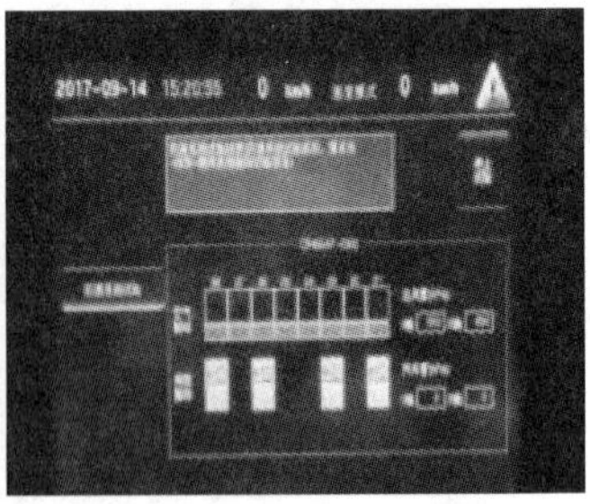 （6）①号位点击左侧"总风贯通性试验"，按蓝框提示再点击"开始试验"，按提示确认总风压力，如压力较高，可采用多次制动的方式降低压力；按提示确认试验结束，点击右侧"停止试验"。 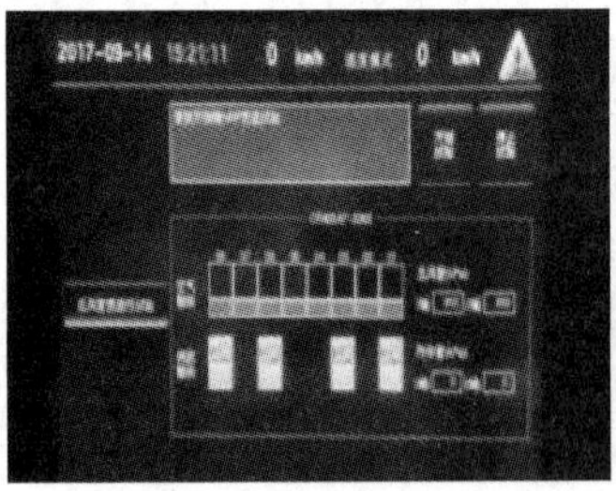 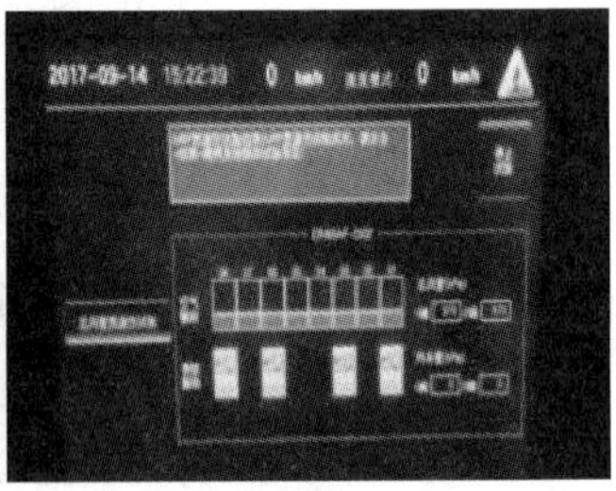 （7）点击"试验结果查询"，确认各制动试验项目完成，试验及结果显示均成功且全列制动良好。 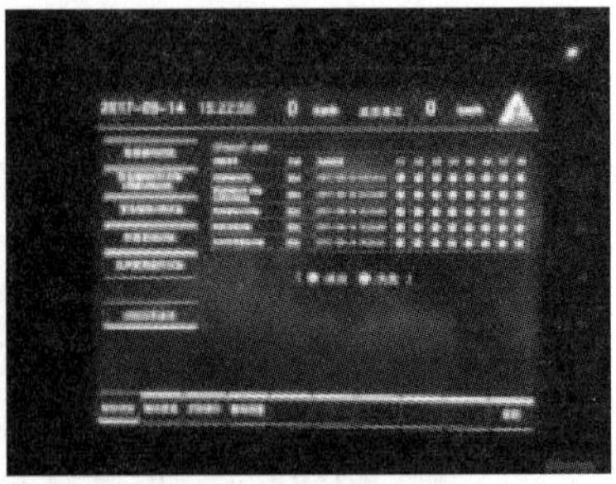 第（3）、（4）条试验项目完成后，需将制动手柄移动至 4 级制动位，然后按压"紧急复位"按钮，确认制动缓解后再进行下一步

序号	作业项目	作业内容、标准及图示
6.3.5	停放制动试验	（1）按下缓解停放制动按钮，白色指示灯亮起，HMI 停放制动界面显示停放制动缓解。 （2）按下实施停放制动按钮，红色指示灯亮起，HMI 停放制动界面显示停放制动施加。 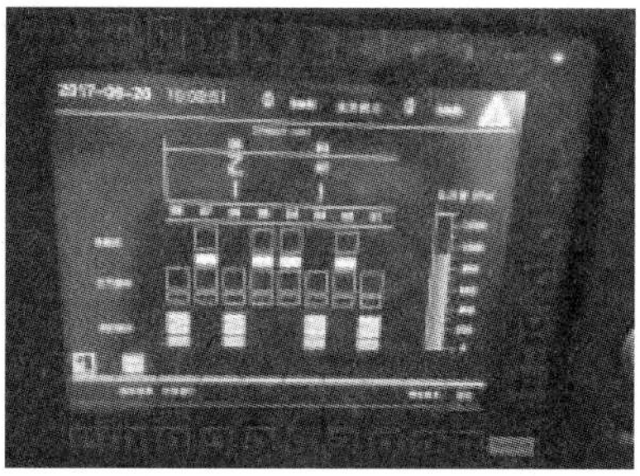 注意：缓解停放制动前，需确保将制动手柄置于最大常用位，并确保制动施加
6.3.6	空调试验	检查司机室温度正常，出风口温度正常；HMI 上开启全列空调，查看车厢空调状态显示黄色，状态良好；故障界面没有显示空调相关故障。 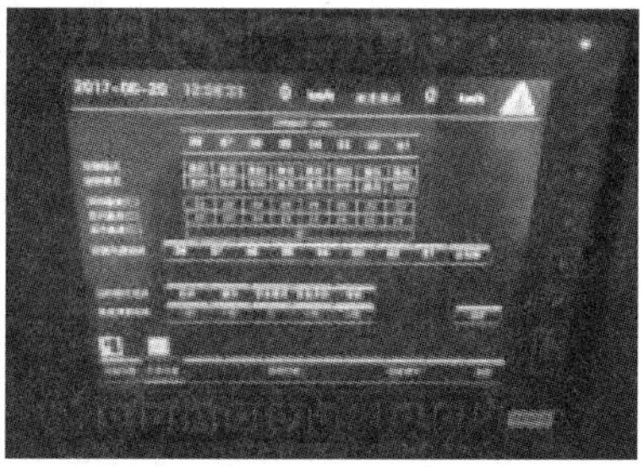
6.3.7	牵引试验	（1）司机室激活、停放制动均已施加、列车静止、列车方向置于"前向"/"后向"、高压供电正常、施加 7 级制动、制动缓解环路闭合、EB 环路闭合、UB 环路闭合、列车未处于紧急模式。 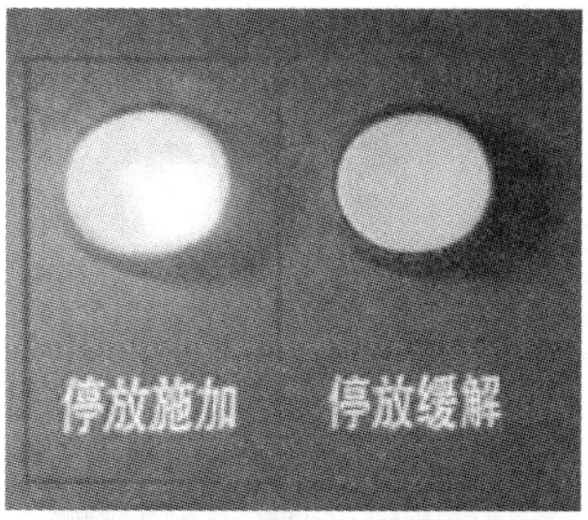 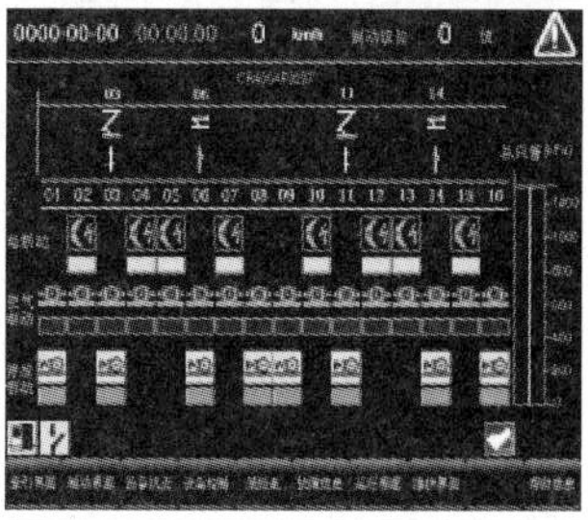

序号	作业项目	作业内容、标准及图示
6.3.7	牵引试验	（2）点击牵引界面的"牵引测试"按键，进入【牵引测试】界面，点击【测试开始】进行牵引测试。  （3）在显示屏牵引测试界面确认牵引力柱状图达到 5%，牵引测试结果显示正常。 
6.4	车次设置	设置车次，确认车次设定功能正常
7	作业结束	（1）全部作业结束后，作业小组长（重联动车组由出库方向小组负责）确认作业人员作业情况，并检查一体化部门作业完成情况，接到调度确认各部门作业完毕通知后申请联检。 （2）作业组要共同清点作业工具，回收材料，确认工具齐全，回收的材料与更换的材料数量相符，不允许有工具材料遗留在车上。 动车组申请联检后，③、④号位负责检查动车组两侧裙板、各种小盖板安装牢固、无松动。对全列车裙板进行复查，要求如下： ① 裙板安装状态良好，螺栓安装牢固、不松动，防松标识无错位。 ② 活动裙板锁闭到位，四角锁芯指示箭头在锁闭位
8	填写管理信息系统	作业人员应将当日检修动车组信息在动车组管理信息系统检修记录中进行回填
9	出库联检	（1）一级修作业结束后，质检员组织各部门进行出库质量联检，办理出库质量交接，联检程序、内容和标准按照"动车组出库质量联检管理办法"执行。 （2）联检完毕，各部门填写"动车组出库质量联检记录单"并相互签字确认。 （3）对出库联检发现的问题作业组要及时到位处理，严禁带禁止出库的故障出库
10	送车出库	（1）动车组出库时③号位确认防护信号已撤除，并通知调度。③、④号位按"动车所库内接、送车作业管理办法"送车出库。 （2）送车过程中要重点检查车号、目的地显示器以及车体两侧裙板的固定情况、盖板的恢复情况，监听走行部及车下设备运转无异音

任务三　动车组二级修作业

【任务目标】

（1）了解动车组二级修的有关概念和作业内容；

（2）掌握动车组二级修的注意事项；

（3）掌握动车组二级修所需的工具和物料；

（4）掌握动车组二级修的分工要求；

（5）掌握动车组二级修的无电作业项目；

（6）掌握动车组二级修的有电作业项目。

【学习内容】

（1）CR400-AF动车组二级修安全注意事项，包括劳保穿戴、巡道作业和供断电安全；

（2）CR400-AF动车组二级修项目分类和检修信息卡；

（3）CR400-AF动车组二级修作业流程和人员分工要求；

（4）CR400-AF动车组二级修项目所需工具，物料型号、规格和使用方法等；

（5）CR400-AF动车组二级修无电作业项目种类和要点；

（6）CR400-AF动车组二级修有电作业项目种类和要点。

【阅读材料】

（1）二级修车体倾斜尺寸测量；

（2）二级修排障装置检查；

（3）二级修头罩开闭机构检查；

（4）二级修前端车钩缓冲装置检查及润滑；

（5）二级修中间车钩缓冲装置检查及润滑；

（6）二级修轮对尺寸人工测量；

（7）二级修空气弹簧高度测量；

（8）二级修受电弓检查。

一、二级修车体倾斜尺寸测量

1. 维修基本信息和注意事项（见表5-3）

表5-3　维修基本信息和注意事项

车　型	CR400AF	备　注	
修　程	二级修	周　期	10万千米/90天
分　类	B类	系　统	车体
车厢号	全列	供电条件	无电
作业人员	2人	作业时间	10 min/辆

续表

注意事项	（1）作业人员需具备地勤机械师资质并经过本项目培训合格。 （2）作业人员按规定穿戴工作服、防护鞋、安全帽等劳保用品。 （3）作业人员按规范携带对讲机、手电筒、"车统-15"本、记录笔等随身工具。 （4）"车统-15"本、检修台账使用蓝黑钢笔或中性笔填写，禁止使用圆珠笔、铅笔及其他颜色的笔填写。 （5）作业前确认动车组安全号志按规定设置，动车组满足作业条件，确认作业工具校验不超期，物料型号正确，未过期；作业中作业工具、材料及配件定置摆放，规范使用联控用语，小组内作业人员同步作业，加强互控；作业完毕及时清理现场，做到"工完、料尽、场地清"。 （6）作业时应严格遵守现场的安全规定。 （7）作业环境：动车组应停放在股道桥

2. 工具清单（见表 5-4）

表 5-4 工具清单

序号	名 称	规格型号	单位	数量	备注
1	平直杆	通用	个	1	
2	钢卷尺Ⅱ级精度	3 m	把	2	
3	手电筒	通用	把	2	

3. 物料清单（见表 5-5）

表 5-5 物料清单

序号	物料名称	规格型号	单位	数量	备注
1	无纺布		块	若干	无纺布

4. 作业内容（见表 5-6）

表 5-6 二级修车体倾斜尺寸测量作业内容

序号	作业项目	作业内容、标准及图示
1	开工准备	
1.1	车组状态确认	①号： （1）确认车组号及股道与作业计划单相同。 （2）确认作业股道接触网已断电，接地杆已挂。 （3）确认作业车组受电弓降下，VCB 断开。 （4）查看作业车组司机室双针压力表，确认 MR 压力值在 800～950 kPa。 （5）确认作业车组车顶及车厢内无人及大件物品
1.2	检查工具	②号： （1）按工具清单清点工具。 （2）检查工具性能状态良好
2	测量	

序号	作业项目	作业内容、标准及图示
2.1	检查测量基准	①号： （1）使用无纺布清洁端梁两侧边缘区域附着的灰尘及异物，并检查确认外观状态良好，表面平直，无变形、破损。  （2）使用无纺布清洁端梁两侧边缘区域下方钢轨表面，确认钢轨表面平直，无异物。 （3）01 车一位端以一位转向架后的横梁为测量基准；00 车一位端以一位转向架后的横梁为测量基准。 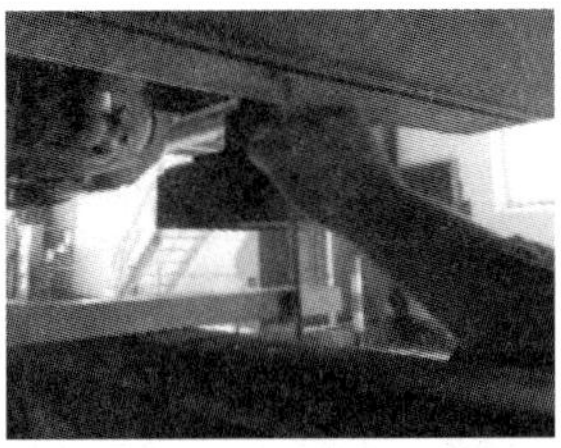
2.2	测量数据	①号： （1）将平直杆水平放置在钢轨上，方向与钢轨垂直，注意避开钢轨接缝处。 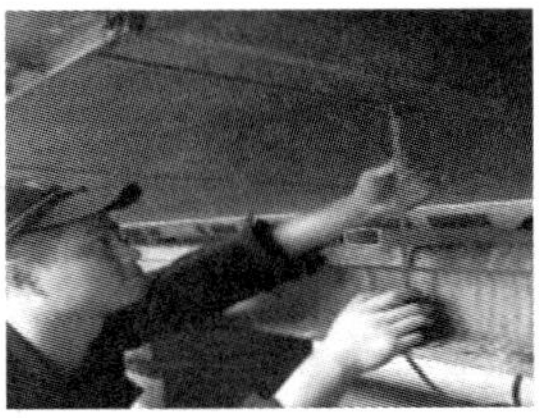 （2）使用钢直尺测量端梁最边缘处下表面至轨面（即平直杆下表面）的垂直高度 H（如下图所示），并记录在"车统-15"本上，其中 1、2、3、4 位的高度值分别记为 H_1、H_2、H_3、H_4。 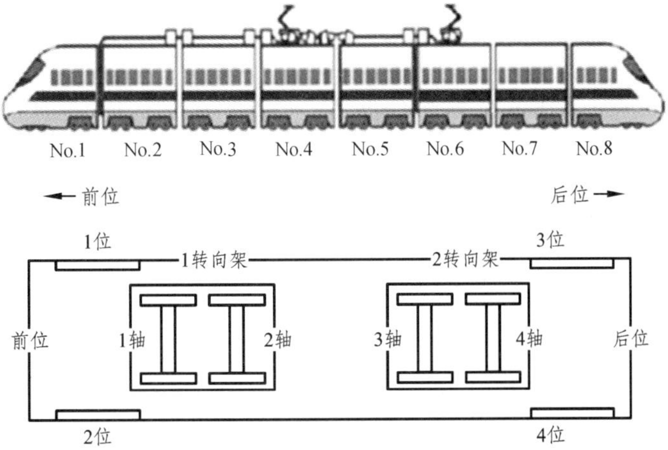

续表

序号	作业项目	作业内容、标准及图示
2.3	数据判定	②号： （1）动车组总管风压力在 800～950 kPa，同一辆车在空车时，车体倾斜尺寸应满足： 　前后（两端）<20 mm，即 $\lvert H_1-H_3\rvert<20$ mm 且 $\lvert H_2-H_4\rvert<20$ mm； 　左右（两侧）<10 mm，即 $\lvert H_1-H_2\rvert<10$ mm 且 $\lvert H_3-H_4\rvert<10$ mm； 　对角<20 mm，即 $\lvert H_1-H_4\rvert<20$ mm 且 $\lvert H_2-H_3\rvert<20$ mm。 （2）计算车体倾斜尺寸，并记录在"车统-15"本上。 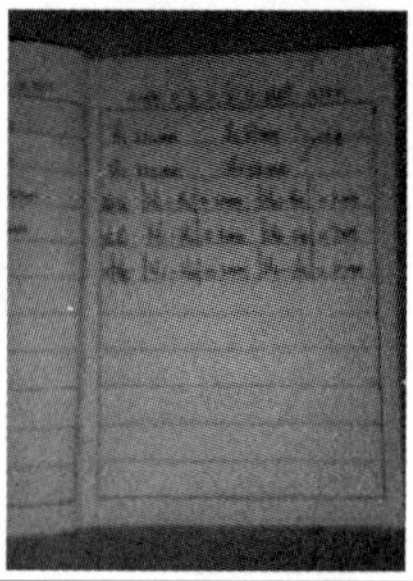
2.4	高度调整	如高度差超过允许值，按如下步骤调整： （1）高度调整杆维持现状，不能进行任何杆身螺母的旋松、旋紧调整。 （2）将车辆 4 个位置空气弹簧截断塞门关闭/打开，对空簧进行排充气，检查空气弹簧高度值满足 $(330+t)_{-3}^{+6}$。 （3）满足条件后，进行步骤 2.2。 （4）若仍不满足要求，重复进行第（2）条的操作
3	全列倾斜尺寸测量	
3.1	测量顺序	（1）自01车开始，依次逐辆测量，直到全列测量完毕。 （2）①号作业人员负责测量，②号作业人员负责数据记录，同时作业
3.2	依次逐辆测量	按照"单辆倾斜尺寸测量"的步骤，依次逐辆测量，直到全列测量完毕
4	完工清理	（1）作业完毕后，做到工完、料净、场地清。 （2）如实填写检修记录并及时在管理信息系统中回填

二、二级修排障装置检查

1. 维修基本信息和注意事项（见表 5-7）

表 5-7　维修基本信息和注意事项

车　　型	CR400AF	备　　注	
修　　程	二级修	周　　期	10 万千米/90 天
分　　类	B 类	系　　统	车端连接
车 厢 号	01、00 车	供电条件	无电
作业人员	1 人	作业时间	20 分钟/辆
注意事项	同阅读材料一		

2. 工具清单（见表5-8）

表5-8　工具清单

序号	名　称	规格型号	单位	数量	备注
1	手电筒	通用	把	1	
2	钢尺	通用	把	1	

3. 作业内容（见表5-9）

表5-9　二级修排障装置检查作业内容

序号	作业项目	作业内容、标准及图示
1	开工准备	
1.1	车组状态确认	（1）确认车组号及股道与作业计划单相同。 （2）确认作业股道接触网已断电，接地杆已挂。 （3）确认作业车组受电弓降下，VCB断开
1.2	检查工具	（1）按工具清单清点工具。 （2）检查工具性能状态良好
2	排障装置检查	
2.1	检查排障装置外观	使用无纺布清洁排障装置区域附着的灰尘及异物，并检查确认外观状态良好，表面平直，无变形、破损。 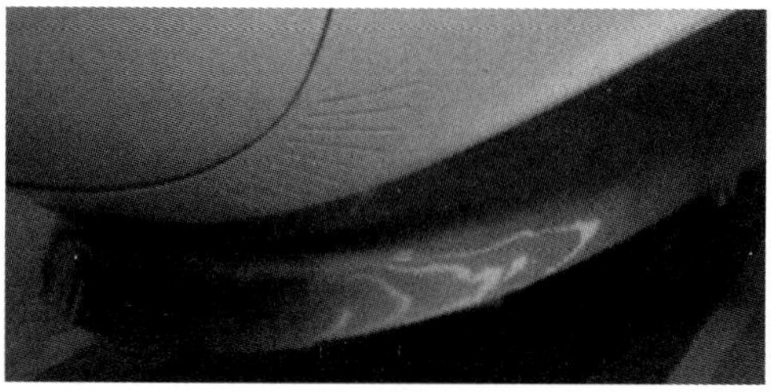 排障装置外观
2.2	检查底部盖板及安装螺栓	使用无纺布清洁底部盖板区域附着的灰尘及异物，检查防松标记无错位，防松铁丝无松动、断裂。 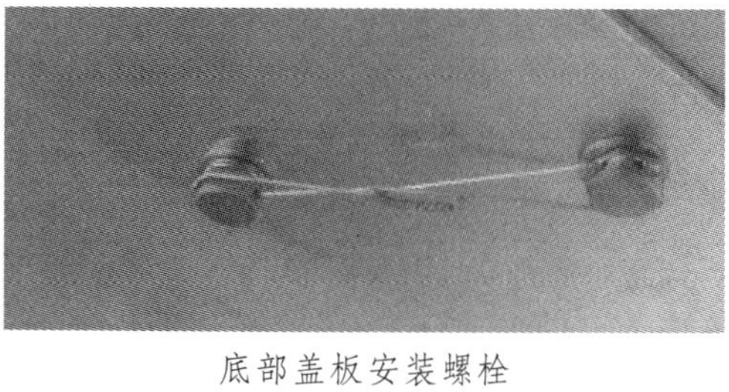 底部盖板安装螺栓

序号	作业项目	作业内容、标准及图示
2.3	检查前端排障板	检查前端排障板安装螺母紧固可靠，下平面距离轨面 145^{+10}_{0} mm。 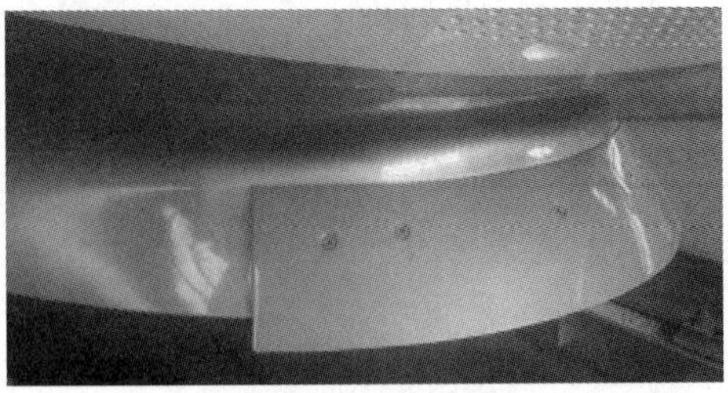 前端排障板安装
2.4	检查辅助排障器	检查辅助排障器表面状态及安装螺栓防松标记无错位，防松铁丝无松动、断裂。  辅助排障器安装
3	完工清理	（1）作业完毕后，做到工完、料净、场地清。 （2）如实填写检修记录并及时在管理信息系统中回填

三、二级修头罩开闭机构检查

1. 维修基本信息和注意事项（见表 5-10）

表 5-10　维修基本信息和注意事项

车　　型	CR400AF	备　　注	
修　　程	二级修	周　　期	10 万千米/90 天
分　　类	B 类	系　　统	车端连接
车　厢　号	01、00 车	供电条件	无电
作业人员	1 人	作业时间	20 分钟/辆
注意事项	同阅读材料一		

2. 工具清单（见表 5-11）

表 5-11 工具清单

序号	名　称	规格型号	单位	数量	备注
1	主控钥匙		把	1	
2	毛刷	通用	把	1	
3	手电筒	通用	把	1	

3. 物料清单（见表 5-12）

表 5-12 物料清单

序号	物料名称	规格型号	单位	数量	备注
1	无纺布		块	若干	

4. 作业内容（见表 5-13）

表 5-13 二级修头罩开闭机构检查作业内容

序号	作业项目	作业内容、标准及图示
1	开工准备	
1.1	车组状态确认	（1）确认车组号及股道与作业计划单相同。 （2）确认作业股道接触网已断电，接地杆已挂。 （3）确认作业车组已放电，受电弓降下，VCB 断开
1.2	检查工具、物料	（1）按工具清单和物料清单清点物品。 （2）检查工具性能状态良好
2	检查	
2.1	打开头罩	（1）进入司机室，在司机室配电盘中做如下操作： ① 司机室配电盘 2： 将"联解控制"空开打开。 ② 司机室配电盘 1： a. 将"闭锁解除"开关置于"强制合"。 b. 将"电连接器解"开关置于"强制合"。 c. 将"罩开"开关置于"强制合"，确认前端罩盖打开。 d. 头罩打开后将"闭锁解除""电连接器解""罩开"开关恢复常位。 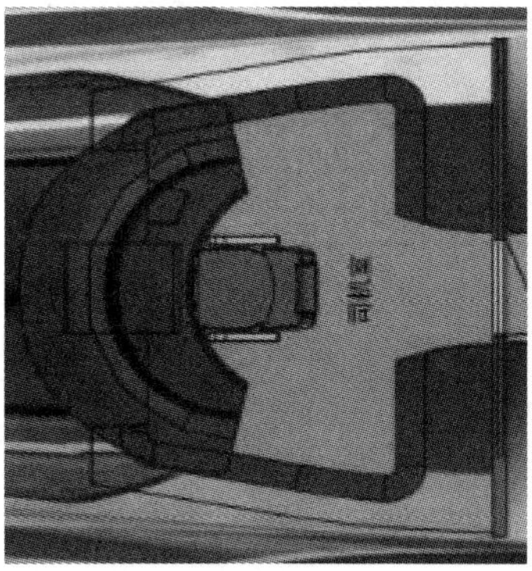 司机室配电盘 1/2 位置 　　配电盘手动开关位置

序号	作业项目	作业内容、标准及图示
2.1	打开头罩	（2）进入司机室前舱，切断"配管单元箱""总风""电钩"三个阀门。 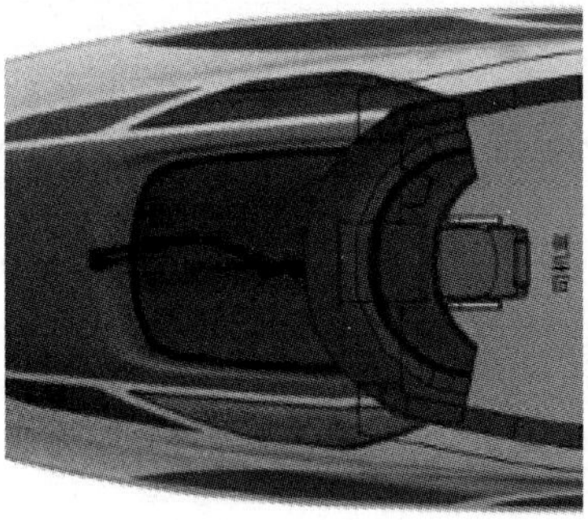  司机室配管单元箱位　　　　　　　阀门
2.2	头罩开闭机构检查	（1）检查机械部分的螺栓紧固情况，确认状态良好。如有松动，进行紧固。 （2）清扫头罩内各部件，清除杂物
2.3	关闭头罩	（1）进入司机室前舱，恢复"配管单元箱""总风""电钩"三个阀门。 （2）在司机室配电盘中做如下操作： ① 司机室配电盘1： a. 将"闭锁解除"开关置于"强制合"。 b. 将"电连接器解"开关置于"强制合"。 c. 将"罩闭"开关置于"强制合"，确认前端罩盖闭合。 d. 将"闭锁解除""电连接器解""罩闭"开关恢复常位。 ② 司机室配电盘2： 将"联解控制"空开恢复（往下拨）
3	换端操作	换端操作，重复上述步骤。
4	完工清理	（1）作业完毕后，做到工完、料净、场地清。 （2）如实填写检修记录并及时在管理信息系统中回填

四、二级修前端车钩缓冲装置检查及润滑

1. 维修基本信息和注意事项（见表 5-14）

表 5-14　维修基本信息和注意事项

车　　型	CR400AF	备　　注	
修　　程	二级修	周　　期	10 万千米/90 天
分　　类	C 类	系　　统	车端连接
车厢号	01、00 车	供电条件	无电
作业人员	2 人	作业时间	60 分钟/辆
注意事项	同阅读材料一		

2. 工具清单（见表 5-15）

表 5-15　工具清单

序号	名　称	规格型号	单位	数量	备注
1	手电筒	通用	把	1	
2	毛刷	通用	把	1	
3	一字螺丝刀		把	1	

3. 物料清单（见表 5-16）

表 5-16　物料清单

序号	物料名称	规格型号	单位	数量	备注
1	AUTOL TOP 2000		瓶	1	
2	无纺布		张	若干	
3	加强型金属零部件清洁剂		瓶	2	
4	WD-40		瓶	1	
5	LOCTITE 7063		瓶	1	

4. 作业内容（见表 5-17）

表 5-17　二级修前端车钩缓冲装置检查及润滑作业内容

序号	作业项目	作业内容、标准及图示
1	开工准备	
1.1	车组状态确认	（1）确认车组号及股道与作业计划单相同。 （2）确认作业股道接触网已断电，接地杆已挂。 （3）确认作业车组受电弓降下，VCB 断开
1.2	检查工具、物料	（1）按工具清单和物料清单清点物品。 （2）检查工具性能状态良好。 （3）所使用的 AUTOL TOP 2000 润滑脂检验未过期
2	检查	
2.1	打开头罩	（1）进入司机室，在司机室配电盘中做如下操作： ① 司机室配电盘 2： 将"联解控制"空开闭合（向上拨）。 ② 司机室配电盘 1： a. 将"闭锁解除"开关置于"强制合"。 b. 将"电连接器解"开关置于"强制合"。 c. 将"罩开"开关置于"强制合"，确认前端罩盖打开。 d. 头罩打开后将"闭锁解除""电连接器解""罩开"开关恢复常位。 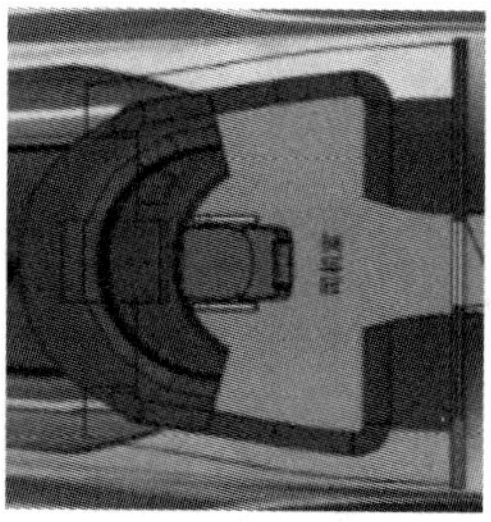 司机室配电盘 1/2 位置 　　配电盘手动开关位置

序号	作业项目	作业内容、标准及图示
2.1	打开头罩	（2）进入司机室前舱，切断"配管单元箱""总风""电钩"三个阀门。  阀门 　　　　　头罩打开状态
2.2	前端车钩缓冲装置整体检查	（1）目视检查，检查机械车钩、电钩推送装置、缓冲装置及安装吊挂装置，确认无裂纹、变形，螺栓紧固无松动，弹簧无变形、断裂，橡胶件无老化、变形、龟裂。 （2）使用加强型金属零部件清洗剂、毛刷和无纺布对前端车钩缓冲装置进行彻底清洁（清洁时避免喷到机械车钩主轴）。 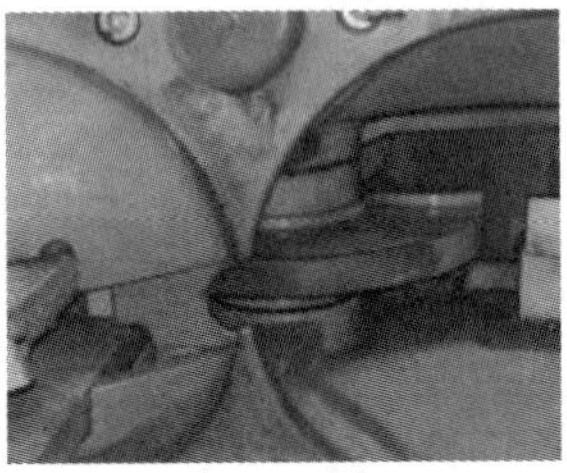 前端车钩主轴
2.3	机械车钩灵活度检查	（1）手动触发车钩，使连挂组成处于连挂位，此时连挂指示状态正常。 （2）拉动解钩手柄，检查连挂机构是否灵活，解钩到位后机械锁定牢固，解钩状态指示正常。 （3）重复进行以上操作3次。  触发解钩手柄 　　　　确认车钩是否伸缩到位 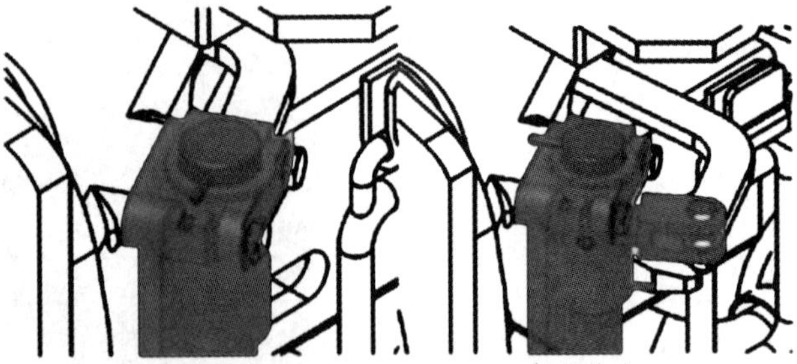 连挂状态　　　　解钩状态 连挂状态指示装置

序号	作业项目	作业内容、标准及图示
2.4	电气车钩检查	（1）清洁橡胶框，用无纺布除去尘土。 （2）使用电子精密仪器清洁剂清洁触头和触头块。 （3）使用 AUTOL TOP 2000 润滑电气车钩的封盖导向装置及封盖轴承。 （4）润滑电气车钩的定位销和定位孔。 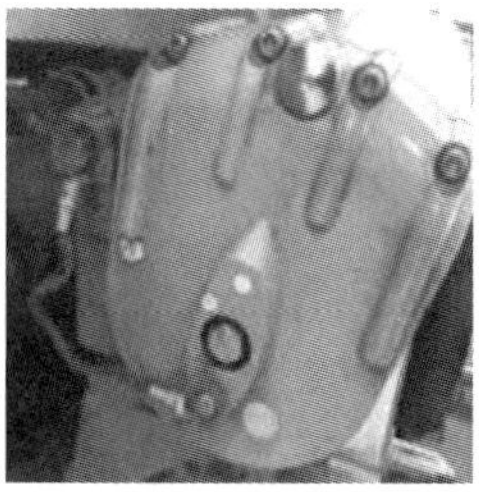  封盖导向装置及封盖轴承　　　　电气车钩
2.5	风管连接器检查	使用无纺布清洁风管连接器。 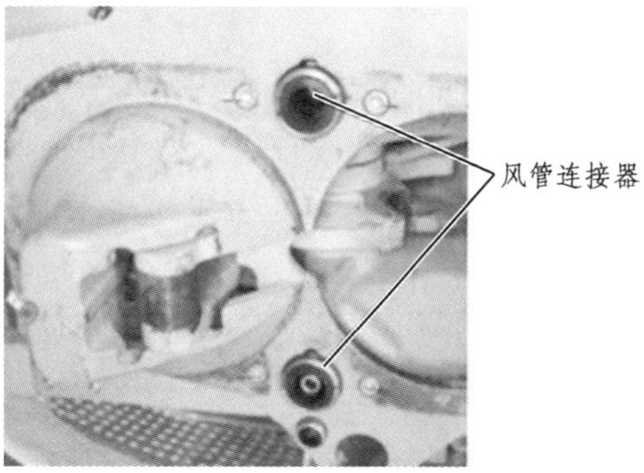 风管连接器
2.6	推送机构检查	干燥状态下使用无纺布清洁定向杆，不得润滑。 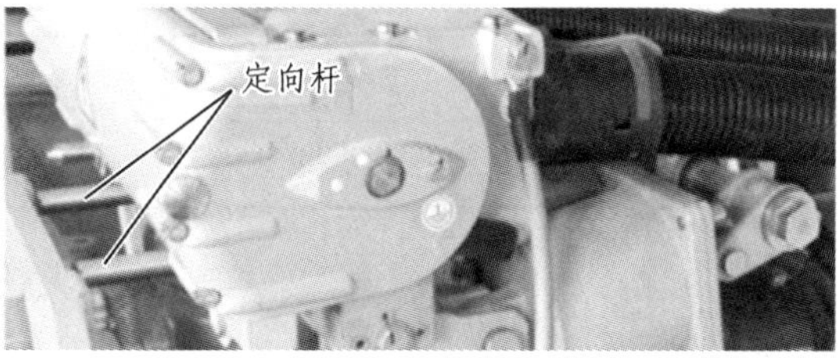 推送机构清理位置
2.7	连接卡环检查	检查上下连接卡环间是否充满润滑脂，如果没有，用 AUTO TOP 2000 润滑脂充满。 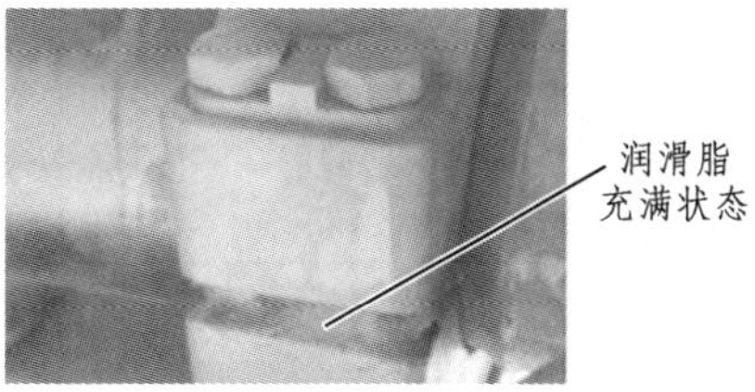 连接卡环润滑脂充满状态

序号	作业项目	作业内容、标准及图示
2.8	关闭头罩	（1）进入司机室前舱，恢复"配管单元箱""总风""电钩"三个阀门。 （2）在司机室配电盘中做如下操作： ① 司机室配电盘1： a. 将"闭锁解除"开关置于"强制合"。 b. 将"电连接器解"开关置于"强制合"。 c. 将"罩闭"开关置于"强制合"，确认前端罩盖闭合。 d. 将"闭锁解除""电连接器解""罩闭"开关恢复常位。 ② 司机室配电盘2： 将"联解控制"空开断开（向下拨）
3	换端操作	换端操作，重复上述步骤
4	完工清理	（1）作业完毕后，做到工完、料净、场地清。 （2）如实填写检修记录并及时在管理信息系统中回填

五、二级修中间车钩缓冲装置检查及润滑

1. 维修基本信息和注意事项（见表5-18）

表5-18　维修基本信息和注意事项

车　　型	CR400AF	备　　注	
修　　程	二级修	周　　期	10万千米/90天
分　　类	C类	系　　统	车端连接
车厢号	全列	供电条件	无电
作业人员	2人	作业时间	10分钟/辆
注意事项	同阅读材料一		

2. 工具清单（见表5-19）

表5-19　工具清单

序号	名　　称	规格型号	单位	数量	备注
1	手电筒	通用	把	1	
2	毛刷	通用	把	1	
3	铁丝	通用	根	1	
4	四角钥匙	通用	把	1	
5	定制铝板	定制	块	1	

3. 作业内容（见表 5-20）

表 5-20　二级修中间车钩缓冲装置检查及润滑作业内容

序号	作业项目	作业内容、标准及图示
1	开工准备	
1.1	车组状态确认	①、②号位： （1）确认车组号及股道与作业计划单相同。 （2）确认 VCB 断开，受电弓降下。 （3）确认作业股道接触网已断电，接地杆已挂
1.2	检查工具、物料	②号： （1）按工具清单和物料清单清点物品。 （2）检查工具性能状态良好
2	检查	
2.1	拆卸渡板	拆下两车之间的渡板并放置稳固，参考"内风挡检查与清洁"
2.2	中间车钩缓冲装置整体检查	检查钩身是否有漏油现象，如发现漏油，更换中间车钩缓冲装置。 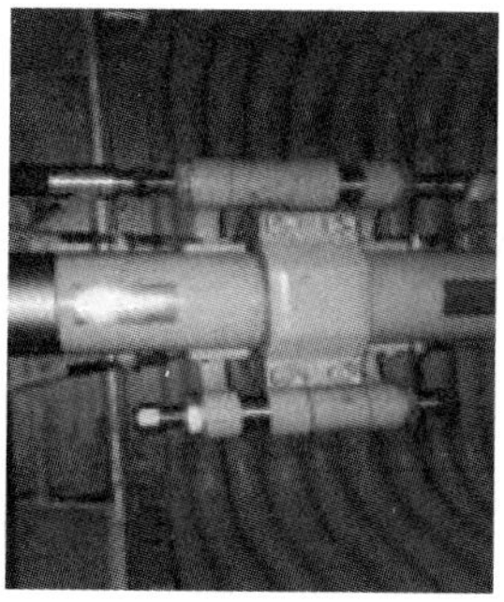 中间车钩
2.3	连接卡环检查	（1）检查卡环螺栓防松标记无错位。如果有错位，更换紧固件。紧固扭矩为 330×（1±10%）N·m。  连接卡环螺栓 （2）用一根铁丝插入卡环下部的排水孔，进行排水。 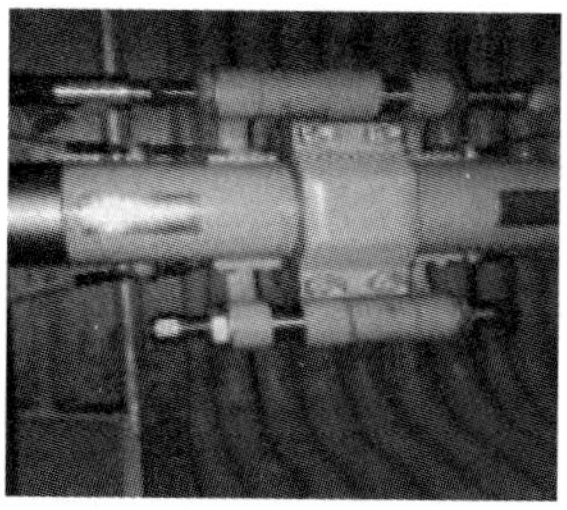 卡环

序号	作业项目	作业内容、标准及图示
2.3	连接卡环检查	（3）检查上下连接卡环间是否充满润滑脂。如果没有，用 AUTO TOP2000 润滑脂充满。 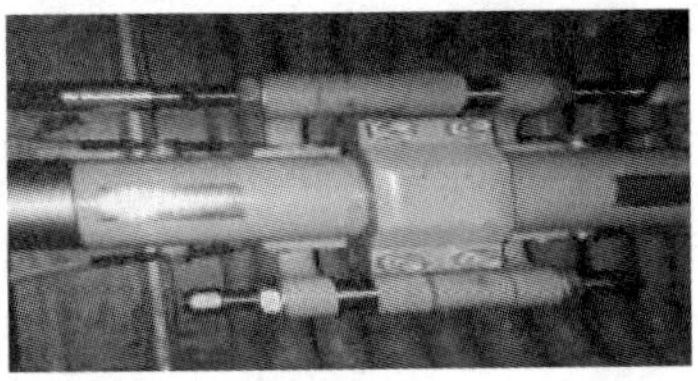 卡环间位置 （4）检查接地线缆安装螺栓紧固、无松动，线缆无破皮、锈蚀等现象。  接地线
2.4	压溃管检查	检查压溃管是否触发，如红色销消失或折断，更换压溃管。 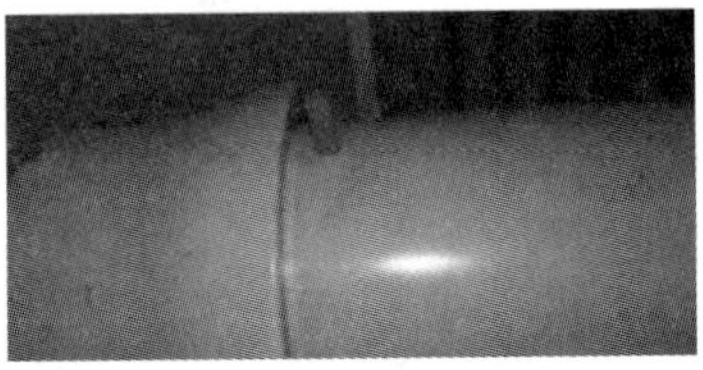 压溃管触发指示
2.5	车钩安装螺栓检查	检查螺栓防松标记有无错位。如有错位，更换紧固件重新紧固，紧固扭矩为 1 300×（1±10%）N·m。 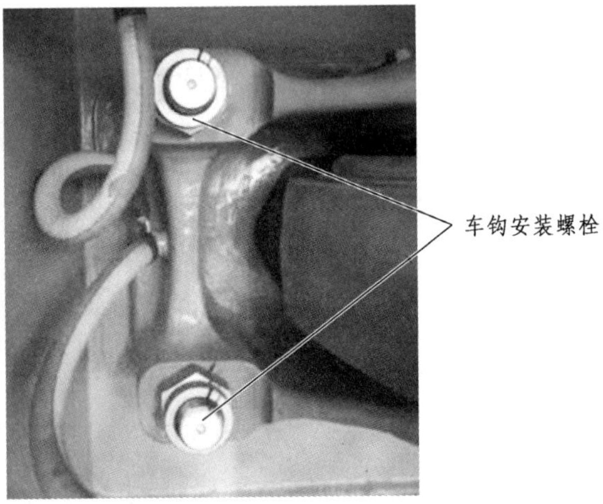 车钩安装螺栓检查
2.6	恢复渡板	检查完毕后，及时恢复渡板
3	换端操作	换位置操作，重复上述步骤
4	完工清理	（1）作业完毕后，做到工完、料净、场地清。 （2）如实填写检修记录并及时在管理信息系统中回填

六、二级修轮对尺寸人工测量

1. 维修基本信息和注意事项（见表 5-21）

表 5-21　维修基本信息和注意事项

车　　型	CR400AF	备　　注	
修　　程	二级修	周　　期	10 万千米/90 天
分　　类	C 类	系　　统	转向架及其辅助
车厢号	01、00 车	供电条件	无电
作业人数	2 人	作业时间	20 分钟/辆
注意事项	同阅读材料一		

2. 工具清单（见表 5-22）

表 5-22　工具清单

序号	名　　称	规格型号	单位	数量	备注
1	动车组轮径测量仪	GF922-D	套	1	
2	动车组车轮检查器	通用	把	1	
3	轮对内距尺	通用	把	1	
4	制动盘磨耗尺		套	1	
5	钢板尺	通用	把	1	
6	手电筒		把	1	

3. 物料清单（见表 5-23）

表 5-23　物料清单

序号	物料名称	规格型号	单位	数量	备注
1	无纺布		张	若干	

4. 作业内容（见表 5-24）

表 5-24　二级修轮对尺寸人工测量作业内容

序号	作业项目	作业内容、标准及图示
1	开工准备	
1.1	车组状态确认	①号： （1）确认车组号及股道与作业计划单相同。 （2）确认作业股道接触网已断电，接地杆已挂。 （3）确认作业车组已放电，受电弓降下，VCB 断开
1.2	检查工具、材料	②号： （1）按工具清单和物料清单清点物品。 （2）检查工具性能状态良好，计量工具（动车组轮径测量仪、动车组车轮检查器、轮对内距尺、制动盘磨耗尺）定检标签清晰、在有效期内

序号	作业项目	作业内容、标准及图示
2	轮对测量	
2.1	轮径尺寸测量	①号： （1）使用无纺布擦拭干净动车组轮径测量仪标准圆表面，将轮径尺平稳放置在标准圆上，内压爪对准标准圆对应撑面，调整读数表与标准圆校准数值相同。 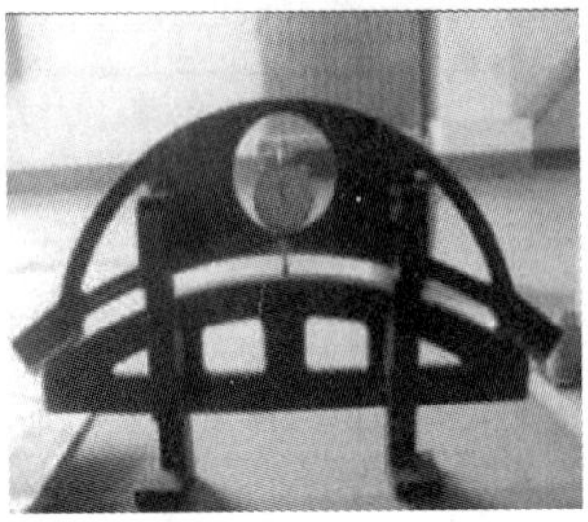 轮径尺校正 （2）使用无纺布擦拭需要测量的轮对表面。内压爪紧贴轮辋内侧面，轮径尺测量面紧贴踏面（基准点为轮辋内侧面向外 70 mm 处），读取数值。 （3）对同一轮对，左、右轮径差测量超出 1 mm 时，每侧应选择 3 点重新测量和计算，3 点尽可能沿圆周均匀布置，取其平均值。 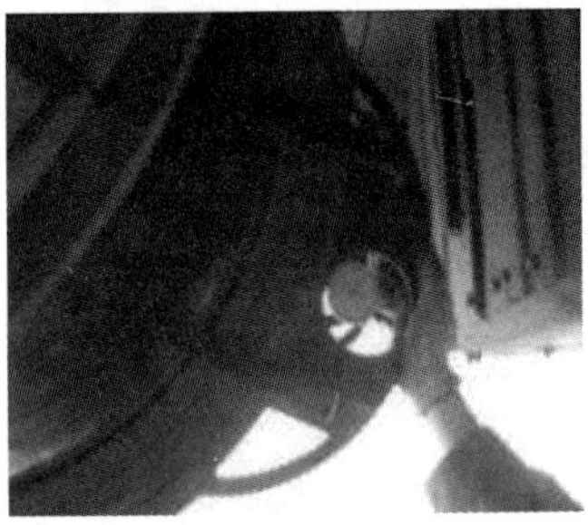 轮径测量 ⚠ 注意：轮径尺首次测量前需进行校正操作。 ②号： （1）记录数据，确保各数据符合限度要求。超出限度范围，应及时通知调度和技术专职。 （2）二级修轮径限度≥850 mm。 （3）二级修轮径差的限度如下。 | 同一轮对	≤1 mm	同一转向架	≤4 mm
同一车辆	≤10 mm	车辆间	≤40 mm	
2.2	轮对内侧距测量	①号： （1）用轮对内距尺进行轮对内侧距测量，两手握住内距尺，将其水平放置于两车轮内侧，使两侧限位钩落在两侧车轮轮缘最高部位。 （2）将内距尺触头不能活动端固定在轮辋内侧面上。 （3）沿着车轮圆周方向移动内距尺可活动测头端，注意观察测量数值显示框，找到最小读数，锁紧螺钉。

序号	作业项目	作业内容、标准及图示
2.2	轮对内侧距测量	⚠ 当内距尺与车轴保持平行时，所测的读数应为最小。  内侧距测量 ②号： （1）记录数据。 （2）轮对内侧距尺寸限度为 1353^{+3}_{-1} mm。任意三点测量均须在尺寸限度范围内。 （3）超出限度范围应及时通知调度和技术专职
2.3	轮缘高度测量	①号： （1）移动车轮检查器尺框，使定位销落入销孔内，然后锁紧其锁紧螺钉。 （2）将定位角铁与车轮内侧面紧贴，并使轮毂宽度测头与车轮踏面接触。 （3）移动踏面磨耗及轮缘高度测尺尺框到合适位置并锁紧。 （4）推动踏面磨耗及轮缘高度测尺使其测量面与车轮轮缘最高点接触，从右边游标读取轮缘高度值。  轮缘高度测量 （5）若有轮缘高度超限情况，复检时尽可能沿圆周方向取 3 个点进行测量，取其平均值为准。 ②号： （1）记录数据。 （2）轮缘高度限度如下。 <table><tr><td rowspan="2">CR400AF</td><td>27.5 mm≤h≤33 mm</td></tr><tr><td>28 mm（修形后）</td></tr></table>

序号	作业项目	作业内容、标准及图示
2.4	轮缘厚度测量	①号： （1）移动车轮检查器尺框，使定位销落入销孔内，然后锁紧其锁紧螺钉。 （2）将定位角铁与车轮内侧面紧贴，并使轮毂宽度测头与车轮踏面接触。 （3）推动轮缘厚度测尺使其测量头与轮缘接触，从游标尺中读取轮缘厚度值。 （4）若有轮缘厚度超限情况，复检时尽可能沿圆周方向取 3 个点进行测量，取其平均值为准。 ②号： （1）记录数据。 （2）轮缘厚度限度：$26\,\text{mm} \leqslant e \leqslant 34\,\text{mm}$  轮缘厚度测量
2.5	踏面检查	②号： （1）作业者目视检查车轮踏面，车轮踏面应无损伤、缺陷。 （2）有踏面磨损缺陷或轮缘损坏的情况，如有疑问可进行进一步探伤检查。 （3）因制动而导致损坏的情况，必须对防抱系统和防滑系统的功能进行试验。 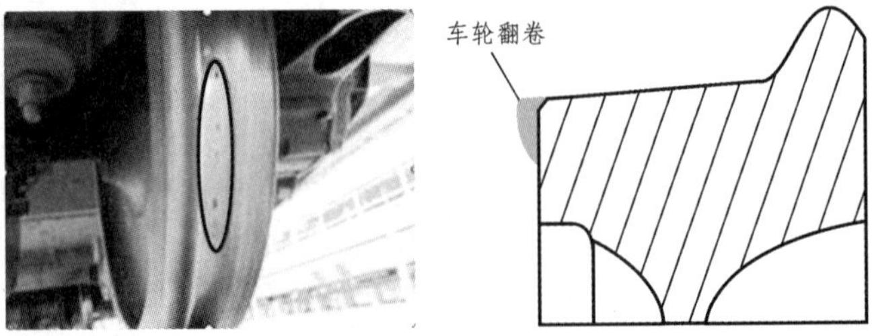 踏面检查
3	完工清理	（1）作业完毕后，应做到工完、料净、场地清。 （2）如实填写检修记录并及时在管理信息系统中回填相关信息

七、二级修空气弹簧高度测量

1. 维修基本信息和注意事项（见表 5-25）

表 5-25　维修基本信息和注意事项

车　　型	CR400AF	备　　注	
修　　程	二级修	周　　期	10 万千米/90 天
分　　类	B 类	系　　统	转向架及其辅助
车厢号	全列	供电条件	无电
作业人数	2 人	作业时间	20 分钟/辆
注意事项	同阅读材料一		

2. 工具清单（见表 5-26）

表 5-26　工具清单

序号	名　　称	规格型号	单位	数量	备注
1	钢板尺	500 mm	把	1	

3. 物料清单（见表 5-27）

表 5-27　物料清单

序号	物料名称	规格型号	单位	数量	备注
1	白棉布		块	若干	

4. 作业内容（见表 5-28）

表 5-28　二级修空气弹簧高度测量作业内容

序号	作业项目	作业内容、标准及图示
1	工前准备	
1.1	确认作业任务	①、②号： （1）按规定穿戴好工作服、防护鞋、安全帽等劳保用品。 （2）确认作业内容、作业流程、质量标准及注意事项
1.2	确认动车组状态	①号： （1）确认车组号及股道与作业计划单相同。 （2）确认 MR 压力在 780 kPa 以上（必要时升弓供电充风），注意避免其他检修作业项目对测量结果产生影响，如避免车上人员走动等
1.3	检查工具、材料	②号： （1）按工具清单和物料清单清点物品。 （2）检查工具性能状态良好

序号	作业项目	作业内容、标准及图示
2	高度测量	①号： （1）确认有无调整板。 检查空气弹簧支撑与底座间（转向架构架侧梁空气弹簧安装座上部）有无加装调整板。若有调整板，须测量调整板厚度 t，调整板单个厚度尺寸有 3.2 mm、6 mm、10 mm 三种规格。 （2）测量高度。 在车体与空气弹簧接触面到转向架基准点之间，用钢板尺测量基准点与空气弹簧上盖板平面高度距离。允许值：$(330+t)^{+6}_{-3}$ mm，其中 t 为调整板厚度。 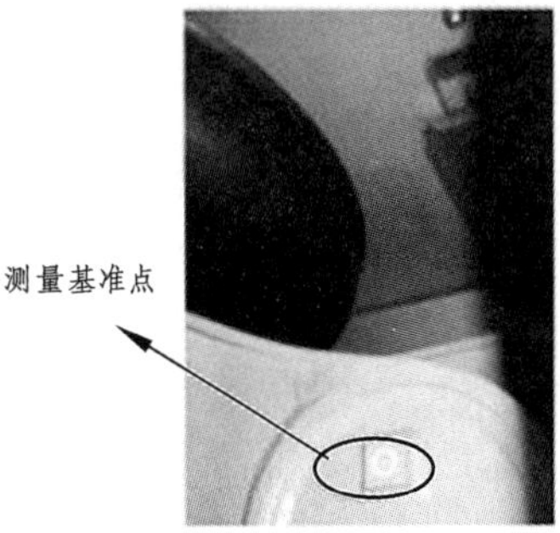 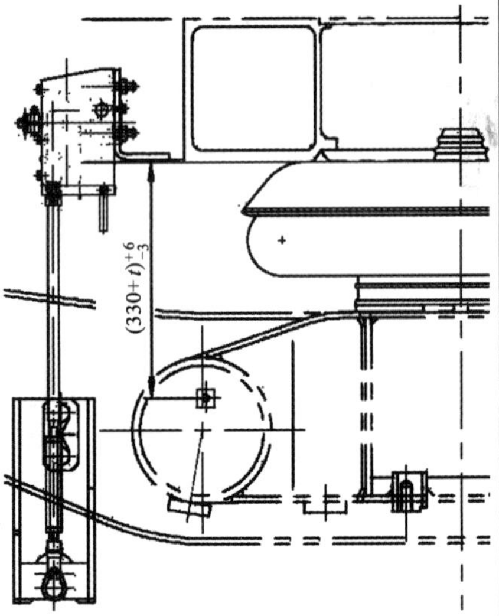 测量基准点 注：测量时，钢板尺应保持竖直状态，不能倾斜。 ②号： 使用"车统-15"本记录每个位置空气弹簧高度测量值
3	异常情况处置	当空气弹簧出现高度超差问题时，对该车进行以下操作，其中测量空簧高度出现一次合格即为合格： A. 对超差车辆4个空气弹簧同时进行排气再充气。将同一转向架两侧 LV 截断塞门置于垂直位，空气弹簧截断塞门置于斜45°排风。待听不到排风声后，先恢复空气弹簧截断塞门（置于平行位），再恢复 LV 截断塞门（置于平行位）充风，待空簧高度稳定后，测量空簧高度是否合格，若不合格，再次排充气并测量，若重复2次空簧高度仍超差，则采取B方案。 B. 在同一股道上移动车辆，车辆静止后测量空簧高度是否合格，若不合格，再次移动车辆，若重复3次空簧高度仍超差，则采取C方案。 C. 将车辆移至其他股道，车辆静止后测量空簧高度是否合格，若不合格，可进行1次 A 方案、B 方案；若进行上述操作仍不合格，再次更换股道，若空簧高度仍超差，则采取D方案。 D. 若实施上述作业后，空气弹簧高度仍不满足规定，检查空气弹簧及高度调整装置等无其他异常，须重新称重调整
4	完工清理及确认	（1）作业完毕后，做到工完、料净、场地清。 （2）如实填写检修记录并及时在管理信息系统中回填

八、二级修受电弓检查

1. 维修基本信息和注意事项（见表 5-29）

表 5-29　维修基本信息和注意事项

车　　型	CR400AF	备　　注	
修　　程	二级修	周　　期	10 万千米/90 天
分　　类	C 类	系　　统	主供电
车 厢 号	03、06 车	供电条件	无电/蓄电池
作业人数	2 人	作业时间	40 分钟/辆
注意事项	同阅读材料一		

2. 工具清单（见表 5-30）

表 5-30　工具清单

序号	名　　称	规格型号	单位	数量	备注
1	毛刷	通用	把	2	
2	手电筒	通用	支	1	
3	四角钥匙	通用	把	1	
4	秒表	通用	只	1	
5	扭力扳手	14 N·m	把	1	更换弓角
6	拉力计	通用	把	1	
7	对讲机	通用	台	2	
8	测弓笔记本及数据线	专用	台	1	方形接头

3. 物料清单（见表 5-31）

表 5-31　物料清单

序号	物料名称	规格型号	单位	数量	备注
1	无纺布	017120590000	张	若干	
2	油脂（Aero Shell 6）	979300001261	罐	1	
3	7063 清洁剂	014090001021	瓶	1	

4. 作业内容（见表 5-32）

表 5-32　二级修受电弓检查作业内容

序号	作业项目	作业内容、标准及图示
1	工前准备	⚠ 触电风险：确认所在股道接触网已分闸，接地杆已挂。 ⚠ 溜车风险：确认动车组施加停放制动。 ⚠ 防坠落风险：确认三层平台渡板放下到位
1.1	动车组状态确认	①、②号： （1）确认动车组停放制动已施加，受电弓已降下，接触网已断电，接地杆已挂，安全信号已设置。 （2）作业前，①号报告工长并经其同意
1.2	工具、材料确认	（1）②号确认作业工具及材料配件配置齐全，工具使用状态良好。 （2）①号、②号相互确认工作服、防护鞋、安全帽等劳保用品按规定穿戴。
2	受电弓检查	
2.1	受电弓静态力测量 （软件测量）	受电弓处于升弓状态时，①号对受电弓进行压力测试： （1）用四角钥匙打开受电弓车控制柜门。  （2）使用专用的数据线（一端为 USB 接头，连计算机；一端为方形接头，连受电弓）连接计算机和受电弓控制盒接口（注意：方形接头有两个角是倒了圆弧的，连接时，这两个圆弧角方向朝外），其中受电弓控制盒接口位置在 MVB 通信线里面，如下图所示。连好后，如果计算机显示安装硬件对话框，则先安装，如果没有，则直接进行下一步。   （3）通过在计算桌面双击"MonA"，打开测试软件"MonA"，如下图。 

序号	作业项目	作业内容、标准及图示
2.1	受电弓静态力测量（软件测量）	（4）打开软件后，删掉"Password"框内的"＊"号，然后点击"√"进入软件，如下图。  （5）点击"open"，在弹出的对话框中，选择默认的"043003"文件打开，如下图。 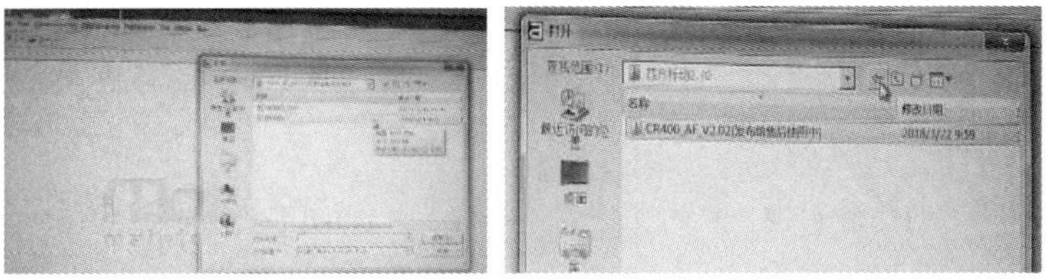 （6）在弹出的检测页面中，查看左下角的"Status"状态，如果为"OK"，则连接正常，等待数秒钟，上面的 2 个压力读数稳定（趋于一致）后，直接读出该压力值即可，压力值范围为 320～370 kPa，在此范围即符合静态力的要求。 受电弓静态力测试完毕后，②号降下受电弓。 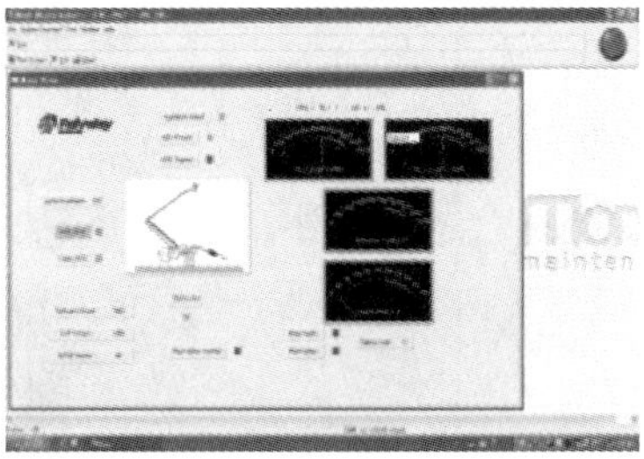
2.2	受电弓静态力测量（硬件测量）	（1）①号在车顶进行测量，②号配合①号进行升降弓操作，升降弓时①号用秒表测受电弓升降弓时间≤10 s。 （2）在升弓状态下利用拉力计测量受电弓由落弓位起向上 0.5 m、可测量的最高点（不超过 1.9 m）以及两者之间任一点（尽量靠近中点处）处的上升及下降拉力。 （3）拉力计勾住弓头支撑梁中间部位，缓慢匀速使受电弓上升，观察拉力计读数≥60 N，即为上升力。 （4）从最大升弓高度缓慢匀速地用拉力计下拉受电弓，观察拉力计读数≤100 N，即为下降力。 在同一升弓高度，要求上升力与下降力差值≤20 N，测量范围为（80±20）N （5）①号检查受电弓升降弓过程上下臂关节处和阻尼器位置无异音

序号	作业项目	作业内容、标准及图示
2.3	钢丝绳使用状态及更换标准	在升弓和降弓状态下分别对钢丝绳进行检查： ①号检查凸轮内钢丝绳是否出现断丝等情况，检查钢丝绳是否卡紧在凸轮内，线股损坏（断股、抗磨损坏）数量损坏超过 5 根时，需要更换。 
2.4	凸轮槽内油脂状态检查	②号检查凸轮槽内油脂状态，并保证槽内涂满油脂，如油脂内落入较多灰尘，使用 7063 清洁剂和无纺布将油脂清除后，使用毛刷重新涂满油脂（Aero Shell 6）。 ⚠ 注意：禁止将钢丝绳索拆卸下来清洁凸轮槽内的油脂，防止因安装不到位导致动车组运行中钢丝绳脱槽。 
2.5	检查升弓气囊	①号检查升弓气囊安装螺栓紧固，防松标记清晰、无错位。检查升弓气囊橡胶部件是否出现划伤。若发现气囊单个裂纹长度大于 25 mm，深度露出编织线时，需要更换。 
2.6	检查阻尼器	①号检查阻尼器防尘罩有无破损，两端紧固螺栓防松标记无错位，将阻尼器两端轴承清洁后涂满 SHELL6 油脂，以防止生锈。 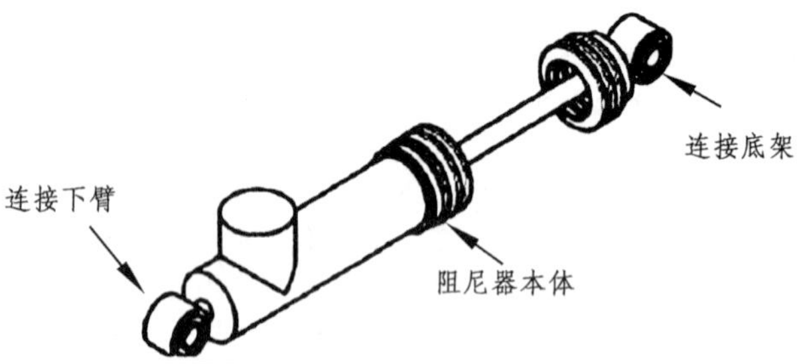

序号	作业项目	作业内容、标准及图示
2.7	检查导电线	①号检查导电线：受电弓导电线共六根，分别为两长四短，短接于受电弓各个位置的轴承，上臂与下臂间两根短导电线、下臂与底架间两根短导电线、碳滑板与弓头间两根长导电线。当导电线破损达到其总横截面面积10%（24根）时，需更换，更换完成后必须检查更换好的电气连接线在升降弓过程中不与受电弓其他部位发生干涉。  受电弓导电线的布置
2.8	气路绝缘装置（APIM）	①号检查 APIM 表面有无基体裂纹，是否出现严重变形等，若出现需及时更换。 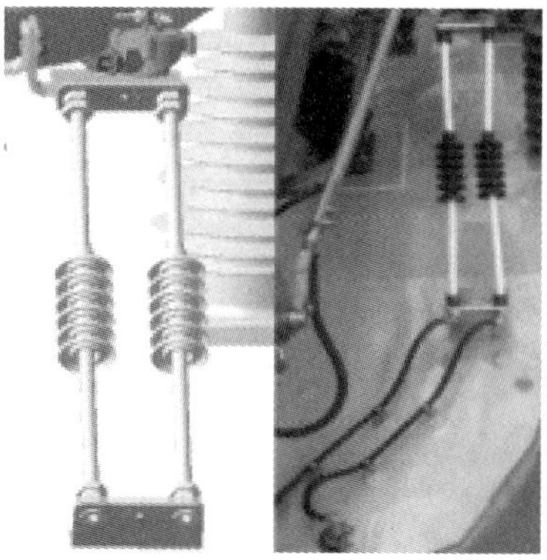
2.9	下拉杆使用状态检查	①号用手拉动下拉杆，下拉杆径向紧固无晃动，检查下拉杆两端橡胶垫无脱出现象。 

序号	作业项目	作业内容、标准及图示
2.10	检查弓角	①号检查弓角：弓角固定螺栓凹槽需要涂满油脂 Shell6，以防止雨水长期储存导致生锈。检查弓角外形，弓角表面漆层有少许脱落，不必更换；磨损或裂缝超过 2 mm 时需要更换，磨损可由下图所指示的位置测得，通常最容易断裂的点为 A 点和 B 点，测量 A 点厚度应 ≥ 18 mm，B 点厚度应 ≥ 17 mm（未磨损前 A 处厚度为 20 mm，B 处厚度为 19 mm）。弓角紧固件选用 M8 螺栓，更换时弓角紧固扭矩为 14 N·m。 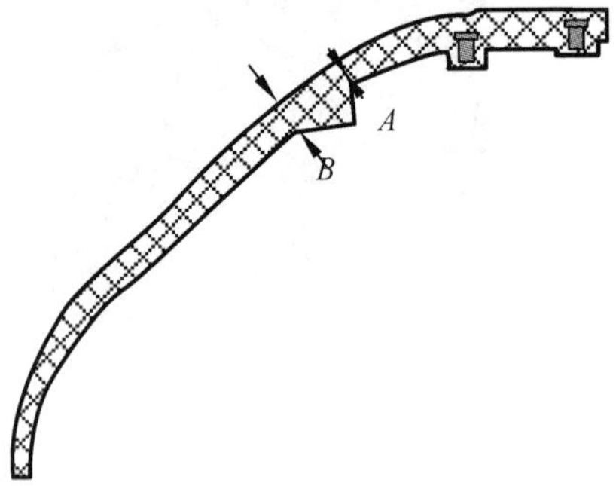 弓角磨托检测示意图 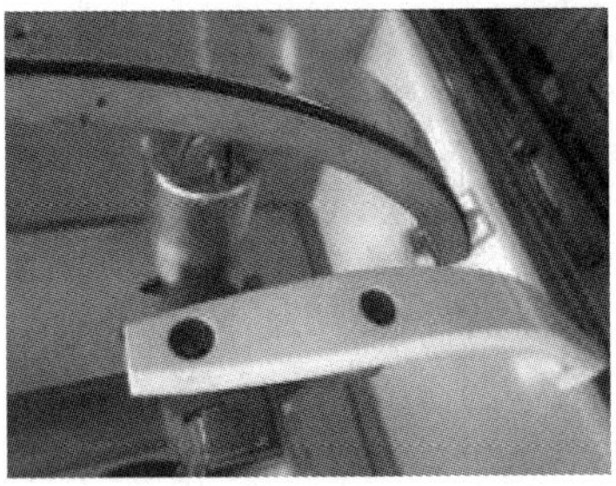
3	换车作业	①、②号： CR400AF 动车组从 03 车到 06 车，重复上述步骤；CR400AF-A 动车组从 03 车到 06、11、14 车，重复上述步骤
4	完工清理	（1）作业完毕后，应做到工完、料净、场地清。 （2）如实填写检修记录并及时在管理信息系统中回填相关信息

项目六　车辆运用及管理工作

项目目标

（1）了解生产管理的具体内容；
（2）了解班组计划的分类管理与执行过程；
（3）知道铁路运输安全的重要性；
（4）掌握铁路安全管理的方针对策；
（5）掌握铁路运输安全的管理手段及制度；
（6）能正确区分铁路安全事故等级；
（7）了解铁道车辆运输货车常见质量分析及问题；
（8）掌握列车出库各项把关制度；
（9）掌握"三检一验"制度流程；
（10）了解设备管理的重要性；
（11）掌握班组设备以及工机具管理流程。

任务一　生产管理

【任务目标】

（1）了解生产管理的具体内容；
（2）知道班组生产计划的分类管理与执行过程；
（3）掌握班组生产计划的具体执行。

【学习内容】

（1）生产管理的概念；
（2）班组生产计划；
（3）班组生产计划的具体执行。

【阅读材料】

（1）生产管理的概念；

（2）班组生产计划。

一、生产管理的概念

生产管理（Production Management）是对企业生产系统的设置和运行各项管理工作的总称，又称为生产控制。其内容包括：① 生产组织工作。即选择厂址、布置工厂、组织生产线、实行劳动定额和劳动组织、设置生产管理系统等。② 生产计划工作。即编制生产计划、生产技术准备计划和生产作业计划等。③ 生产控制工作。即控制生产进度、生产库存、生产质量和生产成本等。④ 保证按期交付正常。根据生产计划安排，保证客户产品交付正常。

生产管理的任务有：对客户产品交付异常情况进行及时有效的处理。通过生产组织工作，按照企业目标的要求，设置技术上可行、经济上合算、物质技术条件和环境条件允许的生产系统；通过生产计划工作，制定生产系统优化运行的方案；通过生产控制工作，及时有效地调节企业生产过程内外的各种关系，使生产系统的运行符合既定生产计划的要求，实现预期生产的品种、质量、产量、出厂期限和生产成本的目标。生产管理的目的就在于，做到投入少、产出多，取得最佳的经济效益。而采用生产管理软件的目的，则是提高企业生产管理的效率，有效管理生产过程的信息，从而提高企业的整体竞争力。

二、班组生产计划

生产计划是生产管理的依据，主要规定客货发送量、检修项目、质量标准，以及保证实现生产计划的技术组织措施和安全措施的内容。

1. 生产作业计划的组成

班组生产作业计划管理是指在规定的时间内，将各级部署的生产任务保质保量完成而制定的具体工作方案，是企业生产计划的最终环节。计划管理的好坏将直接影响到生产组织是否有序、作业质量是否达标，甚至对铁路运输安全稳定运营会产生影响。

生产作业计划主要包括常规周期性任务、专项整治任务和应急性任务三大类。各班组在计划管理时对应急性任务要优先考虑，周期性任务要确保完成，专项整治任务要统筹合理安排劳力组织开展。如设备发生故障和不良反应时，必须在当日的作业计划中安排整治。周期性任务在一定程度上是保护班组安全生产的屏障，若因超维修周期导致设备故障，则要追究相应的管理责任。专项整治任务一般是在固定期限完成固定的工作项目，在安排上要统筹兼顾，人员安排要有针对性。

2. 生产计划管理分类

生产计划的管理主要分为年度、月度、周和日计划，其中年度计划重点确定周期性或年度专项整治任务在月度上的分布和安排；月度计划主要确定本月需要完成的具体工作项目或任务；周计划主要明确具体工作完成日期或每日工作量任务；日计划是要明确当日具体工作项目、任务分工等具体内容。生产计划管理是班组生产管理的核心，其编制和管理是否科学、合理、有效，将直接影响企业整个生产计划的质量。

3. 班组年度生产计划管理

年度计划由站段在每年年底前制订下发，其主要由常规周期性任务组成。根据设备检修季节性要求、设备维修周期、年度规定的客货发送总量任务、年度运输收入经营指标等，将全年工作划分至每个具体月份。年度计划是指导班组全年安全生产的总纲，是保障生产任务完成的基础条件。班组长要仔细学习并掌握全年生产任务要求，思考年度生产安排，及时提报工机具备品需求，排定班组内人员年度年休计划、学习计划和人员安排等事项。

4. 班组月度生产计划管理

每月底前班组根据年度计划表及段、车间下达的临时性重点工作，各级综合检查和动态检查结果，结合季节性工作特点等内容编制次月月度计划，做到劳力安排合理，工作量均衡。月度计划作为日常维修工作开展的依据，经上级审核、批准后执行。班组在月度维修工作中确保各项生产任务按时完成。

编制依据：① 年度生产计划分解到月的生产任务；② 站段下达的次月重点工作任务；③ 车间布置的重点工作任务；④ 各项设备检查及分析结果；⑤ 专项整治任务；⑥ 季节性重点工作任务；⑦ 由上级下发通知、文件或会议下达的分解到月的生产任务。

在班组安全质量目标的指导和控制下，合理安排劳力，均衡生产。以设备维修单位为例，月度计划要优先安排周期性较强的巡检、检修作业及时限要求比较高的重点工作、专项整治工作、季节性工作，然后考虑年度测试、集中检修工作和时限要求相对比较宽松的其他工作。对设备病害的处理遵循"先严重、后一般"的原则，确保月度计划的控制落实，按时完成。

任务二 安全管理

【任务目标】

（1）知道铁路运输安全的重要性；

（2）了解铁路行车安全保障体系；

（3）掌握铁路运输安全管理方针及手段；

（4）能正确区分铁路事故安全等级。

【学习内容】

（1）铁路运输安全的重要性；

（2）铁路行车安全保障体系；

（3）铁路运输安全管理的方针及基本制度；

（4）劳动安全和人身安全措施；

（5）铁路交通事故调查处理及应对；

（6）铁路交通事故等级划分。

【阅读材料】

（1）铁路运输安全的重要性；

（2）铁路行车安全保障体系基本知识；

（3）铁路运输安全管理方针；

（4）铁路运输安全管理手段；

（5）铁路运输安全管理制度；

（6）安全风险管理；

（7）劳动安全管理；

（8）人身作业安全措施；

（9）铁路交通事故调查处理。

一、铁路运输安全的重要性

铁路运输安全是运输生产系统运行秩序正常、旅客生命财产平安无险、货物和运输设备完好无损的综合表现，也是在运输生产全过程中为达到上述目的而进行的全部生产活动协调运作的结果。铁路运输生产的根本任务就是把旅客和货物安全及时地运送到目的地。而铁路运输生产的作用、性质和特点，决定了铁路运输必须把安全生产摆在各项工作的首要位置。

1. 安全是铁路运输适应经济和社会发展的先决条件

铁路是我国主要的现代化交通工具，对经济、社会和科技发展，满足人民物质和文化生活需要起着重要作用。作为国家的基础设施，铁路运输安全既保证了国家重点物资、重要工程建设、重大科研基地及军事运输的需要，也为地方区域经济开发、招商引资和科技发展带来了生机和活力。作为公益服务事业，铁路运输安全保障了人民生命财产不受伤害和损失，提高了广大人民群众的生活质量。随着国家经济体制改革步伐的加快，铁路作为国民经济的大动脉，如果发生事故，特别是重大、大事故，造成行车中断，甚至造成车毁人亡的严重后果，无疑将会给人民带来不幸，给国家造成巨大损失。事实证明，铁路运输安全的可靠程度不仅直接关系到我国社会主义市场经济的健康发展和改革开放的进程，而且直接影响社会生产、社会生活和社会安定，甚至影响国家的声誉和形象。

2. 安全是铁路运输产品最重要的质量特性

铁路运输业是一个从事社会化运输的物质生产部门，运输是生产过程在流通过程中的继续。运输生产的全部意义就在于有计划、有目的、有成效地实现旅客和货物空间位置的移动。"位移"即为铁路运输的产品。产品的数量以吨公里、人公里或换算吨公里计算，产品质量特性包括安全、准确、迅速、经济、便利和文明服务，其中安全最为重要。就货物运输而言，任何企业的产品只有从生产地安全运达消费地后，才能实现其使用价值，产品的整个生产过程才算最后完结，运输产品"位移"的质量和社会价值也同时得到体现。"位移"这种产品既不能储存，也不能调剂，它在运输生产的同时就被消费掉了。如果在发站、到站或途中因安全得不到保证，导致物毁损失的不仅是物质生产部门，因铁路无法向社会提供运输产品而造成的巨大损失必然使铁路经济效益下降。如发生旅客列车重大伤亡事故，其后果更不堪设想。安全不好，路无宁日，安全已成为铁路运输的生命线。

3. 安全是铁路各项工作质量的综合反映

铁路运输车站多，线路长，分布广。运输生产系统是由机务、车务、工务、电务、车辆、水电等部门构成的，它犹如规模庞大的"联动机"昼夜不停地运转，自然条件复杂，作业项目繁多，情况千变万化。安全工作贯穿于运输生产全过程，涉及每个作业环节和人员，只要有一段路基、一根钢轨、一台机车和一个车辆关键零部件、一架信号机发生故障或损坏，一个与运输生产直接相关人员的瞬间疏忽违章作业、操作失误，就会造成行车事故、货运事故或人身伤亡事故。因此，在运输生产过程中，各部门、各工种人员必须遵章守纪，才能确保旅客和货物运输安全。

4. 安全是加快铁路改革与发展的重要保证

加快铁路改革与发展，必须要有一个稳定的运输安全局面。如果安全形势不稳，不断发生事故，势必打乱运输秩序，干扰总体部署，分散工作精力，社会舆论也会反映强烈，铁路工作就会处于被动状态，铁路改革与发展就失去了重要前提与基础，难以顺利进行。铁路走向市场，更需要确保安全、提高运输产品质量，树立良好的运输企业形象。铁路运输安全质量下降，必然会损害企业形象，阻碍或延缓铁路深化改革、全面走向市场的进程。面对日趋灵活多变的市场需求，铁路通过运输管理体制、组织方法、经营方式的改革，努力从粗放型经营向集约型经营转变，重载、高速（提速）及多元化经营带来的运输安全问题日益突出，安全已成为影响市场竞争实力的"当头炮"。没有稳定的安全形势，就没有铁路大联动机的高效正常运转，就难以使铁路运输优势和铁路运力资源得以充分发挥。不仅如此，发生事故本身就是对运输生产力的破坏。所以，铁路越是深化改革、加快发展、走向市场，越要强化安全基础，搞好安全生产。

5. 安全是法律赋予铁路运输的义务和责任

《中华人民共和国铁路法》（简称《铁路法》）是保障铁路运输的法律手段。为了保证铁路运输的安全畅通，避免事故的发生，《铁路法》规定了一系列法律规定和措施。其中，有关条文明确指出："铁路运输企业应当保证旅客和货物运输的安全，做到列车正点到达。""铁路运输企业必须加强对铁路的管理和保护，定期检查、维修铁路运输设施，保证铁路运输设施完好，保障旅客和货物运输安全。"这就从法律意义上规定了保障客货运输安全是铁路应尽的职责和义务。

从法律的角度看，旅客和货物托运人（当事人）与铁路运输企业之间的关系是合同关系（合同形式是客票和运单）。当事人支付费用后，运输企业向其提供运输产品，彼此的权利和义务对等。如果铁路运输企业因人为事故不能保证旅客和货物运输安全，不仅违背了当事人的意愿，损害了他们的权益，而且也违反了《铁路法》的规定。"安全第一、预防为主"是我国铁路运输安全管理方针。

牢固树立"安全第一"的思想是正确处理安全与效率、效益关系的根本保证。效率一般是指单位时间内所完成的工作量，效益主要包含社会效益和经济效益。运输生产的目的是不断满足国民经济发展和人民生活提高的需求，安全不稳或效率低下都不能实现"人民铁路为人民"的宗旨，应力求达到安全与效率的辩证统一。

铁路运输企业具有公益企业的性质。公益企业最主要的特点是它的一切生产和经济活动，首先考虑社会效益，然后才是它自身的经济效益。由此可见，铁路运输企业从国家、人民和自身利益出发，需要不断提高运输效率和经济效益，以获得社会效益和自身持续发展的条件。但是，安全状况不好，运输生产效率就失去原有的意义；生产效率不高，运输安全的根本目的也难以达到，只有在安全的基础上提高效率，才能使社会效益和经济效益两全其美成为现实；"安全第一"的意义和作用也真正落到了实处。

二、铁路行车安全保障体系基本知识

铁路行车安全保障体系从实践操作上看，它包括铁路行车安全保障的法律体系、铁路行车安全技术保障体系、行车安全教育与专业技能培训体系、铁路行车安全监察体系四个方面。

铁路行车安全保障体系从框架结构上看，是一个以"行车系统人员"为核心、"管理"为中枢、"行车设备"为基础、"环境"为条件的实时监控的、开放的"人-机-环境"动态控制体系。该体系一方面要通过先进的信息技术、数据通信传输技术、现代控制技术等安全技术群，实现对铁路行车安全（包括行车人员、行车设备和环境安全）的保障；另一方面要在铁路发生行车事故时，能采取必要的应急措施迅速进行事故救援。铁路行车安全保障体系具有较强的时效性和可操作性，主要包括行车人员安全保障系统、设施设备安全保障系统、环境安全报警保障系统和行车安全应急救援系统等部分。

1. 行车人员安全保障系统

铁路行车人员主要指车、机、工、电、辆等各部门的领导人员和基层作业人员，其行为决定相当一部分系统性能。人和设备都是行车安全保障体系的基本要素，人操纵、控制、监督各项设备，完成各项行车作业，并与环境系统进行信息交流，在发生行车事故时做出果断决策。因此，行车人员的安全意识是行车安全保障体系发挥作用的前提和基础。

考虑到铁路行车安全具有动态性、反复性、严重性等特点，所以必须对行车人员进行安全教育和岗位技能培训。可以结合人身安全教育、事故案例、事故预防分析，以及导致事故的各种直接、间接原因和相互内在联系的深入分析，使行车人员牢固树立"安全第一"的思想，认识到不安全因素随时存在。同时，岗位技能培训也是人员安全保障系统的重要组成部分，岗位技能水平、作业标准执行情况直接影响行车安全。针对铁路列车进一步提速的要求，考虑山区铁路由于坡度大、曲线多、半径小等自然环境给机车驾驶带来的困难，要加强乘务员适应性方面的研究，包括出勤适应性检测、驾驶感知疲劳、驾驶行为疲劳、驾驶失衡疲劳、驾驶可靠性、职业适应性等。另外，应当加强行车人员在缺氧和高寒条件（如青藏铁路）下劳动保护和医疗保健等方面的研究。

2. 设施设备安全保障系统

设施设备保障系统的功能是以铁路行车安全畅通为目标，按照"以设备保安全"的思路，利用分散安装在各个地点的设施设备，通过现代成熟的监测控制技术，及时准确地采集和收集各种铁路行车信息，并结合计算机及网络技术的应用，对铁路行车安全相关的各因素进行全方位监控,通过安全可靠性模型处理,将收集到的信息利用数据挖掘手段进行深层次分析,对安全信息做到及时反馈,使铁路行车安全有序可控。总之是在设备自检、相互监测形成安全监控网络的基础上,动态实时地对危及行车安全的因素进行监测,建立"机控为主,人控优先"的人机联控安全系统。按照各监测设备的方位进行设施设备技术群的系统整合,建立包括"地对车、车对地、地对地、车对车"4个相互匹配环节的闭路循环监测子系统(也可以按传统的车、机、工、电、辆等部门进行系统整合),体现出"数字铁路"的概念。

"地对车"子系统包括货物列车超限超偏载检测、红外线轴温监测、车轮踏面擦伤检测等;"车对地"监测子系统包括轨道动态检测单元(晃车仪)、机车信号记录仪、综合检测车等;"地对地"监测子系统包括车站微机联锁监测、道岔状态监测、轨道电路监测、牵引供电监测、道口安全监测、桥梁和隧道监测等;"车对车"监测子系统包括列尾装置监测、列车运行监控记录装置、机车轴温监测、机车故障监测、列车运行品质动态监测、旅客列车车载安全监测等。应当指出,各设施设备是整个行车保障体系的信息源点,它们在现场布设的合理性将直接影响到整个保障体系的有效性。因此,要按照均衡性、经济性、针对性、便利性、选择性等原则统筹安排、综合考虑检测设施设备的布点方案。

3. 环境安全报警保障系统

环境安全报警保障系统主要针对自然环境对行车安全的影响采取必要措施。铁路运输处于全天候的自然环境中,大风、洪水、雪害、雷电、塌方、滑坡等会对行车安全造成危害,我国铁路目前还未形成完善的自然灾害监测报警系统,对自然灾害的抵御能力较差。因此,要通过安装环境监测报警设备,在环境变化达到临界状态前给出报警。该系统包括沿线地质信息、气候信息、水文信息等子系统。沿线地质信息子系统是针对铁路沿线的地质情况,有针对性地监测地震、泥石流、山体滑坡等地质灾害,及时发布紧急信息,确保行车安全。沿线气候信息子系统主要对沿线特殊地段的风速和雪害进行监测,当超过安全行车范围时发布紧急信息。沿线水文信息子系统重点监测汛期易发生特大洪水和暴雨的地段,及时发现危及行车安全的汛情。

据不完全统计,全国铁路沿线分布有泥石流沟 1 482 条,大中型滑坡 1 000 多处,崩塌近万处。20 多条铁路干线、60 多个车站曾受到地质灾害的严重威胁,这些灾害主要出现在山区。因此在行车安全保障体系中,应重点完善山区铁路的环境监测报警系统,并要形成网络。可以借鉴国内外先进的环境报警技术,针对山区铁路隧道、桥梁、山体滑坡、落石、泥石流、水害等进行集中监测,确保铁路行车安全。

4. 行车安全应急救援系统

目前,我国铁路救援工作大多是依靠经验,行车事故发生后往往由于信息传递不够详细,方案制定不够准确,造成救援工作混乱,救援效率低。行车安全应急救援系统以行车事故发生后尽快消除事故影响,迅速恢复线路畅通,提高救援效率为目的。该系统通过 DMIS(铁路调度管理信息系统)、卫星云图、动态图像传输系统和 RGIS(铁路地理信息系统)等,及时掌握事故和灾害情况,以及事故现场的地形、地貌和设备状况,实施快速救援,减少事故、灾害损失,尽快恢复列车运行。系统包括行车事故数据库、铁路设备地理信息、事故救援决策支持及行车救援等子系统。

行车事故数据库收集和存储了近 10 年来行车事故的人员、设备、环境及其他信息，包括事故类型、概况、时间、地点、直接作业人员、主要和次要责任者、事故原因、直接经济损失、事故设备状况、事故后跟踪管理等信息。可以进行事故查询，提供事故分析报告，包括事故发生原因以及性质和后果以及处理意见、防止措施等内容，这些内容也是对行车人员进行安全教育不可缺少的内容。

设备地理信息子系统通过地图与信息相结合的方式，全面、直观、准确反映铁路设备的分布、现状及技术特征，为行车事故救援工作提供全新的技术手段。按照我国铁路的管理模式，子系统包括铁路局和铁路分局概况图、桥隧概况图、救援列车设备概况图、车站平面图、枢纽示意图等，可以采用空间导航、地址匹配等定位方式，使用户快速地定位，显示行车设备图，为行车事故救援提供决策依据。事故救援决策支持子系统将事故现场信息通过系统内部推理，结合汇集尽可能多的专家救援经验知识库，根据事故地点机车车辆脱轨或颠覆状况、线路损坏和救援设备等条件，快速推理并制定出合理、有效、准确、符合现场实际的救援方案，克服经验决策的局限性，必要时能对推出的方案进行解释。系统内的知识库主要存放事故救援专门知识、线路详细情况及救援力量分布等，可以采用正向逻辑推理，通过将用户输入的原始事故信息与知识库中规则的前提条件进行匹配得出结论，这也是该子系统建立的难点所在。行车救援子系统包括消防车、医疗救护、公安、救援列车和综合维修基地，其中综合维修基地又由大型机械化养路段、动车拖车维修、供电接触网维修、工务维修、通信信号维修等部分综合组成。可以充分利用铁路其他系统的信息，充分掌握列车运行情况，开展综合性行车救援工作。

铁路行车安全保障体系要有一套安全可靠性理论作为支撑。以往的铁路行车安全可靠性研究都是分析以设备为主的系统故障性、可靠性指标，缺乏从人、机、环境 3 个方面对行车安全保障进行总体研究。建议从危及行车安全的各种因素入手，创立铁路行车安全保障的可靠性理论体系，为进一步研究奠定基础。

建立不同级别的安全监控中心（简称安监中心），对安全信息进行综合管理。铁路固定设备、移动设备、各环境监测系统等采集到的设备及环境信息通过行车安全综合监控网络传送到行车安全监控中心（可以设在调度指挥中心），该中心按铁路局和铁路分局分设，分局安监中心能够及时准确地处理各监测系统产生的信息，并对数据进行归纳、整理和分析，负责按车、机、工、电、辆等部门分类存储，通过数据挖掘分析技术获得行车安全增值信息，再对各类数据进行模糊评价，评定危险等级，进行综合决策。在发生行车事故时决定是否启动行车安全应急救援系统，并及时将危及行车的安全信息传送到各相关行车部门，以便及时采取有效措施，保证行车安全。同时，铁路分局安监中心要将安全信息传输到铁路局安监中心备查，遇有需要铁路局决策的信息时，请示路局安监中心寻求帮助。另外，各相关部门要将处理结果及安全因素分析及时反馈到分局安监中心。

建立和完善必要的信息传输网络，确保信息传输有条不紊。各监测系统信息传输网络分为地面网络和车载网络。地面信息传输网络是指各监测点接入区间综合信息传输系统，再进入站段局域网，从站段接入综合监测系统，数据流向为监测点（区间传输系统）—站（段）局域网—分局安监中心。车载网络是各监测点接入车载局域网，经车载信息传输系统直接发送到铁路分局安监中心，数据流向为监测点—车载局域网—车载信息传输系统—铁路分局安监中心。

对高速铁路安全保障体系进行专项研究。高速铁路的行车系统也是由车、机、工、电、辆等诸多部门联合完成的复杂动态系统，其基本要素的构成也是"人-机-环境"相互关联的系统，但与非高速铁路的行车系统相比，存在着列车运行速度和密度的极大差别，存在着现代高新技术含量上的巨大差异，存在着人、机功能分工与组合上的差别。可以预见，由于高速铁路固定设备和移动设备的强化，对行车人员的素质要求大大提高，发生行车事故的潜在概率也比较大，所以必须加强符合我国实际情况的高速铁路安全保障体系的研究。

三、铁路运输安全管理方针

"安全第一，预防为主"是我国铁路运输安全管理方针。"安全第一"就是要求运输企业在组织生产，指挥生产时，坚持把安全生产作为企业生存与发展的第一要素和保证条件。"预防为主"就是要求运输企业以主动积极的态度，从组织管理和技术措施上，增强运输安全保障系统的整体功能，把事故遏制在萌芽状态，做到防患于未然。

贯彻"安全第一，预防为主"指导方针的原则要求：

1. 牢固树立"安全第一"的思想，强化"安全第一"的责任意识

这是保障运输安全的重要前提。人的因素是影响运输安全最重要的因素。人的安全思想和意识是安全行为的基础。因此，必须加强以人为中心的管理，持久深入地进行安全生产教育，增强广大职工在市场经济条件下的安全责任感和紧迫感，以及不安全的危机感，营造人人重视安全、事事确保安全的工作氛围。而运输生产中存在的隐患、发生的事故（除不可抗拒的自然原因外），归根结底是人的"安全第一"思想不牢、安全责任意识淡薄所致。在安全工作与其他工作发生矛盾或安全工作取得成绩的时候，"安全第一"的思想往往被淡化或移位，这是安全措施不落实、安全形势不稳定的根本原因，应坚决克服纠正。

2. 遵守规章制度，严格组织纪律

这是运输安全的重要保证。在长期生产实践中，我国铁路部门根据运输生产规律、事故发生的因果关系和防止事故的宝贵经验，制定了许多保证安全、提高效率的规章制度和作业标准，并根据情况变化及时加以完善和发展。有章必循，就要有严格的组织纪律约束。纪律松弛，有章不循是对运输生产安全的最大威胁。因此，必须加强职工队伍的组织性和纪律性，使"严字当头、铁的纪律、团结协作、雷厉风行"的路风得以发扬光大。建立健全严格的安全管理制度最为重要的是各级安全责任制的逐步完善和切实执行。应避免职责不清、分工不明、互相推诿的不良现象发生，并通过各种管理手段做到是非分明、赏罚严明，形成强有力的竞争、激励和约束机制。

3. 加强职工教育培训工作，提高职工队伍安全素质

这是运输安全的重要基础。提高人员安全素质最为有效的途径就是理论联系实际的教育和培训。这在高科技广泛应用于铁路运输的情况下显得更为迫切和重要。通过各种形式的教育和培训，大力抓好职工队伍的职业道德建设，培养爱岗敬业的精神和遵章守纪的良好习惯，提高实际操作能力，特别是非正常情况下的作业技能和应急处理能力，全面落实作业标准化。与此同时，要不断加强干部的技术业务培训，普遍提高干部队伍的业务素质。

4. 不断改善和更新运输技术设备

这是保障运输安全的物质基础。运输设备质量取决于出厂的产品质量，也取决于运用中的设备能经常得到精心维护和保养。因此，要坚持设备检修与保养并重，预防与整治相结合的原则，攻克设备隐患，落实维修标准、作业标准和质量标准，努力提高设备的有效性，使设备经常保持良好状态。同时，增加经费投入，改善设备功能，加快实现主要运输装备现代化的步伐。积极发展和完善技能，提高运输效率，又能确保安全的各种安全技术设备，这是提高铁路运输安全水平的必由之路。

5. 争取地方政府和人民群众的支持

这是运输安全的坚强后盾。党和国家领导同志指出："铁路部门的工作没有各地的支持是做不好的。"铁路运输安全尤为突出，铁路应主动加强与地方的安全联防和共建，不断改善铁路沿线的治安秩序，积极依靠地方政府和沿线人民群众参与事故救援、抢修等工作。加强路外安全宣传教育，防止人身伤亡和交通事故的发生，保证铁路运输安全畅通。

四、铁路运输安全管理手段

运输安全管理的根本任务在于依靠科学技术和科学管理，有效地保护和调动人的主观能动性和积极性，预防事故发生，确保运输安全。处于社会大环境中的铁路运输系统是一个开放系统，系统中的人、机、环境之间的关系十分密切。而人是能动的、有思想的，人与人之间、人与群体之间、群体与群体之间及领导与群众之间的关系比较复杂。随着经济和社会的发展，人们的主体意识和价值取向呈多元化趋势，利益格局的变化使客观存在的各种矛盾对铁路运输安全工作产生前所未有的深刻影响。为了保障运输安全，并在安全基础上提高作业效率、经济效益和社会效益，迫切需要各级领导和职能部门采取有效的管理手段和方法，努力提高职工队伍的整体素质，保护和调动广大职工安全生产的积极性和创造性，使广大干部和职工在充分认识安全是铁路运输生命线的基础上，想安全所想，急安全所急，通过自身努力把安全工作落实到实际行动中去。

一个运行稳定、安全可靠的运输生产系统，其主要构成因素之间的关系必定是相对协调平衡的。但在运输生产中，人们对待本职工作、集体利益、预防事故的态度、行为及其结果存在差异，从而使得人与人之间的政治关系、经济关系、工作关系及感情关系都变得复杂起来，需要有相应的调节手段促使不协调、不平衡的关系向协调平衡方面转化，以保证运输生产安全稳定。运输安全管理手段实质上是对职工安全生产积极性和创造性的保护、调动手段，同时也是对不安全的人和事进行制约和限制的手段，总之，是人与人、人与事之间关系的调节手段。安全管理手段主要有经济手段、行政手段、思想工作和法律手段。

1. 经济手段

经济手段是当社会生产力发展水平不高、人们的思想觉悟和道德水准尚未达到高标准要求时，普遍用来协调平衡社会关系的一种重要手段。它是通过经济杠杆的作用，即利益分配和实行奖惩来调节的。在运输生产中，每一个人对完成生产任务和实现安全目标所付出的劳动、做出的贡献是不同的，一旦人为事故发生，造成损失或影响生产任务完成时，这种差异更有质的区别。对在运输安全生产中，成绩显著或防止事故有功的人员，以及违章违纪或因违章违纪导致事故和事故苗头发生的人员，均应按照《铁路运输安全奖惩办法》的规定，或给予精神和物质奖励，或给予经济上的处罚。

2. 行政手段

行政手段是通过一定的行政隶属关系，从上而下地对运输生产活动中的个人、群体和管理行为表示肯定（应该做什么，怎么做，做好怎么办）和否定（不该做什么，做了怎么办）的认可，以协调人们之间的关系，保持相对平衡的一种重要的调节手段。它主要依靠行政领导机关的职能和权力，采取行政命令、指示、规定、决定（表彰或处分等），规范人的行为，指导和干预铁路运输安全生产。铁路运输是在全运程（旅客及货物由发站运到到站的全部运输里程）和全过程（基本生产和辅助生产中各部门、各单位、各工种的全部作业过程）中进行的，因此，在时间和空间上必须有严格的规定和统一的标准，有关铁路行车组织的命令、指示，运输安全管理条例，规章制度及政策性指令等，因事关运输安全正点和任务完成，广大运输职工必须无条件服从。行政手段有明显的强制性和权威性。

安全在管理、管理在干部。在全路普遍实行的干部安全管理失职行为追究制度，及基层站段干部对安全工作实行"五定"（定时间、定地点、定项目、定数量、定标准）制度，对增强干部管理好安全的责任感和紧迫感，密切干群关系，解决干群矛盾，提高干部的威信具有很大的促进作用。

3. 思想工作

思想工作是运输安全管理经常运用的工作方法和手段。在我国铁路行车安全工作中，出现过许多先进的安全典型，他们当中有的几千天，甚至几十年如一日坚持安全运输，未发生过责任行车重大、大事故。

在发展和完善社会主义市场经济的新形势下，要把运输安全生产搞好，思想工作不但不能放松，而且必须加强，应充分发挥思想工作的优势、威力和思想保证作用。

4. 法律手段

铁路运输安全管理的法律手段是在其他调节手段已不起作用或无法取代的情况下，用来解决比较复杂的关系和矛盾的。它是通过贯彻执行有关法律条文，规范人们安全生产和保护运输安全的行为，以达到维护法律尊严、保证生产安全的目的。

因在运输生产中，人为破坏铁路设施和正常运输条件、危及行车安全的恶性案件时有发生，如有的违反规定携带危险品上车，有的偷盗铁路通信器材，有的关闭折角塞门，有的拆卸鱼尾板，等等。这些破坏性行为严重危及铁路行车安全，必须依法整治。《铁路法》规定："公民有爱护铁路设施的义务。禁止任何人破坏铁路设施，扰乱铁路运输的正常秩序。"用法律的形式明确了每个公民有保护运输安全方面的义务和责任。

对严重危害运输安全的违法行为，由执法部门依据法律规定执行相应的惩处，如少数职工玩忽职守，对本职工作极不负责，违反有关法律规定或规章制度，不履行或不正确履行自己的工作职责，致使重大事故发生，《中华人民共和国刑法》规定："从事交通运输的人员违反规章制度，因而发生重大事故，致人重伤、死亡或者使公私财产遭受重大损失的，按情节轻重追究刑事责任。"

5. 各种手段的综合运用

运输安全管理手段可分为两类：一是柔性调节手段，如思想政治工作（包括情感手段、心理手段、奖励、表彰、晋级、提升等）；二是刚性调节手段，如经济处罚、行政规定和处分、追究刑事责任等。经济、行政、思想工作和法律等手段有各自的功能和作用，但也有使用上的局限性。从调节的作用看，各种管理手段都不是孤立的，更不是互相排斥的，而是紧密联系、相辅相成的。因此在运输安全管理工作中，实事求是、综合运用好各种管理手段，理顺各种复杂关系，化消极因素为积极因素，让广大铁路职工的安全生产积极性和创造性得到更充分的发挥。

五、铁路运输安全管理制度

铁路运输安全管理制度是运输安全管理体制不可缺少的组成部分，是把运输安全法规和作业标准落到实处的重要保证，是使安全管理行为规范化、高效化、科学化的集中体现，各级领导、干部和管理人员应该认真学习，加深理解、接受监督、自觉遵守、身体力行。长期以来，我国铁路一直在执行行之有效的安全监察制度、安全教育制度和安全检查制度等，并随形势发展和变化，开创性地制定了许多切合实际、富有时代特征的分层管理，逐级负责制及安全工作落实机制等。

1. 安全生产教育制度

安全教育是增强路内职工安全素质的最佳途径，也是路外人员了解铁路安全常识，强化安全意识的重要手段。

安全生产教育制度是对安全生产教育的内容、对象、形式和方法所做的具体规定。运输部门及其他业务部门基层作业人员，各级管理人员，根据工作需要和规定要求，分期分批地接受不同类型的安全教育或培训。通过安全思想、安全知识和安全技能等方面的学习和教育，牢固树立"安全第一，预防为主"的思想，掌握必需的安全生产技术知识和安全管理知识，提高遵章守纪的自觉性和标准化作业技能，并定期进行考核，实行持证上岗，这些是安全生产的充分必要条件。《技规》规定，铁路行车有关人员，在任职、提职、改职前，必须熟悉《技规》有关内容、本职基本知识技能和技术安全规则，并经考试合格。属于有技术等级标准的人员，还须按其等级标准考试合格。在任职期间，还应定期进行技术考试和鉴定，不合格者，应调整其工作。

2. 安全生产检查制度

运输安全生产检查是以各种运输法规为准绳，通过有计划、有目的、有步骤地查思想、查管理、查设备、查现场作业，发现和消除隐患及危险因素，总结交流安全生产经验，推动运输安全工作深入开展。

安全生产检查制度是对安全生产检查的内容、形式和整改要求做出切合实际的规定。按照工作需要进行的定期性、专业性、季节性和经常性安全检查，不仅要大兴调查研究之风，增强为现场服务的观点，而且应与干部考核挂钩，使安全检查真正起到鉴别、诊断和预防作用，使检查结果成为领导决策的重要参考依据。

检查是手段，整改才是目的。对安全检查中出现的好经验要及时总结推广，对暴露出来的矛盾，特别是领导不重视、制度不健全、设备不可靠及安全意识淡薄等问题，要定措施、定人员、定期限整改，并做到条条有交待，件件有着落。

3. 分层管理、逐级负责制度

运输安全是一个系统工程，运输安全管理体系实行"分层管理、逐级负责"的制度，是提高安全管理科学性和有效性的重要举措。强化这项制度，要注意把握管理范围和职责，组织学标、对标、达标和建立健全安全落实机制三个重要环节。

分层管理、逐级负责，就要界定管理范围，立标明责，建立安全管理责任制，即界定铁路局、基层站段，以及各单位、各部门的各个职位安全管理的职责和权限，订立管理标准和考核办法。在管理范围界定、责任标准明确的基础上，各单位、各部门组织广大干部和管理人员认真学习职责、标准，对照职责、标准进行有效管理，并努力达到职责、标准的要求（即学标、对标、达标）。同时，建立健全安全管理落实机制，促进各级干部和管理人员尽心尽责使运输安全的各个环节、关键岗点，处于有效的监控之中。

运输安全管理体制保持正常运转，才能使运输生产协调平衡，基本稳定。正常运转的活力和动力来自广大干部、职工的积极性和主观能动性。这就需要解决好干部作用和职工现场作业控制这两个关键环节的落实问题。有了安全落实机制，好的管理制度和方法才能坚持下去，并取得实效。科学的管理体系和有效的安全落实机制相辅相成，是安全管理有序可控的重要保证。

安全落实机制是以调动干群积极性、强化现场作业控制为目的，制定兼容考核、激励和约束为一体的政策和措施，使规章制度和作业标准得到落实的行政控制手段。如以干部"五定"考核为核心内容的安全管理落实机制；以班组"双达标"（班组升级达标和岗位作业达标）为内容的班组自控机制；以加大激励力度，辅以行政手段、利益分配，以及与思想工作紧密结合为主要内容的安全激励机制；以全员岗位作业达标为目标的职工培训质量保障机制等。

4. 安全监察制度

安全监察是由规定的安全监察机构对职责范围内的运输安全工作进行监督和检查。实行严格的监察制度，强化安全监督监察工作是落实安全法规和安全措施，实现安全预防，正确处理事故的重要保证。在运输安全管理体制中，安全监察工作具有举足轻重的作用。

六、安全风险管理

安全风险管理是指为防范和减少安全风险事件可能导致的事故，降低事故造成的损失，通过持续的风险判别、风险评估、风险控制等一系列活动来防范和消除风险的科学管理办法。

安全管理部门负责安全风险管理、隐患治理的决策、组织、监督和考核职责。各级组织对分管范围内的安全风险管控工作负直接管理或领导责任，全过程组织风险识别、措施制定、责任落实等工作。安全风险管控实施分工包保、分工认领、分工盯控、检查落实的管控落实体系。安全隐患治理实施全员参与、综合排查、分类分级、分工治理、建档销号的闭环管理。

全国铁路工作会议要求：必须强化安全风险防范意识，引入安全风险管理的方法，构建安全风险控制体系，通过对风险因素的有效控制，达到最大限度减小或消除安全风险的目的。实践证明，施行安全风险管理是强化安全基础的有效举措，是实现安全发展的必由之路。

（一）案例说明

2011 年 5 月 19 日，江苏省一个体机械加工厂，车工郑某和钻工张某两人在一个仅 9 m² 的车间内作业，他们的两台机床的间距仅 0.6 m，当郑某在加工一个 1.85 m 长的六角钢棒时，因为该棒伸出车床长度较长，在高速旋转下，该钢棒被打弯，打在了正在旁边作业的张某的头上，等郑某发现立即停车后，张某的头部已被连击数次，头骨碎裂，当场死亡。

（二）案例分析

该事故是因为作业环境狭小，进行特殊工件加工时，没有专门的安全措施和防护装置而引发的伤害事故。在工作中，我们千万不能为了眼前的利益，而不顾有关要求，不制定有效的安全措施，造成惨剧的发生。

（三）理论拓展

1. 存在风险

劳动安全风险点（危险源）是指可能导致作业人员伤亡和职业病潜在的不安全因素，主要是指容易造成作业人员伤亡的关键处所、关键岗位和关键作业环节存在的不确定因素。

（1）易发车辆伤害的作业：营业线上道作业、单人单岗作业、调车作业、沿线上下工行走、各种乘务作业、客车上水作业等。

（2）易发触电伤害的作业：牵引供电和电力施工、维修作业，接触网下登顶、伐树等作业，设备停（送）电作业，电气设备使用和维修作业等。

（3）易发高处坠落的作业：建筑登高作业，牵引供电和电力登杆（塔）作业，机车车辆、保洁、货物装载、应急救援登顶登高作业，路堑边坡作业等。

（4）易造成物体打击的作业：钢轨搬运作业、笨重物件装卸作业、高处作业等。

（5）易发火灾爆炸的作业：油罐区和易燃易爆处所施工维修、锅炉和压力容器及其他电气设备操作等。

（6）易发道路交通事故的作业：各类机动车辆驾驶作业、道口工作业等。

（7）其他容易造成人员伤害的作业：起重作业、有限空间作业、机械加工作业、厂内机动车驾驶作业和生产场所危险区域等。

2. 控制措施

加强运输生产过程中的安全风险控制，及时防范和消除变化风险和重大安全风险，是铁路安全风险管理的重要环节。

安全风险项点评价分为"受控、基本受控、不受控"三个等级。站段风险认领人、车间风险管控责任人根据新机制检查（包括上级检查涉及本专业、本车间的问题）、跟班写实、专项分析的结果，采用"不受控否决条件＋问题比例（发现问题数/检查频次）"的方法，对风险项点管控结果进行评价。风险项点中"关键"等级控制措施发现问题，此事件为不受控；

"重要"等级控制措施发现问题，每 1 件按 2 件计算；"一般"等级控制措施发现问题，每 1 件按 1 件计算；"低风险"等级控制措施发现问题，不计入件数。

（1）不受控条件。发生以下情形，风险项点直接评价为不受控：

① 安全风险项点发生事故、事苗、"红线"；

② 安全风险项点、控制措施未按规定周期检查覆盖的；

③ 各作业岗点、辖区未按规定周期覆盖检查的；

④ 受到上级指向性专题安全预警的；

⑤ 上级检查发现的事故隐患或不良作业习惯未整治，本部门按规定应该能发现而未发现的；

⑥ 两个及以上车间对同一项点评价"不受控"的；

⑦ 对已发现的事故隐患未及时制定或完善有效控制措施的；

⑧ A 类及以上问题未整改或督查整改弄虚作假的；

⑨ 安全风险事件对应的安全控制措施发生问题超过 20%（含 20%）。

（2）基本受控条件：风险事件对应的安全控制措施发生问题超过 10%（含 10%），未超过 20%。

（3）受控条件：安全风险事件对应的安全控制措施发生问题不超过 10%。

（4）每月科室风险认领人、车间风险管控责任人对风险控制措施落实情况进行检查、分析、评价，填写"安全风险检查评价表"和"月度安全风险管控履职报告"。车间风险管控责任人每月报科室风险认领人，科室风险认领人每月报对口包保领导、集团公司对口风险认领人。

（5）对评价为"不受控"的风险事件，由风险包保人牵头，风险认领人组织，相关专业科室参与，全面分析原因，研究补强完善管控措施，组织责任部门整改，并对整改情况进行跟踪验证。

（6）风险管控报备。

除按照集团公司风险认领、站段科室风险认领、车间风险包保人由本人就风险盯控情况进行逐级对口评价上报外，要以车间、科室为单位，做好风险盯控总的评价报备。具体按以下要求：

① 车间每月在各风险管控人评价的基础上，结合本车间安全实际情况，汇总形成本车间的风险管控评价报告，报安全科及分管领导。

② 职能科室每月在本科室各风险认领人评价的基础上，结合分管专业的安全实绩情况，汇总形成本科室所分工认领负责的风险管控评价报告，报安全科及分管领导。

③ 安全科每月在汇总各科室风险管控评价报告的基础上，汇总形成安全风险管控评价报告，在安全例会上进行汇报，并报集团公司。

④ 站段领导班子每月对所包保风险项点的检查、抽检情况进行分析评价，纳入个人月度安全风险管控履职报告。

⑤ 安全科汇总领导班子成员、职能科室（副）科长的个人月度安全风险管控履职报告于每月上报集团公司。

（7）安全风险公告预警。

① 各车间、科室要采取公告栏、岗位提示卡、办公网络平台等有效手段，落实安全风险

公告制度，明示生产区域、作业岗位存在的主要安全风险、风险描述及危害程度、管控措施、应急处置等内容，使每名相关人员都掌握安全风险的基本情况及防范、应急措施。

② 安全风险预警干预。遇安全风险上升、转移或管控效果不好、安全问题凸显，专业科室应根据专业分工，及时进行风险预警，明示存在的安全风险、等级、可能导致的安全危害，提出加强安全风险管控的要求和时限。安全风险预警分为实时预警和专项预警。

实时预警：主要针对因人员、设备、作业、环境、管理等变化和高温、台风、强降雨（雪）等灾害性天气引起安全风险上升，及时发布预警。

专项预警：主要针对发生典型事故，系统、地区、部门安全管理滑坡、隐患问题凸显，发生事故的可能性上升，及时发布预警。

对上级部门发布的安全预警，相关分管领导、科室、车间主要负责人要第一时间组织研究，严密防范，督查措施落实到位。

③ 实时预警由职能科室发布、解除，同时按照"专业负责、逐级负责"的原则，落实应急响应措施，直至风险消除或降低至正常水平。对有规律的"变化"风险，逐步将风险预警和应急响应固化到应急管理体系。

实时预警发布应通过局域网、短信平台和微信群等手段快速通报，及时将预警的风险和管控要求通知到相关管理和作业人员，提高应对风险的针对性和时效性。

④ 专项预警以《安全风险预警通知书》的形式，由分管领导审核后编号发布，被预警部门要针对预警内容，结合实际认真排查安全风险管控全过程存在的疏漏和薄弱环节，有针对性地补强和完善风险管控措施，并督办抓好落实。

⑤ 重大安全风险预警落实情况由安委会督办，分管领导牵头组织诊断验收；较大安全风险预警落实情况由安全科组织诊断验收；重大、较大安全风险《预警通知书》及相关资料保存期两年，留存备查。

a. 全面落实跟班写实制度。班组长通过跟班作业、带班作业等方式，对现场生产组织、规章制度、管理标准、技术标准、作业标准、安全措施、应急预案等中的关键环节进行写实分析，并对现场职工作业过程进行跟踪评价。

b. 量化要求。根据上级文件要求，班组长每人每月不得少于一定次数。

c. 主要方式。针对写实内容和专业管理要求等情况，跟班写实可采取现场检查、添乘指导、跟班作业、带班作业（检查、值乘、行车）、对规检查、施工把关、应急处置等形式。现场作业跟班写实要对照岗位作业指导书（作业标准）、应急预案并进行检查、验证和体验。跟班写实应参加或参与一班（次、批、趟、项）作业的全过程，包括参加交接班、班（作业）前准备、点名预想、班（作业）后总结等环节。

d. 质量要求。跟班写实前要充分准备，围绕写实项目主题，明确检查验证的关键环节、作业、处所、方式、标准和依据，如实填写《现场跟班写实表》，做到"一人一次一表"，严格对规对标，对作业过程进行写实记录，针对发现的问题，提出对策措施，形成写实报告。

e. 作业安全。现场跟班写实要按照岗位作业规定着装、佩戴标识及劳动防护用品，严格遵守规章制度、操作规程和安全措施，强化示范引领；不具备相应资质的，不得带班作业。跟班写实发现当班人员有违章违纪问题，必须当即指正。

f. 写实表范例。以某站段专业管理人员跟班写实评价结果第一名为参考。

3．风险认领

1）动态研判

班组每月对安全关键人的风险控制措施落实情况进行检查，检查覆盖班组涉及的安全风险项点；固定班组每月对班组成员覆盖。

（1）风险管控方面：具体负责组织全面辨识研判本专业安全风险，制定管控措施，落实专业认领人员，纳入相关岗位工作标准和作业指导书，开展风险项点管控检查监督。风险认领人：负责组织所认领风险措施的修订、检查、分析、评价；组织、指导、督促、汇总车间风险管控责任人的盯控责任落实，每月形成认领风险的评价报告。

（2）隐患治理方面：具体负责组织排查本专业的安全隐患，识别隐患等级，明确治理措施、分工部门、完成时限，按段指定分工盯控隐患防控措施落实和整治销号。

2）认领方法

（1）梳理关键作业环节。风险认领人应按"分层分级，突出关键"的原则，认真梳理安全风险控制措施中的关键作业环节，结合对关键作业环节的有形化控制要求，科学、合理地制定检查内容和检查方法。

（2）确定检查内容和方法。分"现场作业、管理要求、认领人履职（下一级）"三部分内容，制定具体的检查方法，可以通过查看相关记录台账，现场抽查、抽问、抽考，监控、录音、视频分析相结合的方法，突出对职工作业标准落实和管理人员履职的检查。

（3）明确安全风险控制流程。一是安全风险认领人制定的检查内容和检查方法必须得到上一级认领人的确认，方可实施；二是各班组风险认领人要将安全风险项点的检查和评价情况按月反馈至车间。

3）倾向性问题

风险认领人要对检查发现的倾向性和典型问题认真组织分析，通过问题的分析，追溯分析制度落实，班组根据存在的问题，向车间汇报风险项点，并建议修订相关的管理措施。

七、劳动安全管理

（一）案例说明

2007 年 12 月，某机务段 DF$_{4C}$-4265、DF$_{4C}$-4375 两台机车计划共同担当货物列车牵引任务。DF$_{4C}$-4265 机车司机裴某进行走行部检查，DF$_{4C}$-4375 机车司机检查完走行部后在机车Ⅱ端司机室右车门登上机车准备启机，并松开了机车手制动机，此时机车由东向西发生溜逸，将正在检查车钩的机车司机裴某挤在车钩处，造成裴某呼吸循环系统衰竭死亡。

（二）案例分析

DF$_{4C}$-4375 机车乘务员违反"确认防溜措施"的规定，擅自解除机车防溜，造成机车溜逸。裴某检查机车时未做好安全预想，未及时注意周围机车车辆动态盲目作业。DF$_{4C}$-4375 号机车司机违反"机务段内整备线停留的运用机车由到达司机实行单阀制动"的规定，退勤前没有对机车实施单阀制动，只实施了一端手制动，为事故发生埋下了隐患。

（三）理论拓展

以《上海铁路局劳动安全管理办法》为例。

1. 劳动安全制度

全面贯彻执行《上海铁路局劳动安全管理办法》，规范劳动安全管理，加强劳动安全风险控制，保障作业人员安全和健康。

安全科是安全风险、隐患治理管理的牵头部门，具体负责组织推进、检查监督、汇总汇报、工作协调，组织制定实施细则，组织研究、汇总、汇报并动态掌握风险管控、隐患治理情况。

（1）组织建立安全风险控制手册，落实风险认领分工，编制风险认领方案，组织风险评价。每月组织研究确定并公布必查必检项点；组织按月形成安全风险评价报告，在段安全例会上报告；按季形成"季度安全风险控制表"，向安委会报告，并以书面形式公布；遇有六种变化、阶段性工作要求及时组织启动安全风险预警。

（2）建立事故隐患库，填记"安全生产事故隐患登记表"，组织Ⅰ、Ⅱ类的事故隐患上报，组织Ⅲ类事故隐患及日常问题隐患的治理防范。

① 目标管理制度。集团公司杜绝致作业人员伤害的铁路交通一般 A 类及以上和程度相当的其他生产安全责任作业人员伤亡事故，杜绝 3 人及以上群体伤亡事故。

② 作业标准管理制度。班组应根据站段要求，落实执行岗位作业标准或岗位作业指导书规定的内容，做到"一岗一标"全覆盖。

③ 作业安全防护制度。班组按照"先防护、后作业"和"防护员不参与作业、作业者不兼职防护"的要求，落实作业安全防护管理制度，确保作业人员上下工序及作业全过程得到有效防护。防护人员应具备相应作业的技能与资格，佩戴统一样式的防护员标志上岗。

④ 结合部劳动安全管理制度。班组要落实结合部作业安全联防互控措施，明确各方安全职责，执行劳动安全管理相关制度、岗位自控、工种间互控、区域内联控等结合部作业安全控制措施。

⑤ 租（借）设备安全管理制度。租（借）各种设备时，应自觉履行合同或协议，明确双方安全管理的要求；对租（借）入的各种设备，应确认其符合安全标准，特种设备须具有使用登记证明和安全检验合格标志。

⑥ 劳动保护用品管理制度。劳动防护用品使用、质量检测、检验和监督检查要落实定期检查的要求，对存在的问题及不符合的防护用品及时向上级有关部门反馈。

⑦ 防暑降温和防寒过冬管理制度。班组要自觉落实防暑、防寒工作制度，班组安全员对防暑、防寒工作全面负责，每年入暑、入冬前要组织作业人员进行高温防护和中暑急救，防寒过冬、防煤气中毒等安全知识教育培训，确保季节性劳动安全。

⑧ 作业班制和作息管理制度。班组要执行车间（部门）、生产班组作业人员规定的班制、作息时间。遇特殊原因造成的调整、临时性生产组织变化，暑期作息时间调整以及生产岗位值班、加班后次日作息的不同安排等因素，需要调整作业班制与作息时间的，必须明确调整权限和相关工作流程。

2. 劳动安全"八防"措施

1）防止车辆伤害

（1）横越线路必须"一站、二看、三通过"；

（2）在线路上作业必须按规定设置防护，穿好黄色防护背心（服），注意瞭望，安全避车；

（3）行车作业人员要严格执行部颁人身安全标准；

（4）严禁扒乘机车车辆；

（5）严禁钻车底；

（6）严禁在钢轨上、车底下、枕木头、道心内、棚车顶上坐卧、站立和行走（凡有规定者除外）。

2）防止高处坠落

（1）在高处作业时，必须戴好安全帽，按规定使用安全带（绳、网）；

（2）脚手架必须按规定搭设，作业前必须确认机具、设施和用品完好；

（3）禁止随意攀登石棉瓦等屋（棚）顶；

（4）禁止在六级及以上大风时进行登高作业；

（5）严禁患有禁忌证人员登高作业；

（6）登高扫、抹、擦、吊、架设、堆物时，作业面下必须设置防护。

3）防止触电伤害

（1）维修电器设备人员必须持证操作，按规定穿戴好防护用品；

（2）电器设备、线路必须保持完好，禁止使用未装触电保护器的各种手持式电动工具和移动设备；

（3）必须严格按规定在高压线下作业；

（4）电力设备作业必须按规定执行工作票和监护制度，挂"禁止合闸，有人作业"牌；

（5）电气化铁路区段作业人员必须严格执行《电气化铁路有关人员电气安全规则》。

4）防止起重伤害

起重作业人员必须持证操作，严禁多人或无人指挥；严禁在吊物下方站立和行走，应按规定操作。

5）防止物体打击

（1）进入作业区必须按规定使用安全帽等劳动保护用品；

（2）高处和双层作业时，不得向下抛掷料具，无隔离设施时，严禁双层同时垂直作业；

（3）列车通过时，必须面向列车避车，防止落物击伤；

（4）搬运重、大、长物件时，必须有专人指挥，动作协调。

6）防止机具伤害

（1）各种机具必须有切合实际的安全操作规程；

（2）严禁机具设备带病或超负荷运转，安全防护装置必须齐全良好。

7）防止炸药、锅炉、压力容器爆炸伤害

必须严格按有关规定进行作业和储存；作业人员必须持证操作；无压设备、设施严禁有压进行。

8）防止中毒、窒息

（1）有毒物品的运输、装卸、储存，必须严格按照《铁路危险货物运输管理规则》执行；

（2）使用有毒物品的场所，作业前必须采取通风、吸尘、净化、隔离等措施，并正确使用劳动防护用品；

（3）对于有毒作业场所，要定期监测，作业人员要定期进行体检。

八、人身作业安全措施

（一）案例说明

2012年5月，某通信段通信车间通信工孙某在对机车进行列车无线调度通信设备天线检修作业时，盲目从机车天窗登顶，被车顶上方接触网高压电击伤，致其摔落到机车电器间，经抢救无效死亡。

（二）案例分析

通信工孙某在未确认机车停于无电区，未办理登顶相关手续并确认安全的情况下，盲目登上机车顶部准备进行机车无线列调电台天线维修作业，班组生产组织无序，未执行登顶作业"一人作业，一人防护"的安全生产作业要求，违章蛮干。

（三）理论拓展

1. 各岗位通用人身作业安全措施

1）防止机车、车辆人身伤害安全措施

（1）所有从业人员（含农民工、劳务工、临时工）每半年必须经单位、车间、班组三级专业安全教育培训，并经考试合格后，方准上岗。

（2）从业人员上岗前必须充分休息好，严禁班前、班中饮酒。严禁脱岗、串岗、私自替班或换班。对视听不良、行动不便的人员，严禁单人作业和使用重点工、机具及担任防护员工作。

（3）生产作业班组于班前，必须结合天气情况、作业处所、环境条件的变化和工作重点任务，对人身安全进行周密安全预想，并制定有效的联防措施，在作业过程中抓好落实。

（4）从业人员上线作业时必须精力集中、严守两纪，认真执行安全检查确认制度和呼唤应答制度，不准打闹、玩笑、阅读书报、接打手机和做与本岗位无关的事情。

（5）从业人员上岗前必须按规定穿戴劳动防护服装和携带必要的人身安全防护备品。禁止穿凉鞋、高跟鞋、塑料底鞋和带钉子的鞋上岗作业，未穿戴劳动防护服装和携带人身安全防护用品的不准上岗作业。

（6）上线作业应首先设好安全防护，未设防护严禁作业。所有上线作业人员，应统一着装，并带有夜间反光标志的防护标记或带有反光标志的着装。劳务工、农民工、临时工上线作业必须由正式工带领，并按规定做好防护后方准作业。

（7）横越线路时，必须执行"一站、二看、三指、四通过"制度，并注意机车、车辆动态及脚下有无障碍物等。严禁钻车、跳车和抢越线路。遇天气不良时，更应注意来往的机车、车辆。

（8）车站内保留的平过道，快速以上的旅客列车通过时，防护栏杆必须关闭加锁，并按规定派人提前出场监护。

（9）严禁在钢轨上、轨枕头、车底下、道心、车端部、站台边站立、坐卧、避风/雨/雪或乘凉。

（10）施工作业单位在站场施工作业时，线路两旁不得有任何妨碍其他作业人员人身安全的物件，完工后，必须将施工场所恢复到原有完整平坦状态。

（11）使用列车接近报警装置和无线对讲机进行施工作业的单位，要制定呼唤应答程序和呼唤用语。

（12）在区间线路上进行人员密集的大型施工作业时，邻线来车必须实行拉设安全警示绳等措施进行安全防护。

（13）本单位组织的施工作业，要提前制定三级施工安全方案和人身安全措施，要重点审核各项安全措施是否完善，不完善者不得批准开工。

2）定期开展

每月安全例会、每季安委会会前，各部门进行提前汇总、上报，安全科牵头，专业科室负责，提前进行研究，提出初步定性、处置意见和负责部门，安全例会、安委会研究后公布。

3）全员排查

坚持安全隐患大家找活动，发动全员参与隐患查找，发现的隐患逐级上报，重要隐患立即上报，本部门范围能整改的立即整改，不能整改的，安全科、站段工会牵头专业科室及相关部门研究整改，并对职工提报隐患进行评比、奖励。各部门要采取多种形式畅通现场隐患反馈渠道，要用好常态化的机制调动职工参与隐患排查活动的积极性。

4）定向分析

针对日常发现的问题追溯、发生变化后研判、安全风险管控的评价分析，分析排查存在的安全隐患，由责任科室负责，安全科配合，同步做好隐患的整治、隐患提报，逐步实现网上流转管理。

2. 车务人身作业安全措施

1）调车人身作业安全措施

（1）车站新建、改建各种技术设备均应符合规定的标准。对所属行车设备，防护设备、设施和各种建筑物，车站站长要按《技规》规定组织定期检查。对有碍安全的建筑物、设备及障碍物，必须及时组织有关单位设法清除和拆迁。不能及时消除和拆迁时，应在该处设置危险警示标志牌，并制定具体的人身安全卡控措施，告知作业人员严加防范。

（2）设有地方专用线的车站，应依法与企业单位签订取送车安全互保协议，并随时监督检查正确执行。如发现设备、设施和作业环境不具备安全生产条件，危及人身安全时，要立即采取紧急安全措施，必要时停止办理取送车作业。

（3）调车作业开始前必须将作业计划清楚地传达给有关人员，作业中不得随意变更；变更股道作业时，必须停轮送达。

（4）手推调车时，必须做好人身防护措施后在车辆两侧进行，并注意脚下有无障碍物。

2）接发列车人身作业安全措施

（1）行车有关人员接发列车时要及时出场，必须站在《站细》规定的地点，随时注意列车运行状态（包括邻线列车、车辆动态和货物装载状态），严禁站在邻线或靠近邻线作业。

（2）提速区段车站靠近正线不足4 m的窄站台，外勤助理值班员接车位置应加装防护栏。

（3）发现列车有人扒乘需上车清理时，必须在接触网停电接地后处理。

3. 客运人身作业安全措施

（1）旅客列车乘务员作业时，要严禁执行"停开、动关、出站锁、四门瞭望"的制度。严禁运行中打开车门和向车外清扫垃圾、杂物等。餐车侧门、列车前后端门应设护栏，并保持牢固完整。

（2）旅客列车上水员在作业时不得侵入邻线。邻线有列车通过时，禁止在通过侧上水作业。禁止钻车。

（3）车站客运人员清扫线路垃圾时，必须要设置专人进行防护。

（4）客运列车乘务人员出乘、到达，遇必须横越线路时，必须设安全防护人员。

（5）行包牵引拖车及其他厂内机动车辆等通过站内平过道或道口时，必须设专人防护，采取一度停车措施，并及时安全稳妥地通过。未设防护时，不准通过平过道或道口。

（6）在接触网带电情况下，严禁用棒条等物处理车辆顶部的扒车人员或物体。

（7）客车餐车顶部烟囱发生故障，餐车人员严禁在接触网有电情况下登顶处理。

（8）客车上水完毕，拔掉水管时，严禁水管朝上喷射接触网带电部分。

（9）对临客人员及加挂车乘务人员要加强专门安全教育培训，经考试合格后，方准上岗，并落实专人进行安全监控。

4. 货装人身作业安全措施

（1）装卸作业时，必须指定专人按照规定设置防护脱轨器、防护牌，多工组在同一线路上作业时，必须坚持防护脱轨器、防护牌由最先到达的作业工组安设，由最后作业完了工组撤除的制度。

（2）货检人员在到发线进行货检作业或在相邻到发线一侧装卸、货运施封、加固时，必须采取人身安全防范措施，严禁侵入邻线限界作业。

（3）在装卸货物线的分段绝缘器内侧2 m处应埋设符合规定标准的安全作业标，在标志外或非指定带有接触网的线路上，严禁登上车顶作业。

（4）在带电的接触网下，严禁整理货物；不准在敞车、平车、罐车等车辆（棚车、保温车、家畜车内除外）上进行装卸作业、整理货物、拴解绳索、开关罐车车顶盖等。

（5）在带电的接触网下，所有人员及所持物体禁止超过车帮和棚车车窗上沿；严禁站在棚车、保温车等高手制动机制动台上作业；禁止用非绝缘杆尺测量货物高度。

（6）所装货车，不经有关部门批准不得超限，因装载加固不良，在电气化线路上整理时，必须在接触网停电后方准进行。

（7）在接触网未停电和接地时，禁止调车的吊臂在接触网下伸臂、举升和转动。

5. 机务人身作业安全措施

（1）动车前，必须确认车组人员到齐和相关人员处于安全位置后，方可先鸣笛、后动车。

（2）机车运行中，机车乘务员必须不间断瞭望，确认信号，认真执行呼唤应答。对列车进、出站或运行至桥梁、隧道、道口、弯道、施工地段及遇雨、雾、雪等不良天气时，更要加强瞭望，按规定鸣笛。遇有危及人身和行车安全时，应立即采取减速、停车及自我防护措施。

（3）乘务员不准在机车、车辆运行中提车钩、摘接风管或调整钩位；摘挂机车或中间站停车检查机车时，不得侵入邻线限界；邻线有列车通过时，应及时站在安全地点避车。连挂车辆前如遇钩位不正或钩锁销不良时，必须停车，调整后再进行连挂。

（4）严禁机车乘务员、检修人员及其他人员在列车运行中进行机车外部作业。电力、内燃机车在运行中必须关闭两侧车门。人员探身车外瞭望作业时不得超出限界，任何情况不准探身瞭望。

（5）在机车、轨道车等动车组上，凡可攀登到车顶的梯子和通往走台板的前门、天窗等处，均应涂有明显的"有电危险、禁止攀登"等警告标示，并应加锁和采用自动报警装置。

（6）救援列车在电气化区段作业时，必须在接触网停电并接地情况下进行作业。

（7）电力机车进行清洁作业时，禁止使用软管冲刷机车上部，冲洗机车下部时软管方向不得朝上。

6. 车辆人身作业安全措施

（1）列检人员要熟悉站内线路、设备、建筑物等情况，熟知列车运行时刻，随时注意调车作业和机车、车辆运行状态，做好人身安全自保措施。

（2）检车员作业前要整队出发，提前到达接送车位置，严格执行接送车制度。作业完了列队归所，同出同归，严禁单独行动。

（3）在可以攀登通往客、货车车顶的梯子、支架处，均应涂有明显的"有电危险、禁止攀登"等警告标志。

（4）禁止在接触网未停电、未接地时开闭罐车和保温车的注口（盖）或在注口处进行工作。

（5）在接触网未停电和接地时，禁止使用软管冲刷车辆上部，冲洗车辆下部时软管方向不得朝上。

（6）在距离接触网不足 2 m 处理车辆故障时，必须按规定办理接触网停电手续，方准进行作业。

7. 工务人身作业安全措施

（1）更换钢轨、轨枕或成组更换道岔及大型机械作业等人员密集的施工，邻线来车前必须设好安全警戒绳防护，必要时增加广播提示，严禁跨线避车。

（2）提速区段 Z 字头、T 字头旅客列车到达前，天窗外严禁上线作业。

（3）对于长大桥梁、长大隧道作业，应全部纳入天窗实施，特殊情况下必须作业时，要提前进行现场调查，制定专项防护措施。

（4）上线作业时，对使用的机具材料必须专人负责，下道时随身携带，严防二次上线取拿工具材料。

（5）严禁单人上道作业，巡道工必须走路肩。设备检查人员严禁单人检查设备，检查设备必须设专职防护。

（6）上道上桥作业必须按规定距离及时插拔作业标。上下工必须由带班人带领在路肩上行走，坚持同去同归。

（7）在调车作业繁忙的线路上，道岔群、驼峰调车场和视线瞭望困难地段应加强防护。

8. 电务人身作业安全措施

（1）有列车车辆通过和恶劣天气时，严禁在股道两侧高柱信号机上作业。

（2）电气化区段的有关电务电气设备的保护接地线必须连接牢固，接触良好，接地电阻符合要求。

（3）在轨道上作业必须保证牵引电流的畅通并设好防护。

（4）设立信号机柱时，必须事先与车站取得联系后再施工，并制定可靠的安全措施，保证不倒向线路一侧。当列车接近时，禁止立、撤信号机柱。

9. 供电人身作业安全措施

（1）在既有线进行带电检测、除冰、检查接地线等作业时，作业地点两端必须按规定设专职防护人员，同时在车站行车室设行车防护人员，与作业组随时保持联系。

（2）在非封闭线路上作业，当列车通过本线或邻线时，作业人员和机具设备均应撤至距作业线路钢轨头部外侧 2.5 m 以外，放置牢固，保证列车安全通过。

（3）在进行接触网作业前，所用工具及安全用具必须经过检查，符合要求方准使用。

（4）在接触网上进行作业时，必须严格执行工作票制度和供电调度员作业命令制度。

（5）实行上下行分停作业，必须分别办理"上行"和"下行"停电作业工作票。当一线路作业完毕，必须清点人数、地线数，无误后方可销令，然后方可办理另一线路停电作业命令。

（6）在停电的接触网上作业时，作业人员（包括所持工具材料）与带电体必须保持足够的安全距离，并设专人进行监护。

10. 房建人身作业安全措施

（1）在站场及沿线施工时，首先要与站方取得联系，介绍施工地点、施工方案及施工周期，及时通报站场的变化情况，并办理相关手续后方可进入站场施工。

（2）现场堆放材料、停放机具或搭建临时设施，不得侵入机车、车辆限界，严禁扒车、钻车、与列车抢道。

（3）需穿越线路时，必须由平交过道通过并设专人防护。

（4）进行站台和限界测量时，车站行车室必须设驻站人员，现场作业需 2 人以上防护，并身着防护服。

（5）检查维修牵引变电所房屋及附属设备时，必须与变电所负责人联系，经同意登记签认后，在变电所有关人员监护下，采取安全措施后，方准进行。

（6）接触网带电时，严禁用竹竿及金属长大物件等测量接触网与房屋、建筑、设备的距离。

（7）站场施工时，严禁水柱向接触网方向喷射。装卸湿粉石灰时，应尽量远离接触网，防止破坏及降低接触网对地绝缘。

（8）手持木杆、梯子等工具通过接触网时，必须水平通过。

（9）在修建靠近接触网的房屋、建筑及设备时，严禁借助铁塔支柱搭脚手架或在铁塔支柱上下。

（10）在电气化铁路上检查建筑接近限界时，必须在接触网停电后进行。

九、铁路交通事故调查处理

铁路交通运输安全是铁路运输正常进行的保证，是衡量铁路运输管理水平和各部门工作质量的主要标志之一。确保铁路运输畅通无阻、安全正点，保护国家财产和人民的生命安全，树立"安全第一、预防为主"的思想，是每个铁路职工和干部的重要职责。

为了加强铁路交通事故的应急救援工作，规范铁路交通事故调查处理，减少人员伤亡和财产损失，保障铁路运输安全和畅通，国务院根据《中华人民共和国铁路法》和其他有关法律的规定，专门发布了《铁路交通事故应急救援和调查处理条例》。

为及时准确调查处理铁路交通事故，严肃追究事故责任，防止和减少铁路交通事故的发生，国铁集团依据原铁道部制定的《铁路交通事故调查处理规则》对铁路交通事故进行调查处理。

铁路机车车辆在运行过程中发生冲突、脱轨、火灾、爆炸等影响铁路正常行车的事故，包括影响铁路正常行车的相关作业过程中发生的事故；或者铁路机车车辆在运行过程中与行人、机动车、非机动车、牲畜及其他障碍物相撞的事故，均为铁路交通事故（以下简称事故）。

对于发生的行车事故，除采取措施，迅速抢救，尽量减少损失外，还必须进行认真调查、分析和研究，查明事故发生的原因，分清造成事故的责任，教育广大群众，吸取教训，制定对策，防止类似事故发生，并以此作为全路有关人员进行事故处理的准则和依据。

（一）事故等级

根据事故造成的人员伤亡、直接经济损失、列车脱轨辆数、中断铁路行车时间等情形，事故等级分为特别重大事故、重大事故、较大事故和一般事故（因事故死亡、重伤人数 7 日内发生变化，导致事故等级变化的，相应改变事故等级）。

1. 特别重大事故

有下列情形之一的，为特别重大事故：

（1）造成 30 人以上死亡。

（2）造成 100 人以上重伤（包括急性工业中毒，下同）。

（3）造成 1 亿元以上直接经济损失。

（4）繁忙干线客运列车脱轨 18 辆以上并中断铁路行车 48 h 以上。

（5）繁忙干线货运列车脱轨 60 辆以上并中断铁路行车 48 h 以上。

2. 重大事故

有下列情形之一的，为重大事故：

（1）造成 10 人以上 30 人以下死亡。

（2）造成 50 人以上 100 人以下重伤。

（3）造成 5 000 万元以上 1 亿元以下直接经济损失。

（4）客运列车脱轨 18 辆以上。

（5）货运列车脱轨 60 辆以上。

（6）客运列车脱轨 2 辆以上 18 辆以下，并中断繁忙干线铁路行车 24 h 以上或者中断其他线路铁路行车 48 h 以上。

（7）货运列车脱轨 6 辆以上 60 辆以下，并中断繁忙干线铁路行车 24 h 以上或者中断其他线路铁路行车 48 h 以上。

3. 较大事故

有下列情形之一的，为较大事故：

（1）造成 3 人以上 10 人以下死亡。

（2）造成 10 人以上 50 人以下重伤。

（3）造成 1 000 万元以上 5 000 万元以下直接经济损失。

（4）客运列车脱轨 2 辆以上 18 辆以下。

（5）货运列车脱轨 6 辆以上 60 辆以下。

（6）中断繁忙干线铁路行车 6 h 以上。

（7）中断其他线路铁路行车 10 h 以上。

4. 一般事故

造成 3 人以下死亡，或者 10 人以下重伤，或者 1 000 万元以下直接经济损失的，为一般事故。

一般事故分为一般 A 类事故、一般 B 类事故、一般 C 类事故、一般 D 类事故。

1）一般 A 类事故

有下列情形之一，未构成较大以上事故的，为一般 A 类事故：

（1）造成 2 人死亡。

（2）造成 5 人以上 10 人以下重伤。

（3）造成 500 万元以上 1 000 万元以下直接经济损失。

（4）列车及调车作业中发生冲突、脱轨、火灾、爆炸、相撞，造成下列后果之一的：

① 繁忙干线双线之一线或单线行车中断 3 h 以上 6 h 以下，双线行车中断 2 h 以上 6 h 以下。

② 其他线路双线之一线或单线行车中断 6 h 以上 10 h 以下，双线行车中断 3 h 以上 10 h 以下。

③ 客运列车耽误本列 4 h 以上。

④ 客运列车脱轨 1 辆。

⑤ 客运列车中途摘车 2 辆以上。

⑥ 客车报废 1 辆或大破 2 辆以上。

⑦ 机车大破 1 台以上。

⑧ 动车组中破 1 辆以上。

⑨ 货运列车脱轨 4 辆以上 6 辆以下。

2）一般 B 类事故

有下列情形之一，未构成一般 A 类以上事故的，为一般 B 类事故：

（1）造成 1 人死亡。

（2）造成 5 人以下重伤。

（3）造成 100 万元以上 500 万元以下直接经济损失。

（4）列车及调车作业中发生冲突、脱轨、火灾、爆炸、相撞，造成下列后果之一的：

① 繁忙干线行车中断 1 h 以上。

② 其他线路行车中断 2 h 以上。

③ 客运列车耽误本列 1 h 以上。

④ 客运列车中途摘车 1 辆。

⑤ 客车大破 1 辆。

⑥ 机车中破 1 台。

⑦ 货运列车脱轨 2 辆以上 4 辆以下。

3）一般 C 类事故

有下列情形之一，未构成一般 B 类以上事故的，为一般 C 类事故：

（1）列车冲突。

（2）货运列车脱轨。

（3）列车火灾。

（4）列车爆炸。

（5）列车相撞。

（6）向占用区间发出列车。

（7）向占用线接入列车。

（8）未准备好进路接、发列车。

（9）未办或错办闭塞发出列车。

（10）列车冒进信号或越过警冲标。

（11）机车车辆溜入区间或站内。

（12）列车中机车车辆断轴，车轮崩裂，制动梁、下拉杆、交叉杆等部件脱落。

（13）列车运行中碰撞轻型车辆、小车、施工机械、机具、防护栅栏等设备设施或路料、坍体、落石。

（14）接触网接触线断线、倒杆或塌网。

（15）关闭折角塞门发出列车或运行中关闭折角塞门。

（16）列车运行中刮坏行车设备设施。

（17）列车运行中设备设施、装载货物（包括行包、邮件）、装载加固材料（或装置）超限（含按超限货物办理超过电报批准尺寸的）或坠落。

（18）装载超限货物的车辆按装载普通货物的车辆编入列车。

（19）电力机车、动车组带电进入停电区。

（20）错误向停电区段的接触网供电。

（21）电气化区段攀爬车顶耽误列车。

（22）客运列车分离。

（23）发生冲突、脱轨的机车车辆未按规定检查鉴定编入列车。

（24）无调度命令施工、超范围施工、超范围维修作业。

（25）漏发、错发、漏传、错传调度命令导致列车超速运行。

4）一般 D 类事故

有下列情形之一，未构成一般 C 类以上事故的，为一般 D 类事故：

（1）调车冲突。

（2）调车脱轨。

（3）挤道岔。

（4）调车相撞。

（5）错办或未及时办理信号致使列车停车。

（6）错办行车凭证发车或耽误列车。

（7）调车作业碰轧脱轨器、防护信号或未撤防护信号动车。

（8）货运列车分离。

（9）施工、检修、清扫设备耽误列车。

（10）作业人员违反劳动纪律、作业纪律耽误列车。

（11）滥用紧急制动阀耽误列车。

（12）擅自发车、开车、停车、错办通过或在区间乘降所错误通过。

（13）列车拉铁鞋开车。

（14）漏发、错发、漏传、错传调度命令耽误列车。

（15）错误操纵、使用行车设备耽误列车。

（16）使用轻型车辆、小车及施工机械耽误列车。

（17）应安装列尾装置而未安装发出列车。

（18）行包、邮件装卸作业耽误列车。

（19）电力机车、动车组错误进入无接触网线路。

（20）列车上工作人员往外抛掷物体造成人员伤害或设备损坏。

（21）行车设备故障耽误本列客运列车 1 h 以上，或耽误本列货运列车 2 h 以上；固定设备故障延时影响正常行车 2 h 以上（仅指正线）。

铁路主管部门对影响行车安全的其他情形，列入一般事故。

（二）事故报告

1. 报告方式

（1）事故发生后，事故现场的铁路运输企业工作人员或者其他人员应当立即向邻近铁路车站、列车调度员、公安机关或者相关单位负责人报告。有关单位和人员接到报告后，应立即将事故情况向企业负责人和事故发生地安全监管办安全监察值班人员报告，安全监管办安全监察值班人员按规定向安全监管办负责人报告。

（2）铁路运输企业列车调度员要认真填写"铁路交通事故（设备故障）概况表"（安监报1），分别向事故发生地安全监管办安全监察值班人员、国铁集团列车调度员报告。

（3）事故发生地安全监管办安全监察值班人员接到"安监报1"或现场事故报告后，要立即填写"铁路交通事故基本情况表"（安监报3），并向国铁集团安全监督管理局值班人员报告。报告后要进一步了解事故情况，及时补报"安监报3"。

（4）涉及其他安全监管办辖区的事故，发生地安全监管办安全监察值班人员应及时将"安监报3"传送至相关安全监管办的安全监察部门。

（5）国铁集团列车调度员接到事故报告后，应及时收取或填写"安监报1"，并立即向值班领导和安全监督管理局值班人员报告；值班领导、安全监督管理局值班人员按规定分别向本部门负责人、国铁集团办公厅报告，由部门负责人向部领导报告。事故涉及其他部门时，由办公厅通知相关部门负责人。

（6）发生特别重大事故、重大事故，由国铁集团办公厅负责向国务院办公厅报告，并通报国家安全生产监督管理总局等有关部门。

（7）发生特别重大事故、重大事故、较大事故或者有人员伤亡的一般事故，安全监管办应向事故发生地县级以上地方人民政府及其安全生产监督管理部门通报。

2．报告内容

事故报告应当包括下列内容：

（1）事故发生的时间、地点、区间（线名、千米、米）、线路条件、事故相关单位和人员。

（2）发生事故的列车种类、车次、机车型号、部位、牵引辆数、吨数、计长及运行速度。

（3）旅客人数，伤亡人数、性别、年龄以及救助情况，是否涉及境外人员伤亡。

（4）货物品名、装载情况，易燃、易爆等危险货物情况。

（5）机车车辆脱轨辆数、线路设备损坏程度等情况。

（6）对铁路行车的影响情况。

（7）事故原因的初步判断，事故发生后采取的措施及事故控制情况。

（8）应当立即报告的其他情况。

事故报告后，人员伤亡、脱轨辆数、设备损坏等情况发生变化时，应及时补报。

（三）事故调查

1．事故调查组织

（1）特别重大事故按《条例》规定由国务院或国务院授权的部门组织事故调查组进行调查。

（2）重大事故由国铁集团组织事故调查组进行调查。调查组组长由国铁集团负责人或指定人员担任，安全监督管理局、运输统筹监督局、公安局等部门和国铁集团派出机构、相关安全监管办等部门（单位）派员参加。

（3）较大事故和一般事故由事故发生地安全监管办组织事故调查组进行调查。调查组组长由安全监管办负责人或指定人员担任，安全监管办安全监察部门、有关业务处室、公安机关等部门派员参加。国铁集团认为必要时，可以参与或直接组织对较大事故和一般事故进行调查。

（4）根据事故的具体情况，事故调查组还可由工会、监察机关有关人员以及有关地方人民政府、公安机关、安全生产监督管理部门等单位派人组成，并应当邀请人民检察院派人参加。事故调查组认为必要时，可以聘请有关专家参与事故调查。

（5）发生一般 B 类以上、重大以下事故（不含相撞的事故），涉及其他安全监管办辖区时，事故发生地安全监管办应当在事故发生后 12 h 内发出电报通知相关安全监管办。相关安全监管办接到电报后，应当立即派员参加事故调查。

（6）自事故发生之日起 7 日内，因事故伤亡人数变化导致事故等级发生变化，依照《条例》规定由上级机关调查的，原事故调查组应当及时报告上级机关。

（7）调查事故应配备必要的调查设备和装备，保证调查工作顺利进行。调查设备和装备包括通信设备、摄影摄像设备、录音设备、绘图制图设备、便携式计算机以及其他必要的装备。

2. 事故调查组职责

事故调查组应履行下列职责：

（1）查明事故发生的经过、原因、人员伤亡情况及直接经济损失。

（2）认定事故的性质和事故责任。

（3）提出对事故责任者的处理建议。

（4）总结事故教训，提出防范和整改措施建议。

（5）提交事故调查报告。

3. 事故调查

（1）事故调查组在事故发生后应当及时通知相关单位和人员；一般 B 类以上、重大以下的事故（不含相撞的事故）发生后，应当在 12 h 内通知相关单位，接受调查。

（2）事故调查组到达现场前，组织事故调查组的机关可指定临时调查组组长，组成临时调查组，勘查现场，掌握人员伤亡、机车车辆脱轨、设备损坏等情况，保存痕迹和物证，查找事故线索及原因，做好调查记录，及时向事故调查组报告。

（3）事故调查组到达后，发生事故的有关单位必须主动汇报事故现场真实情况，并为事故调查提供便利条件。事故发生单位的负责人和有关人员在事故调查期间应当随时接受事故调查组的询问，如实提供有关资料和物证。事故调查组有权向有关单位和个人了解与事故有关的情况，并要求其提供相关文件、资料，有关单位和个人不得拒绝。

（4）事故调查组根据需要，可组建若干专业小组，进行调查取证。

① 搜集事故现场物证、痕迹，测量并按专业绘制事故现场示意图，标注现场设备、设施、遗留物的名称、尺寸、位置、特征等。需要搬动伤亡者、移动现场物体的，应做出标记，妥善保存现场的重要痕迹、物证；暂时无法移动的，应守护，并设明显标志。

② 询问事故当事人及相关人员，收取口述、笔录、证照、档案，并复制、拍照。不能书写书面材料的，由事故调查组指定人员代笔记录并经本人签认。无见证人或者当事人、相关人员拒绝签字的，应当记录在案。

③ 对事故现场全貌、方位、有关建筑物、相关设备设施、配件、机动车、遗留物、致害物、痕迹、尸体、伤害部位等进行拍照、摄像。及时转储、收存安全监控、监测、录音、录像等设备的记录。

④ 收取伤亡人员伤害程度诊断报告、病理分析、病程救治记录、死亡证明、既往病历和健康档案资料等。

⑤ 对有涂改、灭失可能或以后难以取得的相关证据进行登记封存。

⑥ 查阅有关规章制度、技术文件、操作规程、调度命令、作业记录、台账、会议记录、安全教育培训记录、上岗证书、资质证书、承（发）包合同、营业执照、安全技术交底资料等，必要时将原件或复印件附在调查记录内。

⑦ 对有关设备、设施、配件、机动车、器具、起因物、致害物、痕迹、现场遗留物等进行技术分析、检测和试验，组织笔迹鉴定，必要时组织法医进行尸表检验或尸体解剖，并写出专题报告。

⑧ 脱轨事故发生后，在全面调查的基础上，必要时应对事故地点前后一定长度范围内的线路设备进行检查测量，并调阅近期内该段线路质量检测情况；对事故地点前方（列车运行相反方向）一定长度的线路范围内，有无机车车辆配件脱落、刮碰行车设备的痕迹等进行检查，对脱轨列车中有关的机车车辆进行检查测量，并调阅脱轨机车车辆近期内运行情况监测记录。

（5）事故调查中需要对相关的铁路设备、设施进行技术鉴定或者对财产损失状况以及中断铁路行车造成的直接经济损失进行评估的，事故调查组应当委托具有国家规定资质的机构进行技术鉴定或者评估。技术鉴定或者评估所需时间不计入事故调查期限。

（6）事故调查中发现涉嫌犯罪的，事故调查组应当及时将有关证据、材料移交司法机关。

4. 事故调查报告

各专业小组应按调查组组长的要求，及时提交专业小组调查报告。调查组组长应组织审议专业小组调查报告，并研究形成《铁路交通事故调查报告》，由调查组所有成员签认。调查组成员意见不一致时，应在事故报告中分别进行表述，报组织调查的机关审议、裁定。

（1）《铁路交通事故调查报告》应包括下列内容：

① 事故概况。

② 事故造成的人员伤亡和直接经济损失。

③ 事故发生的原因和事故性质。

④ 事故责任的认定以及对事故责任者的处理建议。

⑤ 事故防范和整改措施建议。

⑥ 与事故有关的证明材料。

（2）事故调查组应在下列期限内向组织事故调查组的机关提交《铁路交通事故调查报告》：

① 特别重大事故的调查期限为 60 日。

② 重大事故的调查期限为 30 日。

③ 较大事故的调查期限为 20 日。

④ 一般事故的调查期限为 10 日。

事故调查期限自事故发生之日起计算。

（3）事故调查组形成《铁路交通事故调查报告》，报组织事故调查的机关同意后，事故调查组的工作即告结束。国铁集团、安全监管办的安全监察部门应在事故调查组工作结束后15日之内，根据事故报告，制作《铁路交通事故认定书》，经批准后，送达相关单位。

（4）一般B类以上、重大以下事故（相撞事故为较大事故）的档案材料，应报国铁集团备案（3份）。

（5）国铁集团发现安全监管办对事故认定不准确时，应予以纠正。必要时，可另行组织调查。

（6）事故调查组成员在事故调查工作中应诚信公正、恪尽职守，遵守事故调查组的纪律，保守事故调查的秘密。未经事故调查组组长允许，调查组成员不得擅自发布有关事故的调查信息。

5. 事故认定书

《铁路交通事故认定书》是事故赔偿、事故处理以及事故责任追究的依据。

（1）《铁路交通事故认定书》应按照国铁集团规定的统一格式制作，内容包括：

① 事故发生的原因和事故性质。

② 事故造成的人员伤亡和直接经济损失。

③ 事故责任的认定。

④ 对有关责任单位及人员的处理决定或建议。

（2）事故责任单位接到《铁路交通事故认定书》后，于7日内，填写《铁路交通事故处理报告表》（安监报2），按规定报送《铁路交通事故认定书》制作机关，并存档。

（四）事故责任判定和损失认定

1. 事故责任判定

事故分为责任事故和非责任事故。事故责任分为全部责任、主要责任、重要责任、次要责任和同等责任。

（1）铁路运输企业或相关单位发布的文电，违反法律法规、国铁集团规章或铁路相关技术标准和作业标准等，直接导致事故发生的，定发文电单位责任。

（2）因设备管理不善造成的事故，定设备管理单位责任。

（3）因产品质量不良造成事故，属设计、制造、采购、检修等单位责任的，定相关单位责任；应采用经行政许可或强制认证的产品，而采用其他产品的，追究采用单位责任；采购不合格或不达标产品的，追究采购单位责任。

（4）自然灾害原因导致的事故，因防范措施不到位，定责任事故。确属不可抗力原因导致的事故，定非责任事故。

（5）营业线施工中发生责任事故，属工程建设、设计、监理、施工等原因造成的，定上述相关单位责任；同时追究设备管理单位责任。已经竣工验收的设备，因质量问题发生责任事故，确属工程建设、设计、施工、监理等单位责任的，定上述相关单位责任；属设备管理不善的，定设备管理单位责任。

（6）涉嫌人为破坏造成的事故，在公安机关确认前，定发生单位责任事故；经公安机关确认属人为破坏原因造成的，定发生单位非责任事故。

（7）机车车辆断轴造成事故，由于探测、监测工作人员违章违纪或设备不良、管理不善等原因造成漏报、误报或预报后未及时拦停列车的，定相关单位责任。由于货物超载、偏载造成车辆断轴事故，定装车站或作业站责任。

（8）因列车折角塞门关闭造成事故，无法判明责任的定发生地铁路运输企业责任事故。

（9）错误办理行车凭证发车或耽误列车事故的责任划分：司机起动列车，定车务、机务单位责任；司机发现未动车，定车务单位责任；通过列车司机未及时发现，定车务、机务单位责任；司机发现及时停车，定车务单位责任。

（10）应停车的客运列车错办通过，定车站责任；在区间乘降所错误通过，定机务单位责任。

（11）因断钩导致列车分离事故，断口为新痕时定机务单位责任（司机未违反操作规程的除外），断口为旧痕时定机车车辆配属或定检单位责任；机车车辆车钩出现超标的砂眼、夹渣或气孔等铸造缺陷定制造单位责任。未断钩造成的列车分离事故根据具体情况进行分析定责。

（12）因货物装载加固不良造成事故，定货物承运单位责任；属托运人自装货物的，定托运人责任，货物承运单位监督检查失职的，追究货物承运单位同等责任。因调车作业超速连挂和"禁溜车"溜放等造成货物装载加固状态破坏而引发的事故，定违章作业站责任；因押运人员在运输途中随意搬动货物和降低货物装载加固质量而引发的事故，定押运人员所在单位责任，货物承运单位管理失职的，追究同等责任；货检人员未认真履行职责的，追究货检人员所在单位同等责任。因卸车质量不良造成事故，定卸车单位责任，同时追究负责检查的单位责任。

（13）自轮运转设备编入列车因质量不良发生事故时，定设备配属单位责任；过轨检查失职的，定检查单位责任；违规挂运的，定编入或同意放行的单位责任。

（14）因临时租（借）用其他单位的设备设施、人员，发生事故，定使用单位责任。产权单位委托其他单位维修设备设施，因维修质量不良造成事故，定维修单位责任；产权单位管理不善的，追究其同等责任。

（15）凡经国铁集团批准或铁路运输企业批准并报国铁集团核备后的技术革新项目、科研项目在运营线上试验时，在限定的试验期限内却因试验项目本身原因发生事故，不定责任事故；但由于违反操作规程以及其他人为因素造成的事故，定责任事故。

（16）事故发生后，因发生单位未如实提供情况，导致不能查明事故原因和判定责任的，定发生单位责任。

（17）事故涉及两个以上单位管理的相关设备，设备质量均未超过临修或技术限度时，按事故因果关系进行推断，确定责任单位。

（18）事故调查组未及时通知有关单位接受事故调查，不得定有关单位责任。有关单位接到通知后，应派员而未派员接受事故调查的，事故调查组可以直接定责。

（19）铁路作业人员在从事与行车相关的作业过程中，不论作业人员是否在其本职岗位，由于违反操作规程、作业纪律，或铁路运输生产设备设施、劳动条件、作业环境不良，或安全管理不善等造成伤亡，定责任事故。具体情形按以下规定办理：

① 乘务人员及其他作业人员在企业内候班室、外地公寓、客车宿营车等处候班、间休期间，因违章违纪、设备设施不良等造成伤亡，定有关单位责任。

② 作业人员在疏导道口、引导或帮助旅客上下车、维持站车秩序过程中被列车撞轧而伤亡的，定作业人员所在单位责任。

③ 事故发生过程中，作业人员在避险或进行事故抢险时因违章作业再次发生伤亡，应按同一件事故定责；事故过程已终止，在事故救援、抢修、复旧及处理中又发生事故导致伤亡的，按另一件事故定责。

④ 铁路运输企业所属临管铁路发生的责任伤亡事故，定该企业责任事故。

⑤ 作业人员在工作或间歇时间擅自动用铁路运输设备设施、工具等导致伤亡的，定该作业人员所在单位责任事故，同时追究设备设施配属（或管理）单位的责任。

⑥ 作业人员因患有职业禁忌证而导致行为失控，造成伤亡的，定该作业人员所在单位责任。

⑦ 两个及以上铁路运输企业在交叉作业中发生伤亡，定主要责任单位事故；若各方责任均等，定伤亡人员所在单位责任，同时追究其他相关单位责任。若各方责任均等且均有人员伤亡，分别定责任事故。

（20）作业人员发生伤亡，经二级以上医院、急救中心诊断或经法医检验、解剖，证明系因脑出血、心肌梗死、猝死等突发性疾病所致，并按事故处理权限得到事故调查组确认的，不定责任事故。医院等级不够的，须经法医进行尸表检验或尸体解剖鉴定。法医尸检或解剖鉴定报告结论不确定的，定责任事故。

（21）作业人员伤亡事故原因不清，或公安机关已立案但尚无明确结论的，定责任事故。暂时不能确定事故性质、责任的，按待定办理。若跨年度仍不能确定或处理时间超过法定期限的，定伤亡人员所在单位责任。在年度统计截止前，该事故已查清并做出与原处理决定相反结论的，可向原处理部门申请更正。

（22）铁路机车车辆与行人、机动车、非机动车、牲畜及其他障碍物相撞造成事故，按以下规定判定责任：

① 事故当事人违章通过平交道口或者人行过道，或者在铁路线路上行走、坐卧造成人身伤亡，定事故当事人责任。

② 事故当事人逃逸或者有证据证明当事人故意破坏、伪造现场、毁坏证据，定事故当事人责任。

③ 事故当事人违反国家法律法规，有明显过失的，按过错的严重程度，分别承担责任。

（23）国铁集团、安全监管办有关部门及其人员未能依法履行职责，发生下列情形之一的，应当追究其行政责任。涉嫌犯罪的，移送司法机关处理。

① 违反国家公布的技术标准或国铁集团颁布的规章、技术管理规程和作业标准，擅自公布部门技术标准，导致事故发生的，追究相关部门及其人员的责任。

② 在实施行政许可、强制认证、技术审查或鉴定，以及产品设备验收等监督管理职责的过程中，违反法定权限、法定程序和有关规定，或对相关产品设备等监督检查不力，造成不合格、不达标产品设备等投入运用，导致事故发生的，追究相关部门及其人员的责任。

2. 事故损失认定

事故相关单位要如实统计、申报事故直接经济损失，制作明细表，经事故调查组确认后，在《铁路交通事故认定书》中认定。

（1）下列费用列入事故直接经济损失：

① 铁路机车车辆、线路、桥隧、通信、信号、供电、信息、安全、给水等设备设施的损失费用。报废设备按报废设备账面净值计算，或按照市场重置价计算；破损设备设施按修复费用计算。

② 铁路运输企业承运的行包、货物的损失费用。

③ 事故中死亡和受伤人员的处理、处置、医治等费用（不含人身保险赔偿费用）。

④ 被撞机动车、非机动车、牲畜等财产物资，造成的报废或修复费用。

⑤ 行车中断的损失费用。

⑥ 事故应急处置和救援费用。

⑦ 其他与事故直接有关的费用。

（2）有作业人员伤亡的，直接经济损失统计范围、计算方法等按《企业职工伤亡事故经济损失统计标准》（GB 6721—86）执行。

（3）负有事故全部责任的，承担事故直接经济损失费用的 100%；负有主要责任的，承担损失费用的 50%以上；负有重要责任的，承担损失费用的 30%以上 50%以下；负有次要责任的，承担损失费用的 30%以下。负同等责任的单位，承担相同比例的损失费用。有同等责任、涉及多家责任单位承担损失费用时，由事故调查组根据责任程度依次确定损失承担比例。

（五）事故统计、分析

国铁集团、安全监管办、铁路运输企业及基层单位应按照《铁路交通事故调查处理规则》规定，建立事故统计分析制度，健全统计分析资料，并按规定及时报送。各级安全监察部门负责事故统计分析报告的日常工作，并负责监督指导有关部门（单位）做好事故统计分析报告工作。

（1）事故的统计报告应当坚持及时、准确、真实、完整的原则。

（2）事故的统计应按照事故类别、等级、性质、原因、部门、责任等项目分别进行统计。

（3）每日事故的统计时间，由上一日 18 时至当日 18 时止。但填报事故发生时间时，应以实际时间为准，即以零点改变日期。

（4）责任事故件数统计在负全部责任、主要责任的单位，非责任事故和待定责事故件数统计在发生单位，相撞事故统计在发生单位。负同等责任或追究同等责任的，在总数中不重复统计件数。

（5）一起事故同时符合两个以上事故等级的，以最高事故等级进行统计。

（6）发生人员伤亡的事故应按以下规定统计：

① 人员在事故中失踪，至事故结案时仍未找到的，按死亡统计。

② 事故受伤人员因正常手术治疗而加重伤害程度的，按手术后的伤害程度统计。

③ 事故受伤人员经救治无效，在 7 日内死亡，按死亡统计；经医疗事故鉴定委员会确认为医疗事故的，或 7 日后死亡的，按原伤害程度统计。

④ 事故受伤人员在 7 日内由轻伤发展成重伤的，按重伤统计。

⑤ 未经医疗事故鉴定委员会确认为医疗事故的伤亡，按责任事故统计。

⑥ 相撞事故发生后，经调查确认为自杀、他杀的，不在伤亡人数中统计。

（7）铁路各级安全监察部门、铁路运输企业专业部门、各基层站段应建立以下台账并长期保存：

① 铁路各级安全监察部门应建立《铁路交通事故登记簿》（安监统 1）、《铁路交通事故统计簿》（安监统 2）、《铁路运输企业安全天数登记簿》（安监统 3）、《铁路作业人员伤亡登记簿》（安监统 4）和《铁路交通事故分析会记录簿》。

② 铁路运输企业专业部门、各基层站段应分别填记《铁路交通事故登记簿》（安监统 1），并建立《铁路交通事故分析会记录簿》。

（8）有关部门、单位应按以下规定填写、传送、管理各种事故表报：

① 各级安全监察部门须建立《铁路交通事故（设备故障）概况表》（安监报 1）和《铁路交通事故基本情况表》（安监报 3）的管理制度，规范统计、分析、总结、报送及保管工作。要及时补充填记"安监报 3"各项内容，事故结案后，必须准确填写。铁路运输企业调度部门应当及时、如实填写《铁路交通事故（设备故障）概况表》，建立登记簿，进行统计分析，并制定管理制度。

铁路运输企业的专业部门应当建立"安监报 1"登记簿，认真统计分析。

② 安全监管办须建立《铁路交通事故处理报告表》（安监报 2）管理制度。基层单位按要求做好填记上报。"安监报 2"保管 3 年。

③ 安全监管办于月、半年、年度后次月 5 日前填写《铁路交通事故报告表》（安监报 4），并报国铁集团。"安监报 4"长期保存。

④ 安全监管办于月、半年、年度后次月 5 日前填写《铁路交通事故路外伤亡统计分析表》（安监报 5），并报国铁集团。"安监报 5"长期保存。

⑤ 有从业人员伤亡的事故，事故发生单位填写《铁路作业人员伤亡概况表》（安监报 6-1），上报安全监管办；一般 B 类以上事故，安全监管办填写"安监报 6-1"，上报国铁集团。

⑥ 安全监管办于次月 5 日前（次年 1 月 10 日前），填写《铁路作业人员伤亡统计报表》（安监报 6-2），并报国铁集团。

（9）国铁集团所属铁路运输企业每月 27 日前将本月安全分析总结报国铁集团安全监督管理局。企业内部各业务部门须按月、半年、年度，对本系统事故进行分析总结，向上级主管部门报告，并抄送安全监管办安全监察部门。

（10）合资铁路、地方铁路、专用铁路须按月、半年、年度，对本单位事故进行分析，并报安全监管办。

（六）法律责任

铁路运输企业及其职工违反法律、行政法规的规定，造成事故的，由国铁集团或者安全监管办依法追究行政责任。构成犯罪的，依法追究刑事责任。

（1）铁路运输企业及其职工迟报、漏报、瞒报、谎报事故的，对单位，由国铁集团或安全监管办处 10 万元以上 50 万元以下的罚款；对个人，由国铁集团或安全监管办处 4 000 元以上 2 万元以下的罚款；属于国家工作人员的，依法给予处分；构成犯罪的，依法追究刑事责任。

（2）安全监管办迟报、漏报、瞒报、谎报事故的，由国铁集团对直接负责的主管人员和其他直接责任人员依法给予处分；构成犯罪的，依法追究刑事责任。

（3）干扰、阻碍事故调查处理的，对单位，由国铁集团或安全监管办处 4 万元以上 20 万元以下的罚款；对个人，由国铁集团或安全监管办处 2 000 元以上 1 万元以下的罚款；情节严重的，对单位，由国铁集团或安全监管办处 20 万元以上 100 万元以下的罚款；对个人，由国铁集团或安全监管办处 1 万元以上 5 万元以下的罚款；属于国家工作人员的，依法给予处分；构成违反治安管理行为的，由公安机关依法给予治安管理处罚；构成犯罪的，依法追究刑事责任。

（4）在事故调查中，调查人员索贿受贿、借机打击报复或不负责任，致使调查工作有重大疏漏的，由组成事故调查组的机关给予处分，构成犯罪的，依法追究刑事责任。

任务三　质量管理

【任务目标】

（1）掌握质量分析制度的意义；
（2）了解当前铁道车辆质量分析及质量管理问题和对策；
（3）掌握列车出库把关流程；
（4）掌握"三检一验"制度的具体流程。

【学习内容】

（1）质量分析制度的重要性；
（2）铁道车辆运输质量分析及检修问题；
（3）客车出库把关流程及检修项目；
（4）"三检一验"制度实施流程；
（5）"三检一验"制度实施的意义。

【阅读材料】

（1）质量分析制度；
（2）运用列车出库把关制度（以客车为例）；
（3）"三检一验"制度。

一、质量分析制度

质量分析制度是一项严格、可靠的制度，在不断提高铁道车辆一系列运用于检修、质量分析、严格把关等方面，认真履行质量鉴别、安全保证、预防控制的职能，切实发挥着质量分析、完备生产应用的作用。这项制度的实施，对完成铁路运输任务以及一系列生产具有重要的意义。

铁路运输生产是我国交通事业中的主要部分。随着铁路运输生产任务逐渐加重。铁路运输企业的车辆设备出现故障的概率也越来越大，一些质量上的生产与应用有着极大的困扰，提高铁路车辆设备质量管理分析是铁路运输企业发展过程中的重要内容，可以提高车辆设备的使用性能。铁路车辆运行过程中，安全性和稳定性是重要因素。铁路车辆中各种设备的稳定运行是确保铁路车辆系统正常运行的前提。铁路车辆在长期使用过程中会不断老化、损坏，对车辆的使用水平带来较大影响。因此在铁路部门要加强对各种车辆的检修维护管理。对出库车辆严格把关，质量分析，尤其是针对铁路车辆中的各种电气设备、硬件设备，要定期进行检查，例如及时更换零件、对车辆硬件进行维修等，发现设备故障问题则要及时进行处理，防止故障扩大影响铁路车辆的运行稳定性和可靠性。当前铁路车辆运行过程中的运行检修维护管理制度不够完善，对维修工作的开展有一定影响。

（一）铁道车辆运输货车常见质量分析及问题检查

1. 轮对的常见故障及质量分析

轮对是铁道车辆运输过程中的重要设备，由于轮对在钢轨之间的磨损比较严重，因此很容易导致轮对损坏。轮对故障也是铁路货车最常见的故障，具体来讲，轮对故障有踏面磨耗、剥离、擦伤或局部凹陷，轮缘磨耗及车轮、车轴裂纹等。对铁路货车的轮对检修必须要定期、定时，在检修过程中如果发现上述故障，要及时进行处理。检测的时候采用专业的检测器具或自动测量设备进行测量。对于货车轮对的踏面故障和轮缘故障，一般可以采用镟修进行处理，镟修之后各部尺寸和状态必须符合技术要求方可装车使用。轮对踏面的裂纹主要有两种：一种是淬火效应产生的裂纹；另一种是热膨胀应力被塑性变形所抵消，从肉眼上能观察到的一种裂纹。当车辆空转、制动以及滑行的时候，车辆的踏面表层就会产生很大的摩擦力，进而产生较大的摩擦热能、摩擦热能，会使得踏面部位的金属器件快速转向踏面内部、外部，在各个方向上逐渐传导和扩散，最终使得轮对的踏面出现裂纹。对于货车的车轮故障、车身磕碰伤或磨损较小的故障，都可以通过打磨进行处理。维修之后满足要求可以继续使用。如果是轴身弯曲的严重故障，则必须要送轮厂处理或报废，严禁使用故障车轮。

2. 轴承的常见故障及质量分析

在铁路货车的故障类型中，除了轮对故障之外，另一种常见的故障就是轴承故障。轴承故障有剥离、保持架裂损等。轴承剥离的主要原因是轴承在高接触应力的循环作用下，产生金属片状剥落现象，一般损坏的面积较大、深度较深。同时。轴承表面有很多凹凸不平的鳞状损坏。产生轴承剥离的主要原因是滚动接触疲劳损伤、轴承的荷载过大、轴承组件材料精度较低或者热处理工艺不当、轴承的组装效果和润滑效果不好。保持架裂损对货车的安全性也有很大影响，一般保持架损伤有磕碰伤、变形、磨损、断裂等，出现损伤的主要原因是保持架受到频繁的冲击和振动，导致变形或断裂。在铁路货车的运输过程中，轴承是一个十分关键的部件，必须要确保轴承能够正常工作，才能带动整个车辆运转。在轴承检修过程中，要加强对轴承盘动检查。重点检查轴承是否有异常声音、是否有卡滞现象。如果发现故障，要进一步确定故障的原因，并且对其进行处理。对于一些已经老化不能再继续工作的零件要及时更换，车辆运行过程中要采取必要的措施进行降温，防止温度过高对轴承带来影响。

3. 车辆质量引起的突发故障处理

在车辆运行过程中，很容易出现各种突发故障，对突发故障进行处理的水平直接影响车辆设备的使用性能。在铁路货车运输过程中，要加强对各种应急预案的制定，当出现突发状况的时候，能够及时进行处理。例如在车辆运输过程中出现基础制动装置不缓解的故障时，技术人员必须要保持沉着冷静，及时进行应急处理，首先对列车进行制动机试验，确定故障。其次关闭故障车辆制动支管截断塞门，排尽副风缸余风，松解闸调器，消除基础制动装置故障，使用撬棍使闸瓦离开车轮，使基础制动装置缓解。同时，关闭截断塞门的车辆不能违反制动关门车编挂规定，如有违反，通知车站倒钩、改编。当应急维修作业结束之后，还应该要及时清理现场。

（二）当前铁道车辆质量分析及检修管理问题和对策

1. 铁路货车检修质量问题

车辆设备检修制度不完善。当前铁路运输企业发展过程中对车辆设备的检修制度建设不够重视，导致检修制度不完善，设备的检修要求不相匹配。列车出库运行质量检测不达标。例如有的企业在车辆使用过程中，规定检修时间每半年一次辅修，每一年一次段修。随着铁路运输企业的不断发展，车辆的运输任务越来越繁重，设备的使用率越来越高，因此检修频率应该提高，质量把关更应该严格执行，但是企业的检修标准明显与车辆质量不匹配，导致一些问题不能被及时检查发现，车辆故障问题得不到积极有效地解决，铁路运输存在很大的质量问题。在铁路车辆设备的检修过程中，检修水平直接影响设备的工作性能，传统的方式是人工检测维修，对于一些车辆故障，单纯地依靠人工检修维护效果不佳，很有可能忽视故障现象。例如对于车辆轮对出现的一些裂纹，单纯依靠检修人员根据经验很难发现一些细微的裂纹故障，因此导致裂纹不断扩大，等到影响车辆的使用性能的时候才发现问题的严重性则为时已晚。总体来说，检修维护过程中自动化程度不够高、出厂质量不达标、故障分析不到位，将导致设备得不到及时有效处理。

2. 铁道车辆检修质量制度分析

完善铁路车辆设备检修制度，首先要加强对设备检修的重视。铁路运输企业领导者要重视车辆设备的维修管理工作，将车辆设备的检修当作提高企业运行水平的重要途径。在企业运行过程中，要注重对各种设备的工作性能的质量检测，定期检测设备是否出现老化，零件是否需要更换，设备是否需要维修，确保铁路车辆设备能够处于正常运行状态。其次，要加强检修制度的完善。科学完善的检修制度是提高铁路车辆设备检修水平以及质量合格的重要途径。在铁路运输企业发展过程中，要制定严谨的检修制度、质量分析制度，例如对检修时间进行确定、检修人员要按照检修规定定期进行设备检修，对设备可能存在的安全隐患进行发现和解决。对检修责任制度进行完善，检修人员要担负直接检修责任，对检修过程中出现的各种问题负责。如果设备检修投入运行之后依旧出现质量问题，则要追究相关责任人的责任。对铁路车辆设备进行全面检修，铁路车辆运行过程中要及时加强对车辆设备的巡视、检查，防止发生各种设备事故，定期对电气设备的温度进行测试，进行季节性测试，发现问题时要及时上报，并对机械设备的故障进行处理。

　　加强检修水平的提升。传统的检修方法主要是依靠检修人员的经验，凭借听觉、视觉等对各种设备故障进行检测，由于人眼识别以及经验判断模式往往具有很大的误差，因此在设备检修过程中要积极加强对检修水平的提升。加强设备检修过程中的自动化、智能化发展。在铁路车辆运行维护管理过程中，要将电子技术、计算机网络技术、通信技术集成在一起，从而实现对铁路车辆运行的全面监控和管理，使得铁路运输企业能够实现同等情况下的铁路车辆运行管理、检测维护和维修工作的统一。

　　建立检修档案。在铁路货车检修管理过程中，应该建立质量跟踪报告，针对实际问题建立有效的档案及报告，以日记、月记、年记的方式建立有效的质量跟踪档案，并且及时对各种档案和数据进行处理分析，提高管理水平。在检修的时候要及时查看货车设备的检修历史，从而更好地掌握货车的使用情况，加强对各种故障问题的处理。

　　综上所述，铁路车辆是铁路运输企业发展过程中的主要运输设备，在车辆长期使用过程中出现故障的概率较高，尤其是各种硬件设备故障，对铁路车辆设备的运行水平会产生严重影响。因此对铁路车辆运用质量分析，志在必行，要坚持好、完善好、处理好、发展好这项制度，切实有效地为铁路运输运输安全严格把关。在铁路车辆运行过程中要重视车辆设备的检修维护过程，并且要制定完善的检修制度，对各种检修物资进行准备，从而对铁路车辆设备运行过程中的故障问题进行及时防范，减少故障率，提高铁路车辆的运行安全水平。

二、运用列车出库把关制度（以客车为例）

　　列车出库涉及运输各行各业的安全，在列车出库前，应对列车进行相应的"三检一验"制度，对列车本身的各大零部件应用磨耗限度进行参数对照，并且实施检修，然后进行核验。对于列车的所有车载设备、机械设备、电气设备等进行标准化检验，确保列车出库运行途中可靠、安全、有保障。

　　库列检通过施行日常检修和专项检修，须保证上线客车达到《运用客车出库质量标准》（各铁路局可根据本标准进行细化）。客车出库质量标准中的裂纹、裂损、折损均指在正常检查方式下肉眼可视的裂纹、裂损、折损；客车出库质量标准中未明确的设备设施应保证配件齐全、技术状态良好。

（一）轮　对

　　（1）轮轴各部不得有裂纹；轮毂无松动现象；各部尺寸符合规定限度。

　　（2）制动盘盘毂、盘座、半盘连接部无裂纹；散热筋（片）无贯穿裂纹；制动盘摩擦面无明显偏磨；制动盘磨耗及摩擦面热裂纹不超限；制动盘、螺栓、销套无松动；螺栓开口销无折损、丢失。

（二）转向架

　　（1）构架、摇枕、弹簧托梁及各安装座（含车体上与转向架配件相连的安装座）无裂纹、变形；摇枕吊及吊轴、横向控制杆、抗侧滚扭杆、牵引拉杆（横向拉杆）、牵引销、上下心盘、轴箱导柱、定位转臂及夹紧箍、各安全吊无裂纹；摇枕弹簧及轴箱弹簧无裂损。

（2）导柱弹性定位套无脱落、窜出；轴箱定位节点、牵引拉杆橡胶节点、横向止挡等橡胶件无破损和脱胶；橡胶堆定位器不开胶、无裂纹，缺口方向符合规定；抗侧滚扭杆关节轴承及橡胶保护套无脱出、裂损。

（3）摇枕挡、旁承、横向止挡间隙不超限；转向架各部安装螺栓无松动，防松铁丝捆绑良好；心盘垫板无破损、窜出；摇枕挡磨耗板无脱落。

（4）空气弹簧高度测量块无缺失；橡胶囊与金属板的黏结面无脱离；橡胶囊及橡胶堆表面裂纹不超限，胶囊帘线不外露。

（5）高度调整阀及调整杆安装牢固、无裂损、变形；调整杆护套完好；差压阀安装牢固、无裂损；防过充安全钢丝绳、圆销、开口销无折损；AM96 型转向架空气弹簧排风装置排风良好；钢索、操纵杠杆、弹簧、开口销等无折损。

（6）各油压减振器配件无缺失、安装牢固，无漏油、折损。

（三）基础制动装置

（1）盘形制动单元的杠杆和悬吊装置无裂纹，各杠杆转动灵活；各圆销、开口销无丢失、折损或磨耗到限；各圆销与套配合间隙不过限，销套不窜出；闸片厚度不超限，缓解时闸片离开制动盘无压力。

（2）踏面制动（含踏面清扫器）制动梁及吊、闸瓦托吊、各拉杆及杠杆无裂纹；杆件与托不抗劲，各托架安装牢固、无裂纹；缓解弹簧安装牢固、无裂损；闸瓦及托磨耗不过限；各圆销、开口销无丢失、折损；各圆销与套配合间隙不过限；销套不窜出、裂损；闸瓦托防翻装置、闸瓦托吊销防脱挡齐全良好。

（3）制动缸活塞行程符合规定；自动间隙调整器、ST1-600 型闸调器作用良好，缓解时闸瓦不紧靠车轮，闸瓦不偏磨；各垂下品距轨面符合规定。

（4）手制动机作用良好，链条处于松弛状态；各磨耗部（含转向架、钩缓等各部）磨耗板齐全，润滑良好。

（四）空气制动装置及总风装置

（1）列车制动机试验符合规定。制动、缓解作用良好，制动管系泄漏不超限；单元制动缸、制动缓解显示器及防滑排风阀无泄漏；总风管系贯通良好，泄漏不超限。

（2）管系各管卡无松动、丢失；各阀、塞门、风缸配件无缺失、安装牢固、位置正确、作用良好；软管无鼓泡，安装无松动，连接状态良好；防尘堵悬挂牢固，防尘堵链垂下后不超过垂下品距轨面限度规定；折角塞门手把开口销无折损、丢失；制动缓解指示器清洁、显示正确、无裂损；风表不过期；紧急制动阀铅封齐全。

（3）单元制动缸及座无裂损；定位销轴定位良好；防尘套无破损；金属软管无松动、抗磨、破损。

（4）集成电空制动机箱、气路控制箱箱体及安装座无破损、松动；箱门关闭良好。

（5）客列尾例行检查试验良好；主机安装牢固，管路无泄漏，胶管无龟裂、老化；专用 DC 48 V 电源插座无松动、破损，工作正常。

（五）车钩缓冲装置

（1）15 号车钩缓冲装置车钩、尾框、托板、摆块及吊、冲击座、从板及座无裂纹，缓冲器无裂损；托板螺栓、钩尾销横穿螺栓无松动，防松铁线安装良好；钩舌销无折断，螺母安装良好，开口销无折损；缓冲器无上翘，钩提杆落槽、不冲击下锁销连杆；下锁销及钩提杆按规定捆绑；车列首尾车钩三态作用良好，车钩高度符合规定；相连车钩钩差不过限。

（2）密接式车钩缓冲装置安装座、缓冲器壳体、钩体无裂纹和永久变形；各部螺栓无松动、丢失；两车钩连接间隙及缓冲器的内半筒相对外壳后端面的伸出量不超限；解钩手柄定位良好、无变形。

（六）车体及车顶设备

（1）车辆定检不过期；车端登车扶梯及防攀盒安装牢固，盒门锁闭良好；车体倾斜不超限；车底架各梁无裂纹，墙、顶板无破损。

（2）风挡弹簧、阻尼装置安装牢固、无折损；折棚式风挡拉杆组成松紧适度、连接牢固，篷布无裂损，车内折棚挂绳（簧）齐全，渡板无翘起；铁风挡折棚无弯曲、裂损和开焊；橡胶风挡胶囊裂损不超过 100 mm。

（3）脚蹬安装牢固，无腐蚀、破损；手把杆无破损、丢失、松动；各裙板锁闭紧固。

（4）车底架各悬吊装置（含电器设备箱体悬吊）配件齐全、安装牢固、无裂纹，防松螺母无松动；车下各箱体（含电器设备箱体）外观无破损，箱门锁闭良好；油箱、水箱、污物箱无泄漏。

（5）各注水管、排水管及导管、排便桶安装牢固、无缺失；排水管朝向正确，避开轴箱、台车、轮对及基础制动装置；各类排水管、制动管、缓解阀拉杆等部件与车体间孔路封堵可靠，防寒材不外露。

（6）车顶不漏雨；车顶设备安装牢固；车顶天线、车顶活盖、通风器、废排风帽、消音器帽等无缺失，固定螺栓无脱落、松动现象。

（七）车内设备

（1）按规定配备灭火器、消防锤；灭火器检修不过期，压力符合规定，铅封完好。墙板、地板、顶板完整，无孔洞；通过台、厕所、洗面间、小走廊地板及墙板各压条齐全、间隙孔洞封堵良好。

（2）各折页门、拉门、翻板及簧、锁、门止及碰头配件齐全、作用良好；塞拉门作用良好，各锁开关正常翻转，脚蹬安装牢固、作用正常；自动内端门手动、电动控制位转换功能良好，作用灵活，防挤压功能良好。

（3）活动车窗配件齐全，升降、锁闭作用良好；门窗玻璃安装牢固、无破损；外嵌拉铆结构车窗窗框无破损、松动。

（4）座席、卧铺及吊带、扶手、扶梯、茶桌、行李架、衣帽钩安装无松动；座席及卧铺面布无破损；车内身高标志牌、座号牌、铺号牌、残疾人专用座席标牌齐全、清晰，位置符合规定；车内地板及地板布无影响行走的塌陷、鼓泡现象。

（5）给水管系及阀不漏水、不堵塞，作用良好；洗面盆、洗手盆、便器安装牢固，裂损不影响使用；水位表（液位仪）显示准确，检修不过期。

（6）采暖装置配件齐全，作用良好。温度表、水位表指示准确；管系各阀、塞门、接箍、弯头无漏水、冻结。燃煤温水锅炉、茶炉及餐车炉灶作用良好，烟筒及防火隔热装置完整。

（7）集便装置作用良好，便器冲水均匀、无外喷。

（八）车下电气装置

（1）测试列车干线绝缘符合规定；车端电气连接器各插头、插座外观无变形、破损，标记清晰、正确；连接线护套无损伤，密封垫无破损；各连接器连接牢固；首尾安装尾部标志灯的车辆 DC 48 V 侧灯插座导通良好。

（2）各分线盒、配线槽、配线管安装牢固；各传感器（包括制动供风系统压力传感器、车体及转向架加速度传感器、防滑器速度传感器、轴温传感器、蓄电池温度检测传感器）、排风阀安装牢固，配线无破损，各引线套管连接良好、无抗磨；轴端接地装置、车体接地线安装牢固，螺栓无松动、丢失。

（3）轴端发电机各部配件齐全，作用良好；大小皮带轮安装无松动、裂纹，螺栓无折损，悬吊装置配件齐全、无裂纹，吊销与销孔间隙符合规定、润滑状态良好；皮带安装松紧适度，不磨底槽；整流元件表面无烧痕，导线无脱焊。

（4）蓄电池无松动、漏液，电解液面符合规定；接续线牢固，无硫化，导电良好；电解液密度及电压符合规定，熔断器容量符合规定，定检标记清晰；排水、排气通畅；单块电池电压符合规定，DC 110 V 蓄电池组放电电压不低于 92 V。

（九）车上电气装置

（1）电气综合控制柜、电源柜、空调控制柜、照明配电柜（盘）、厨房电器控制柜等电器控制柜门锁状态良好、关闭严密；触摸屏及指示灯正常，各开关、按钮操作灵活、接触良好；各传感器、热继电器、PLC、触摸屏、在线绝缘检测装置的设定值符合规定、作用可靠；各电气开关、接触器、继电器等电气元件安装牢固、作用良好，接线端子无松动、脱焊、烧损，测温胶贴齐全、无变色；各配线无外露、绝缘良好；各熔断器容量符合规定。

（2）充电机、逆变器输出电压、频率正常；充电机、逆变器与电气综合控制柜通信正常，触摸屏上显示正常信息代码；电气综合控制柜的车下电源箱指示灯显示为绿色。

（3）通电后控制柜电源转换及空调控制电气动作和指示正常，各项功能符合要求；各功能单元工作电流正常；DC 600 V 单车漏电电流不超过 100 mA，AC 380 V 单车漏电电流不超过 150 mA；首尾车 DC 600 V 干线在线绝缘监测装置 CF 卡完好，触摸屏无故障或错误显示，任一路干线对地电压不得低于 130 V。

（4）空调装置各部配件齐全、作用良好、安装牢固；蒸发器网、回风网清洁；机组空气预热器安装牢固、无烧损；根据外温通电试验检查相应功能系统功能作用良好，各电机运转正常、无异声。

（5）电加热器安装牢固、作用良好，防护罩与墙板间无异物，与加热板（管）不密贴；温水箱、伴热装置工作正常；电开水器出水阀无松动、漏水，加热及保护功能正常。

（6）照明灯具配件齐全、形式统一、照明正常。旅客信息显示系统车厢显示屏显示正确；48 V 应急电源整流、充电、应急输出功能正常。顺位号调节器作用良好。厕显开关配件齐全、安装牢固、作用良好。隔离变压器、电铃、排气扇、电动水泵、插座、播音呼唤公共系统等装置作用良好。

（7）电气化厨房电蒸饭箱排水阀和排气阀开闭正常（自动排气阀开启压力不大于 0.05 MPa），管件连接处无渗漏；通电后设备工作正常。电炸锅、排油烟机通电后控制面板按键控制作用良好，设备工作正常。电磁灶控制旋钮挡位控制灵活，工作正常，进、出风口通畅，通风管道清洁，空气通过冷却盘无阻碍，风扇、冷却盘安装牢固。保鲜加热柜箱门开关灵活，通电工作正常。电冰箱配件齐全、无泄漏，箱体及门无破损、密封良好，换热器及滤网清洁；配套逆变装置电源输出可靠，通电后冰箱工作正常。

（8）影视系统电视画面清晰、频道正常、安装可靠；影视控制器功能正常，表面清洁。播音系统电源开关处于工作位，音量开关工作正常。

（9）电子防滑器主机与电气综合控制柜的 PLC、行车安全监测装置的车厢级主机通信正确、可靠；电气综合控制柜触摸屏上防滑器的信息显示应为正常信息代码，与塞拉门联锁信号（<5 km/h）作用良好。

（10）轴温报警器、记录仪轴位显示准确，轴温及外温显示功能正常，声光报警可靠；同侧静态轴温温差<5℃；报警器车厢顺位号、记录仪时钟、记录时间间隔设置正确；记录仪通信功能正常；报警器与电气综合控制柜中的 PLC 通信正常，在电气综合控制柜触摸屏上无"故障"信息显示。

（11）烟火报警器主机声光报警功能良好，电源开关处于工作位，与电气综合控制柜中的 PLC 通信正常，在电气综合控制柜触摸屏上无"故障"信息显示。

（12）行车安全监测装置车厢级电气设备监控网络网关、代理节点各指示灯显示正常；电气综合控制柜触摸屏显示本车电气设备信息正常，车厢顺位号与实际编组相符；列车级电气设备监控网络主控站触摸屏显示正常，无离线车辆及故障信息。列车级主机显示的列车编组数车厢顺位号应与实际编组相符，防滑器、制动、转向架的"报警/故障"报告内容不得出现黄色标志。

（十）本车供电柴油发电机组及附属装置

（1）柴油机组各部配件齐全，状态良好，安装牢固，机体清洁；燃油、润滑油液位符合规定。管系、阀门畅通，无漏油、漏气；柴油滤清器、机油滤清器、空气滤清器作用良好。

（2）高压油泵、增压器、停车电磁阀、启动电机、调速电机、充电电机安装牢固、转动平稳、接线无松动、作用可靠；各油压、油温、缸温、转速、断带保护等传感器安装可靠；机组运转及供电正常，无异声，油温、油压、缸温、转速符合规定。

（3）发电机绝缘符合规定，机温正常；励磁元器件齐全，性能良好；输出导线压接牢固，无烧损；绝缘护套无破损，包扎良好；接插件接触可靠。

（4）共用底架无裂损、移位；减振器无老化；联轴器传动平稳、无异声。冷却风扇传动机构无裂纹、变形；冷却风扇运转正常；换热器及管阀件安装牢固、无渗漏；换热器无脏堵。

（5）油箱无腐蚀、泄漏；注入口、通气孔、检查孔油阀、吸气阀、呼气阀、水管路及阀配件齐全、无渗漏，液位显示正确、清晰；液位控制器作用良好；油箱及悬吊装置无裂纹，螺栓无松动；油箱注油口按规定加锁。

（6）启动蓄电池配件齐全，作用良好；壳体及封口无裂纹，电解液密度、液面高度符合规定，电池容量及电压符合规定。

（7）配电柜内外清洁，安装牢固；各柜门、锁、销作用良好；图纸齐全、清晰、粘贴牢固、无破损。各元器件齐全、牢固，动作正确、灵活；导线排列整齐，接线牢固；绝缘层无破损，接线无松动、变色、烧损、脱焊；各仪表、指示灯齐全，显示正确；仪表校验不过期；机组报警、保护系统工作正常。

（十一）发电车柴油发电机组及附属装置

（1）机组各部配件齐全，状态良好，安装牢固，机体清洁；润滑油液位符合规定。管系、阀门畅通，无漏油、漏水、漏气；柴油滤清器、机油滤清器、空气滤清器、水滤清器应清洁，作用良好。

（2）高压油泵、PT泵、调速器、增压器、停车电磁阀作用良好；各油压、油温、水温、转速等传感器安装可靠，传递正确；机组运转及供电正常，无异声；油温、油压、水温、转速符合规定。共用底架无裂损、变位；减振器无老化。

（3）发电机绝缘符合规定，机温正常；励磁装置元器件齐全，性能良好；接插件接触可靠；输出导线压接牢固、无烧损；绝缘护套无破损，包扎良好；固定螺栓紧固；表面油漆不变色；接地线应符合要求。联轴器传动平稳无异声。

（4）冷却风机座无裂纹、变形；冷却风机自动、手动运转正常；换热器及管阀件安装牢固，无渗漏；换热器、过滤网无脏堵。

（5）油箱、水箱无腐蚀、泄漏；注入口、通气孔、检查孔油阀、吸气阀、呼气阀、水管路及阀配件齐全、无渗漏；液位显示正确、清晰，液位控制器作用良好。膨胀水箱冷却水位在1/2以上，冬季时按规定加注防冻液。油箱燃油油位符合规定，油箱注油口须加锁。

（6）充电装置配件齐全，作用良好。蓄电池配件齐全，作用良好，壳体及封口无裂纹，电解液密度、液面高度符合规定，电池容量及电压符合规定。

（7）控制屏内外清洁，安装牢固；各柜门、锁、销作用良好；图纸齐全、清晰、粘贴牢固、无破损。各元器件齐全、牢固，动作正确、灵活；导线排列整齐，接线牢固，绝缘层无破损，接线无松动、变色、烧损、脱焊；各仪表、指示灯齐全，显示正确；仪表校验不过期；DC 48 V直流系统无漏电；柴油机组调速系统作用良好，机组报警、保护系统工作正常。

（十二）青藏客车相关装置

（1）各车间防雷接地连接线连接良好，接地续流器作用良好，接地线配件齐全，接地阻值小于40 Ω。

（2）供氧系统车端供风管路泄漏不超标，快速接头连接软管、快速插座、截断塞门状态良好；连接软管中不得有水；快速插座不用时须关闭阀门并加堵。

（3）供氧系统空压机和储气罐悬挂装置无裂纹、开焊，螺栓齐全，无锈蚀、松动，外表无损坏、变形。空压机减振垫无破损、倾斜、移位现象；空压机导风筒和进风口无变形破损、无异物堵塞；空气滤清器、油过滤器无堵塞，冷却器表面清洁；各部及接头密封良好，无泄漏；储风罐内无积液；安全阀、自动及手动排水阀作用良好。

（4）制氧机控制显示器、空压机文本显示器、海拔高度仪内部参数设置符合规定，各按键作用良好；通电试验无故障显示，无报警，作用良好。电控系统网络通信良好，与空调装置电气联锁控制正常；节流阀、减压阀手动操作灵活、无故障。压力表指示灵活、准确、无故障。

（5）污水箱无泄漏、变形，外包装无破损；悬吊装置无裂纹、开焊，螺栓齐全，无锈蚀、松动，外表无损坏、变形；各检修门及锁具作用良好；污水排净。

（6）PLC控制柜内车窗伴热处于开启位，中空玻璃内无结雾、结霜现象。紧急逃生窗手把外观良好、无异状。

（7）发电车 DC 600 V 整流供电装置作用良好；隔离变压器安装牢固，吊架无裂纹，接线紧固，作用良好。应急启动装置作用良好。

三、"三检一验"制度

目前，铁路高新技术不断发展，对于铁道车辆检修而言，技术不断更新，现对质量、效率的要求越来越高，如何提高检修质量，把好检修源头关，确保运用客车各项性能良好，就显得更加重要。

（1）"三检一验"制度在客车检修过程中对质量把关起着举足轻重的作用，通过"三检一验"认真把关后，可产生以下效果：

① 检修职工检修后不存在返工现象，他们利用返工时间可以加强自身业务学习和以后检修工作的开展。

② 减少了工序返工的发生，可以节约检修成本，也就产生效益，进而促进了职工对检修质量的提高。

③ 减少了工序返工，可以使整个生产任务做到有序可控，不会因为返工而影响整个生产进度。

④ 若每道工序检修质量卡控良好，对最后质量验收也就不存在任何大的故障，也不会影响整个生产进度，从而提高了职工效益，提高了职工检修的积极性。

（2）就每道工序卡控而言，国铁集团规定实行"三检一验"制度，即工作者自检、工长复检、质检员专检、验收员验收，就如何真正才能执行"三检一验"制度，可从以下方面出发：

① 交验工作流程：工作者自检→工长复查→质检员专检→验收员验收。

② 工作者自检。工作者本身必须具有担当此项工作的能力，并熟练掌握本岗位工作各项检修标准，对检修完后的产品进行自我检查，达到合格后交由工长进行复检。在此检查过程中，工作者必须具有上道工序为下道工序负责，下道工序对上道工序进行把关的思想观念，从而把质量问题消除在本岗位上。

③ 工长复检。工长待职工自检完后对该产品进行复验，工长认为合格后方可进入下道工序；工长对发现的故障做好记录，按故障等级纳入班组考核，而下道工序对上道工序所发现的故障，可报告工长，由工长对上道工序进行考核并奖励发现者，促进了检修职工的责任心及检修积极性。管理办法：车间可在班组建立工序卡控奖惩办法。

④ 质检员专检。待工长复检合格后，方可由质检员进行专检，质检员对发现的故障做好记录，对较大故障可按检修故障等级对工作者及工长进行考核，重大故障可直接考核车间主管主任，并督促班组进行整改，合格后方可交由验收员进行验收。管理办法：由质量检查科建立工序质量考核办法，严格对故障进行考核，并对班组工长进行考评。

⑤ 验收员对检修产品质量进行验收。中间检查部分，特别针对转向架、钩缓及轮轴"三检一验"标记采用"合"字标记，工作者在组装时必须检查检验标记，无检验标记一律不得装车。验收员在此检查过程中，对发现的问题做好记录，对较大故障按等级纳入对车间及质量检查科的过程考核。最后落成验收，验收员发现有重大故障，一律填写"车统-93"，建议驻在段纳入对车间及质量检查科每月质量考核。经验收交验后的产品，如在运用中因保质期发生质量故障或行车事故时，经分析确认是检修相关人员的责任，那么驻在段应严格追究相关责任人责任并报上级追究相关验收员责任。为了保证"三检一验"制度真正执行，如果工长因事不能到位，车间必须安排专业人员或主管主任进行复检；质检人员因事不能到位，由质检科安排专人进行专检；验收人员因事不能到位，由另外一名具有检验资格的验收员进行验收。

⑥ 强化故障考核落实。驻段验收室每月将检查发现的工艺、规章及文件执行不到位、工序卡控存在的问题、检修质量方面等存在的问题及时通报驻在段，以便驻在段对检修方面存在的问题进行整改并对相关责任部门进行考核，进一步提高检修质量。对于考核结果，由驻在段劳动人事科不定期对车间及相关科室进行检查，严格落实考核结果，这样才能真正促进车间、班组及质量检查科进行整改，才能真正执行"三检一验"制度。

"三检一验"制度是落实铁路运输生产检查的一项重大举措，对保障铁路安全运输有着极大的促进意义，我们应该落实好"三检一验"制度，严格把关，切实有效地去实施好、维护好、运用好，为铁路运输安全及生产质量保驾护航。

任务四　设备管理

【任务目标】

（1）掌握设备维护的重要性；

（2）知道班组设备管理的内容；

（3）知道工机具管理主要体现在哪些方面。

【学习内容】

（1）班组设备管理的主要内容；

（2）设备维护的重要性；

（3）班组工机具管理的主要方面。

【阅读材料】

（1）班组设备管理；

（2）班组工机具管理。

一、班组设备管理

（一）案例说明：设备维护的重要性

案例1：某施工现场一台6135柴油发电机，因平时严重失保欠养，只运转了3 000多个小时，检修时各类滤清器污染堵塞，气缸内壁磨损凹下台阶3 mm之深，机油黏稠，连杆松隙空旷，曲轴轴承报废，需提前大修。

案例2：2016年7月8日16时02分，某局28014次货物列车（DF$_{8B}$-0116，某段值乘）运行至太阳坪站Ⅱ股道停车过程中，助理值班员发现第1位车辆走行部冒烟，检查确认该车人力制动机闸链处于紧绷状态，甩车处理。原因是该车在某局某站调车作业后，调车人员违反《技规》关于撤除防溜措施的规定和《铁路调车作业》标准，未松车辆人力制动机，导致车辆抱闸运行，构成铁路交通一般D10类事故。

案例3：2016年7月10日17时02分，某局某站10号道岔因心轨连接螺栓断裂脱落卡阻，造成10/12号道岔反位无表示，耽误列车，构成铁路交通一般D10类事故。原因是某工务段日常维修养护不到位，对长心轨与短心轨连接螺栓长期没有进行检查，未能及时发现10号道岔连接螺栓严重锈蚀存在断裂的隐患，该螺栓在列车动荷载垂向力的反复作用下产生疲劳断裂，掉在滑床板上，造成道岔反位无表示。

（二）案例分析：设备维护管理不能被省略

设备管理的目的，就在于按照机械设备固有的规律，同时也按照客观经济规律，通过维护保养等手段经常使其各种性能指标保持高度完好，提高其生产率和利用率，延长使用寿命，并谋求最经济的设备寿命周期费用，追求无事故、高效益，最终赢得企业效益和社会效益。

（三）理论拓展

1. 设备管理定义及种类

（1）设备管理定义：设备即直接完成运输任务所需的设备。

（2）铁路运输设备主要分为机车车辆、线路、桥隧、通信、信号、牵引供电、电力、信息、安全、给水等。

2. 设备维修管理

设备维修与计划管理：根据年（月）度维修工作计划，大、中修工作计划，施工及天窗计划等，年底根据所管设备规定的维修内容及周期和相关专业科室的要求编制年度维修工作计划表，每月根据年度工作计划表制订月度工作计划，组织对管内设备进行维修及检查。

设备维修管理：铁路技术设备的维护管理工作应实现机械化、自动化、专业化、信息化，落实责任制和检验制，坚持以预防为主、检修与保养并重、预防与整治相结合的原则，合理确定检修项目和检修周期，组织定期检查，加强日常维修，提高设备质量。

设备维修项目由设备管辖班组负责组织实施，同时班组工班长负责组织驻站联络员、防护员做好轨边设备施工，维修过程中的现场联络及安全防护工作；负责做好作业过程的登销记工作（含电子登销记系统）；负责掌握维修作业动态及安全把关工作。

设备维修作业前，提前根据年（月）维修工作计划向上级电报作业时间段，待作业时间段下达后，根据计划维修作业工作内容组织进行设备维修。

1）设备维修前碰头会

组织落实对作业所需安全防护工具（对讲机、录音笔、口哨、防护人员工作服、有效工作证件等）、作业工具（维修工具、手电筒、头灯、作业人员工作服等）及作业仪表（万用表、移频测试表等）的准备。

组织全体人员（包括作业负责人、设备维修人员、驻站联络员、现场防护员、驾驶员及厂方人员等）明确当日设备维修范围、维修地点、维修内容、维修时间段及维修前、中、后安全风险注意事项。

驻站联络员、安全防护员、设备维修人员分别汇报当日作业内容是否明确及重点事项掌握情况等。

2）维修作业登记

驻站联络员按照电子登销记流程在作业站信号楼内完成作业登记，登记后使用车站电话通知段调度科。

驻站联络员得到车站值班员签字同意并按规定发布准许施工、维修作业的调度命令后，在作业站信号楼的调度、命令登记簿签认后方可通知现场防护员准许开始实施维修作业。

驻站联络员作业过程严格执行安全防护管理规定和车站信号楼行为规范。

3）作业准备及作业过程

现场作业人员抵达现场后需遵从作业负责人和现场防护员指挥，在作业现场安全区域（栅栏网外、机房内或安全等待区域）内做好作业准备。

现场防护员接到作业开始命令后，方可通知作业人员由安全通道进入现场。

现场作业人员在一个维修区域内进行维修作业时，不得影响其他维修区域行车设备正常使用，人员不得跨越至邻线，邻线来车时需到安全区域避让，工具、材料摆放不得侵限。现场防护员需严格按照安全防护管理规定。现场负责人负责对安全防护工作和作业过程的盯控。

设备维修作业流程及设备标准要求详见各单位相关岗位作业指导书。

4）维修作业销记

作业结束后，作业负责人会同现场防护员对作业区域进行检查，确认线路上无遗漏工具、材料且具备行车条件，待全体人员撤离至安全区域后由现场防护员通知驻站联络站作业结束。驻站联络站联络员按照电子登销记流程在作业站信号楼内完成作业销记，待同一作业区域有多家作业单位完成销记后，驻站联络员使用车站电话通知段调度科并汇报维修作业结束。

5）作业总结会

作业结束后由作业负责人召开作业总结会。总结会进行以下主要内容：

（1）作业负责人负责点名，清点工具、材料、防护用品。

（2）作业负责人、驻站联络员、安全防护员、设备维修人员及设备维保单位人员分别汇报本岗位工作完成情况等。

3. 设备质量管理

（1）设备质量：主要指设备达到应具有的技术条件和质量标准，以《铁路技术管理规程》和各专业《维护规则》为主要标准。

（2）设备质量的高低直接影响到铁路运输安全。设备的质量是制定行车设备大修、中修、维修计划和专项整治的重要依据。各部门应根据相应的技术标准和维护标准对标作业，使设备处于优质状态。

二、班组工机具管理

（一）案例说明：一个伐木工的故事

有一个工人在一个伐木厂找到了一份不错的工作。他决定认真做好这份工作。上班第一天，老板给了他一把斧子，让他到人工种植林里去砍树，这个人卖力地干了起来。

一天时间，他不停地挥舞着斧子，一共砍倒了 19 棵大树。老板满意极了，夸他干得不错。工人听了很兴奋，决定工作要更加卖力，以感谢老板对他的赏识。

第二天，工人拼命工作，他的腿站久了又酸又疼，胳膊更是累得抬不起来了，可是这样拼命，却并没有带来更好的结果。他觉得自己比第一天还要累，用的力还要大，可第二天却只砍倒了 16 棵树。

工人想也许我还不够卖力，如果我的成绩一直下降，老板一定会以为我在偷懒，所以我要更加卖力才行。第三天，工人投入了双倍的热情去工作，直到把自己累得再也动不了为止。可是，让他失望的是，他只砍倒了 12 棵树。

工人是个很诚实的人，他觉得太惭愧了，拿着老板给的高薪，工作却越来越差劲。他主动去向老板道歉，说明了自己的工作情况，并检讨说，"我真是太没用了，越卖力干得越少。"

老板问他："你多久磨一次斧子？"工人一听愣住了，他说："我把所有时间都花在砍树上了，哪里有时间去磨斧子啊？"

（二）案例分析：工欲善其事，必先利其器

"工欲善其事，必先利其器。"这是我们常常引用的名言，出自《论语》。孔子告诉子贡，一个做手工或工艺的人，要想把工作完成，做得完善，应该先把工具准备好。

军马未动，粮草先行。生产加工开始以前，首先要保证物料充分、有序、检验到位，便于生产的便捷和高效。原材料准备越充分，生产保障越有力。实际生产中不乏这样的事情：生产开工了，却发现某种关键配件没有到位，只好停工派人去采购；或者人员与机械、原材料不匹配，造成人员闲置和浪费。这些都是原材料准备不充分或计划不到位造成的。

（三）理论拓展

1. 材料管理

（1）材料的定义：材料是指生产过程中所需具备实物形态的物品。

（2）材料申请、进出管理：物资材料采购及管理统一归口责任部门，其他部门不得以任何理由从事物资采购。

各部门申请物资采购必须填写申请表，在路局物资管理信息系统中填写"需求计划明细"进行申请。有权请领人必须是工长、施工负责人或车间、科室技术人员，经科目负责人审核同意后报送段办公室。

2．工机具管理

（1）工机具的定义：企业中直接参加生产过程或直接为生产服务的机器设备，如起重运输设备、发电机、金属切削机床、各类电器设备、工程机械、电钻、扳手等。

（2）工机具的管理应包含以下几个方面：

① 设备所属部门必须建立健全设备的使用保养制度、操作规程、岗位责任制和工作标准。

② 设备作业人员必须按照《三好（管理好、使用好、养护好）、四会（会使用、会养护、会检查、会排除故障）范围》的要求使用设备，禁止超负荷、拼设备和带病作业。

③ 设备作业人员必须认真填写"设备点检、运转记录卡"。轮班使用的设备，必须建立交接班制度，按照规定交接。

④ 设备操作人员要按照有关规定对设备进行日常养护和定期维护，使设备始终保持整齐、清洁、润滑、安全、有效状态。

⑤ 设备所属部门要按照铁路机械检修技术规程的要求，对设备润滑实行"五定"（定点、定质、定量、定时、定人），切实做好润滑管理工作，积极开展设备使用和标准化活动，做好安全管理工作。

3．仪器仪表管理

（1）仪器仪表的定义：仪器仪表是指用于对产品的表面状况、技术特性和其他物质资料的表征，以及对生产过程的状况进行量度、计算、控制、测试、指示的器具，其中单纯用于指示的器具称为仪表。

（2）仪器仪表的管理：班组应落实仪表管理人员，开展本班组的计量管理工作；贯彻执行计量管理的各项规章制度；负责班组计量器具的台账管理，计量器具有变动（如仪表损坏、遗失、人员调动等）需及时送计量工区维修并更新台账，上报车间计量管理员；负责监督本班组各站计量器具的日常维护、正确使用，每月对计量器具的性能、标记、外观、电池、表棒等进行检查并记录，确保超期、失效计量器具不得使用；按照计量的周检计划及时合理安排仪表送检，同时确保班组设备正常维护用表。

4．备品备件管理

（1）备品备件的定义：所有与行车设备有关的零件都可作为备品备件，按字面意思来说就是备用的物品和备用的零件。

（2）备品备件的管理：

① 班组应按备品备件类型、数量、有效地点建立备品备件管理台账，专人负责保管，并于每月根据台账进行核对，发现问题及时整改，保证备品备件齐全。

② 备品备件应存放在室内干燥、取用方便的固定地方，电器备品备件应尽可能存放在柜

内或架子上，保持良好、整洁，并须标明器材名称型号、数量。凡是整机备品，车间、班组不得随意拆卸、挪用、更换零部件，确保整机完整状态。

③ 各类备品的轮修周期应与使用中的同类型的设备轮换周期相同。检修车间在每年编制设备轮修计划时，应将备品纳入轮修计划内，到期不更换的做超周期处理。

④ 班组应加强对备品备件设备养护工作，做好每季一次的清扫、检查工作，确保其处于良好状态。各班组在动用备品备件时，必须再次确认器材完好，各种电特性符合标准方可使用。

⑤ 班组配备的备品，必须放置在备品柜中。班组在核对备品时，必须以管内设备是否有该设备为准，发现有与备品清单不一致的，要及时与技术部门联系核对。

⑥ 班组使用备品后，必须及时到相关部门更换，并将器材恢复使用，不得将备品长期使用。

5. 材料、工机具、仪表、备品备件定置管理

定置管理就是要使一件物品按要求摆放在规定的地方，其目的是减少寻找物品的时间，减少取放和操作的时间，从而提高效率。

定置管理的基本方法：

（1）三定原则：定名、定点、定量：

（2）三要素：放置的场所、方法、标识。

参考文献

[1] 中国铁路总公司. 铁路货车运用维修规程[M]. 北京：中国铁道出版社，2018.

[2] 中华人民共和国铁道部. 铁路客车运用维修规程[M]. 北京：中国铁道出版社，2006.

[3] 袁清武. 车辆构造与检修[M]. 北京：中国铁道出版社，2017.

[4] 吴海超，熊小青. 车辆运用与管理[M]. 北京：中国铁道出版社，2016.

[5] 中国铁路总公司. 铁路客车运用维修规程[M]. 中国铁道出版社，2015.

[6] 铁路职工岗位培训教材编审委员会. 车辆钳工[M]. 中国铁道出版社，2011.

[7] 中国铁路总公司. 铁路劳动安全[M]. 北京：中国铁道出版社，2015.

[8] 中国铁路总公司. 动车组机械师[M]. 北京：中国铁道出版社，2017.

[9] 中国铁路总公司. 动车组维修师[M]. 北京：中国铁道出版社，2017.

[10] 中国铁路总公司. 货车检车员[M]. 北京：中国铁道出版社，2017.

[11] 中国铁路总公司. 客车检车员[M]. 北京：中国铁道出版社，2017.

[12] 中国铁路总公司. 轮轴装修工[M]. 北京：中国铁道出版社，2017.

[13] 中国铁路总公司. 铁路车辆电工[M]. 北京：中国铁道出版社，2017.

[14] 中国铁路总公司. 铁路车辆钳工[M]. 北京：中国铁道出版社，2017.